누구를 선택할 것인가

누구를 선택할 것인가

초판 1쇄 인쇄 2021년 9월 13일
초판 1쇄 발행 2021년 9월 23일

지 은 이 김만수
펴 낸 이 정해종
편　　집 현종희
디 자 인 유혜현

펴낸곳 ㈜파람북
출판등록 2018년 4월 30일 제2018–000126호
주소 서울특별시 마포구 토정로 222 한국출판콘텐츠센터 303호
전자우편 info@parambook.co.kr **인스타그램** @param.book
페이스북 www.facebook.com/parambook
네이버 포스트 m.post.naver.com/parambook
대표전화 (편집) 02–2038–2633 (마케팅) 070–4353–0561

ISBN 979-11-90052-79-5 03340
책값은 뒤표지에 있습니다.

대선후보 6인의 성격과 심리 분석

누구를 선택할 것인가

김만수 지음

파람북

독자들께 드리는 글

2022년은 대선의 해다.

이 책은 2020년부터 지금까지 대선후보 여론조사에서 유력한 대선후보로 언급된 인물을 다루고 있다. 하지만 정치는 '살아 움직이는 것'이어서 이 책에서 다룬 인물이 2022년 대선후보와 다를 수 있을 것이다. 그중에 일부는 대선에 나오지 않을 수도 있는데, 그러면 이 책은 대선후보로 언급된 공인(公人)에 관한 글이 될 것이다. 또한 다른 인물이 유력한 대선후보가 될 수도 있는데, 그러면 이 책은 그 후보를 다루지 못할 것이다.

2020년 4월 총선 직전 대선후보 여론조사에서 황교안이 야당 1위였고 전체 2위였다. 전체 1위는 이낙연이었다. 2020년 12월에는 현직 검찰총장이 1위였다. 2020년 12월에 황교안을 이름이라도 기억하는 사람이 있을까 싶을 정도로 황교안은 언론에서 사라졌다. 그리고 이것이 지난 10년 동안의 일이 아니라 2020년 한 해 동안 일어난 일이다. 이렇게 급변하는 한국의 정치지형에서 예측을 한다는 것은 매우 어렵고, 그래서 이 책에서 다룰 인물을 선정하는 것은 더욱 어렵다. 2020년 12월의 윤석열은 2021년 12월에는 어떻게 되어 있을까?

〈2021년 4월 재보선 결과 야당 압승〉

〈2021년 6월 헌정사상 최초 30대 0선 당원 야당 대표로 당선〉

〈2021년 7월 '나는 줄리를 할 시간이 없다.'〉

〈2021년 9월 윤석열 전 검찰총장 여권 정치인 고발 야당에 사주〉

원고를 쓰고 있는 지금도 한국정치는 살아 움직이고 있다. 그래서 2020년 이후의 모든 변화에도 불구하고 필자는 좀 '차분해지려고' 한다.

이 책에 언급한 대선후보들에 대해 필자는 뉴스에 나오는 것 이상 알지 못했다. 그들이 어떤 사람인지, 어떻게 비슷하고 다른지 자세히 알지 못했다. 필자는 지난 20년 동안 책 몇 권과 논문 몇 편을 냈는데, 20년 중에 대부분은 클라우제비츠의 『전쟁론』을 번역하고 해설서를 쓰는 데, 그리고 클라우제비츠 관련 연구서를 쓰는 데 전념했다. 그 일 이외의 대부분에 대해 큰 관심을 쏟을 수 없었다. 그러다가 2019년 가을 우연한 기회에 지인과 한국정치 이야기를 하던 중에 아이디어를 얻어 이 책을 쓰게 되었다.

정치인 이전에 '인간'을 알고 싶었고, 그래서 그들의 저서와 그들에 관한 책을 읽었다. 지난 2년 동안 그들에 관해 읽고 알게 된 것을 정리하여 책으로 낸다. 이 책으로 독자들이 대선후보들을 좀 더 잘 알고 이해하게 되기를, 그래서 이 책이 유권자들에게 도움이 되기를 바란다.

필자가 2003년에 쓴 『리영희: 살아있는 신화』에 대해 리영희 선생은 2005년 3월에 연합뉴스와 인터뷰를 하면서 다음과 같이 말했다.

'김만수 씨의 『리영희: 살아있는 신화』는 나를 한편으로는 부끄럽게 하고, 다른 한편으로는 놀라게 한 책이다. 내가 몰랐던 나의 모순점 등에 대해 훌륭하게 비판해 줘서 고맙게 생각한다.' 자신이 몰랐던 것을 제3자가 그 사람의 책만 읽고 발견하다니, 리영희 선생의 말을 필자는 글쓴이에 대한 최고의 찬사라고 생각한다.

사람들은 대개 글로 독자를 (그리고 자신도) 속이지 못한다. 감추고 숨기는 것이 글과 글 사이에, 문장과 문장 사이에 드러난다. 원하지 않아도 그렇게 된다. 순간적으로 내뱉는 말과 달리 글은 시간을 두고 천천히 쓰게 된다. 그래서 생각을 하지 않을 수 없고, 생각이 개입되지 않을 수 없다. 의식적으로도 무의식적으로도 그렇게 된다. 그런데 무엇을 쓰려고 생각하기도 하지만, 그러면서 무엇을 쓰지 않으려고, 감추고 숨기려고 생각하기도 한다. 글에는 그런 것도 드러난다. 20년 글 읽고 글 쓰는 일을 하면서 필자에게는 그런 것이 잘 보였다. 리영희 선생의 말은 (필자가 의식하지 못한) 필자의 재능이 무엇인지 알게 했다.

『리영희: 살아있는 신화』를 쓸 때 필자는 리영희 선생을 만나지 않았고 인터뷰도 하지 않았다. 리영희 선생의 저서만 읽고 『리영희: 살아있는 신화』를 쓴 것이다. 이 책을 쓰면서도 필자는 이 책에 등장하는 정치인을 만나지 않았고 인터뷰도 하지 않았다. 그들의 저서와 그들에 관한 책만 읽고 이 글을 썼다. 이 책에서도 대선후보 자신이 몰랐던 (또는 숨기거나 감춘) 점이 드러날 것으로 생각한다.

일반적으로 아버지는 아들의 정신적인 성장에 막대한 영향을 미치는 것으로 보인다. 대선후보들을 분석하면서 필자는 그들의 부자관계에, 즉 그들이 자기 아버지와 어떤 관계를 맺으며 성장했는지에 초점을 맞추어 서술했다고 생각한다. 그 점이 독자들에게 잘 보이지 않는다면 그것은 필자의 글쓰기의 부족함 때문일 것이다.

한 인간의 삶을 몇 권의 책만 읽고 전부 파악한다는 것은 무리일 것이다. 참고문헌만 읽고 쓴 책에서 독창성을 기대하는 것도 무리일 것이다. 그런데도 이 책이 읽을 만하다면 그것은 사회형 인간과 집안형 인간의 개념과 차례 때문일 것이라고 생각한다. 독자들이 차례에서 독창성을 발견한다면 필자는 기쁠 것이다. 책을 재미있게 읽는다면 더 기쁠 것이고, 책의 내용에 공감한다면 더없이 기쁠 것이다.

차례에서 제1장~제6장의 순서는 특별한 의미가 없다. 비슷하면서 다르고 다르면서 비슷한 타입의 인물을 둘씩 묶어 서술했기 때문에 생긴 순서이다. 이재명과 이낙연은 둘 다 민주당 소속이지만 다른 점이 많다. 안철수와 홍준표는 겉으로는 많이 다르게 보이지만 각자의 부자관계에서 비슷한 측면이 보인다. 황교안과 윤석열은 검찰 조직을 '이용하는' 측면에서 비슷하면서도 다른 점이 보인다.

이 책에 등장하는 인물들의 호칭이나 존칭 등은 쓰지 않는 것으로 통일한다. 꼭 필요한 경우에만 제한적으로 호칭이나 존칭을 쓴다. 표현에서도 존댓말을 쓰지 않는 것으로 통일한다. '부모님이 돌아가셨다[死亡]'처럼 '돌아가시다'로 굳어진 경우에만 존대표현을 그대로 쓴다. '국민학교'는 초등학교로 수정하여 통일한다.

이 책에서는 인물들의 사회화 과정을 그들로 하여금 말하게 하느라고 인용의 방법을 많이 썼다. 문헌을 인용하면서 어색한 표현, 잘못된 낱말, 중복 어휘, 긴 문장, 비문 등을 바르게 수정했다. 문장 순서를 바꾼 경우도 있다. 즉 이 책의 인용 문장은 참고문헌에 있는 문장과 많이 다르다. 내용은 인용하고 문장은 인용하지 않았다고 말할 수 있다. 그래서 주로 작은따옴표(' ')를 붙여 인용했다. 인용한 문장과 표현을 하나도 바꾸지 않고 그대로 인용한 경우에만 큰따옴표(" ")를 썼다. 그러다 보니 작은따옴표 안에 작은따옴표나(' ' ' ') 큰따옴표를(' " " ') 두는 경우도 생겼다.

모든 경우에 출처를 밝혔다. 출처를 밝힐 때는 인용한 내용이 있는 곳을 폭넓게 밝혔다. 일부 내용만 몇 줄 인용했는데, 출처를 예를 들면 14~17쪽처럼 여러 쪽으로 밝혀야 하는 경우도 가끔 있었다. 책 중간에 사진이 있는 경우에 그렇게 되었다.

출처가 없는 단락이나 부분, 그래서 작은따옴표나 큰따옴표가 없는 단락이나 부분은 필자가 쓴 글이다. 인용이냐 필자가 쓴 글이냐 하는 것은 따옴표가 있느냐 없느냐로 구분된다. 그런데 필자가 쓴 부분에도 필자의 생각을 감정이입의 방법으로 표현하거나 독백처럼 전달할 때에는 작은따옴표를 쓴 경우가 있고, 이런 경우에는 출처가 없다.

이 모든 따옴표의 구분이 혼란스럽다면 이 글을 전부 필자가 '만든' 것이라고 여겨도 괜찮을 것이다. 이 글은 필자가 여러 문헌을 읽고 그 글을 '용광로에 넣고 녹여 필자 나름대로 다시 주조한' 것이라고 생각하기 때문이다.

참고한 문헌마다 연도나 날짜 등에 약간씩 차이가 난다. 그래서 이 책에 나오는 인물들의 출생연도나 사망연도, 나이나 학년 등은 실제와 1~2년 정도 차이가 날 수 있다. 거리에도 차이가 난다. 같은 거리를 5km로 쓴 곳도 있고 20리(8km)로 쓴 곳도 있다. 이 모든 차이는 각 문헌 저자들의 기억의 차이에서 비롯될 것이다.

책 뒤에 이 책을 쓰는데 참고한 문헌을 제시했다. 직접 인용하지 않은 책 중에도 '참고한' 문헌은 목록에 담았다.

대전대 김준호 교수님, 대전대 권혁범 교수님, 영산대 장은주 교수님은 원고의 전체적인 방향에 대해 여러모로 유익한 조언을 주셨다. 이상대 형, 안광수 형, 이명수 형은 원고의 틀과 내용을 개선하도록 조언해 주셨다. 조용상 형은 원고에서 군더더기들을 없애고 '뾰족한' 표현들을 매끄럽게 고치도록 조언해 주셨다. 이 책이 읽을 만하게 된 데는 조용상 형의 조언이 큰 역할을 했다. 파람북 정해종 대표와 편집부 식구들은 원고를 책으로 만드느라고 애를 많이 쓰셨다. 이 모든 분들께 깊이 감사드린다.

2021년 9월

김만수

차례

제2장 이낙연

제3장 안철수

제4장 홍준표

제5장 황교안

제6장 윤석열

머리말

상식

이 책은 아래의 몇 가지 상식과 전제에서 출발한다.

1. 대통령을 선출하는 일은 국민의 권리이자 의무이다.
2. 대선후보들의 정당, 정강, 정책, 공약 등은 보지 않는다.
3. 대선후보들의 '인물'만 살펴본다.
4. 사람은 쉽게 변하지 않는다.
5. 사람이 '무엇을 할지'는 '무엇을 했는지'로 알 수 있다.

1. 한 나라의 지도자를 선출하는 일은 국민의 선택이자 권한이다. 유권자로서 대통령을 뽑는 것은 유권자의 권리이자 의무이다. 헌법 제67조에도[1] 있다. 이 책은 유권자의 권리와 의무를 글로 표현한 것이다.

2. 대선후보들의 정당, 정강, 정책, 공약 등은 보지 않는다. 그 이유는 다음과 같다. 첫째, 공약(公約)은 대부분 공약(空約)이 된다. '표를 얻으려면 무슨 말인들 못하겠는가.' 적지 않은 정치인들이 공공연히 이런 말을 한다. 공약은 믿을 게 못 되고, 국민도 정치인의 공약을 곧이곧대로 믿지 않을 것이다.

둘째, 최악의 대통령이 최고의 정책을 낼 수도 있다. 박근혜 전 대통령은 대한민국 헌정사상 최초로 헌법재판소에서 파면된 대통령이다. 그런데 '2012년 박근혜 대통령후보의 공약집『세상을 바꾸는 약속, 책임 있는 변화』는 최고의 공약집이다. 이 책은 고 노회찬 의원의 '애독서'였다. 해고요건 강화, 징벌적 손해배상제도 도입 등이 담겨 있다. 하지만 박근혜 전 대통령은 이 공약을 안 지켰을 뿐만 아니라 정면으로 위배했다. 그래서 고 노회찬 의원은 '세상을 바꾸는 약속'은 '약속을 바꾸는 세상'으로 바뀌어야 한다고 말했다.'[2]

3. 그래서 대선후보들의 인간과 인물을 살펴본다. 이 책은 '인물론'이다. 정책을 실현할 의지와 그 의지를 갖고 있는 인간의 탐구가 더 중요한 것 같다. 인물을 객관적으로 탐구하려고 이 책은 공개된 자료(책과 글 등)만 보고 인간을 탐구했다.

4. 사람은 쉽게 변하지 않고 쉽게 바뀌지 않는다. 속세의 사람들은 흔히 이렇게 말한다. 경험상 맞는 말이라고 생각한다. 인지심리학에서도 그렇게 말한다. '사람이 20살 넘으면 잘 안 변하는 게 IQ와 성격이다. 성격은 15살만 넘어도 잘 안 변한다고 보는 심리학자도 있다. '나는 중학교 다닐 때 내성적이었다. 그런데 직장생활을 한 10년 하다 보니 처음 만나는 사람과도 이야기를 잘한다. 어렵지 않게 말을 시작하고 말도 많이 한다. 이전에 내성적인 성격이 이제 외향적인 성격으로 바뀐 것이다.' 아니다. 성격이 바뀌었다기보다 사회적 능력이 향상된 것이다. 매너, 예의범절, 어떻게 말하고 들어야 하는지 등은 사회적 능력인데, 이런 것이 향상된 것이다. 많은 심리학자들이 IQ와 성격을 합쳐 기

질(개인의 성격적 소질)이라고 한다. 기질의 중요한 특징은 부모에게 물려받는다는 것, 그래서 자기 자식에게 물려준다는 것이다. 성격과 달리 인격은 바꿀 수 있다.'[3] 이 책에서는 성격이 형성되는 시기를 15살이나 20살이 아니라 (상식의 관점에서 폭넓게) 30살의 청년기까지로 본다.

5. 사람이 앞으로 무엇을 할지는 전에 무엇을 했는지 보면 알 수 있다. 인간이 앞으로 어떻게 살지는 지난 세월 어떻게 살았는지 보면 알 수 있다. 한 인간의 과거를 보면 그 인간의 미래를 알 수 있다.

'세 살 버릇 여든까지 간다.' '될성부른 나무는 떡잎부터 알아본다.' '바늘 도둑이 소도둑 된다.' '콩 심은 데 콩 나고 팥 심은 데 팥 난다.' 등의 속담은 그 의미와 맥락이 다르지만, 사람의 과거와 현재로 미래를 알 수 있다는 말이기도 하다.

다시 박근혜를 인용한다. 2007년 박근혜와 이명박의 한나라당 대선후보 경선과정에서 박근혜는 이명박에게 다음과 같이 질문했다. '이명박 후보는 CEO 대통령이 되겠다고 했는데, 어느 기업이 회계를 이런 식으로 합니까? 본인이 유일하게 직접 사업을 한 것은 망했고, 또 그때 주가조작 사건이 일어났습니다. 이렇게 해서 어떻게 경제를 살릴 수 있다고 말하는지 답해 주기 바랍니다. 지도자는 국민보다 높은 수준의 의무를 다해야 합니다. 자녀교육을 위해 위장전입을 해놓고 교육정책을 말할 수 있겠는가. 등록세를 12년 동안 내지 않은 분이 조세정책을 제대로 추진할 수 있겠는가. 노조설립 방해죄를 저지른 분이 노동정책을 제대로 할 수 있겠는가. 건강보험료를 편법으로 2만 원밖에 안 냈는데, 의료복지정책을 말할 자격이 있겠는가. 환경개선부담금도 내지 않아 압류를 당했는데, 환경정책을 말할 수 있겠는가. 지도자가 법을 지키지 않고 국민의 의무도 다하지 않는데, 국민의 신뢰를 받고 정책을 추진할 수 있겠는가.'[4]

이 질문에서는 대선후보의 도덕성과 준법정신이 핵심이다. 그런데 이 질문은 과거를 통해 그 사람의 미래를 알 수 있다는 말이기도 하다.

이 책을 쓰느라고 참고한 많은 문헌에서도 이와 비슷한 말을 하고 있다. '사람의 진정한 철학을 살피려면 그 사람의 삶의 궤적을 보면 된다.' '이전의 경험이 현재의 선택을 하는 데 결정적인 영향을 미친다.' '삶의 궤적이 그 사람의 진면목이고 미래를 판가름할 바로미터이다.' '정치인을 선택할 때는 그 사람이 어떻게 살아왔는지를 보고 판단해야 한다.' '그 사람의 미래를 알고 싶으면 먼저 그 사람의 과거를 살펴보아야 한다.'

이 책은 학문의 관점이 아니라 상식의 관점에, 그리고 정치공학의 관점이 아니라 유권자의 관점에 있다. 친문 대 반문, 이재명 대 반이재명 등의 관점은 이 책에 없다. 이와 같은 맥락에서 여당과 야당, 진보와 보수, 전라도와 경상도, 여자와 남자, 20대와 60대 등의 관점도 이 책에 없다.

상식의 관점에서 대선후보들에 관한 텍스트를 읽고 그 텍스트에 있는 '인물'의 의식(과 무의식)을 텍스트 분석의 방법으로, 그리고 그 방법을 토대로 인물과 심리를 분석하여 그들이 어떤 성격을 형성하며 살았는지 분석한다. 그래서 그들의 인생관, 가치관, 세계관, 역사관을 살펴본다.

프롤로그

사회화, 자아와 인성의 형성

머리말의 5에서 '무엇을 했는지'는 어떻게 살았는지를 말한다. 무슨 생각을 하고 어떤 행동을 하며 살았는지, 그래서 어떤 정체성을 형성하게 되었는지를 의미한다. 청소년기에 형성되는 자아와 인성은 중장년기의 성격과 인성에 영향을 미칠 것이다. 청소년기에 자아와 인성이 형성되는 과정을 사회학에서는 '사회화'라고 한다. 그래서 이 책은 (어떤 의미에서) 대선후보들의 사회화 과정을 분석하는 책이 될 것이다.

여기에 대선후보들의 사회화 과정을 분석할 객관적인 기준을 제시한다. 전문적인 수준이 아니라 대학의 입문서나 '교과서' 수준에서 정리한다.

'사회의 문화적 특징과 요소들은 사회구성원들에게 내면화되어 개인의 정체성을 형성한다. 정체성은 자신이 누구이고 무엇을 중요하게 생각하는지 이해하는 것과 관련된다. 그래서 정체성은 자기 자신에 대한 동일성과 지속성에 관한 인식이다. 이는 성별, 민족, 계급, 정치적 신념, 종교 등 여러 가지 사회문화적 요인에 의해 형성된다. 정체성은 사회의 문화 속에서 이루어지는 사회적 상호작용을 통해 구성되고 변화

한다. 사람들이 사회에서 문화적 규범과 생활양식을 내면화하는 과정을 사회화라고 한다.'[1]

이 내면화를 넘어 '사회화란 개인이 성장 과정의 여러 사회적인 위치에서 사회적인 교류를 통해 자아와 인성을 형성하는 과정으로'[2] 정의할 수도 있다.

'생활양식의 급격한 변화, 다양한 지식과 정보의 생산과 유통, 가치와 규범의 충돌 등의 환경에서는 성인도 감정적 · 지적 · 도덕적 변화를 겪을 수밖에 없다. 이렇게 보면 사회화란 평생의 과정이다.'[3]

'자아와 인성의 형성에서 선천적인 것과 후천적인 것 중에 어느 것이 더 큰 영향을 미치는지 하는 문제는 사회화의 근본 쟁점이다. 흔히 '그 사람은 본래 그렇다'라고 말하는 것은 인간의 타고난 본성을 인정하는 것이다. 대체로 선천적 요인은 사회화 과정에서 약해지고, 사회적 학습의 영향이 점차 강해진다. 다른 환경에서 자란 일란성 쌍둥이의 예를 보면 사회화에서 사회 환경적 요인의 영향을 무시할 수 없다.'[4]

또 다른 쟁점은 '사회적 학습 과정에서 개인이 수동적으로 적응하는가 능동적으로 모색하는가 하는 것이다. 개인은 사회화 과정에서 기존의 규칙 · 규범에 수동적으로 적응할 수밖에 없지만, 때로 억압에 저항하거나 욕구 충족의 새로운 방식을 능동적으로 찾기도 한다. 대체로 어린 시절의 사회화는 수동적인 성격이, 성인기의 사회화는 능동적인 성격이 강하다.'[5]

'사회화에는 개인과 사회 간에 긴장이 생길 수 있다. 인간은 생물체로서 본능, 충동, 욕구를 갖는데, 사회는 공동체로서 (안정적으로 존속하려고) 개개인의 행동에 제한을 두기도 한다. 제한이나 금지가 보편적인 기준에 따르지 않을 때 기준을 정하는 집단과 따르는 집단 사이에 긴장과 갈등이 생길 수 있다.'[6]

'사회화의 내용은 부모의 가치관, 성격, 가정교육에 따라 달라진다. 보수적이고 권위적인 부모는 (어른에게는 무조건 복종해야 한다, 여자는 집안일을 잘해야 한다, 남자는 여자에게 권위가 있어야 한다는 것과 같은) 전통적인 가치를 자녀들에게 사회화시킨다. 그 반면에 자유롭고 민주적인 부모는 (어른 앞에서도 할 말을 해야 한다, 남자와 여자는 동등하다는 것과 같은) 새로운 가치를 자녀들에게 사회화시킨다. 아동기와 청소년기의 학교 교육의 차이, 성인기의 직업적 · 계급적 차이 등도 사회화의 내용에 차이를 만든다.'[7]

'자아 개념은 타인들이 자신을 어떻게 생각하느냐에 영향을 받아 형성된다. 이런 생각으로 쿨리(C. H. Cooley)는 거울에 비친 자아, 즉 '거울 자아(looking-glass self)' 개념을 만들었다. 자아 개념은 주위의 다른 사람들(거울)과 상호작용하면서 형성된다. 다른 사람들이 자기를 대단한 존재로 보고 대하면 자아 개념이 긍정적으로 형성되지만, 자기를 하찮은 존재로 보고 대하면 자아 개념이 부정적으로 형성된다. 우리 주위의 '거울' 중에 자아 형성에 특히 중요한 영향을 미치는 거울은 자신과 밀접한 관계를 갖는 부모, 교사, 또래친구 등이다.'[8]

'정상적 자아는 원초집단에서 형성되고, 사회적 자아는 집단의 공동사고에 의해 형성된다.'[9]

미드(G. H. Mead)는 사회를 개인들 간의 상호작용을 통해 구성되는 조직체로 보았다. 개인 간의 상호작용은 몸짓이나 언어를 통한 의미 있는 상징의 교환(의사소통)으로 이루어지고, 이 과정에서 개인 간의 경험이 공유된다. 사람들은 사회적 상호작용에서 자아를 자기의 입장에서도 타자의 입장에서도 보게 된다. 미드는 '자아를 주체적 자아[I]와 객체적 자아[me]로 구분했다. me는 타자의 태도의 조직화된 세트이고, I는 타자의 태도에 대한 유기체의 반응이다.'[10]

'사회화에서 자아를 형성할 때 또는 사회적 규범을 수용하거나 거부할 때 중요한 영향력을 행사하는 사람을 '중요한 타자'라고 한다. 이때 중요한 타자의 특정 개인적 태도를 받아들여 동일시하게 된다. 일반적으로 어린아이에게 중요한 동일시 대상은 부모이기 때문에 부모는 어린이의 성격 형성에 결정적인 영향을 미치는 제일 중요한 타자이다. 가족이나 교사 등도 중요한 타자에 속한다. 사회의 일반적인 가치와 문화에 따라 행동하는 마음속의 타자, 옳고 그름에 관한 일반적 관념을 계발할 때 기준이 되는 타자는 '일반화된 타자'라고 한다. 이때에는 사회집단 전체의 일반적인 태도를 받아들이게 되는데, 이 시기에 개인은 공동체의 일반적 신념, 가치, 규범 등을 염두에 두고 행동한다. 타자의 크기나 타자 역할의 내면화 능력이 확대되면서 자아의 발달이 이루어진다.'[11]

심리학적 성격 형성 이론의 고전은 프로이트의 정신분석 이론이다. '프로이트는 정신적인 것이 의식적이라는 관념에 반대한다. 정신적인 것 중에 무의식적인 것이 큰 부분을 차지하기 때문이다. 무의식은 주로 어린 시절의 성적 억압 때문에 생겨나는데, 신경증은 이런 억압의 산물이다.

인간의 정신은 이드, 자아, 초자아의 구조로 이루어져 있고, 이 세 요인이 상호작용하면서 성격이 형성된다. 이드(id)는 본능적인 성향, 욕망이나 충동과 같은 것으로 모든 리비도(성적 에너지)의 원천이다. 원초적인 본능의 저장고이고, 쾌락원칙(과 죽음충동)에 따라 움직인다. 이드의 반대편에는 초자아(superego)가 있다. 초자아는 비판적이고 도덕적인 기능을 담당하고, 검열관처럼 (이드에 휩쓸리는) 자아를 감시하고 억압한다. 이드와 초자아의 두 힘을 제어하여 이드와 초자아 사이에서 현실에 적응하게 하는 힘이 자아(ego)이다. 자아는 현실적인 부분이다.'[12]

'인간의 성격 형성은 성적 본능과 사회적 규범 간의 상호작용에서 영향을 받는다. 가족과 사회 속에서 개인이 성 규범을 수용하며 욕망에 따른 긴장과 갈등을 해소하는 방식에 따라 만족이나 장애를 느낄 수 있다. 어린 시절 성적 억압이 자아에 각인될 수도 있고, 성인이 되어도 욕망에 따른 심리적 긴장과 갈등을 지닐 수 있다. 그러면 사회화는 단순히 사회규범의 습득에 의한 정신적 성숙 과정으로만 그려질 수 없다. 사회에서 개인이 욕망을 충족하고 승화하여 심리적 · 정신적 안정감을 느낄 수 있는지 없는지는 개인의 심리뿐만 아니라 사회의 성 규범의 특성 및 욕망을 충족하는 사회제도의 특성에서 영향을 받는다.'[13]

'프로이트의 이론을 ('성욕 이론'으로 한정하지 않고) 인간의 욕망에 대한 일반이론으로 해석하면, 욕망에 대한 사회적 억압이나 충족의 정도에 따라 사회구성원의 정신적 · 심리적 만족의 정도는 달라질 것이다. 개인적 욕망을 해소하거나 통제하는 사회제도의 특성에 따라 그 사회는 해방적일 수도 있고 억압적일 수도 있다.'[14]

사회화에 관한 사회학적 · 심리학적 이론을 토대로 필자는 이 책에서 공직 활동을 하는 인간의 자아와 인성, 성격과 심리에 대해 두 유형의 개념을 설정한다. 그 개념은 사회형 인간과 집안형 인간이다. 집안형 인간의 아류로 조직형 인간을 설정한다. 달리 말하면 사회화에 관한 사회학적 · 심리학적 이론은 필자가 사회형 인간과 집안형 인간의 개념을 만드는 데 바탕이 된 이론이고, 이제부터는 필자가 설정한 개념으로 사회화 과정을 분석한다.

사회구조의 모순과 상관없이 오로지 (또는 주로) 자신과 가족의 부귀영화를 바라고 행동하는 유형의 인간, 자신의 출세를 목적으로 선출직이나 시험직 등에 도전하거나 응모하는 유형의 인간을 집안형 인간으로 정의한다. 그렇지 않은 인간, 사회구조의 모순과 문제를 해결하려고 하고 사회의식과 역사의식을 갖고 선공후사에 충실하고 국민과 국가에 봉사하는 유형의 인간을 사회형 인간으로 정의한다.[15]

이 정의에 따르면 안중근이나 전태일은 사회형 인간이고, 이완용이나 전두환은 집안형 인간이다. 모든 공직, 즉 입법부, 사법부, 행정부나 공기업, 공공기관 등의 공직은 그 지위 고하를 막론하고 사회형 인간이 맡는 것이 바람직하다. 전태일의 예에서 보듯이, 그리고 경험상으로도 사회형 인간이 되는 것과 높은 학력(학벌)이나 많은 지식은 거의 상관이 없는 것 같다. 예수와 부처, 공자와 맹자, 안중근과 전태일 같은 인물은 학벌이나 지식과 무관하게 훌륭한 사람들이며, 그래서 수많은 사람들이 그들을 존경하고 있다.

과도한 형태의 집안형 인간, 즉 집안형 인간의 극단적이고 극한적인 유형을 개인형 인간, 자기중심형 인간, '나[我]형 인간'으로 정의한다. 이 유형은 세상과 우주가 자기를 중심으로 돌아간다고(돌아가야 한다고) 생각하는 유형, 그래서 자기밖에 모르고 이기적이고 자기주장만 내세우는 유형을 가리킨다. (석가모니의 본뜻이 아니라 왜곡된 의미로 쓰이는) 천상천하 유아독존형 인간이라고 할 수 있다.

관료조직, 회사조직, 군대조직, 학교조직, 종교조직, 범죄조직 등의 열혈 구성원처럼 조직의 구성원이라는 점에서 자신의 정체성을 찾는 인간을 조직형 인간으로 정의한다. 이런 유형은 자기 자신(의 약함이나 약점)을 조직 뒤에 숨기고 조직을 방패막이로 삼아 자신의 정체성을 형성하는 유형이다. 한 인간이 인간 그 자체로서 존엄성과 정체성을 갖지 못할 때 인간은 쉽게 조직형 인간이 될 것이다. 이와 같은 조직은 일종의 '확대된 집안'이고, 그래서 조직형 인간을 집안형 인간의 아류로 보는 것이다. 다음 제1장~제6장에서 보듯이, '검사'나 '기독교인' 등으로 자신의 정체성을 찾는 인간을 조직형 인간이라고 할 수 있다. 한국의 현실에서 '명문대생'이나 '대기업 임원' 등으로 자신의 정체성과 자부심을 형성하게 된다면 그런 인간도 쉽게 조직형 인간에 빠질 수 있다.

조직은 사회의 일부이고 사회도 일종의 조직이지만, 이 책에서 조직형 인간은 사회형 인간이 아닌 것으로 정의한다. 조직형 인간은 집안형 인간의 왜곡된 확장으로, 특정 조직의 조직 이기주의에 빠진 유형으로 정의한다.

우리는 우주의 진공상태에서 태어나지 않았고 태어날 수도 없다. 일제강점기와 해방, 전쟁과 분단, 군사독재와 민주화를 겪은 한반도(의 남쪽)에서 태어났다. 오늘날 수도권과 지방의 차이, 강남과 '비강남'의 차이, 빈부격차와 사회 양극화, 지역 차별을 보이는 이 땅에서 태어났고 살고 있다. 이런 사회 · 역사적인 상황에서 객관성과 정치적 중립성, 공평함과 공정함이란 무엇인가?

박정희의 군사독재나 전두환의 피의 독재에는 그 독재에 맞서는 것이 공정하고 정의로운 것이다. 그 시대의 중립성은 기회주의이고, 객관성도 아니고 공정함도 아니다. 오늘날 많은 정치인이나 언론의 교묘한 사실 호도와 왜곡은 객관성을 가장한 은밀한 편파성인 경우가 많다. 역사의식 없는 기계적인 중립성을 이 책은 거부한다. 이 책은 이런 사회 · 역사적인 맥락에서 사회형 인간과 집안형 인간을 정의하고 있다.

이 개념에 따라 대선후보들의 사회화 과정을 아래 제1장~제6장에서 자세히 살펴본다. 이 책이 주로 사회화 과정을 다루기 때문에 그들이 공직 활동에서 어떤 정책을 펼쳤는지는 우리의 주된 관심사가 아니고 거의 언급하지도 않는다. 사회화를 통한 자아와 인성의 형성 과정이 주된 관심사이다. 부모와 형제자매 등 가족을 많이 언급하는 이유도 그 때문이다.

제1장

이재명

1. 지독한 가난, 비뚤어진 소년 - 초등학교 시절

'이재명은 1963년 경상북도 안동에서 5남 4녀 중 일곱째로 태어났다. 누나 둘이 어려서 일찍 세상을 떠나 5남 2녀가 되었고, 이재명은 다섯째로 성장했다. 어머니는 저녁 무렵 보리 좁쌀 한 줌 넣고 (밥이 아니라) 죽을 끓이다가 이재명을 낳았다. 고생으로 뼛골이 빠져 정신이 없었는지 아들이 태어난 날을 정확히 기억하지 못한다.'[1] 어머니(구호명)는 아버지(이경희)와 1931년생 동갑이다.[2]

1.1. 무능한 아버지, 헌신적인 어머니

아버지. '아버지는 농사꾼이 아니었고 농사를 몰랐다. 대학을 중퇴하고 순경, 교사, 탄광 관리자를 전전하다가 깊은 산골로 들어왔다. 동네일에 열중했는데, 그것은 쌀도 돈도 되지 않는 일이었다. 그 당시 음주가무를 좋아하고 노름도 하여 집문서와 땅문서를 하나둘 잡혔다. 얼마 안 되는 재산과 산전을 거덜냈다. 어느 해 봄에 어머니가 밭을 갈려고 갔더니 어떤 사람이 쟁기질을 하고 있었다. '왜 남의 땅에 쟁기를 대느냐?'고 물으니, 그 사람이 이제는 자기 땅이라고 했다. 한 뙈기 남은 땅마저 거덜냈다는 것을 어머니는 농사철이 되어서야 알게 되었다. 아버지는 안동을 떠났다. 서울로, 정확히는 서울 옆 어디로. 이재명이 초등학교 3학년 때였다.

돌이켜보면 고향에서 아버지는 미완의 존재였다. 농사꾼도 아니고 지식인도 아니었다. 평생 농사꾼으로 살기에는 듣고 본 게 많았다. 다정한 남편도 못 되고, 배려 깊은 아버지가 되기에는 형편없이 가난했다.'[3]

어머니. '아버지가 집을 떠날 때는 두 형과 누나도 집을 떠난 상태였다. 어머니 혼자 어린아이 넷을 키워야 했다. 어머니는 남의 땅을 빌려 농사를 짓고 남의 집 허드렛일을 하며 날품팔이 삶을 살았다. 그것도 안 되면 동네 사람들에게 보리 한 되, 좁쌀 한 되 적선을 받았다. 이집 저집 동정을 받으며 3년 동안 힘겹게 살았다. 어머니는 척박한 산골에서 고생을 많이 했다.

어머니는 햇볕에 그을린 얼굴로 뒷산 콩밭이나 고추밭을 맸다. 도시락 소리를 딸각거리며 학교에서 집으로 달려오는 아들을 보면 어머니는 세상에서 제일 환한 웃음으로 어린 아들을 반겼다. 그 환한 웃음은 이재명이 세상에 존재해야 할 이유를 알려주는 것 같았다. 어머니를 돕겠다고 아들도 일요일이나 방학이면 호미를 들고 어머니를 따라 뒷산에 가서 콩밭도 매고 고추밭도 맸다.'[4]

'한번 김매기를 시작하면 어머니와 이재명은 한마디도 하지 않고 한나절을 보냈다. 뱃속에서 꼬르륵 소리가 들려올 즈음 어머니가 허리를 펴면서 "재명아, 밥 묵고 하자"고 하면 그 목소리는 얼마나 반가웠는지. 시원한 나무 그늘에 앉아 어머니와 같이 먹던 식은 보리밥은 얼마나 맛있었는지. 시장이 반찬이라지만, 어머니와 함께였기에 더 맛있었을 것이다. 성남으로 가서 아버지와 함께 살면서 그나마 형편이 좋아져서 쌀밥에 고기반찬을 먹게 되었어도, 그것은 이재명에게 그때 어머니와 함께 먹은 보리밥과 비교할 수 없었다. 청량산의 맑은 공기, 새소리와 물소리, 어머니와 단둘이 보낸 시간은 행복한 추억으로 남아 있다.'[5]

아들은 어머니를 많이 도왔다. '자기 몸집보다 큰 지게에 땔나무를 나르고, 어른도 들기 힘든 큰 도끼로 나무를 팼다. 이재명이 주로 한 일은 40리 길을 걸어 구호식품 받는 데서 밀가루를 얻어오는 것이었다. 이재명의 나이 9~10살 때였다.'[6]

'아버지가 안동을 떠나고 3년 후에 이재명이 초등학교를 졸업했다. 셋째 형도 중학교를 마쳤다. 셋째 형 졸업식이 끝난 며칠 후 새벽에 가족은 단출하게 집을 나섰다. 1976년 2월 26일, 7시간 걸리는 청량리행 완행열차를 타고 다시 버스를 갈아타며 다음날 새벽에 도착한 곳은 서울 옆 성남이었다.'[7]

1.2. 때리는 선생님, 훌륭한 선생님

'어머니가 아무리 열심히 일해도 입에 풀칠하는 수준을 벗어나기 어려웠다. 이런 형편에 초등학교를 다니는 것도 쉽지 않았다.'[8]

때리는 선생님. '이재명은 초등학교에 들어가면서 삼계라는 대처에 처음 가보았다. 단층이지만 네모난 큰 목조건물을 보고 주눅이 들었다. 마을에는 기와집이 두어 채 정도이고, 나머지는 모두 초가집이었다. 초등학교에서 제일 인상 깊은 것은 학교 종이었다. 그 종은 약간 통통해 보이던 선생님이 쳤다. 그는 이재명의 담임선생님이었고, 이재명은 그 선생님을 내내 무서워했다. 매를 많이 맞았기 때문이다. 선생님이 무서웠던 이유를 이재명은 최근에 알게 되었다. 1학년 학생기록부를 보니 결석이 무려 80일이 넘었다. 5km 산길을 혼자 걸어 학교에 가야 하는데, 아마 학교에 안 갈 이유가 많았을 것이고, 선생님은 야단을 많이 쳤을 것이다.'[9]

'학교에서 요구한 학습준비물을 제대로 준비한 적도 거의 없었다. 크레파스나 물감을 가져가는 건 생각할 수도 없었다. 미술시간에 친구들이 그림을 그리러 교실 밖에 나가면 이재명은 알아서 혼자 남아 청소를 했다.'[10]

'초등학교를 마칠 때까지 학습도구라고는 교과서와 공책 그리고 연필 한 자루뿐이었다. 남에게 빌리는 것도 눈치 보였다. 입성도 초라했고, 선생님에게 귀엽게 보일 짓도 할 줄 몰랐고, 아양 떤다는 것도 상상할 수 없었다. 이재명에게 돌아온 건 매와 미였다. 성적표에 '미미미미'가 박혀 있었다. 학교공부가 재미있을 리 없었다.'[11]

'학교 화장실 청소는 이재명 '담당'이 되었다. 준비물을 안 챙겨서 야외학습은 제외되었고, 사생대회는 나갈 꿈도 꾸지 못했다. 준비물이 필요한 단체활동 시간에는 화장실 뒤로 돌아가서 똥통의 뚜껑을 열고 청소를 했다. 한참 똥통을 푸다 보면 암모니아 냄새가 사라지고 기이하게도 달걀 냄새가 났다. 그 일이 끝나면 할미꽃 뿌리를 다져서 소변기에 깔았다. 그렇게 하면 구더기가 좀 덜 생겼다. 똥 푸는 것은 이재명의 '특별활동시간'이 되었다.

학교에서 여름이면 보리 한 되를, 가을이면 나락 한 되를 주워오라고 했다. 집에 논이 없으니 남의 논에 들어가서 이삭을 몇 날 며칠 주워야 했다. 그렇게 주워도 한 움큼도 되지 않았다. 아이들은 보통 자기 집에서 퍼왔지만, 이재명은 집에 가서 말도 못 꺼냈다. 그 대신에 학교에 가서 머리와 몸을 내놓고 맞으며 때웠다. 겨울이면 보리 왕겨로 만든 개떡을 먹고 사는 사람들에게 나락 이삭을 주워오라고 한 학교 방침을 이재명은 지금도 납득하지 못한다. 가난하다는 이유로 이재명은 학교에서 자주 회초리를 맞아야 했다.'[12]

'이재명은 언젠가 선생님한테 뺨을 27대 맞은 적이 있다. 같은 반이던 2살 위 팔촌이 세어서 알게 되었다. '너, 27대 맞았다.' 학교 가는 길 미화작업으로 코스모스 따위를 학생들이 심고는 했는데, 이재명은 자기에게 할당된 구간을 책임지지 못했다. 아니, 그걸 잊었다. 집에 돌아오면 산비탈을 타고 나무를 하거나 산전에서 일을 해야 했으니까. 담임선생님은 학교 운동장에서 다짜고짜 이재명을 불러내서 뺨을 마구 후려쳤다. 코피가 터져서 얼굴을 덮어도 매질이 그치지 않았다. 나이가 든 뒤에도 팔촌은 27대 뺨을 맞을 때의 이재명 눈빛을 잊지 못한다고 말했다. 필시 반항기 가득한 얼굴이었을 게다.'[13] 그렇게 많이 맞았으면 뺨이 많이 부었을 텐데, 집에서 어머니가 그 뺨을 보지 않았을까?

훌륭한 선생님. '6학년 때 사은회를 열려고 학생들이 돈을 걷었는데, 이재명은 돈을 낼 수 없었다. 돈을 내지 못한 아이들은 사은회 시간 내내 아무것도 먹지 않았다. 선생님께서 몇 번이나 먹으라고 했지만 먹지 않았다. 돈을 낸 아이들의 시선 때문인지, 돈을 내지 못한 아이들의 자존심 때문인지…. 정말 먹고 싶었다. 다른 아이들이 깨물어 먹는 자두의 새콤달콤한 향에 돈을 못 낸 아이들의 입안에 침이 고였다. 침 넘어가는 소리가 날까 염려되어 조심조심 침을 삼켰다. 그 아이들은 끝내 욕망을 억제하지 못했다. 사은회가 끝나고 다른 아이들이 모두 집으로 간 후, 아이들은 간신히 억누른 욕망을 풀어버렸다. 선생님 몫으로 남겨 놓은 과일을 아이들은 게 눈 감추듯 전부 먹어버렸다. 선생님한테 들켰다. 아이들은 엎드려뻗쳐 자세로 엉덩이를 여러 대 맞았다. 선생님은 '먹으라고 할 때는 안 먹고 왜 훔쳐먹느냐'라며 혼을 내더니 잠깐 기다리라며 밖으로 나갔다. 선생님은 500원어치 과일을 더 사 와서 아이들에게 먹으라고 했다. 훔쳐먹은 짓은 야단맞아 마땅하지만, 자존심 때문에 먹지 않고 버티다가 결국 먹을 수밖에 없었던 아이들의 마음을 이해해준 것이다. 아이들은 선생님이 준 과일을 먹을 수 없었다. 결국 못 먹고 그냥 집으로 돌아왔다.'[14]

수학여행도 선생님들 덕분에 다녀왔다. 이재명은 '수학여행에 돈이 많이 든다고 생각하여 담임선생님에게 못 간다고 말했다. 선생님이 집으로 찾아와서 어머니를 설득하여 수학여행에 가게 해주었다.'[15]

'육성회비도 못 내던 이재명이 수학여행을 갈 수 있었던 데는 또 한 분, 교장선생님의 역할이 컸다. 교장선생님은 학교 매점을 협동조합과 같은 방식으로 운영하도록 해주었다. 매점 장사를 하고 남은 돈, 학교 앞 개천을 불도저로 밀어서 밭을 개간한 현장에서 돌을 집어내고 받은 돈, 보리 벤 품삯 등을 더했다. 그 돈을 모아서 1300원을 만들었다. 집 밖에서 한 생애 첫 노동이었다. 5학년 모두 한 명도 빠짐없이 버스에 몸을 신고 학교 교문을 나섰다. 공식적으로는 버스를 처음 타본 셈이다. (비공식적으로 버스 꽁무니에 몰래 매달려본 적은 있었다.)'[16]

고향. '이재명에게 고향은 가난하지만 무한한 그리움이 있는 곳이다. 어머니, 선생님과 친구들의 추억이 있는 곳이다. 험한 일을 하면서도 이재명이 초등학교를 졸업하도록 배려한 어머니의 마음, 엄하게 야단치면서도 과일을 사 먹이고 수학여행에 같이 가자고 집으로 찾아온 선생님에 대한 추억이 남아 있는 곳이다.'[17]

1.3. 배고픈 소년의 '불가능한 꿈'

헬리콥터. '교장선생님은 여러모로 남다른 데가 있는 분이었다. 5학년 겨울 교장선생님은 전교생을 논바닥으로 나오라고 했다. 저기 멀리서 헬리콥터 한 대가 날아오고 있었다. 모두들 그건 우리와 무관한 일이라고 생각했다. 왜 저렇게 낮게 날아오는가 하고 의문을 품는 순간, 헬리콥터가 논바닥 바로 앞에 내려앉았다. 교장선생님은 우리더러 '감히' 그 비행물체를 만져봐도 좋다고 말했다. 겨울 공기를 가르고 날아온 미끈한 헬리콥터 몸체는 차디찼다.

소년 이재명은 그날 언 몸으로 어떤 꿈을 만져본 느낌이 들었다. 불가능을 만져본 것 같은 경이로움이라고 해도 좋았다. 막연한 상상이 현실에 도착하던 순간은 여전히 생생하게 소년 뼈끝에 남아 있다. 그 환희는 꿈을 이루는 것이야말로 삶이라는 걸 암시하는 듯했다.'[18]

도서실. '학교에서 좋은 곳은 도서실이었다. 『암굴왕』, 『지하세계』, 『해저 2만리』…. 그 시대 소년소녀명작이나 어린이권장도서를 모두 거기에서 읽었다. 아무도 간섭하는 사람 없는 도서실은 평화로운 도피처였다. 삼계초등학교 1층 교무실 옆에 있던 그 작은 공간은 영혼의 고향이었다. 다 읽지 못한 책을 집에 빌려 가려고 도서실 사서 노릇을 하던 같은 반 친구 김재학과 서리한 복숭아를 나눠 먹기도 했다. 40년 넘게 시간이 흘렀지만, 그 시절 그가 베푼 호의를 소년은 잊은 적이 없다. 공장에 다니면서도 이재명은 그에게 편지를 부쳤다.

이재명의 소년기 독서는 그 도서실에서 시작되었고 거기에서 끝났다. 성남에 올라온 뒤에는 공장에 다니느라고 따로 책을 읽을 겨를이 없었다.'[19]

다섯째 자식. '안동에서 무거운 삶의 무게에 짓눌려 살아서인지 어머니는 이재명이 태어난 날이 22일인지 23일인지 헷갈렸다. 어머니는 점을 쳐서 이재명의 생일이 23일인 것을 알아냈다! 그때부터 이재명의 생일은 1963년 음력 10월 23일이 되었다. 점쟁이는 다섯째를 잘 키우면 나중에 호강한다는 말을 해주고 겉보리 한 되를 받아 갔다. 고달팠던 어머니는 그 말을 믿었다. 믿고 싶었을 것이다. 어머니는 그 말을 밑천 삼아 이재명에게 '너는 잘될 테니 염려 놓고 살라'고 말했다. 이재명도 그런 암시를 싫어하지 않았다.

그건 점괘와는 무관하게 이재명에게 삶을 포기하지 않게 하는 심리적 바탕이 되었다. 불가능을 향한 도전을 할 때도 낙관하게 하는 씨앗이 되었다. 가난하게 사는 산촌 사람에게 합리성과는 상관없는 격려가 되

었다.'[20]

귓불. '어머니는 먹고살려고 그 당시 불법인 줄 알면서도 막걸리 장사를 했다. 언젠가 먼 친척 되는 분이 와서 막걸리를 마시면서 어머니와 이야기를 나누었다. 그 친척이 어린 이재명을 부르더니 귓불이 잘났다고 몇 번이나 말했다. "큰 인물 되겠어, 이거." 친척 어른은 가난한 집에 와서 달리 해줄 말도 없고 해서 무심히 올린 말이었을 게다. 하지만 이재명은 아무런 근거도 없이 그 말을 믿어야 했다. 희망은 어디에도 없었으니까. 모자는 이 말을 늘 되새겼다.'[21]

배고픔. '이런 기억과 설화를 믿었다고 해서 고향의 삶이 달라지지는 않았다. 배고픈 게 제일 힘들었다. 20리 산길을 걸어 학교를 다녔다. 보리밥에 감자로 아침을 먹고 걸어가면 배가 고팠다. 배고파서 쉬는 시간에 도시락을 조금씩 먹으면 점심때는 도시락이 비었다. 도시락은 보리밥, 짠지, 고추장에 달래 버무린 것이 전부였다. 시커먼 보리밥은 식어서 숟가락도 잘 들어가지 않았다. 다시 20리를 걸어 집으로 오면 거의 녹초가 되었다. 집에서 먹는 것은 보리밥에 새카만 된장이 전부였다. 어린 이재명은 식물 이름을 줄줄 꿰었다. 먹을 수 있는 풀과 꽃과 나무를 일찍부터 알고 있었다.'[22]

초등학교 졸업. '이재명은 중학교에 입학하지 못했다. 상급학교에 진학할 수 없다는 것은 초등학교 3~4학년 무렵 완전히 이해하고 있었다. 초등학교 졸업식에 참석했고, 그때는 그것이 최종학력이 될 것으로 생각했다. 졸업식에서 슬프거나 가슴이 아픈 기억은 없다. 마음 한구석에 상처를 입은 채 비뚤어져 있었을 것이다.

가족은 이재명의 졸업식을 기다리고 있었다. 졸업을 축하하려는 것이 아니었다. 셋째 형도 같은 시기에 중학교를 마쳤다. 두 아들을 초등학교와 중학교를 마치게 하고 성남으로 데려가려고 기다렸던 것이다. 그건 이사라기보다 이주였다.'[23]

성남으로. '안동 식구가 성남으로 이주할 무렵 아버지는 이미 성남에 정착해 있었다. 친척이 있는 시흥에서 자전거로 콘티 빵을 배달하는 등 잡일을 전전하면서 돈을 모아 성남에 방을 마련한 것이다. 성남에 연고가 있었던 게 아니다. 없는 사람들이 모여 살기에는 그래도 성남이 낫다고 판단한 것이다.'[24]

'안동에 사는 동안 이재명은 성남에 대해 아무것도 알지 못했다. 지명도 몰랐다. 아버지가 (빈민과 철거민들이 모인) 성남에 있다는 말을 어른들은 되도록 피했다. 물어봐도 서울 옆 어디라고만 말했다.

이주하는 날 새벽 소개집은 비탈에 낮게 엎드려 있었다. 소개(疏開)집이란 화전민을 내쫓은(소개) 뒤 강제로 정착시킨 슬레이트지붕의 날림 벽돌집이다. 가족이 떠나면 아무도 살지 않을 것이다. 누군가 들어와서 살 수 있는 집이 아니었다. 가족을 송별하는 건 그 슬레이트집뿐이었다. 가족은 가난에 내쫓기고 있었던 것이다.'[25]

2. 혹독한 사춘기, 굽은 팔 – 소년공 시절

2.1. 성남 상대원동

'가족이 고향을 버리고 성남으로 간 것은 대단한 결단이 아니었다. 안동의 청량산 비탈에서는 먹고살기 힘들었고, 아버지가 '가장' 노릇을 제대로 하지 못했기 때문이다. 어디론가 떠나야 했고, 가족은 모두 그걸 알고 있었다.'[26]

'가족은 보따리를 들고 기차를 타고 버스를 타고 고갯길을 걸었다. 봄이 오려는지 비가 주룩주룩 내렸다. 아버지가 오라고 한 성남시 상대원동에 도착했다. 성남에 도착했을 때 세상은 온통 회색빛 같았다. 그날 이재명은 눈이 아파서 안대를 하고 있었는데, 그래서 앞이 더 캄캄하게 보였는지도 모른다. 성남에 도착하니 비는 눈으로 바뀌었다. 이재명이 초등학교를 졸업한 해 음력 2월 29일이었다.'[27]

'그곳은 상대원1동 구종점이라고 불린 곳이다. 성남에 올 때 어머니, 동생 둘, 셋째 형과 이재명이 동행했다. 누나는 시집을 갔고, 큰형은 외지에 나가 있었다. 둘째 형은 아버지를 따라 2년 전에 먼저 올라와 있었다. 아버지는 한동안 마음을 못 잡고 서울을 떠돌았지만 이제 가족을 성남으로 모이게 하여 다시 힘을 합쳐 살아보려는 생각을 갖고 있었다.'[28]

'하루 종일 걸려 도착한 집은 낡고 누추했다. 상대원동은 산업공단이 들어선 곳이고, 회색빛 작업복을 입은 공장노동자들이 모여 사는 곳이었다. 이재명의 가족이 상대원동에 살려고 먼 길을 떠나온 이유도 똑같았다. 공장은 일할 사람이 필요하기 때문이다.'[29]

'형편은 안동 살 때와 비슷했다. 가족은 상대원동에 뿌리를 내리고 '바닥 생활'을 했다. 아버지는 상대원시장 청소부로 일했다. 청소부로 일하면서 폐지와 고물을 주웠다. 시멘트포대는 깨끗이 털어낸 후에 실밥을 풀어서 온 가족이 함께 봉투를 만들어 시장에 내다 팔았다. 폐지와 깡통은 고물상에 갖다주고 돈을 받았다. 쓸 만하다 싶은 물건은 집에 가져왔다. 그런 아버지를 이재명은 '쓰레기장사'라고 불렀다.'[30]

'성남은 회색빛이었고 더럽고 냄새났다. 성남 한복판을 가로질러 흐르는 탄천과 개울은 고향에서 보던 계곡이 아니었다. 냄새나는 곳에서 아이들과 어른들이 고기를 잡았고 야유회로 놀러 나왔다. (달리 갈 곳이 없어서 그리 했을 것이다.) 상대원동은 본래 산업공단이 아니었다. 청량산과 검단산 자락에 있는 아름다운 마을이었다. 공장들이 들어서면서 많은 것이 변했다. 집 가까이에 사기막골 같은 골짜기가 있어서 이재명은 가슴이 답답해지면 형들과 함께 자주 놀러 갔다. 그곳에서는 상쾌함을 느낄 수 있었다.'[31]

'성남은 고향 안동의 푸른 산, 맑은 물, 깨끗한 공기와는 너무 달랐다. 안동에서는 여름철이면 계곡에서 수영도 하고 낚시도 했다. 깨끗한 물과 공기에 대한 갈망은 고향을 향한 그리움으로 자리 잡았다. 마음의 고향이 있었기에 성남에서 버티며 살아갈 수 있었는지 모른다.'[32]

이재명의 가족이 푸른 산, 맑은 물, 깨끗한 공기의 고향을 버리고 성남에서 바닥 생활을 하는 것, 그리고 성남이 푸른 산, 맑은 천을 잃고 공단으로 오염되어 가는 것, 그것은 닮아 있었다. 가족은 성남의 회색빛을 닮아갔다. 가족이 '성남'이 되고 공단이 되어갔다.

2.2. 초등학교 졸업 학력의 소년노동자

'아버지가 가진 돈으로 얻은 집은 반지하 단칸방이었다. 가족 9명이 그 단칸방에서 우글대며 살았다. 여자고 남자고 모두 같은 방에서 다리를 엇갈려가면서 잠을 잤다. 마침 7남매 중에 손위 누이가 시집을 가서 9명이 8명으로 줄었다. 그 덕분에 잠자리가 조금 넓어졌다.'[33]

이재명은 성남에서 약 6년 동안(1976~1981년) 아래 6개 공장에서 '공돌이'로 일했다.

1. 목걸이공장(이재명 집과 맞대고 있는 뒷집)
2. 목걸이공장(산성동)
3. 동마고무
4. 아주냉동
5. 대양실업
6. 오리엔트시계

1. 목걸이공장. '첫 번째 공장은 이재명의 집과 맞대고 있는 뒷집 단독주택을 빌린 곳이었다. 가정집에 차린 작은 공장이었고 공장 이름도

없었다. 납을 연탄불에 끓여 염산을 찍어 신주(황동)를 붙이는 목걸이공장이었다. 이때 이재명은 납과 염산을 끓이면서 그것에 얼굴을 묻고 살았다. 한 달 월급은 1000원 정도였다.'[34]

2. 목걸이공장. '두 번째 목걸이공장은 창곡동(지금은 산성동) 반지하에 있었는데, 그 공장도 이름이 없었다. 이 공장에서는 붕산을 찍어 땜을 했다. 도시락으로 점심을 먹고 저녁은 집에 와서 먹었다. 야근을 해도 저녁을 안 주던 시절이었다. 아침 8시 반에 출근해서 일하고 점심 먹고 내리 밤 9시까지 일했다. 공장에서 집으로 돌아올 때는 배가 고팠다.'[35]

'공장에는 이재명보다 어린 아이가 있었다. 사장, 사장 동생, 사장 딸이 있었고, 이재명과 여자아이 한 명이 식구가 아닌 공돌이 공순이였다. 아니, 모두 공돌이 공순이였다. 사장 딸이 이재명보다 두세 살 어렸는데 초등학교도 다니지 않았다.

이 공장에서는 한 달에 3000원씩 받기로 했다. 이때 짜장면 한 그릇 가격이 300원 정도 했다. 어느 날 출근했는데 공장 사람들이 보이지 않았다. 문도 잠겨 있었다. 공장 주변 사람들에게 수소문하니 새벽에 다 어디론가 가버렸다고 했다. 이재명은 월급을 한 푼도 받지 못했다. '곧 준다, 다음에 준다'고 하면서 석 달을 미룬 터였다. 사장은 석 달치 임금을 주지 않고 떠나버렸다. 월급이 3000원으로 올랐다고 기뻐했는데, 그 기대가 허망하게 무너졌다.'[36]

'그 뒤 아버지가 사장을 찾는다고 몇 번 말했지만 소용없었다. 공장 이름이 없으니 등록이 되어 있을 리 없었다. 이재명도 나이가 어려서 이름

없이 일했다. 개에게도 이름이 있는데, 공장도 이재명도 이름이 없었다.'[37]

3. 동마고무. '사장의 야반도주로 회사가 없어졌으니 이재명은 다른 공장을 찾아야 했다. 9월이 왔고 또 취직을 했다. "이번엔 제대로 된 곳이다." 아버지가 데리고 간 공장은 상대원동 들머리에 있는 '동마고무'였다. 지금 상대원동 파출소 뒤쪽이다.'[38]

1976년 9월, 이재명의 나이 만 12세였다. '이재명은 나이가 어렸고, 출생신고가 1년 늦게 되어 있는 데다 12월생이어서(호적상 1964년 12월 22일) 법적으로는 취업을 할 수 없었다. 사업자등록이 있는 동마고무에서는 적어도 문서상으로는 월급을 정식으로 지급해야 했으므로 주민등록등본이 필요했다. 어머니는 집 앞에 살던, 몇 살은 족히 많은 '박승원'이라는 청년의 이름을 빌렸다. 당시에는 다른 사람 이름으로 취업하는 것이 다반사였다. 이재명은 남의 이름으로 일하는데 별다른 느낌이 없었다. 월급만 제대로 받는다면 상관없었다. 따지고 보면 세 번째 공장은 위장취업이었던 셈이다. 회사에서는 알면서도 아무 말 하지 않았다. 싼 임금으로 사람을 고용하면 그만이었다. 서류는 면피용이었다.'[39]

'동마고무에서 첫 산재사고를 당했다. 그때는 그걸 그냥 다쳤다고 했다. 동마고무는 콘덴서용 고무를 찍어냈다. 압축기에서 생고무와 유화제를 섞어 비빈 다음에 찍어냈다. 고무 주위에 붙은 부스러기를 말끔하게 다듬는 일을 했다. 빠르게 회전하는 원통 막대 샌드페이퍼에 대고 깎아내고 펀치로 마무리하는 일이다. 예사로 손가락 살과 손톱이 깎여 나갔다. 지문은 흔적이 없었고 오른손은 상처투성이였다. 이재명의 손가락에는 아직도 고무 가루가 들어 있다. 혈관처럼 길게 굳어버린 고무

가루는 손가락 안에서 세 번째 공장의 기억으로 살아있다.

어느 날 소년은 동력 벨트에 손가락이 감기고 피가 솟고 손가락 세 개가 엉겨 붙고 손가락과 고무가 떡이 되었다. 선임들이 이재명을 병원으로 데려갔지만, 소독약을 바르고 깁스를 한 것이 치료의 전부였다. 고무 가루를 빼내지 않고 대충 치료를 하고 말았던 것이다. 깁스를 한 채 다시 공장으로 돌아와 나머지 한 손으로 일을 했다.'[40]

'손가락을 다쳤을 때 사장에게 뒤통수를 얻어맞았다. 사장은 이재명에게 조심하지 않고 일했다면서 기계를 버리게 되었다고 화를 냈다.

"기곗값이 얼만데!"

소년공의 목숨값이 기곗값보다 싼 시대였다. 치료받는 기간에는 월급의 70%를 줘야 하는데, 이재명은 품삯을 받지 못했다. 그런 법이 있다는 건 까마득한 뒷날 알았다.'[41]

'다친 곳은 3주 정도 지난 뒤에 붕대를 풀었다. 상처 부위가 간지러워 긁어대니 피부가 뭉텅뭉텅 떨어져 나갔다. 그때 이재명은 단지 '살이 이렇게도 변하는구나'라고 생각했을 뿐이다.

동마고무에서 일당은 400원이었다. 월급으로 6000~7000원 정도였고, 그때 소년공들의 꿈은 일당 600원이었다. 거기에서 소년공들은 야근, 잔업, 철야를 배웠다. 어느 공장에도 야근과 철야가 일상이었다. 철야는 뿌리칠 수 없는 미끼처럼 소년공들을 유혹했다.

야근은 10시까지, 철야는 새벽 2시까지였다. 철야를 할 때는 저녁으로 생라면 한 개씩이 나왔다. 일하는 사람들이 환호했다. 환자식이나 보양식으로 먹을 정도로 라면이 대접받던 시절이었다. "와, 우리 사장님 마음씨 좋으시다. 전에는 아무것도 안 줬는데." 라면을 받으면 먹기 아까워서 가방에 넣고 집으로 가져갔다. 새벽 2시까지 쫄쫄 굶고 일을 하는데 4시까지는 통금이라 집에 갈 수 없었다. 작업대 밑이나 창고 바닥에 누우면 바로 잠이 들었다.'[42]

'사고를 당한 뒤 어머니는 거의 날마다 이재명의 출근길에 동행했다. 가난한 집 어머니는 아들 손을 잡고 (등교를 시켜주는 것이 아니라) 공장에 데려다줘야 했다. 공장 문 앞에서 아들은 어머니에게 도시락을 받아 안으로 들어갔다. 퇴근길에도 자주 마중을 왔다. 한번은 어머니가 퇴근시간에 맞춰 서두르다가 겨울 눈길에 넘어져서 다치기도 했다. 정식 공장이라고 좋을 줄 알았는데 자식이 다치고 보니 어머니는 다른 일자리를 알아봤으면 했다. 세 번째 직장은 어머니 뜻에 따라 그만두었다.'[43]

4. 아주냉동. '네 번째 공장은 '삼강사와' 회사의 기계용 아이스박스를 만드는 아주냉동이었다. 공정은 함석을 재단해서 접은 다음에 스티로폼을 잘라서 집어넣고, 프레온가스로 작동하는 냉각기를 설치하고, 모터를 달고 밖에 스프레이를 뿌리는 과정으로 이루어져 있었다.'[44]

'동마고무를 피해서 아주냉동으로 왔는데, 함석판을 자르고 접는 '샤링기(절단기)'는 위치를 정확히 맞추지 않으면 손가락 따위는 아무 느낌조차 없이 날아가고 만다. 프레스에서는 뼈와 살이 부서지고, 샤링기에서는 손가락이 잘려 나간다. 샤링기에 토막 난 손가락에는 신경이 남아 있어 손가락이 튕겨 도망을 간다. 기계 밑에서 가까스로 손가락을 찾아 봉지에 넣고 뛰던 청년을 이재명은 결코 잊지 못한다. 그 청년은 왼손만 세 번 잘렸다. 잘릴 때 잘리는 줄 모르다가 잘리고 나서 통증이 섬뜩하게 번져올 때야 비로소 잘린 줄 알게 된다. 14살짜리 소년 앞에도 샤링기가 왔다. 다행히 이재명은 공장을 떠날 때까지 손가락이 잘려 나가지 않았다.

함석을 옮기고 샤링기를 작동하고 가위질을 하고 스티로폼을 재단하고…. 이재명은 종합기술자가 되었다. 기술이 있든 없든 누구나 해야 하는 일이었다. 산재는 피할 수 없었다. 이재명의 몸에는 아직까지 100군데 가까이 함석에 찢긴 자리가 흉터로 남아 있다.'[45]

'이재명이 배우려고 한 건 용접이었다. 일당이 높았기 때문이다. 보조로 산소용접을 따라 했는데, 다음 단계의 기술은 끝내 가르쳐 주지 않았다. 하긴 트럭운전도 조수 생활을 몇 년 해야 핸들을 잡아보게 하던 시절이었다. 게다가 얼마 지나지 않아 공장이 문을 닫았다. 그때는 공장이 매일 망하고 또 매일 새로 생겼다.'[46]

'아주냉동에서는 하루가 멀다 하고 선임과 관리자들에게 구타를 당했다. 특히 관리자들은 속칭 '빠따'를 쳤는데 유독 이재명에게 그 정도가 심했다. 나중에 알고 보니 선배 공원들에게 형이라는 호칭을 붙이지 않는다는 것이 이유였다. 공원 생활을 한 지 2년이 넘은 데다 한창 사춘기여서 반항적인 구석이 없지 않았을 것이다. 안동에서는 친형제가 아니면 결혼 전까지는 그냥 이름을 불렀다. 어떤 항변도 소용없었다. 군사문화가 사회 전반을 지배하던 시절이었고, 나이에 상관없이 상명하복에 충실해야 했다. 엎드려뻗쳐, 오리걸음, 쪼그려 앉아 뛰기 등 군대 훈련소에서 받아야 할 기합들을 고스란히 감당했다.

소년공들 중에는 도시락을 싸 오지 못하는 친구들이 여럿 있었다.

방 하나에 2000~3000원 주고 몇 명이 모여 사는 이들이었다. 강원도 출신으로 자취하던 친구도 도시락이 없었다. 그 친구는 그냥 굶었다. 점심시간마다 수돗물로 배를 채우거나 굶는 것이 안쓰러워 도시락을 나눠 먹었다. 혼자 먹어도 모자라는 도시락을 둘이 먹으니 안 먹은 것만 못했다. 나중에는 아예 그 친구 몫까지 도시락을 싸서 다녔다. 꽤 오랫동안 도시락을 두 개씩 싸가지고 다녔다.

아주냉동 뒷산에는 봄이면 진달래가 피었다.

"아, 참꽃 참 맛있겠다."

안동의 골짜기 마을에서는 진달래를 먹을 수 있는 꽃이라고 해서 '참꽃'이라고 불렀다. 이재명에게 진달래는 꽃이 아니라 봄철의 먹을거리였다. 강원도 친구와 함께 공장 뒷산의 붉은 물결을 보며 입맛을 다셨다. 섣불리 뒷산으로 갈 수 없었다. 간부들의 감시 때문에 점심시간에도 공장 밖으로 나갈 수 없었다. 공장생활은 개인의 자유가 주어지지 않는다는 점에서 수감생활과 크게 다르지 않았다.'[47]

5. 대양실업. '다섯 번째 공장도 아버지가 추천한 곳이었다. 야구 글러브와 스키 장갑을 만드는 대양실업이었다. 상대원동의 아주냉동 바로 뒤쪽에 있었고, 이전 공장들에 비해 제법 체계가 잡혀 있었다.

글러브는 수출용품이라서 상당히 비쌌다. 노동자들 중에 글러브가 어디로 수출되는지 아는 이는 아무도 없었다. 국내에서 글러브는 일반에 널리 보급되지 않은 때였다.

이재명은 가죽을 옮기고 쌓고 프레스실로 올리고, 절단된 가죽을 쌓고 담아 2층에 가져다주는 시다 생활을 짧게 했다. 시다를 하는 동안 쉬는 시간이나 빈 시간에 몰래몰래 작업을 해보았다. 어서 기술을 배워야 기술자가 되고 월급을 더 받을 수 있었으니까.'[48]

'잠깐의 시다 생활을 거쳐 프레스공이 되었다. 다들 이재명의 손재주가 괜찮다고 했고, 기능공이 될 수 있었다. 15살에 프레스를 잡으면서 월급 13,000원을 받았다. 곁눈질로 선임기술자의 기술을 배웠는데, 그 기술자는 한쪽 손의 손가락이 2개였다. 인상이 험하고 폭력적이고 여공들을 자주 괴롭혔다. 그는 초등학교를 나왔고 군대를 가기 전이었으니 그때 18~19살이었을 것이다. 하긴 군대를 갈 수도 없었다. 그 나이에 양손 손가락이 합쳐서 7개뿐이었으니까.'[49]

'공장에 유압 프레스가 들어왔는데, 새 기계는 선임들 몫이었고 이재명은 기계식을 맡았다. 프레스는 단두대와 같은 원리였다. 프레스에 손으로 가죽을 밀어 넣고, 손을 빼면서 페달을 밟고, 프레스가 떨어지면서 가죽을 자른다. 프레스가 올라가면 이 작업을 반복한다. 손을 재빠르게 빼야 한다. 한눈팔고 딴생각하거나 손을 조금이라도 느리게 빼면 손이 잘린다.'[50]

'이재명이 초급 기능공 단계까지 갔을 때 프레스가 손목 관절을 으깨면서 골절이 일어났다. 다행히 손목 전체가 통째로 찍힌 게 아니라 바깥쪽 부분만 눌렸다. 엄밀하게 말하면 프레스가 내려와서 손목을 찍은 것이 아니라 손을 빼는 중에 프레스에 눌렸다고 해야 한다. 0.1초라도 늦었다면 이재명은 손 하나가 없거나 손목을 쓸 수 없게 되었을 것이다.'[51]

'치료는 하지 않았다. 그냥 붓는 정도라고 생각했다. 조금 다치는 일은 일상이었다. 손목이 잘린 것도 아니고, 그냥 아픈 정도를 갖고 병이라고 말하는 것은 사치, 허영, 엄살 중에 하나였다. 뼈가 잘못되었을 것이라는 생각은 하지 못했다. 의학지식도 산업재해에 대한 생각도 없었다. 아파도 일하는 것이 당연한 때였다.'[52]

'뼈가 으스러져 통증이 가실 리가 없는데도 이재명은 그냥 일했다. 하지만 프레스 작업대는 떠나야 했다. 프레스에서 일하려면 손을 계속 들고 있어야 했는데, 통증이 너무 심해 손을 들고 있을 수 없었다. 프레스를 떠나 2층 포장반으로 옮겼다.

공장 2층에는 들머리부터 미싱공들이 네 줄로 앉아 바느질을 했다. 글러브를 바늘로 박고 뒤집고 안에 내피를 넣고 뒤집는 작업을 했다. 70명가량 되는 미싱사 모두 여성이었다. 커다란 미싱 바늘이 미싱공 손가락에 꽂히는 것도 여러 번 봤다. 살을 뚫고 들어간 바늘은 손으로 뺄 수 있지만, 뼈에 박힌 바늘은 펜치로 잡아서 뽑아야 했다. 10대 중반의 소녀들은 바늘을 뺀 다음에 바로 미싱 앞에 앉았다. 방금 전 아무 일도 없었다는 듯이.'[53]

'프레스로 하루 동안 찍어낸 야구 글러브나 스키 장갑이 몇 개인지 소년은 모른다. 그 공장을 떠날 때까지, 공장을 그만두고 한참 지난 후에도 이재명은 스키가 무엇인지 몰랐다. 이재명이 알고 있던 겨울놀이는 비료포대를 타고 언덕에서 미끄럼을 타는 게 전부였다.'[54]

'16살 무렵 한 해 동안 키가 15cm쯤 자라면서 문제가 생겼다. 키가 자라면서 손목도 굵어졌는데, 왼손 손등으로 내려오는 뼈 2개 중에 바깥쪽은 자라지 않고 안쪽 뼈만 자라면서 통증이 심해졌고 뒤틀리기 시작했다. 관절이 으스러진 부분의 성장판이 깨지고 말았다.

몇 년 뒤 징병검사장에서 엑스레이를 찍은 군의관이 정확히 이렇게 말했다.

"이 새끼, 개판이구만."

그렇게 이재명의 팔은 손목 관절과 함께 '개판'으로 굽어버렸다. 한쪽 관절이 없어서 근육으로 버티고 있을 뿐이니 아파서 팔운동을 하는 것도 쉽지 않았다. 이재명은 지금도 한 손으로 넥타이를 매야 한다.'[55]

'군복 입은 관리자들이 출퇴근할 때 철근 옆에 애들을 쭉 세우고 각목으로 '빠따'를 쳤다. 나중에는 일주일에 한두 번 점심시간에 권투시합을 열었다. 선임들이 소년공 시다들을 불러 신참들에게 시합을 빙자해 싸움을 붙인 것이다. 글러브를 낀 주먹으로 맞는 충격은 맨주먹보다 컸다. 머리가 띵하면서 통증이 오래 갔다. 선임들은 권투시합에 브라보콘 내기를 걸었다. 시합을 해야 하는 소년공들이 돈을 내고 붙어야 하는 이상한 판이었다. 글러브를 끼고 시합한 적이 없는 이재명은 덩치가 작은 놈한테도 밀려 물러서기 일쑤였다. 연습할 기회가 있었다고 해도 굽은 팔로 시합을 한다는 건 턱없는 짓이었다. 그때는 프로레슬링과 권투의 시대였다.'[56]

'해태제과 브라보콘 1개 값이 130원 하던 때였다. 이긴 쪽 선임이 아이스크림 1개를 먹었고 시합을 한 2명에게도 강제로 먹였다. 돈을 내라는 것이었고, 지면 3개 값을 내야 했다. 삥(?)을 뜯는 것이었다. 아이스크림 3개 값이면 일당이었다. 이재명의 몸이 제일 약했고, 시합에서 계속 졌고, 선임과 이긴 상대편에 브라보콘 사준다고 일당을 많이 날렸다. 대양실업에 들어와서 처음 받은 월급이 9000원이었다.'[57]

'대양실업에서 이재명은 장애인 6급 판정을 받았다. 그 뒤로도 이재명은 장애를 숨기고 다른 공장에서 아픈 팔로 일했다. 대양실업에는 셋째 형 이름으로 다녔다.'[58]

6. 오리엔트시계. '17살에 이재명은 시계공이 되었다. 이재명이 다닌 6개 공장은 모두 상대원동에 있었다. 떨어진 거리라고 해야 1km 이내였다. 집에서 걸어서 15~20분이면 도착할 수 있었다. 오리엔트시계도 마찬가지였다.

오리엔트시계는 성남 공장에서 케이스, 문자판, 줄 그리고 시침, 분침, 초침을 제작했다. 이 공장에도 이재명은 다른 사람 이름을 빌려 들어갔다. 권영웅은 초등학교 친구였는데, 이재명보다 나이가 많아 이름을 빌려 쓸 수 있었다. 오리엔트시계를 1년 다닌 뒤 생애 처음으로 퇴직금을 받고 잠시 쉬다가 다시 일할 때 비로소 '이재명'으로 들어갔다. 1년은 '권영웅'으로, 나머지 1년은 '이재명'으로 다닌 것이다.'[59]

'이재명은 공장에서 시계를 받아 처음 차보았다. 상여금 대신 지급된 은색 시계였다. 공장도 가격이기는 했지만 팔리지 않는 제품이었다. 대개 새로 개발한 기종 중에 판매에 실패한 게 노동자들 몫이었다. 이런 수준의 시계는 전당포에서도 잡아주지 않았다. 방수도 안 되는 시계는 안 받는다는 식이었다. 시계를 받는다는 건 월급이나 상여금이 줄었다는 뜻이다.'[60]

'임금은 올랐다. 대양실업 다닐 때는 일당 300원에서 600원까지 받았는데, 오리엔트시계에서는 들어올 때부터 더 받았고 기능공이 되었을 때는 월급이 크게 올랐다. 실은 한국사회 전체의 임금이 상승할 때였

다. 오리엔트시계를 그만둘 때 월급이 70,000~80,000원 정도였다.'[61]

'오리엔트시계에서는 돌을 깎는 저석공을 1년 정도 했다. 그다음에 락카실에서 일했는데, 락카실에서는 마스크를 쓰지 못하게 했다. 문자판의 락카칠을 벗겨내고 씻는 것까지 이재명의 일이었다. 맨손으로 작업을 하다 보니 손톱이 녹아내렸다. 아세톤이 매니큐어를 지운다는 것은 나중에 알았다. 대개 사내들은 여자 친구가 매니큐어 지우는 냄새로 아세톤을 접하는데, 이재명은 그걸 공장에서 일상적으로 흡입했다. 벤졸도 곁을 떠나지 않았다. 문자판에 심는 식자구멍이 막히면 초음파 공정으로 뚫었는데, 그때 벤졸을 이용했다. 초음파실에서는 초음파의 힘으로 벤졸이 끓고 있었다. 이재명의 코는 비틀어지고, 한쪽 코로는 숨을 쉴 수 없게 되었다. 비중격만곡증이었다.'[62]

'언젠가 15살 소년 문송면이 온도계 공장에서 수은중독으로 죽었다고 했을 때, 이재명은 그다지 놀라지 않았다. 소년공들은 일상적으로 겪는 일이었으니까. 이재명 옆에서 사람들은 수시로 해고당하고 병들고 자살했다.

이재명은 냄새를 잃었고 냄새 못 맡는 남자가 되었다. 오른쪽 코가 으스러진 것이다. 꽃이 피어도 향기를 맡을 수 없게 되었다.

한번은 아내와 향기 때문에 다툰 적도 있었다. 아내가 복숭아를 깎았는데 맛난 것을 사 오지 그랬냐고 아내에게 핀잔을 주었다. 입으로는 맛을 느끼는데, 어릴 적부터 좋아하던 복숭아 냄새가 나지 않았던 것이다.'[63]

'대학에 들어간 뒤에야 공장시절 가까이했던 게 치명적인 유해물질이라는 걸 알았다. 오른쪽으로 틀어진 코를 바로잡는 수술은 성남시장이

된 뒤에 했다. 의사는 후각세포 55% 이상이 괴사되었다고 말했다.'[64]

'공장생활 6년 동안 이재명은 4년을 남의 이름으로 살았다. 그는 이름조차 없는 빈민 출신 소년 공돌이였다. 외할머니가 이재명의 돌 때 놋쇠 밥그릇을 선물했다. 그릇 안쪽에는 이재명 이름 석 자가 반듯하게 음각되어 있었다. 성남에 온 뒤 먹고살기가 버거웠을 때 아버지는 다른 놋쇠붙이들과 함께 그 그릇을 팔았다. 그건 단지 놋쇠 그릇 하나가 아니라 이재명의 이름이 사라지는 일이었다.'[65]

'공장생활은 중노동과 산재사고, 무수한 구타로 점철된 시간이었다. 폭력은 어릴 때부터 익숙한 것이기도 했다. 안동의 초등학교에서 교사들에게 수없이 매를 맞으며 자랐으니까. 그때 이재명은 복수심에 불탄 나머지 교사가 되겠다는 꿈을 꾸었다. 단지 실컷 때려보고 싶었기 때문이다. 그 꿈은 공장생활을 하면서 공장 간부로 바뀌었다. 실컷 때려보고 싶은 것은 같았다.'[66]

중노동, 산재사고, 폭력은 소년의 몸도 마음도 비뚤어지게 만들었다.

'아버지는 상대원시장 청소부였고, 어머니는 상대원시장 화장실 청소부였다. 어머니와 여동생은 상대원시장 화장실을 지키면서 돈을 받았다. 화장실 이용료는 소변 10원, 대변 20원이었다. 사춘기의 여동생은 소녀의 손으로 오줌 값을 받고 화장지를 쥐어줘야 했다. 이재명의 집 여인들은 욕스러운 일은 다 했다. 가족은 상대원시장에 의지해서 먹고살았다. 밥에서 쓰레기까지. 이재명의 형제자매는 지금도 (2017년 현재) 청소 일을 제일 많이 하고 있다.'[67]

2.3. 중 · 고등학교? 검정고시!

교복 입은 학생. '공돌이'에게 공부할 생각이 언제 처음 났을까? '아주냉동에서 일하던 어느 봄날이었다. 그날도 강원도 친구와 공장 바닥에 앉아 밥을 먹는데, 공장 울타리 바깥 민둥산이 온통 진달래였다. 교복 입은 학생 몇이 진달래가 핀 산 아래를 지나갔다. 그 진달래를 따라가서 학생이 되고 싶었다. 교복이야 늘 보던 것이지만 그날은 절실했다. 어떻게든 이 처지를 탈출하고 싶었다. 실은 그게 공부든 무엇이든 상관없었다.'[68]

'소년은 공장을 그만 다니고 싶었다. 새로운 공장에 가는 것도 두려웠다. 그때 그 생각이 울컥 들었다. 중학교에 한번 가봐야 되는 것이 아닌가 하는 생각. 아주냉동에는 야간에 공민학교를 다니는 교복 입은 사람이 한 명 있었다. 그 사람을 보면서 소년도 야간을 다녀볼까 하고 아버지에게 말했다. 아버지가 그런 생각은 하지도 말라고 해서 건넌방으로 건너가 한참을 울었다. 아버지는 공부해봤자 소용이 없다고 말했다. 필시 당신의 삶 때문에 그러하였으리라. 얼마 지나지 않아 그 공장이 망했고, 소년은 진학을 꿈만 꾸다가 다른 공장으로 떠나야 했다.'[69]

'가난과 굶주림 속에서 공장생활을 이어가던 어느 날 문득 생각했다. '계속 이렇게 살 순 없잖아.' 자유로운 삶이란 어떤 삶일까? 소년은 자기 나름대로 정의를 내렸다. 첫째, 남에게 얻어터지지 않는 것. 둘째, 배불리 먹는 것. 셋째, 자유롭게 다니는 것.'[70]

야생의 동물이 이렇게 산다. 공장의 인간은 야생의 동물보다 못하다. 동물원의 동물도 앞의 두 가지는 한다. 갇혀있다는 점에서 공장의 인간은 동물원의 동물과 비슷한 것 같다.

고졸. '자유로운 삶을 살려면 무엇을 해야 할까? 그 길을 제시해준 사람은 대양실업에서 소년을 제일 많이 괴롭힌 간부 홍 아무개 대리였다. 홍 대리는 눈이 약간 튀어나와 개구리눈처럼 보였다. 그의 위세는 대단했다. 그가 어떻게 높은 자리에 올라갔나 하고 뒷조사를 해보니 짚이는 답이 고졸이었다. 그래서 선임들에게 맞지 않고 관리자라도 되는 길은 고졸 자격이라고 '분석'을 했다. 목표는 개구리눈처럼 대리가 되는 것, 그래서 공부를 하기로 마음먹었다.'[71]

'그러고 나니 개구리눈이 고마웠다. 그는 걸핏하면 소년 이재명을 때리고 못살게 굴었다. 그가 죽도록 미웠다. 하지만 소년을 극단으로 몰아붙여 '더 이상 이렇게 살지 말라'라는 오기와 희망을 만나게 해준 것도 결국 그였다.'[72]

검정고시. '공장생활과 학교생활을 병행하는 것은 불가능했다. 그런데 대양실업에 다닐 때 공민학교를 다닐 필요 없이 검정고시를 보면 된다는 것을 알게 되었다. 중학교 검정고시부터 준비하기로 했지만 이 또한 만만치 않았다. 학원에 다니려면 30분 먼저 퇴근해야 하는데, 회사에서 허락하지 않았다. 사고가 있은 지 얼마 후 다행히 퇴근시간이 30분 앞당겨졌다. 검정고시학원에 등록했다. 아주냉동에서 꿈만 꾸었던 것을 대양실업에서 실행에 옮긴 것이다. 검정고시 종합반 학원비는 10,000원 정도였다. 프레스공이 된 뒤 15,000원 정도를 받았으니 월급 대부분이 공부에 들어간 셈이다. 아버지도 반대하지 않았다. 이재명이 스스로 번 돈으로 학원을 다닌 것이지만, 집안 형편으로 봐서는 너그럽게 이해한 것이라고 보아야 한다.'[73]

고입. '소년은 저녁 6시에 퇴근해서 곧장 학원으로 갔다. 10시가 넘도록 공부하고, 학원이 끝나면 집으로 왔다. 20원 안팎의 차비가 아까워서 공장에서 3km 떨어진 거리를 걸어 다녔다. 힘들다는 생각조차 사치로 느껴지던 시절이었다.'[74]

'검정고시 시험은 4월 초와 8월 초에 있었다. 종합학원은 4월 시험이 끝나자마자 새 강의를 시작하는데, 소년은 4월 29일에 갔으니 한 달 가까이 진도가 나간 상황이었다. 하는 수 없이 영어 빼고 다른 과목에만 매달렸다. 과목별로 40점을 넘어야 했고, 전 과목 평균 60점 이상이어야 했다. 그때 영어강사가 가르쳐 준 것이 8월 시험에서 위력을 발휘했다. 강사는 4지 선다형에는 '다'가 답이 많다고 했다.'[75]

'검정고시학원에 몇 달 다녔다. 그런데 돈을 아껴야 하니 학원보다는 주로 독서실에서 공부했다. 그때는 밤 12시부터 새벽 4시까지 통금이 있었는데, 새벽 2시 정도까지 독서실에서 공부하고, 책상이나 바닥에 엎드려 자고, 새벽 4시가 되면 일어나서 다시 집으로 와서 좀 더 자고, 7시 반쯤 일어나서 공장에 갔다. 저녁 6시에 퇴근하면 집에 와서 밥 먹고 도시락 싸서 독서실에 가는 생활을 반복했다.'[76]

'소년은 검정고시 영어에서 42.5점을 받았다. 그 이유를 지금도 알 수 없다. ABC도 모르던 소년으로서는 극히 우수한 성적이었다. 전 과목 평균은 67.5점이었다. 1978년 8월, 소년은 중학교 졸업자격을 갖게 되었다. 3개월 만에 고입 검정고시에 합격한 것이다.'[77]

'고입 검정고시를 마친 뒤 처음으로 집에서 좀 쉬었다. 고입 검정고시 후에 대양실업에 다시 들어갔다. 시험공부에 전념하려고 시험 한 달 전에 대양실업을 그만두었기 때문이다. 이번에는 '박승호'라는 이름으로 들어갔다. 들어간 지 5개월 만에 대양실업이 망했다. 다시 백수가 되었고, 또다시 아버지에게 들볶여야 했다.'[78]

대입. '대입 검정고시 공부는 오리엔트시계 저석실에서 시작했다. 하지만 상황이 여의치 않았다. 공부 때문에 야근을 하지 않으니 공장의 미움을 샀던 것이다. 제일 많이 들었던 말은 "공부한다고 출세할 줄 아냐"는 말이었다. 저석실 책임자 윤 씨는 공장에서 '직장'이라고 불렸는데, 직장은 이재명이 책 읽는 걸 싫어했다.

동료들과 다른 생활이나 꿈을 갖는다는 건 쉽지 않았다. 공돌이는 그냥 공돌이여야 했다. 이재명에게 수시로 악담을 퍼붓던 직장 윤 씨는 이재명이 공장을 떠나기 전에 스스로 목숨을 끊었다. 소년공이나 가난한 사람들은 꿈이 없는 게 아니라 꿈을 꾸는 법을 알지 못한다. 끊임없는 좌절은 자기 저주를 뼈에 새기게 한다.

그가 죽었다는 소식을 듣던 날도 소년은 저석실에서 그라인딩을 했다. 그날 저석실에서 소년은 더 많은 판을 갈아냈다. 눈물이 판에 떨어져 윤활 역할을 했는지도 모른다. 그토록 자기를 미워하던 사람이 죽었다는데, 눈물이 그치지 않고 흘러내렸다.'[79]

'저석실에서 일하다가 락카실을 지원한 건 공부를 하려는 생각 때문이었다. 락카실은 밀폐된 공간이고 도금의 마지막 단계인데, 먼지 한 점 없는 청정 지역이었다. 근무시간에도 허가 없이는 문을 열 수 없는 (완전히 밀폐된) 이중문 안쪽에서 일했다. 마스크를 써도 신나, 벤젠, 아세톤 같이 독한 화학약품 냄새가 진동하니 아무도 그 일을 안 하려고 했다. 소년이 일부러 그 일을 지원한 것이다. 어차피 혼자 작업을 했으므로 할당된 양의 일을 서둘러 끝낸 뒤 귀퉁이에 숨어 책을 읽을 수 있었다. 소년은 간섭 없이 일할 수 있었고 대입 검정고시 공부에 집중할 수 있었다. 그런데 독한 화학물질이 가득한 공간에서 오래 일해서 그랬는지 비중격(콧속에서 콧구멍을 분리하는 막)이 비틀어지고 후각을 거의 잃게 되었다.'[80]

'공장 일이 끝나고 집에 오면 이재명은 단칸방 앉은뱅이 재봉틀 위에서 미적분을 풀었다. 마당에 물통을 엎어 놓고 물통을 책상 삼아 공부한 적도 있다. 밤이면 팔목 언저리에서 통증이 번져왔다.

그냥 공장에 다니고, 좀 더 열심히 일해서 공장장이 되고, 나중에 프레스 기계 하나 들여놓고, 작은 공장 차려서 손가락 몇 개 더 날리고, 아이 낳고 사는 것, 그것이 이재명에게 정해진 길이었는지 모른다. 구부러진 팔이 그걸 거부했다. 천장을 뚫고 올라가면 다른 세상이 있으리라는 막연한 믿음에 부응할 수 있는 건 공부밖에 없었다.'[81]

'1980년 4월 이재명은 대입 검정고시에 합격하고 고등학교 졸업자격을 취득했다.'[82]

'축하해 주는 사람 하나 없었다. 고졸자격을 얻으면 무언가 바뀌는 게 있을 줄 알았는데 이재명은 오리엔트시계에서 여전히 락카칠을 하고 있었다. 아무도 관리자가 되라고 권하거나 그럴 가능성을 묻는 사람도 없었다. 그리고 서서히 팔이 비틀어지기 시작했다. 사실 저석공을 그만두고 락카실로 옮긴 것도 팔 통증 때문이었다. 저석공은 왼손으로 물을 뿌리면서 두 손을 동시에 써야 하는데, 통증이 점점 심해지고 있었다. 락카공은 주로 오른손을 사용했다.

소년은 죽은 저석실 직장이 퍼붓던 저주를 되뇌고 있었다.

"공부한다고 출세할 줄 아냐."

검정고시로 삶에서 바뀐 건 아무것도 없었다. 이재명도 합격 사실을 굳이 다른 사람들에게 말하지 않았다. 늘 하던 대로 밀폐된 방에서 아세톤과 석면을 들이마시며 칠을 했다.'[83]

2.4. 사춘기의 아버지 – 모든 아들의 '영원한 숙제'

'대입 검정고시 준비한다고 공부를 죽기 살기로 하는데, 아버지는 아들이 공부하는 걸 싫어했다. 공장에서 일하고 집에 와서 밤에 공부하는데 가족들이 잠든 시간이라서 형광등을 켤 수 없었다. 탁상 조명을 켜고 공부하는데, 아버지가 쓸데없이 전기를 낭비한다고 아들을 나무랐다. 30촉짜리 백열전구 탓에 깊이 잠들지 못했을 것이다. 전구 둘레에 백지를 붙여놓고 어느 날 공장에 다녀왔더니 전구가 5촉짜리로 바뀌어 있었다. 화장실에서 쓰는 5촉짜리 백열전구, 그것도 사용하다 버린 붉은 색 백열전구였다.'[84]

1980년 1월 일기, '새벽 2시까지 공부하는데, 아버지가 들어와서 30촉짜리 전구를 쓴다고 야단을 쳤다. 나도 요즘은 신경질이 나서 아버

지에게 말대꾸를 했다. 아버지에게 맞았다.'[85]

'식구들이 잠든 한밤중에 혼자 검정고시 공부한다고 불을 켜놓는 것이 여간 눈치 보이는 게 아니었다. 어느 날 아버지가 버럭 고함을 질렀다.

"그깟 공부 따위 해서 뭐 해? 잠 좀 자자. 잠 좀!"

그러고 나서 아버지는 불을 확 꺼버렸다. 밤새도록 아버지를 증오했다.'[86]

'성남에서 아버지는 자식들을 학교에 보내지 않고 공장에 나가게 했다. 공장을 그만두고 집에서 쉬기라도 하면 무조건 아버지의 리어카를 밀게 했다. 아버지는 백수 아들이 집구석에서 노는 꼴을 보지 못했다. 매일 새벽 폐지를 주워야 했고 쓰레기 더미를 치워야 했다. 17살 이재명은 그것이 너무 창피했다.'[87]

'어느 날 새벽에 쓰레기를 치우다가 동네에서 알고 지내던 여학생과 마주쳤다. 작업복 차림으로 폐지를 들고 있던 자신이 너무 초라하게 느껴졌다. 사춘기 소년은 그 여학생에게 쓰레기 치우는 모습을 보이는 것이 죽도록 싫었다. 아버지는 아랑곳하지 않았다. 그날 겪었던 안타까움과 창피함 때문이었을까? 하루는 괜스레 슬퍼져서 집 밖으로 뛰쳐나가 한참을 울었다.'[88]

'다음날 새벽이면 소년은 어김없이 아버지의 지청구를 들으면서 시장 청소를 도와야 했다.

"공부는 무슨…."

아버지는 혀를 찼다. 소년은 아버지가 끄는 청소용 손수레를 밀면서

어금니로 눈물을 씹어야 했다.'[89]

'소년은 교복 한번 입어보지 못한 신세를 벗어나고 싶었다. 긍정적으로 살아보려고 마음을 먹어도 작심삼일이었다. 점점 살기 싫다는 생각이 들었다. 하지만 언제부터인가 내면 깊은 곳에서 무엇인가 꿈틀대기 시작했다. '그래, 죽을힘을 다해 살아보자!'[90]

'아버지의 말, "공장에서 착실히 일이나 할 것이지 쓸데없이 공부는 무슨…."

공부를 해서 바꿀 수 있는 운명이 아니라고 생각한 것인지, 당신이 대학은 다녔지만 상대원시장 청소부로 전락해서 그랬는지, 자식의 공부 뒷바라지를 못 하는 자격지심 때문인지 알 수 없었다. 아버지는 뼛속 깊이 절망으로 가득 찬 사람처럼 보였다. 공장에서 간부들이 휘두르는 주먹보다 아버지의 그 절망이 몇 배는 더 아팠다. 소년이 극복해야 할 대상은 가난과 시련이 아니라 아버지였을지 모른다.'[91]

'아버지처럼 살지 않겠습니다. 소년은 이 마음 하나로 독하게 공부를 해나갔다. 그리고 중학교 검정고시를 거쳐 고등학교 검정고시까지 붙었다. 소년은 해냈다는 심정으로 고등학교 검정고시 합격증을 제일 먼저 아버지에게 보였다. 아버지는 합격증을 받아들고도 아무 말이 없었다. '수고했다, 잘했다'라는 말은 기대하지 않았지만, 최소한 고개는 끄덕여줄 수 있지 않은가. 소년은 그대로 밖으로 나가 공단 거리를 걷고 또 걸으며 울분을 삭였다.'[92]

'소년이 대학입학 학력고사를 마치고 수원교육청에 성적표를 받으러 가는 날 아버지가 말했다. '수원 출장 가는 길에 성적표를 찾아올 테니 차비 버리지 말고 그냥 집에서 기다려라.' 하지만 소년은 이미 문제집을 사서 사전 채점을 했다. 장학금 받고 대학 다닐 수 있을 정도의 점수가 나왔다. 안 갈 수 없었다. 차비 몇백 원 아끼느니, 빨리 가서 확인하고 싶었다. 기분 좋게 성적표를 들고 집에 왔는데 아버지가 고입, 대입 검정고시 합격증과 공부하던 책을 갈기갈기 찢어놓고 나갔다. 합격증은 방바닥에 찢어진 채 흩어져 있었다. 소년은 무릎이 꺾이고 말았다.

"어떻게 받은 합격증인데…."

아버지에 대한 증오는 그렇게 켜켜이 쌓여갔다.'[93]

'그 뒤로 아들은 아버지와 대화하지 않았다. 아버지도 아들 일에 관여하지 않았다.'[94]

일기장. '이재명은 '팔 병신'이 된 다음부터 반팔 옷을 절대 입지 않는다. 아무리 더워도 긴팔 옷을 입는다.' 1980년 7월 일기, '반팔 입고 다닐 수 있는 날이 언제나 오려는지. 매일 긴팔 남방 입고 다니는 것이 지겹다. 남들이 모두 나만 쳐다보는 것 같다. 정말 깨끗이 인생을 끝내 버리면 좋겠다는 생각이 든다.'[95]

'팔 병신이 되어간다는 사실과 생전 처음 경험한 극심한 통증에 크게 절망했다. 세상 끝까지 좌절하고 타락하고 싶어졌다.' 1980년 7월 일기, '정말 사는 것이 이런 것인가? 죽음! 이것만이 내가 찬미할 수 있는 단어다. 팔은 아픈데 누구도 나를 이해하지 못한다. 현재의 내 상태를 털어놓을 사람이 아무도 없다. 외롭다. 정말 이런 게 삶인가. 지옥, 어떤 곳인지는 모르지만 이곳보다는 나으리라.

어떻게 해야 할지 모르겠다. 정말로 아버지는 하나도 이해하지 못할까? 좀, 좀 더 나를 이해하면 얼마나 좋은가? 미치겠다. 머리 깨고 죽어버릴까? 오늘 낮에도 주먹으로 벽을 쳐서 뼈에 이상이 생겼는지 손이 아프다.'[96]

'대입 검정고시에 합격했는데, 아버지는 다시 공장에 들어가서 돈 벌어 팔을 고치라고 한다.' 1980년 5월 일기, '아버지가 회사 구하러 가자고 나를 끌고 나갔다.' 1980년 6월 일기, '한데 팔이 아프다. 이제는 가만히 있기만 해도 아프니 점점 악화되는 모양이다. 정말 어떻게 해야 할지 모르겠다. 팔은 놔두고 그냥 공부할지, 아니면 회사 들어가서 팔 고치고 내년에 학교 들어가야 할지 모르겠다.'[97]

1980년 6월 일기, '오늘은 유난히 팔이 아프다. 저녁때 아버지가 종이 판다고 나보고 갖다 실으라고 했다. 정말 이상하다. 아버지는 내가 잠시라도 쉬는 게 보기 싫은지 힘든 일은 다 나보고 하라고 한다. 내 팔이 아픈 줄 잘 알 텐데 말이다. 정말 그렇게 화가 날 수가 없다. 아버지라고 나를 하나도 이해하지 못한다니 정말 슬픈 생각이 든다.

정말 이제는 죽고 싶은 생각만이 간절하다. 죽어버리면 만사가 깨끗이 끝날 것 아닌가. 이 생각 저 생각으로 골치만 아프다. 정말 어떻게 해야 할지 갈피를 못 잡겠다. 아버지는 회사에 들어가서 치료비 벌어서 수술하란다.'[98]

1980년 5월 한국사회의 암흑기에 이재명은 인생의 암흑기를 겪었다. 18살의 이재명은 두 번이나 자살을 기도했다.

'새벽마다 아버지 목소리에 잠을 깨는 것이 죽기보다 싫다. 반항하고 짜증도 냈지만, 아버지를 도저히 이길 수 없다.' 1980년 7월 일기, '왜, 왜, 왜 내가 아버지를 피해야 하는가? 원수도 아니고 적도 아니다. 아들을 이해할 수 있는 그런 친근한 아버지가 아닌가. 하지만 나와 아버지의 관계는 원수 그것이다. 누구에게 신나게 얻어맞으면 시원할 것 같다.'[99]

'아버지는 오리엔트에 재입사하라고 했다.' 1980년 6월 일기, '오늘은 내가 회사 발표 보러 간다고 사기 친 날이다. 서류도 안 냈으니 안 될 건 뻔하다. 산에 가서 책 좀 보다가 집에 들어왔다. 아버지가 어떻게 됐냐고 물었다. 안 됐다고 했다. 고물 장사가 와서 종이 사는데 아버지는 나보고 내려 주라고 했다. 자기는 꼭 나 시켜놓고 놀더라.'[100]

1980년 5월 일기, '오늘 직장 못 구하면 죽어버려야지. 수면제 먹고 방에 연탄불 하나만 피워 놓으면 될 것 아닌가. 막상 집에 와서 누워 생각하니 18살이라는 나이에 자살한다는 건 미친 짓일 것 같았다.'[101]

'아버지가 쓰레기 치우러 오지 않아도 된다고 했는데 괜히 따라나섰다가 사달이 났다. 종이를 주우면서 팔이 아파서 얼굴을 찡그렸다. 내 얼굴을 본 아버지가 짜증 섞인 소리를 질렀다. 팔이 아파서 발로 종이를 밟았더니, 아버지는 나에게 자꾸 말썽 피우면 팔을 영원히 안 고쳐 주겠다고 윽박질렀다. 나는 너무 억울해서 이가 갈리고 온몸이 후들거렸다. 내일 당장 죽어버려야겠다고, 깨끗이 사라져 버려야겠다고 결심했다. 결심을 하고 나니 세상만사가 모두 평화로웠다. 죽으면 다 끝날 테니까. 아버지 잔소리도 아무 상관이 없었다.'[102]

1980년 6월 일기, '집에 돌아오니 1시였다. 연탄불을 하나 샀다. 다락에 올려놓았다. 수면제 먹고 옆에 누웠다. 수면제를 먹었는데도 이상하게 잠이 오지 않았다. 결국 잠들었다. 다시 깨어났다. 연탄불은 꺼져 있었고 자살 시도는 실패했다. 죽는 것도 쉬운 일이 아닌 것 같다. 또다시 지겨운 생활이 시작될 것이다.'[103]

두 번째 자살은 오리엔트에 입사 서류를 낸 후에 시도했다. 1980년 7월 일기, '오늘은 오리엔트 면접날이다. 오늘까지 죽어버리지 않으면 안 된다. 연탄 집에 가서 연탄 한 장 샀다. 집에 오니 아버지가 자고 있어서 다락에 준비했다. 한 개로는 안 될 것 같아서 하나 더 샀다. 이제 준비는 끝났고 수면제를 삼켰다. 하지만 잠이 오지 않았다. 눈을 말똥말똥하니 뜨고 있는데 매형이 들어왔다. 이상하게 생각했는지 그만 다락문을 열어보고 말았다. 죽으려는 계획이 들켜서 두 번째로 실패하고 말았다. 울음이 나왔다. 아버지한테 복수하려던 생각이 틀어져 버렸다. 매형이 회사까지 따라왔다. 그때가 2시였으니 면접은 벌써 시작했겠지만 그래도 가야 했다. 매형은 그게 의심스러운지 내가 회사 들어가는 걸 보고 안심한 모양이다. 죽음도 이렇게 어려운가. 죽었으면 편할 것을. 이 일은 매형만이 알 것이다. 차라리 집안 식구가 알았으면.'[104] 얼마 지나지 않아 소년은 저승길만도 못하다고 여겼던 오리엔트 공장에 재입사했다. 나중에 알고 보니 약사는 수면제 대신에 번번이 소화제를 팔았다.

일기에는 이런저런 생각이 막 전개되기도 한다. 사춘기의 혼란스러운 감정이 여과 없이 드러난다. 1980년 1월 일기, '지금 새벽 2시인데 아버지가 들어왔다. 아버지가 썩은 귤 2개를 가져와서 엄마 먹으라고 꺼내니 엄마가 신경질을 냈다. 그걸 나 먹으라고 주었다. 나도 보기 싫었다. 지금도 책 보는데 아버지가 불 끄란다.'

1980년 2월 일기, '공부 좀 하려고 했더니 아버지가 봉투 만든다고 온 방바닥을 난리를 만들었다. 한참을 텔레비전만 봤다. 아버지가 나갔다가 들어올 때 썩은 사과를 갖고 와서 먹었다.'

1980년 5월 일기, '쓰레기 치우다가 아버지가 쓰레기 더미에서 토마토를 주워 먹는 것을 보았다. 마음이 괴로웠다. 나에게 배를 하나 주었다. 안 받겠다고 했는데 결국 받았다. 나갈 때는 죽고 싶어서 내일 수면제 사다가 먹고 죽으려고 했는데, 갑자기 죽는 것이 싫어졌다. 집에 와서 배를 깎아 먹었다. 특별한 맛이 없었다. 그냥 삼키는 것이었다. 차라리 아버지에게 나의 답답한 심정을 이야기할까? 아버지도 참으로 불행한 사람이다.'[105]

'소심한 성격에 외롭고 고독했던 소년에게 일기는 마음을 털어놓을 유일한 통로였을 것이다. 일기는 그 당시 험한 세월을 온몸으로 겪은 과정에 대한 정직한 기록이다.'[106]

이재명은 1979년 12월부터 1989년 봄까지 일기를 썼다. '10년 동안 쓴 일기는 나의 손을 잡고 같이 길을 걸은 유일한 길동무였다. 모두 잠든 밤에 홀로 깨어 일기를 쓰노라면 풍랑이 일던 내 마음에 어느덧 평화가 찾아왔다. 마음이 괴로울 때면 일기를 더 열심히 썼다. 일기는 나를 달랠 유일한 대상이었다.'[107]

이때 일기를 쓰지 않았으면 소년은 안으로 폭발했거나(자살) 밖으로 폭발했을(범죄) 것이다. 일기장이 소년의 마음을 치유했다.

아버지와 아들. 없는 집 자식이 공부해봐야 아버지 꼴 난다는 나이 든 아버지의 눈물겨운 체험, 대학물 먹었지만 모든 걸 다 버리고 성남에서 쓰레기 청소부로 악착같이 살아 적어도 식구 밥은 굶기지 않겠다는 아버지의 마음, 그런데 자식이 자꾸 엇나간다. 가당치 않은 꿈을 꾼다. 아버지가 밟은 전철을 그대로 밟으려고 한다. 그것만은 말려야 한다. 돈 없어 대학을 중퇴한 좌절과 절망을 아들에게 물려줄 수는 없다. 그런데 아들은 10대이고 사춘기이고 희망을 가지려고 한다. 불가능한 꿈에 도전한다. 공돌이 생활하고 온갖 산재를 당하면서도 공부한다. 살아보려고, 어떻게든 살아보려고. 그 꿈을 다른 사람도 아닌 아버지가 짓밟는다. 아버지를 증오한다. 증오하고 또 증오한다. 이렇게 부자는 나이와 세상 경험의 차이에 따라 엇나가고 엇나갈 수밖에 없다. 평행선을 달리고 화해도 없고 해결방법도 없다.

아들은 아버지를 극복해야, 아버지를 '죽여야' 어른이 된다. 이게 모든 아들의 숙명일지 모른다. 아버지도 아들을 '죽인다.' 잘 먹으라고 죽이고, 키 크라고 죽이고, 사내자식이 그런 것 가지고 운다고 죽이고, 공부하라고 죽인다. 그러면서 혼내고 야단친다. 그게 사랑이라고 한다. 그게 아들에게 '폭력'으로 다가온다는 걸 아버지는 모른다. 아들은 그런 아버지를 저주하고 증오하고 또 저주하고 증오한다. 그 아들이 자라서 어른이 되었을 때, 그게 아버지의 사랑이었음을 알게 된다. 아들은 어른이 되어 자신은 친구 같은 아버지가 되겠다고 다짐하지만, 아버지가 되면 자기 아들에게 똑같이 한다. 아버지가 자기에게 했던 말과 행동을 아들에게 똑같이 한다. 이 '레퍼토리'는 부자관계에서 영원할지 모른다. (요즘에는 그렇게 똑같이 하지 않는 아버지가 늘고 있다.) 이런 과정을 절절히 겪었다는 점에서 필자는 이재명이 '평범하다고' 본다. 소년 이재명은 지독한 혼돈의 사춘기를 겪어 정상적인 어른이 된 것이다.

아버지의 청년기. '아버지는 일반하사관으로 공군을 제대한 뒤 어머니와 혼인하고 뒤늦게 야간학교와 청구대학(현재 영남대학교의 전신)에 다녔다. 그런데 어느 날 대학을 중퇴했다. 학비를 마련할 수 없었던 것이다. 논밭 하나 없이 화전을 일구어야 할 만큼 가난한 집에서 대학에 다닌다는 것 자체가 무리였을 것이다. 그때부터 아버지는 '공부'라는 말만 나오면 표정이 일그러졌고 자식의 교육에도 무관심으로 일관했다. 아버지는 대학을 그만두고 태백에서 탄광 관리자 노릇도 하고 잠시 교사도 했다. 그 때문에 큰형과 큰누나는 태백에서 태어났다.'[108]

'그리고 고향에 돌아와 농사꾼이 되었다. 이재명의 집안은 할아버지 때부터 봉화군 도촌리에 살았다. 안동으로 돌아온 아버지는 산에서 돌을 골라내 밭을 일구었다. 다들 조, 피, 수수를 심을 때 아버지는 천궁, 박하 등 약초를 재배했다. 요즘 같으면 신농업을 한 셈인데, 경제적으로 별반 도움이 안 되어 집은 늘 빈궁했다. 아버지는 집안일보다 동네일을 많이 하는 편이었다. 사람들 호적신고를 대신 해주거나 이름을 지어 주는 게 아버지의 '주업'이었다. 아버지는 마을 일을 자임한 이장이었다. 아들은 집안을 돌보지 않는 아버지의 그런 모습을 싫어하면서도 어쩌면 그 영향을 받았을 것이라는 생각을 이따금 한다.'[109]

'성남에서 아버지는 청소도 하고 관리도 하고 사람들에게 끊임없이 인사를 했다. 시장에 있는 가게 청소도 하고 쓰레기도 치웠다. 가게 한 집에 한 달에 2000원씩 받았다. 동네 구석구석을 돌아다니며 청소했다. 고물상도 했다. 아버지는 쓰레기 더미에서 썩은 과일을 주워 자식들에게 먹였고, 『삼국지』 같은 책을 챙겨 자식들에게 읽혔다. 영어 공부하라고 카세트도 주워왔다. 아버지가 돈밖에 모르는 사람처럼 보인 것, 대학 중퇴 학력에 청소부도 마다하지 않은 것, 그것이 아버지가 자식들을 위해 할 수 있는 최선의 노력이자 사랑이었다는 것을 소년은 오랜 후에 깨달았다.'[110]

아들이 깨달을 때까지 부자는 감정의 평행선을 달릴 수밖에 없었다.

3. 격렬한 청년기 – '알을 깨고 나오는 새'

3.1. 공돌이에서 대학생으로 변신하다

대학 입학. 대입 검정고시에 합격했지만 대학에 갈 수 있으리라는 확신은 없었다. 1980년 6월 일기, '저녁에 들어와서 재선이 형하고 이야기하던 중에 내가 주간대학 가겠다고 했더니, 형이 그 돈이 어디서 나냐고 반문했다. 그 소리에 소스라치게 놀라서 생각해보니 과연 그 말도 맞는 말이었다. 공허한 생각이 들었다. 바깥에 나가 한참 돌아다니다가 들어왔다. 지금 내 마음은 갈피를 못 잡는다. 어떻게 해야 하나?'[111]

1980년 8월 일기, '나는 야간대학에 가기 싫다. 학교는 초등학교밖에 못 나오고 중 · 고교는 얼렁뚱땅 교복 한 번 안 입고 졸업해 버렸는데, 대학만이라도 시간 좀 갖고 공부하고 싶다. 한데 국보위에서 7월 30일부로 과외와 가정교사 금지령을 내려 그나마 한 가닥 희망이 꺼지고 말았다.'[112] 이재명은 대학에 가면 과외 아르바이트로 학비와 생활비를 벌려고 했다.

'희망이 생겼다. 대학입시제도가 바뀐 것이다. 군사쿠데타로 본고사가 폐지되면서 1981학년도부터 학력고사 성적만으로 대학에 갈 수 있게 되었다. 하지만 그건 제도였지, 그게 곧 대학을 다닐 수 있다는 걸 뜻하지는 않았다. 사립대학 등록금은 상상을 초월하는 액수였다. 10만 원쯤 받던 당시 이재명의 월급 1년 치를 합쳐도 가지 못할 판이었다.'[113]

'그런데 대학 4년간 장학금을 주는 사립대학들이 생겨났다. 여기에 더해 생활비 명목으로 돈을 받으면서 대학에 다닐 수 있는 제도가 생겨났다. 학력고사는 4지 선다형이니 해볼 수 있겠다는 판단이 섰다. 고민 끝에 대학에 가기로 결심했다. 야간대학이나 전문대학이 아니라 4년제 주간대학에 가기로 마음먹었다. 교복을 입지 못한 설움과 상처를 씻어 버리고 싶었다. 죽을 각오로 이를 악물고 학력고사에 매달려 1982년 3월 중앙대학교 법학과에 들어갔다.'[114]

김창구 원장. '내가 대학에 갈 수 있으리라고 믿게 된 데는 한 사람의 애정 어린 격려를 빼놓을 수 없다. 대입 검정고시를 준비하면서 성남의 성일학원에 다닌 적이 있다. 얼마 뒤 돈이 없어 더 다닐 수 없다고 하자, 원장선생님은 무료로 다니라고 했다. 들어본 적 없는 말이었다.

"재명아, 너는 가능성이 있어. 조금만 더 해봐라."

입시생으로 돈을 버는 사설학원이지만, 김창구 원장은 처음으로 내 머리를 쓰다듬어준 선생님이었다.

김 원장은 돈 없는 학생들에게 공부를 할 수 있도록 배려했다. 나는 김 원장을 통해 공부를 하고 싶은 의욕을 느꼈다. 그는 나를 인정해 주었고 감싸 주었고, 배고픈 걸 걱정해 주었고, 영어와 수학 공부를 가르쳐 주었고, 무엇보다 삶은 사랑이라는 걸 일깨워 주었다.

대학에 다닐 때도 나는 옛 시청 앞에 있던 학원으로 김 선생님을 만나러 가고는 했다. 선생님에게 가는 발걸음은 늘 가볍고 즐거웠다. 그는 나의 성장기에 유일한 은사였다.

"너는 다른 놈이다. 널 믿어라."

나중에 사법고시에 합격해서 찾아갔을 때 은사님은 나를 안더니 말 없이 눈물을 흘렸다. 스승은 학원을 운영하다가 세상을 떠났고, 그 인연은 스승의 처남에게로 이어져서 지금에 이르고 있다. 김 선생님은 내게 세상은 사랑할 때만 빛을 뿜어낼 수 있다는 걸 깨우쳐 주었다.'[115]

'어떤 사람들은 공짜 학원수강에 그렇게 큰 의미를 부여할 수 있느냐고 묻는다. 하지만 그건 학원비가 없어서 공부할 수 없는 검정고시생의 처지를 모르는 말이다. 그것은 돈이 아니라 따뜻한 배려와 관심인 것이다.'[116]

대입 공부. '1981년 3월, 이재명은 답십리 삼영학원에 등록한 뒤 본격적인 대입 준비를 시작했다. 오리엔트시계의 공장일이 끝나고 삼영학원 종합반에 다녔다. 성남에서 버스로 한 번에 갈 수 있는 곳은 그곳뿐이었다. 공부는 저녁 7시에 시작해서 10시에 끝났다.'[117]

'공장에서 바로 학원에 가서 공부하고 집에 오는 버스를 타면 영어 단어장을 든 채 잠이 들기 일쑤였다. 사기막골 종점에서 깨어나 집으로 돌아와야 했다. 이래서는 안 되겠다는 생각이 들었다. 종합학원을 끊고 5월 말부터는 상대원고개에 있는 인현독서실에서 공부했다. 밤에도 집에 가지 않고 공부했다. 그래도 성적이 오르지 않아 공장을 그만두기로 했다.'[118]

'1981년 7월 공장을 그만두었다. 오리엔트시계에서 두 번째 퇴직금을 받았고 아무도 환송하지 않았다. 8월부터 삼영학원 (야간부가 아니라) 주간부에 다녔다. 그때부터 10월까지 3개월간 낮에는 학원에서, 밤에는 독서실에서 집중적으로 준비했다.'[119]

'공부는 그냥 죽기 살기로 해야 한다. 투자한 절대 시간으로 결판난다. 독서실 책상에 압정을 뿌려놓고 문제집을 풀었다. 압정 효과는 일주일이 가지 않았다. 압정 두어 개에 찔린 채로 그대로 잠든다. 가시 달린 아카시아나무 매질도 소용없었다. 몸이 점차 공부에 적응하고 집중도가 높아지니 그제야 공부시간이 늘어났다.'[120]

'공부 중에 영어를 말로 하는 것은 심각한 문제였다. 나중에 사법고시 1차에 영어로 말하기 시험이 있었는데, 이재명의 발음을 아무도 알아듣지 못했다. 이재명은 영어를 들어본 적이 없다. '나홀로 영어'였다. 아직도 이재명의 기억에 남는 단어가 몇 개 있다. 이재명에게 '바이블'은 '비블'이었고, '아이언'은 '아이롱'이었고, '아일랜드'와 '이질랜드'가 다른 건 줄 알았다. '아일랜드'는 나라 이름을, '이질랜드'는 섬을 뜻했다.'[121]

'학력고사 성적은 좋았다. 그런데 성적보다 돈이 문제였다. 중앙대에서 학점과 상관없이 3학년까지 등록금을 면제하고 월 20만 원의 생활비까지 지원하겠다고 했다. 그래서 중앙대에 갔다. 법학과는 중앙대에서 합격선이 제일 높아서 선택했다. 최소한 3년 동안은 큰 걱정 없이 생활할 수 있고, 이제부터 성적에 신경 쓰지 않고 좀 놀아봐야겠다는 생각뿐이었다.'[122]

'중앙대 법학과 입학은 공돌이가 대학생으로 탈바꿈하는 순간이었다.'[123] 초등학교 5학년 겨울, 차디찬 헬리콥터를 만지면서 느낀 꿈같은 것?

교복 입은 대학생. '이재명은 대학 입학식 날 교복을 입고 사진을 찍었다. 1980년대 대학 캠퍼스에 교복을 입는 대학생은 없었다. 이재명은 처음 입은 교복 차림이 몹시 어색하고 쑥스러웠다. 마치 일제강점기 시대의 대학생 모습 같았다. 그래도 이재명은 '교복 입은 중 · 고등학생'의 자격과 시간을 통째로 빼앗긴 아픔을 보상받아야 했다. 그만큼 교복에 대한 갈망이 컸고, 교복을 갖고 싶었고 입고 싶었다. 그것은 '평생 처음 갖게 된 나만의 교복'이었다.'[124]

'이재명은 1982년에 대학에 들어갔으니 이른바 82학번이다. 이재명은 학생 모두 사용하는 '학번'이라는 말이 낯설었지만 표를 내지는 않았다. 그건 소년공들과 다른 세상에 사는 청년들만이 사용하는 선민적인 용어였다.'[125] 교복은 대학에 어색했고, 학번은 이재명에게 어색했다.

대학 공부. '대학생이 되자마자 실력의 한계를 절감했다. 6년 걸리는 중 · 고등 과정을 1년 3개월 만에 마친 것이 문제였다. 한자가 제일 큰 문제였다. 경제학원론과 법학개론 교과서를 펼쳐보는데 토씨만 빼고 모두 한자였다. 내가 딱했던지 아버지가 한자를 도와주겠다며 옥편을 하나 사주었다. 왠지 아버지가 가깝게 느껴지는 순간이었다. 처음에는 한자를 쓴다기보다 그림을 그리듯이 따라 그렸다. 엉망진창 글씨체도 문제였다. '예기하다'가 아니라 '얘기하다'가 맞는다는 사실을 대학 1학년 1학기를 마칠 즈음에야 알 정도였다. 대학 공부하는 방법을 전혀 몰랐고, 주관식 시험을 어떻게 준비해야 하는지 전혀 감이 잡히지 않았다. 첫 번째 중간고사 법학시험을 완전히 망쳤다. 아는 내용인데 답안을 쓰는 것이 너무 어려웠다. 충격을 받았다. 독서량도 부족했고, 작문 과제나 철학 리포트를 쓰는 것도 너무 어려웠다. 생전 한 적 없는 일을 억지로 해야 하는 막막함이었다.

하지만 포기할 수 없었다. 이 어려움은 몇 년에 걸쳐 서서히 사라졌다. 모든 문제를 해결하는 데는 시간이 필요하다는 것을 깨닫게 되었다. 대학에 장학생으로 들어왔다고 으쓱하는 마음이 생기자마자 좌절에 빠진 것이다.'[126]

3.2. '1982년 5월' 광주 – 철조망으로 감긴 나무

광주의 폭도. '1980년 4월 대입 검정고시에 합격하고 난 뒤 잠시 집에서 쉬다가 같은 공장에 다시 입사했다. 이번에는 '이재명'의 이름으로 들어갔다. 오리엔트시계에 두 번째로 입사하면서 이재명은 이름 없는 소년공에서 벗어났다.

그 직후 '광주사태'가 일어났다. 18살 이재명은 신문과 방송에 나오는 대로 주변 사람들이 하는 말을 따라 광주와 전라도를 향해 욕설을 퍼부었다. 이전부터 갖고 있던 뒤틀린 자부심이 동조했다. 공돌이였지만 이재명은 경상도라는 자부심이 있었다. 공장에서 두들겨 맞고 산재사고를 당하면서도 '나는 경상도야'라는 황당무계한 우월감을 갖고 있었다.'[127]

'공장생활을 하는 동안 관리자 대부분이 경상도 출신이라는 것이 이재명의 자부심이었다. 노동자들은 대개 전라도 출신이었고 나머지는 강원도 출신이었다. 비록 헐벗었지만 어떻든 전라도 사람들보다 위에 있다고 믿었다. 아무런 까닭도 어떤 근거도 없었다. 자기 처지가 비천한데 깔볼 수 있는 대상이 있어서 희열을 느낀 것이다. 저 깊은 본심에서 그걸 모를 리 없다. 군사독재 권력은 이를 의도적으로 조장하면서 대중을 갈라놓고 지배했다. 이재명은 그 증오의 폭력에 스스로를 동원한 저열한 티케이(TK)였다. 하물며 '나는 경북 출신인데 왜 관리자가 아닐까?' 하는 의문마저 품은 적이 여러 번 있었다. 이재명은 그 사악한 이익의 수혜자이기를 바라고 있던 추악한 존재였다.'[128]

'TV로 광주사태를 보면서 사람들은 '전라도 새끼들은 죽어야 한다' 라고 했다. 전라도 새끼들은 폭도이고 빨갱이라는 욕설에 이재명도 동조했다. 그 당시에 광주민주화운동 열사들을 용공분자나 폭도로 몰아붙였다. 광주사태는 전라도 새끼들이 북한군과 손잡고 나라를 결딴내려고 폭동을 일으켰다가 군인한테 총 맞아 죽은 것이라고 했다. 이재명은 그 말을 100% 믿었고, 호남 비하로 왜곡된 자부심을 형성하고 있었다. 그게 잘못되었다는 건 한참 뒤에 깨달았다.'[129]

광주의 진실. '캠퍼스에 5월이 찾아왔고, 5월은 광주의 시간이다. 대학 신입생의 눈에 비친 5월은 사복경찰들이 캠퍼스 곳곳에 진을 치고 있는 모습으로 채워졌다. 교정의 나무들마다 철조망이 둘러쳐 있었다. 처음에는 '나무를 왜 저렇게 열심히 보호하나?' 하고 생각했다. 특히 중앙도서관 앞에는 큰 가시나무가 한 그루 있었는데, 그 나무에는 뿌리 근처부터 가지가 갈라지는 지점까지 철조망이 둘러쳐 있었다. 신입생은 대학이라는 곳에 온 적이 없고, 단지 상당히 독특한 방법으로 나무를

보호한다고 생각했다.'[130]

'어느 날 한 학생이 철조망에 긁혀 피를 질질 흘리면서 나무 위로 올라가서 무엇이라고 외쳤다. 그 학생이 하는 말을 알아듣기도 전에 그의 손에 들려 있던 종이 여러 장이 허공으로 흩날렸다. 그 학생이 거기에 머문 시간은 길어야 2~3분이었다. 곧 학교 안에 있던 전경이 달려왔고 몽둥이로 때리면서 그를 낚아채 갔다. 그는 광주 어쩌고 했고, 분위기가 자유로운 대학에는 틀림없이 이상한 놈들이 많은 것이라고 신입생은 생각했다.'[131]

'다음날 또 다른 학생이 나무 위로 올라가서 유인물을 뿌리며 외쳤다. 이번에는 외침을 들을 수 있었다.

"전두환 물러가라!"

"군부독재 타도하자."

그러면서 호주머니에서 뭔가를 꺼내 휙 뿌렸다. 멀리서 그 장면을 바라보던 신입생은 속으로 혀를 끌끌 찼다. '비싼 등록금 내고 저게 뭐 하는 짓들이지?' 이재명의 눈에 대학생들은 복에 겨워 엉뚱한 짓만 저지르는 철부지로 보였다. 나무 주위를 지나가던 학생들이 유인물을 한 장 두 장 주워서 돌려봤다. 거기에는 '광주 항쟁은 전두환, 찢어 죽일 놈이 뭘 해 먹으려고 사람들을 쏴 죽인 것이다'라고 쓰여 있었다.'[132]

'며칠 뒤였다. 중앙도서관 앞을 지나고 있을 때 누군가 중앙도서관 옥상에서 밧줄을 타고 내려오다 건물 중간쯤에서 유인물을 뿌리며 독재 타도를 외쳤다. 그는 유리창닦이가 아니라 학생이었다. 학생은 허공에 매달려 구호를 외치며 유인물을 뿌렸다. 그도 광주 어쩌고 하면서 목 놓아 울먹이고 있었다. 곧 그 학생이 보이는 높이의 큰 창유리가 깨지더니 전경이 거칠게 그 학생을 끌고 갔다. 그 장면은 신입생에게 충격이었다.

그 후로도 이런 일들은 심심찮게 벌어졌다. '붙잡히면 개처럼 두들겨 맞고 끌려갈 줄 뻔히 알면서 왜 자꾸 저럴까?' 신입생은 점점 그들의 목소리에 귀를 기울이기 시작했다. 왜 저토록 무모하게 자기 뜻을 전하려고 하는 것일까? 그런데 학생들이 뿌린 유인물에는 사람이 칼에 찔린 사진, 사람의 목이 벤 사진 등 참혹한 사진들이 실려 있었다. 신입생은 그 철조망이 무엇을 막기 위한 것인지 어렴풋이 알게 되었다. 이따금 선배들에게 들은 말도 있어서 처음으로 '그동안 내가 속았구나.' 하는 생각이 들었다. 하지만 그 당시 신입생은 자기가 알고 있던 '폭도 광주'를 다 밀어내지 못하고 있었다.'[133]

'그러다가 친구 이영진으로부터 광주학살의 진실을 듣게 되었다. 광주학살의 실상을 담은 사진첩과 비디오도 보게 되었다. 이영진에게 한국정치의 현주소에 대해 낱낱이 들었다. 이야기를 듣는 동안 이재명은 자신도 모르게 피가 뜨거워지면서 얼굴이 화끈거렸다. 비로소 알게 되었다. 불과 2년 전 1980년 봄에 광주에서 무슨 일이 벌어졌는지…. 이재명은 권력과 언론에 속은 것이 욕스러웠고 광주를 욕한 자신을 용서할 수 없었다.'[134]

'내가 완전히 속았구나. 사람이라고 하는 게 입력되는 정보에 따라 완전히 다른 사람이 될 수 있구나. 세상이라고 하는 게 이렇게 잔인한 것이구나. 진실이라고 알고 있는 것이 사실은 누군가에 의해 조작된 허상일 때가 많구나.'[135]

정신적 노예! 경상도 우월감의 정체는 정신적 노예의 우월감이다. 이때 이재명은 생각이 180도 바뀌고, 집안형 인간에서 사회형 인간으로 바뀐다.

'분노가 치밀어 올랐다. 국민을 속인 군사정권과 언론에 대해 분노가 끓어올랐다. 2년 전 공장에 다니면서 그들을 폭도라고 욕했던 자신이 한없이 부끄러웠다. 광주열사들에게 죄책감이 들었다. 부끄러움과 분노가 합쳐진 감정이 이재명을 놓아주지 않았다.'[136]

'자기 안에서 딱딱하게 굳어 있던 의식의 껍질이 갈라지는 소리가 들려오는 것 같았다. 이재명이 폭도라고 생각했던 것과 정반대로 그들에게 총부리를 겨누고 그들을 무참하게 학살한 군사정권이 진짜 폭도였던 것이다. 그들의 사주를 받아 허위기사를 내보낸 신문과 방송 역시 한통속이었던 것이다. 그 정권과 언론이 모두 거대한 범죄 집단이었다.'[137]

'이재명은 깊이 반성했다. 너무 창피했다. 뭘 모르고 그 억울한 사람들에게 욕을 한 것이 너무 미안했다. 이재명은 공돌이로 온갖 어려움을 겪으면서도 광주의 아픔을 몰랐다. '대학생' 이재명은 어떻게든 공장생활에서 탈출했지만, 대부분의 사람들은 진실을 모르고 살 수밖에 없을 것이다. 그것이 결코 그 개인들이 못나거나 불성실해서가 아니라 권력과 언론이 합작한 사회구조의 문제라는 것을 이재명은 그때 알게 되었다.

이재명은 광주를 욕한 자신을 용서할 수 없었다. 2~3년 동안 '학살자들의 개'가 되어 살았던 게 광주시민들에게 너무 미안했다. 법학과 1학년 동기 이영진이 광주 이야기를 했을 때 처음에 믿지 않았던 것이 창피해서 견딜 수 없었다. 권력과 언론에 속은 것이 억울했다. 이 모든

것은 이재명이 자기 안에서 치러야 하는 '광주항쟁'이었다.'[138]

'5월 광주는 이재명의 사회의식을 단련시켰다. 광주를 만나지 못했다면 이재명은 한낱 '정권의 개'가 되고 말았을지 모른다. 그러므로 광주는 이재명을 구원했고 이재명의 스승이었고 이재명의 사회의식의 뿌리였다.'[139]

'치 떨리는 분노의 기억은 이재명의 가슴과 영혼 속에 선명하게 남았다. 이재명은 지금까지 단단한 알 속에 갇힌 채 살아왔다. 그 알은 허위와 기만이라는 껍질에 둘러싸여 있었다. 이제 그 딱딱한 껍질을 깨고 나와야 한다.'[140]

이영진. '이영진이 이재명에게 운동권에 들어오라고 권했다. 노동자 출신으로 삐딱한 시선을 지닌 이재명에게 이영진은 관심이 많았다. 신입생 이재명은 처음부터 한눈에 들어오는 캐릭터였다. 떡 진 머리에 딱 째진 눈매를 지닌 이재명은 말 한마디, 몸놀림 하나에서 카리스마를 뿜어냈다.'[141]

'운동권으로 들어갈 것인가, 아니면 공부를 할 것인가. 이재명은 우선 법을 공부하는 것이 순서라고 판단했다. 이영진에게 미안하다는 말부터 꺼냈다. 운동권이 되면 장학금을 포기해야 할 가능성이 높다. 장학금을 못 받게 되면 대학을 중퇴할 수밖에 없다. 유일한 생명줄 '대학생' 신분을 잃을 수도 없고, 유일한 탈출구 사법시험을 포기할 수도 없었다. 이재명은 생계에 저당 잡혀 있었다.

"그래, 무슨 뜻인지 알아."

완곡한 거절로 받아들일 만했지만, 이영진은 이재명의 진심을 이해하

고 믿었다. 이영진은 이재명에게 필독서라며 몇 권의 책을 추천했다.'[142]

'대학 4학년이 되었을 때 이영진의 소식이 들려왔다. 미상공회의소에서 점거농성을 벌이다 수배 중이라는 것이었다. 그 점거는 광주학살 배후에 있는 미국에 대한 성토였다. 이영진이 수배 중에 이재명을 찾아왔고, 이재명은 할 수 있는 한 이영진을 도왔다. 쌀도 주고 돈도 주었다. 셋째 형수가 시집올 때 이재명에게 예단비를 줬는데 이재명은 그 돈을 친구에게 주었다. 그날 마음이 편했다.

이영진은 4학년 2학기에 검거되었다. 그는 구속되어 감옥에 갇히고 대학에서 제적되었다. 친구에게 자기 몫의 짐까지 얹어준 게 아닌가 하는 죄책감이 이재명을 괴롭혔다.

1985년 구속되었다가 이듬해 감옥에서 풀려난 이영진은 집에서 이재명의 편지를 발견했다. 수신인은 이영진의 아버지. '영진의 친구로서 보증하는데 당신의 아들은 지극히 정의로운 사람이니 긍지를 가지셔도 된다'라는 내용이었다.'[143]

'그 후 이영진이 노동운동을 할 때도 이재명은 친구를 물심양면으로 도왔다. 이재명이 훗날 사법고시에 합격하여 성남에서 변호사 사무실을 열었을 때 이재명은 이영진에게 사무장을 맡아달라고 부탁했다. 이영진과 맺은 동지관계는 이재명이 성남시장이 된 후에도, 경기도지사가 된 후에도 이어지고 있다. 자기 몫의 민주화운동까지 대신한 이영진을 평생의 동지로 예우하는 것이다. 이영진은 현재 경기문화재단 경영본부장으로 일하고 있다. 그는 왜 도청 밖에서 일하고 있을까? "오랜 인연의 사람을 곁에 두면 (이재명 지사가) 새로운 사람을 못 만납니다." 이

영진의 말이다.'[144]

의식의 전환. '이영진의 도움으로 알을 깨고 난 후 이재명은 1학년 말부터 사법고시 공부를 시작했다. 고시 공부를 하는 틈틈이 교내 시위에 참여하고 필독서를 읽었다. 특히 조정래의 『태백산맥』과 『해방 전후사의 인식』 시리즈는 이재명의 정신을 번쩍 들게 했다. 광주항쟁과 『태백산맥』은 이재명의 삶을 바꾸는 데 큰 영향을 미쳤다. 『태백산맥』의 언어에 들어 있는 가락과 정감을 익히고자 몇 번이고 『태백산맥』을 읽었고, 전라도의 유장한 정서도 이해하게 되었다. 『아홉 켤레의 구두로 남은 사내』는 이재명에게 문학이라기보다 향토지였다. 이재명이 성장하고 일하고 공부하던 곳, 바로 광주대단지사건, 곧 성남 탄생에 관한 이야기이고 버림받은 이들에 대한 이야기였다. 『만인보』는 읽는 책이 아니라 만나는 책이었다. 거기에는 이재명이 만난, 만나야 하는, 만날 수 없는 숱한 '이재명'이 있었다. 이름 없는 것들이 이름을 얻는다는 건 시장에서 파는 숟가락이 어느 집으로 들어와 제 몫이 생기는 일과 같다. 이재명은 『만인보』에서 문학을 통한 진짜 민주주의와 만났다. 문학은 인간을 인간으로 있게 하고 패배와 굴욕에서도 빛을 찾아내게 하는 지혜이자 등대이다.'[145]

'이 시기를 거치면서 이재명은 내성적인 성향을 조금씩 벗어나고 있었다. 성장기의 이재명은 극히 내성적인 소년이자 청년이었다. 나중에 성남에서 시민운동 하다가 구속되고 나온 뒤에 같이 활동하던 가정의학과 의사 백기준 선생이 이재명의 성격 분석을 한 적이 있다. 분석이 끝난 뒤 백 선생은 이재명을 끌어안고 울었다. '얼마나 힘들었냐. 외향적이고 적극적인 성격으로 비치는 사람이 실은 내성적이고 소극적인 경우에 심리적으로 엄청나게 고생하는데.' 새로운 사람을 만나거나 새로운 세계를 동경했지만, 이재명은 사실 그걸 한없이 두려워했다. 6년을 소년공으로 지내면서 자기표현을 할 기회가 없었던 게 제일 큰 이유였을 것이다.'[146]

'그래서 이재명에게 대학시절은 온전히 '나의 대학'이었다. 그는 거기에서 자신의 삶을 발견하고 변화했다. 그때 깨달은 공리가 삶의 원리가 되었다. '공장 다니는 동안 오로지 맞지 않으려고 했고, 언젠가 다른 사람들을 때리고 권력을 부리며 살겠다고 다짐한 것이 바로 노예의 윤리라는 것', 그 공리를 깨우쳤다.'[147]

3.3. 청장년기의 아버지 – 세상에서 제일 '힘없는 사람'

다시 아버지와 아들. '이재명은 대학 3학년 때 사법고시 1차에 합격했다. 1차에 통과하고 어느 날 상대원시장을 지나는데, 아버지가 손님과 이야기하는 소리를 우연히 듣게 되었다.

"내가 우리 아들 법대 가라고 권했어."

그 말을 들으니 씁쓸했다. 아버지는 아직 아들에게 '네가 자랑스럽다'라고 대놓고 말하지 못했다. 아들에게도 아버지와 대화하는 것은 어색하고 불편했다. 아버지에게 먼저 말을 건네기에는 감정의 벽이 너무 많이 굳어 있었다.'[148]

'씁쓸한 표정을 감추려고 아들은 고개를 떨어뜨렸다. 검정고시로 중·고등학교 졸업자격을 따고 공장에서 일하면서 대학에 들어갈 때까지 아버지는 아들에게 격려 한마디 하지 않았다. 그런 아버지가 무슨 낯으로 그런 소리를 한단 말인가. 중앙대에 간 것도, 법대에 간 것도, 사법고시로 방향을 잡은 것도 아들의 결정이었다. 공부에 관한 한 아들은 아버지와 틀어져 있었다. 재봉틀 위의 30촉 전구를 아버지가 빼어버렸을 때, 대입 검정고시 합격증을 아버지가 갈기갈기 찢어버렸을 때, 아들과 아버지는 돌이킬 수 없이 틀어졌다.'[149]

'4학년 때 2차 시험에 떨어졌다. 시험에 떨어지고 다시 고시 공부를 시작할 때쯤 아버지가 도움을 주었다. 그때는 대학을 졸업한 직후여서 대학에서 매달 20만 원씩 받던 생활보조금이 끊긴 상태였다. 그 사정을 알고 아버지가 통장으로 돈을 넣어준 것이다. 고시 공부에 전념해야 할 때이고 한두 푼이 절실했던 때여서 그 돈은 더없이 고마운 돈이었다. 그 돈은 아버지가 상대원시장 청소부로 일하면서 쓰레기장에서 따로 종이, 고철, 잡동사니들을 모으고 팔아서 한푼 두푼 모은 돈이었다.'[150]

'박찬호'를 중학교 때 프로구단이 100만 달러나 1000만 달러 주고 스카우트하지는 않는다. 가능성이 높아 보여도 그렇게 하지 않는다. 대학에 가고 성인이 되고 그 가능성이 충분히 보였을 때 스카우트한다. 그때까지는 부모와 가족이 박찬호를 키워야 한다.

이재명 아버지는 대학을 중퇴했다. 그 당시 흔치 않은 학력이다. 대학물 먹은 사람으로서 돈 없으면 공부고 뭐고 아무것도 못 한다는 걸 아버지는 뼈저리게 겪었다. 공부로 성공하지 못하면 도리어 그게 상처가 된다는 걸 잘 알고 있었다. 그래서 아들의 공부를 막았다. 대입 검정고시 합격증도 찢었다. 그런데도 아들은 아버지의 뜻과 다르게 악착같이 공부했다. 그것 없이는 아들에게 삶이 없었으므로. 그래서 검정고시를 보고 학력고사를 보고 대학에 갔다. 사법고시 1차에도 합격했다. 가능성이 보인다. 애비로서 막기만 했지만, 이제는 도와야 한다. 돈을 모아 아들에게 보낸다.

'아버지가 고시원 월세를 내주고 아들이 다시 고시 공부를 할 때 아버지의 위암이 재발했다. 거의 사망이 확실한 상태였다. 입원한 아버지를 보고 나서 공부한다고 신림동으로 온 날 밤 아들은 미친놈처럼 신림동 사거리가 떠나가도록 울었다.

아버지의 도움 덕이었을까? 이재명은 대학을 졸업하고 나서 2차에 합격했다. 이때 아버지는 병원에 다시 입원했다. 다행히 아버지의 병세는 의사들의 예상보다 빨리 진행되지 않았다. 아버지가 의식을 차리려는 게 다 아들의 합격을 보려는 의지인가? 친척이 병문안 왔을 때 아버지 목소리가 밖에 들렸다.

"내가 그놈을 법대에 보낸 거야."

친척 한 분이 이재명에게 다가와 말했다.

"아버지가 자네 자랑을 많이 하더군."

아버지는 친척들 앞에서 '우리 재명이를 내가 법대에 보냈네'라며 자랑했다.'[151]

'나는 3차에 최종 합격했다. 합격자 발표 후 아버지 앞에 앉았다. 그 무렵 아버지는 말을 한마디도 못 할 정도로 병이 악화되어 집에서 '이

별'을 준비하고 있었다. 의식을 잃은 아버지에게 3차 합격을 했다고 말했다. 누워 잠든 아버지에게 다가가서 조용히 속삭였다.

"아버지, 사법시험에 합격했습니다."

사람들은 흔히 나를 가리켜 학교에 갈 수 없는 환경에서 혼자만의 노력으로 사법고시에 합격한 '개룡'이라고 이야기한다. 하지만 가족의 도움이 없었다면 오늘의 나는 없었을 것이다.'[152]

'아버지는 말을 할 수 없는 상태였지만 아들의 목소리는 알아듣는 것 같았다. 아버지가 천천히 눈을 떴다. 초점을 잃은 눈동자는 아들을 찾고 있었다. 곧이어 아버지의 눈에서 눈물이 방울지는가 싶더니 두 볼을 타고 흘러내렸다. 그러고는 다시 눈을 감았다.

'아버지, 사실은 제가 잘되기를 바라셨죠? 모른 척하면서도 저를 쭉 지켜봐 주신 거죠? 제가 마음 단단히 먹고 살아가기를 바라신 거죠?'

아버지는 말이 없었다. 아버지는 다시 깨어나지 못한 채 한마디 유언도 없이 영원히 잠들었다. 아버지와 아들은 그 큰 과거의 아픈 벽을 허물고 화해했다. 이날은 아버지와 아들의 마지막 화해의 순간이 되었다. 어쩌면 그 눈물 속에 모든 말이 담겨 있었던 게 아닐까. 당신의 한 많은 인생에 대하여, 부자의 정을 한 번도 나누지 못한 채 떠나는 회한에 대하여….'[153]

'아버지는 1986년 55세의 나이에 위암으로 세상을 떠났다.'[154]

'육신의 아버지'가 죽어야 '마음의 아버지'를 만나게 되는 이 숙명적인 부자관계, 아버지가 돌아가실 때쯤 아들은 아버지와 화해하고 마음속에서 아버지를 '용서'한다. 그래서 아버지는 이 땅 모든 아들의 '영원한 숙제'이고, 그런 만큼 아들도 이 땅 모든 아버지의 영원한 숙제일 것이다. 친구 같은 아버지는 이재명의 아버지 세대에는 드물었을 것이다.

가장의 책임. '무쇠는 담금질을 거쳐 강철이 된다. 뜨거운 불과 차디찬 물, 두 극한의 온도를 번갈아 이겨내고 대장장이의 망치에 두들겨 맞아가며 쇠는 점점 단련된다. 아버지는 아들에게 대장장이 같은 존재였다. 어머니가 아들에게 여린 감성을 물려주었다면 아버지는 쇠처럼 단단한 의지를 단련시켰다. 돌이켜보니 이재명이 살아온 과정 자체가 담금질이었다. 이 모든 과정에 아버지라는 존재가 아프게 자리 잡고 있다.'[155]

아버지가 젊고 힘이 셀 때 아들은 대개 아버지에게 마음으로만 반항한다. 행동으로 반항하지는 못한다. 아버지처럼 살지 않겠다고 다짐하기도 한다. 그런 반항은 어른이 되려는 행동이기도 할 것이다. 아들이 나이를 먹고 힘이 세지면 행동으로 반항할 수 있다. 그런데 그때는 젊고 힘센 아버지는 사라지고, 늙고 병들고 힘없는 노인만 남는다. 아들의 반항은 대상을 잃고 혼란에 빠진다. 그러면서 아들은 아버지의 젊은 시절을 이해하고 아버지를 (아버지가 아들에게 잘못한 것도 없는데) '용서하고' 참회한다. 그러면서 또 다른 아들의 아버지가 된다. 이재명은 이런 과정을 거쳐서 어른이 되었다. 대부분 이런 과정을 거쳐 아들은 어른이 되고 아버지가 될 것이다. 그래서 이재명은 '평범한 어른'이다.

이런 과정을 이재명이 증언하고 있다. '두 아이의 아버지가 되고 나서야 철없던 시절 아버지에게 품었던 모든 원망과 불만이 나의 오해에서 비롯되었음을 깨달았다.

한때의 방황으로 가족들을 경제적으로 힘들게 했지만, 아버지는 절망의 자리에서 도망치지 않았다. 성남이라는 낯선 땅에 자리 잡고 온 가족을 불러 모아 새 삶을 시작했다. 그 이후 아버지는 가장의 책임을 한 번도 저버린 적이 없다.

아버지는 헛바람이 들어 크게 실패한 자신의 잘못을 자식들이 대물림하기를 바라지 않았다. 검정고시를 보아도 좋고 대학에 가도 좋지만, 미래에 대한 헛된 꿈 때문에 현실을 망가뜨리는 것은 용납하지 않았다. 그래서 내가 공부한다고 일을 소홀히 하는 것을 두고 보지 못했다.

한때 공무원이었던 아버지가 청소부가 되어 겪은 고생은 한도 끝도 없다. 여느 사람이라면 자존심이 상해서 못할 일을 아버지는 끝까지 해냈다. '아버지가 담배를 피우려다가 피곤하다며 담배를 그냥 손에 들고 잠이 들었다. 얼굴을 보니 주름살도 많고 고생이 뚝뚝 떨어지는 것 같다. 이럴 때 보면 정말 가엾게 생각되기도 하지만, 잔소리를 할 때면 정말 미워진다. 아무튼 아버지가 고생하는 건 사실이다.' 1982년 3월 일기이다.'[156]

대학물 먹은 아버지가 성남에 가서 청소부라는 밑바닥 삶을 산 것, 그것이 아버지의 자식교육이었고 현명함이었을 것이다. 그때 아버지가 일기를 썼으면 어떠했을까? 그리고 부자의 일기를 같이 읽으면 어떠할까? 필자는 불가능한 상상을 한다.

3.4. 검사 시보의 깨달음 - '머리가 번쩍했다'

어머니의 소원. '사법고시에 합격한 뒤 사법연수원에 다니던 어느 날, 어머니가 말했다.

"나는 네가 판사나 검사가 되면 참 좋겠다."

사법고시에 합격한 아들을 둔 부모라면 누구나 그러했을 것이다. 평생 가난에 시달린 어머니에게 '판 · 검사 아들'은 인생 역전과 같았을 것이다. 이재명이 무섭게 공부할 수밖에 없었던 이유에는 어머니의 소원도 포함되어 있었다.

"판 · 검사가 되면 딱 좋으련만 왜 그 힘들다는 인권변호사가 되려는 게냐?"

아들은 사법연수원 성적이 낮아 판 · 검사를 못한다고 어머니에게 거짓말을 했다.

"넌 앞으로 거짓말하지 마라. 애미라서가 아니라 누가 봐도 네 거짓말은 훤히 보인다. 그냥 속 시원하게 바른말만 하고 살아라."

어머니는 아들의 거짓말을 눈치채고 있었다.'[157]

사법연수원. '이재명은 1986년 사법시험에 합격한 후 2년간 사법연수원을 다녔다. 연수원에 들어간 지 2년째에 연수원 선배가 소개해 준 사회학과 여학생에게 호감을 느껴 몇 번 만났다. 인권변호사가 되겠다는 장래 계획을 들려주었다가 차였다. 크게 상처를 받아 굳은 결심마저 흔들렸다. 이런 고민은 연수원에 들어가는 첫 순간부터 생겼다. 이재명은 인권변호사를 생각하고 있었는데, 현직 임용만을 목표로 하는 연수원 분위기는 왠지 모를 이질감을 주었다. 연수원생들 중 몇몇은 노골적으로 이재명을 멸시했다. 모른 척했지만 그들과 같은 길을 걷기란 상상하기 어려웠다. '사회적 지위가 높은 사람보다 인간적인 사람이 되어야 한다. 사람이 되어야지 명사나 권력자가 되어서는 안 된다'라고 생각했다.'[158]

학벌과 차별이 만연한 사회와 시대에 SKY 출신도 아닌 중앙대 출신으로, 그것도 검정고시 출신으로 이재명이 연수원에서 얼마나 멸시를 받았을지 짐작할 수 있다. 사회학과 여학생과 헤어진 것도 마찬가지이다. 생각이 다르고 인연이 아니면 어찌할 수 없는 것이다. 어찌할 수 없는 것은 어찌할 수 없는 것이다. 그것은 그대로 내버려 두고 자기 길을 가야 한다.

'그 당시 사법연수원 시기는 크나큰 변화의 물결이 한국사회와 이재명의 삶을 바꾼 시기이다. 민주화 물결은 세상을 돌아 연수원생들에게도 몰려왔다. 사법연수원 사상 처음 '노동법학회'나 '기본권학회' 등 몇몇 조직을 만들었다. 이재명은 노동법학회에 들어가 관련 책들을 섭렵하고 조직 활동에 충실히 임했다.'[159]

'그 당시 사법연수원에는 비공식 기수모임이 있었다. 회원들끼리 정기적으로 모여 주로 시국과 사회변혁을 의논하는 일종의 언더서클이었다. 이재명은 자연스럽게 그 모임에 참여했다. 서클 활동은 사회에 대해 눈을 뜰 수 있는 계기가 되었다.'[160]

'무변촌 법률봉사활동을 기획하고 사법개혁을 요구하는 성명서를 발표했다. 어렵게 얻은 고시 합격생의 지위를 잃을 수 있는 짓이었지만 시대의 아픔을 외면할 수 없었다.

그때는 연수생 중에 절반 이상이 데모에 참여할 만큼 민주화 열기가 뜨거웠다. 이재명은 1987년 6월 항쟁 때 서클 동지들과 함께 시청과 광화문 광장을 뛰어다니며 민주주의를 외치고, 광주 5 · 18묘역을 찾아 참배했다. 묘역에 가보니 비석조차 없는 무덤도 많았다. 무덤들은 거의 공동묘지 수준으로 방치되다시피 했다. 눈물이 흐르면서 부끄럽고 미안하고 참담했다. 가슴 밑바닥에서 또다시 뜨거운 분노가 치밀어 올랐다.'[161]

'1987년 여름, 고민 속에서 며칠을 보냈다. 사법연수원에서 이렇게 기를 쓰고 공부하는 목적이 무엇인가? 광주 5 · 18묘역의 그 무겁고 먹먹한 풍경이 자꾸 눈에 밟혔다. 그 열사들이 겪었던 고통에 비하면 이재명의 어린 시절 가난과 공장생활은 사치에 가까웠다. 이 죄책감을 무엇으로 갚을 것인가? 고민했고 결심했다. 민주화 대열에 동참하여 부당한 기득권 부패세력과 싸우는 것, 그리고 고통받는 민중의 대변자가 되는 것이었다.'[162]

'그런데 변호사를 해서 생계를 유지할 수 있을까? 28살에 바로 개업하면 사태는 심각했다. 그때 자신감을 심어준 사람이 노무현 변호사였다. 고 노무현 대통령이 인권변호사로 일할 때 사법연수원에 와서 강의한 적이 있다. 부산에서 인권변호사로 활동하던 시절의 생생한 체험담을 젊은 후배들에게 들려주었다. 열정과 진심이 묻어나는 뜨거운 강연이었다. '인권변호사를 해도 굶지 않겠구나! 나도 저분처럼 인권변호사가 되리라.' 그 강연에 영향을 받아 인권변호사의 길을 선택할 수 있

었다. 광주민주화운동도 큰 영향을 미쳤다.'[163]

검사 시보의 깨달음. '사법연수원 2년 차가 되면 판사, 검사, 변호사 시보로 각 3개월간 현장 실습을 하게 되어 있었다. 변호사 시보로 선택한 곳은 조영래 변호사 사무실이었다. 그는 『전태일 평전』의 저자로 잘 알려진 인권변호사였다.'[164]

'검사 시보는 고향 안동에서 했다. 안동지청에서 검사 시보로 일할 무렵 이동근 지청장이 이재명에게 말했다.

"이 시보야, 너 검사 해라. 딱 검사 체질이다."

이재명이 생각해도 검사 생활이 적성에 맞는 것 같았다. 사건을 추적하는 검사는 자신의 능력과 노력에 따라 성과를 낼 수 있는 능동적이고 자율적인 업무라서 체질에 어울렸다. 마약사범과 퇴폐사범을 단속하고 허용범위 내의 수사를 진행하면서 검사직에 매력을 좀 느꼈다.'[165]

'그런데 시보 생활을 마칠 때쯤, 알고 지내던 분이 이재명에게 말했다.

"처음에 볼 때와 다르게 사람을 노려보고, 추궁하듯이 물어보는 게 섬뜩할 때가 있다."

그때 머리가 번쩍했다. 바로 그 싫어하는 검사의 모습을 이재명이 하고 있었던 것이다.'[166]

이분이 이재명을 정확히 보았고, 이분의 말이 이재명에게 큰 전환이 된 것으로 보인다. 이 깨달음은 대학 1학년 때 광주항쟁의 진실을 알면서 의식이 180도 바뀐 것만큼 이재명의 인생에서 큰 전환으로 보인다.

그것도 그 말을 기분 나쁘게 받아들이지 않고 제대로 이해하고 깨달았기에 가능했을 것이다. 기분 나쁘게 받아들였다면 더 섬뜩한 검사가 되었을지도 모를 일이다.

'사법연수원을 끝내고 이재명이 선택한 길은 인권변호사였다. '대학 동기들과 굳게 맺은 약속을 저버린다면 사회생활의 출발점부터 거짓말로 시작하는 게 아닌가.' 1년, 아니 1~2개월만 판 · 검사 노릇을 해도 '판 · 검사 출신 변호사'의 길을 갈 수 있었지만, 그는 기득권 집단이 될 수 없었다. 노동자들에게 쓸모 있는 도구가 되는 것이야말로 '꼬마노동자'로 아픈 시절을 보낸 이재명이 할 수 있는 최선이었고, 스스로 자랑스러워지는 일이었다.'[167]

이재명이 광주를 알고 나서 알을 깨고 나와 사회형 인간이 되었다면, 이때 '머리가 번쩍하면서' 인격과 인성에서도 깨어나고 성숙해진 것으로 생각된다.

어떤 사실을 모르면 이재명은 그것을 그대로 받아들인다. 뉴스도 왜곡도 그대로 수용한다. 믿을 수 없으면 의심하고 확인한다. 확인해서 자기 생각이 틀렸다는 것이 밝혀지면 오해를 버리고 생각을 바꾼다. '광주'에서 그러했고, '노려보고 섬뜩하다'라는 말을 듣고 그러했다. 무엇을 배우고 깨닫는 좋은 자세이고 태도이다.

4. '평범한 어른'의 상식적인 생각 – 상식의 정치

'이재명은 자신의 삶을 바탕으로 자기 가족의 삶이 이 땅의 절대다수 서민들의 삶과 크게 다르지 않다는 것을 안다. 불공정한 사회구조 속에서 분노와 울분을 참아가며 견뎌내고 있는 수많은 서민들의 얼굴에서 그는 자기 가족의 얼굴을 본다.'[168]

'이재명의 열정과 에너지의 원천은 소년노동자의 삶이다. 공장에서 아침저녁으로 폭력을 당하고 산재사고를 당하면서 그는 깨달았다. 힘들고 못 사는 게 그 개인이 게으르거나 못나거나 무능해서가 아니라는 것을. 그건 사회시스템의 문제이고 구조의 문제였다.

한 인간의 성장환경은 그 인간의 사고에 결정적으로 영향을 미친다. 그런데 영향을 미치는 방식에는 두 가지가 있다. 가난을 탈출하고자 하는 욕구가 강해지든지, 아니면 가난이라는 그 판을 고치고자 하는 열정이 강해지는 것이다.'[169]

역사인식. '오늘 이 땅에 정의가 죽고 윤리와 도덕이 사라진 근본 뿌리에는 친일매국세력이 있다. 그들은 나라를 일본에 팔아먹고 일제에 부역하고 일제의 혜택을 받아 부귀영화를 누렸는데, 해방 후에도 이 사회의 주류가 되고 기득권이 된 세력이다. 친일파(와 그 후손)가 아직 청산되지 않았는데 어떻게 독립을 했다고 말할 수 있겠는가! 법치가 번번이 돈과 권력에 의해 훼손되는데 어떻게 민주주의가 제대로 실행된다고 할 수 있겠는가!'[170]

'이 역사의 왜곡이 이승만의 집권, 박정희와 전두환의 군사독재, 노태우 정권으로 이어졌고, 이 세력이 1990년 3당 합당으로 권력을 연장한 것이다. 박정희는 일본 육사에 들어가려고 일본 왕에게 개와 말처럼 충성을 바치겠다는[犬馬之勞] (각서가 아니라) 혈서를 썼다. 일본군 장교가 되어 독립군을 잡으러 다녔다. '대통령' 박정희는 친일매국을 청산하지 않고 그 변종을 키워나갔다. '대통령' 박근혜는 '박정희의 되살아난 망령'이다. '박근혜 게이트'는 머리 박근혜, 몸통 새누리당, 뿌리 재벌로 이루어진 이 땅의 부패하고 부도덕한 기득권 집단이 그 추한 민낯을 적나라하게 드러낸 사건이다.'[171]

'해방 이후 줄곧 보수를 자처하며 기득권을 누린 정치인들, 즉 국민으로부터 '꼴통 보수'라고 비난을 받고 있는 우파들은 가짜 보수이다. 남북 분단과 대결구도를 자신들의 정치적 입지를 강화하는 수단으로 삼는 세력은 보수가 아니다. 그들은 보수라는 탈을 쓴 채 부와 권력을 누리며 그 자리와 위치를 고수하려는 탐욕의 무리일 뿐이다. 수구 기득권, 친일 · 독재 · 부정부패 세력일 뿐이다. 이들이야말로 우리 사회에서 척결하고 청산해야 할 암적 존재이자 사회악이다. 한국사회는 아직 보수와 진보를 논하는 사회로 오지 못했다. 비정상, 불법, 탈법, 특혜, 부정, 비리를 저지르는 집단과 그것을 뿌리 뽑자는 집단이 전쟁을 하는 중이다.'[172]

'정상과 비정상은 타협을 해서는 안 된다. 비정상을 모두 제거하고, 범죄 집단과 부정부패 집단을 처벌해야 한다. 그들이 법의 대가를 치르고 진정으로 반성하면 그때 용서하고 포용해야 한다. 비정상을 처벌하

지 않고 진상 규명을 하지 않는 것은 타협이 아니라 포기이다.'[173]

'친일세력의 뿌리는 오늘의 언론, 재벌, 검찰에도 남아 있다. 현재 '주류' 언론을 보면 그들은 이미 정치를 하고 있는 집단이다. 이 주류 악성 언론은 이미 지배체제의 중요한 부분이기 때문에 자기들에게 불리한 주장을 전달하지 않는다.'[174]

'재벌은 끝없는 욕심으로 우리 사회의 부를 진공청소기처럼 모조리 빨아들이고 있다. 그래서 우리 경제를 위기로 몰아넣은 주범이다. '또 하나의 가족'이라며 눈웃음치던 그들은 '또 하나의 공범'이 되었다.'[175]

'박근혜 게이트 수사에서 본 것처럼, 검찰은 그 태생부터 사법 정의 구현과 인권 보루의 역할을 부여받지 않았다. 1912년 일제의 초대 총독 데라우치는 식민지 조선을 효과적으로 지배하고 통치하려고 '조선형사령(朝鮮刑事令)'을 공포했다. 그 핵심 내용은 독립운동가들을 손쉽게 때려잡기 위해 검찰에게 수사권과 기소권은 물론 기소하지 않을 권한(기소편의주의)까지 몰아준 것이다. 현재 검찰이 수사권과 기소권을 독점하고 있는 뿌리가 거기에 닿아 있다.'[176]

김대중과 노무현. '한국에는 수구 기득권을 지키는 친일 · 독재 · 부정부패 세력과 다른 세력이 있다. 먼저 김대중이다. 정치인 이전에 인간 김대중을 보고 이재명은 꿈을 꾸어도 좋겠다고 생각했다. 이재명은 경상도 사람으로서 오랫동안 김대중을 비하했다. 이재명과 같은 사람이 퍼부은 온갖 비난과 모욕도 김대중은 감내하고 전진해갔다. 그럴수록 이재명과 경상도 사람들은 더 심한 욕설을 그에게 퍼부었다.'[177]

'영남 사람들이 김대중에게 지역 우월주의를 들이댄 건 그를 인정하고 싶지 않아서였다. 한국 현대사의 불세출의 인물이 전라도 사람이라는 것을 받아들이고 싶지 않아서였다. 김대중의 포효하는 분노가 세상에 대한 사랑이라는 걸 이재명은 잘 알고 있었다. 박정희가 뿌린 독의 씨앗은 저마다의 몸 어딘가에 숨어서 자라고 있다가 얼굴을 내밀었다. 그 가식과 위선을 벗어던졌을 때 김대중은 이재명의 인생에 빛을 던진 인물이었다.'[178]

'광주항쟁을 통해 지역주의 껍질을 완전히 벗어던졌을 때 김대중은 이재명의 안에서 발견되었다. 이재명의 어머니가 이재명에게 생물학적인 삶을 주었다면 광주는 이재명에게 사회적인 삶을 시작하게 했다.'[179]

'그리고 노무현이 있다. 인간 노무현은 물려받은 것도 없고 학력도 변변치 않았지만, 대지를 태울 듯한 거침없는 기백으로 살았다.'[180]

실천력. 이것이 한국 현대사의 상식이다. 이제 이 상식을 실천하는 일이 남았다. 어떻게 할 것인가?

'바닥을 바꿔야 한다. 기초가 바뀌어야 한다. 꼬리를 바꿔야 진정한 변화가 온다. 중앙을 중심으로, 지방을 변방으로 여기는 사람들이 많다. 그런데 한때는 모두 변방이었다. 예수도, 부처도, 민주주의도, 미국도, 체 게바라도 변방에서 시작했다. 그들은 아웃사이더였고 비주류였다. 작은 것부터 시작해야 한다. 승부는 큰 데서 나지 않고 작은 데서 난다. 친일 · 독재 · 부정부패 세력은 권력, 언론, 조직, 돈 등 가질 수 있는 건 다 가졌다. 그들을 큰 싸움 한판으로 이길 수는 없다. 게릴라전으로, 유격전으로 해야 한다. 이길 수 있는 것을 골라 싸워야 한다.'[181]

'그다음 필요한 것은 실천력이다. 좋은 정책이 없는 것이 아니고 정책 내용이 훌륭하지 않은 것이 아니다. 박근혜 정부의 정책에는 좋은 것은 다 있었다. 공약이 아니라 실천력이 중요하다. 실천은 말로 하는 것이 아니다. 그러면 무엇으로 믿을 것인가? 결국 지금까지 수행한 실천을 볼 수밖에 없다.'[182]

'이재명은 성남에서 인권변호사이자 시민운동가로 활동하면서 시립병원 설립조례를 2004년 새누리당 다수의 시의회가 47초 만에 날치기로 부결시키는 것을 보고 격렬히 항의하고 통곡했다. 공무집행 방해와 회의장 점거, 수배, 피신의 시간을 지내면서 깨달았다. '시민운동만으로는 안 된다. 정치를 하자. 직접 시장이 되자.' 시장 선거와 총선에서 몇 번 패배하고 난 후에 2010년에 성남시장에 당선되었고 2013년에 성남시립의료원 기공식을 했다. 2018년부터 경기도 도지사를 하고 있다.[183]

시장으로서 도지사로서 이재명은 초 · 중 · 고교 체험학습과 토론수업 예산을 편성했고, 노인 복지에 힘썼고, 무상 공공산후조리원을 만들었고, 청년배당을 실시했다. 부정부패를 줄이는 데도 힘썼다. 그리고 기본소득을 도입하려고 한다.

'내가 한 일이 대단하다고 하기보다 그렇게 하지 않은 게 더 대단하다고 하는 게 맞다.'[184]

'유권자가 맡긴 권한을 정치인이 제대로 행사하면 부정부패로 예산이 낭비되지 않는다. 세금을 공평하게 부과하고 징수만 잘해도 대한민국은 '희망민국'이 되고도 남는다. 정치를 치부의 수단으로 알고 있는 정치인을 엄히 벌해야 한다. 나라에 돈이 없는 게 아니라 도둑놈이 너무

많은 것이다.'[185]

사회와 역사에 대한 상식을 갖고 있으니 그걸 실천하면 된다. 이재명은 그걸 실천했고 실천하고 있다. 보람과 재미를 느끼면서.[186] 보람과 재미는 정치에도 사진에도 글쓰기에도, 그래서 인생에도 적용되는 얘기일 것이다.

이재명이 인정하고 사과한 것 두 가지. '첫째, 인권변호사를 할 때 음주운전 경력이 있다. 둘째, 가천대 석사학위 논문 「지방정부 부정부패 극복 방안 연구」는 표절이다. 그 논문이 그리 중요한 게 아니라는 것을 해명하려다가 가천대학교를 '이름도 잘 모르는 대학'이라고 했다.'[187]

제2장

이낙연

1. 부모님의 사랑으로 자란 아이

1.1. 아버지의 반골 기질 – 야당 정치인의 삶

이낙연의 아버지는 1921년생이고 1991년에 돌아가셨다. '아버지 이두만은 젊은 시절 기골이 장대하고 선비다운 기품을 지녔다. 키도 크고 풍채도 좋고 힘도 셌다. 음성도 좋고 말도 잘했다. 누가 봐도 매력이 넘치는 사람이었다. 홀어머니를 모시고 가난하게 살았다.'[1]

야당 정치인. '이두만은 평생 야당 생활을 했다. 영광 지역 야당의 주요 인물이었다. 젊은 시절에는 신익희 선생과 조병옥 선생을 모셨고, 나중에는 김대중 전 대통령을 도왔다. 이승만, 박정희, 전두환, 노태우 정권 시절에 시골에서 야당 활동을 하는 것은 여간 어려운 일이 아니었다. 이낙연이 2000년 국회의원에 처음 출마할 때 어느 분이 오래된 사진을 들고 영광에 왔다. 1960년 3 · 15 부정선거 때 사진이었다. 영광에서 3 · 15 부정선거 규탄대회가 열렸는데, 시위대 선봉에 플래카드를 든 사람이 8명 정도 있었다. 맨 가운데 키도 제일 크고 혼자만 하얀 한복을 입은 사람이 바로 이두만이었다. 그 당시 영광 지역 여당에서는 이두만을 데려가려고 많은 공을 들였다. 하지만 이두만은 여당에 가지 않고 꿋꿋하게 야당에 남았다.'[2]

엄부. '이낙연의 아버지는 엄부였다. 너그럽고 따뜻한 호인이지만 양심을 지키지 않는 일은 하지 않는 원칙주의자였다. 땀 흘려 벌지 않은 돈은 탐하지 않았다. 이런 태도는 예를 들면 고추농사에서 볼 수 있다. 예전에 이낙연의 집에서 고추농사를 400평쯤 지었다. 초봄에 씨를 뿌리고 모종을 내고 밭에 비닐을 덧씌우고 그 안에 모종을 심고 구멍을 뚫어 주고 기둥을 세우고 물 주고 거름 주고. 때가 되면 농약을 뿌려야 했다. 그런데 이낙연의 부모님은 남들이 치는 농약을 치지 않았다.

"사람이 먹을 것에 어떻게 그렇게 독한 농약을!"

늦여름이 되면 중간상인들이 와서 동네를 돌며 집집마다 고추의 등급에 따라 다양한 가격을 매기고 흥정하고 구매한다. 시골사람들도 요령을 부린다. 안에는 나쁜 고추를, 밖에 보이는 곳에는 좋은 고추를 담아 좋은 가격으로 파는 것이다. 고추씨를 담아 무게가 더 나가도록 하는 사람들도 있었다. 이낙연의 부모님은 그런 눈속임을 하지 않았다. 그 덕분에 좋은 일도 있었다. 농작물을 내다 팔 때 용덕리 발막마을 이두만 씨네 것이라면 상인들이 믿고 샀다. 부모님의 삶은 처음과 끝이 같고 겉과 속이 같은 삶이었다.'[3]

아들 사랑. '아버지는 아들 이낙연이 당신을 닮았다는 것을 기분 좋게 말할 때면 이런 농담을 자주 했다. "품종개량은 어려운 것이여!" 아마 그러할 것이다.'[4]

'아들이 대학에 들어간 뒤에 시골집에 가면 아버지는 가끔 아들이 자는 방에 담배 한 갑을 넣어주었다. 그런 아버지가 하루는 아들에게 말했다. "술 담배 잘 끊는 놈들과는 깊게 사귀지 마라. 사람이 그렇게 독하면 배신도 할 것 아니냐." 그 말은 술 담배를 끊지 못하는 아버지의 자기 변명이었을 것이다. 한국전쟁 때 아들 둘과 남동생을 잃고, 그 뒤에 딸

하나를 또 잃어 한이 맺힌 탓일까? 아버지는 술을 많이 마셨다. 1991년 돌아가시기 전날까지도 술을 마시고 담배를 피웠다.'[5]

아버지의 말 중에 중학생 이낙연에게 상처가 된 말이 있다. '남자 쓸 만한 놈은 공부 안 해도 먹고사는데, 너는 못나서 공부나 해야 먹고살겠다.'[6]

1.2. 어머니의 희생과 헌신 그리고 굳은 심지

'어머니 진소임(陳小姙)은 1926년 전라북도 고창군 공음면 석교리에서 태어났다. 16살에 시집와서 전라남도 영광군 법성면 용덕리에서 66년째 (2007년 현재) 살고 있다. 어머니는 2018년에 돌아가셨다.'[7]

어머니의 배움. '이낙연의 외가는 가난한 유학자 집안이고, 외할아버지는 서당 훈장이었다. 어머니는 7남매 중 장녀였다. 어머니는 그 시절 대부분의 여자들처럼 정규학교를 다닌 적이 없다. 어린 시절 서당에서 글을 배우는 아이들 어깨너머로 한글과 한자를 익혔다. 일본말도 약간 할 줄 알았다. 결혼 전에는 석교리 교회에 나가 글을 배웠다. 결혼 뒤에는 가끔 동네 야학에 들렀고, 집안에서는 남편이 읽는 소설책도 들췄다. 그렇게 글을 깨쳤다.'[8]

어머니의 결혼. '어머니가 16살에 시집을 간 데는 이유가 있었다. 일제강점기여서 종군위안부로 끌려갈지 모른다고 외할아버지가 걱정한 것이다. 튼튼이 사윗감을 찾던 외할아버지는 우연히 만난 이두만을 사윗감으로 점찍었다. 초가삼간에 홀어머니를 모시고 가난하게 살지만 장래가 괜찮겠다고 생각하여 결혼을 시켰다. 어머니는 아버지 얼굴 한 번 못 보고 결혼했지만, 혼례마당에서 어른들이 하는 말을 들었다.

"어따 신랑이 말이여, 키도 크고 잘 생겼구만 그려!"

새색시는 그 소리가 듣기에 싫지 않았다.'[9]

작은 여자. '어머니는 청상과부 홀시어머니를 50년 동안 모시고 살았다. 시어머니는 딸을 낳아 길러본 경험이 없어서 며느리의 고충을 헤아리지 못했다. 한국전쟁 때 어머니는 아들 둘을 잃었다. 아버지의 남동생, 즉 어머니의 시동생도 전쟁 때 사망했다.'[10] 이낙연의 누나, 장녀 이연순은 이때를 기억한다.

'50여 년 전 학교도 들어가기 전이었던 것 같다. 어느 날 아버지께서 남색치마에 분홍저고리를 곱게 차려입은 여성을 집에 데리고 왔다. 그때는 너무 어려서 잘 몰랐는데, 지금 말로 표현하면 그분은 둘째 부인, 즉 '작은 여자'였다. 어머니는 그 '작은 여자'와 중매쟁이에게 따뜻한 밥을 지어 주었다.

어머니는 그날 밤부터 저와 동생들을 데리고 시어머니(저의 친할머니)와 같이 방을 썼고, 아버지는 '작은 여자'와 한방을 썼다. 이런 상황에서도 어머니는 아침 일찍 일어나 아버지와 가족에게 아침밥을 지어 먹였고, 제게는 아버지께 진지 드시라고 여쭈라며 심부름을 시켰다. 그때 너무 어리고 철이 없었던 것 같다. 아버지의 방문을 열고 본 것을 어머니께 그대로 말했다.

"엄마! 작은엄마가 아빠 팔 베고 잔다!"

어머니는 아무 말씀도 하지 않고 밥상만 차렸다. 그 후로도 어머니는 변함없이 시어머니와 남편을 공경하며 '작은 여자'에게도 따뜻하게 대했다. 어머니의 그런 모습을 지켜보던 '작은 여자'는 얼마 지나지 않아 집을 떠났다. 더 이상 어머니께 죄를 지을 수 없다고 말하면서.

철이 들었을 때 어머니께 그 일에 대해 여쭈어보았다. '나는 자신이 있었다. 내게는 너희들이 있었으니까. 아버지가 언젠가는 돌아올 것이라고 믿으며 용기를 가졌다.' 어머니는 오히려 그 여자가 불쌍하다고 했다. 남편 없이 혼자 사는 여자였는데, 좋은 '홀아비'가 있다는 중매쟁이 말에 속아 시집을 왔다는 것이다. '너희 아버지는 전쟁 통에 하나밖에 없는 동생을 잃고, 다 키운 아들도 둘이나 잃고, 속이 상해 허전함을 달래려고 그러셨던 게다. 너희는 아버지를 항상 존경해야 한다.' 하지만 여자로서의 어머니는 얼마나 힘들었을까?'[11]

『어머니의 추억』의 첫 번째 글이다. 그 시대에 그럴 수도 있다. 그런데 더 놀라운 일이 있다.

'아버지 임종 즈음에 어머니가 누나한테 이웃 동네 어떤 여자 오라고 해라 하는데, 누나가 싫다고 하자 어머니가 누나에게 야단을 쳤다. '그건 네 아버지하고 나의 일이다. 아버지가 너희들한테 애비 노릇 못한 게 뭐가 있냐? 너희들은 자식 된 도리를 하면 되는 것이다.' 그런데 누나는 끝내 아주머니를 모셔 오지 않았다.'[12]

숭늉밥. '어머니는 아버지를 극진히 모셨다. 아버지가 술 마시고 들어온 날 밤이면 어머니는 부엌으로 나갔다. 전기도 없고 가스도 없던 시절에 아궁이의 불부터 지폈다. 엄동설한에도 그러했다. 어머니는 아궁이 속 불을 살피며 부뚜막에 앉았다. 묵직한 뚜껑의 검은색 무쇠 가마솥에 주걱으로 얇게 밥을 눌러 누룽지를 만들었다. 그 누룽지로 숭늉밥을 만들어 아버지의 속을 풀어드렸다. 아버지의 입맛이 떨어지면 어머니는 미나리 무침이나 논우렁 된장국을 밥상에 올렸다.'[13]

술. '아버지 술 마시는 걸 그렇게 걱정하면서도 어머니가 소주를 사오기도 했다. "대동강 물은 막아도 네 아버지 술은 못 막을 것이다." 혹 자식이 빈손으로 집에 오면 어머니가 말했다. "네 아버지가 술 좋아하시는 줄 알면서 어떻게 집에 그냥 오냐? 술 한 병 받아와라." 매일 술 마시는 남편, 그렇다고 돈을 벌어오는 것도 아니고 어머니만 사랑하는 것도 아닌 남편을 뭐가 예쁘다고 그리 지극정성으로 모셨던지, 딸들은 이해할 수 없었다.'[14]

옷. '아버지의 옷과 신발도 어머니가 챙겼다. 아버지는 한복을 즐겨 입었다. 깨끗하고 단정한 한복이나 무명베옷을 입었다. 옷을 빨고 삶았다. 호롱불 아래에서 새벽까지 풀을 먹이고 발로 밟고 다듬이로 다듬고 인두로 다림질하고…. 그런 어머니를 보면서 딸은 어머니를 놀렸다. "어찌 그리 천생 연분이슈?" 어머니의 대답, "그러면 어쩌겄냐, 별수 없제." 시어머니의 옷과 자식들의 옷을 빨고 말리고 꿰매는데도 어머니의 많은 시간과 손품이 들어갔다. 어머니는 아버지가 꾸리는 집 밖 농사일도 도왔다. 아버지의 몸이 약해진 뒤로는 어머니가 농사일을 거의 도맡았다.'[15]

행상. '어머니는 꼭두새벽에 광주리를 머리에 이고 야채 행상에 나섰다. 법성면 용덕리 여러 농가의 아낙들 중에 야채 행상을 부업으로 삼은 이는 이낙연의 어머니가 유일했다. 법성포까지 5km 남짓 걸어 다니며 채소나 옥수수를 팔았다. 거의 매일 새벽, 그것도 수십 년 동안 행상을 했다. 겨울철에 눈이 오면 논과 길을 구분하는 것도 힘들었다. 아침식사도 거른 채 그 길을 걸어갔다가 걸어왔다. 아이들이 학교에 가는 시간이면 어머니는 장사를 마치고 돌아왔다. 왕복 10km를 걸어 지친 모습으로 돌아오다가도 자식들이 책가방을 메고 학교 가는 모습만 보면 어머니는 피로가 풀리고 힘이 난다고 말했다.'[16]

게 잡으러. '가을 농사를 마치면 어머니는 게를 잡으러 다녔다. 이듬해 여름까지 가족이 먹을 밑반찬을 장만하려는 것이었다. 새벽에 도시락을 두 개 만들어 머리에 이고 게를 잡으러 갔다. 당연히 걸어서 갔고, 아무리 멀어도 걸어서 갔다. 어머니가 주로 다닌 곳은 영광군 '백수해변'이다. 집에서 6km 떨어진 곳이다. 백수해변에 게가 없으면 고창군 '심원해변'에까지 갔다. 그 당시 자식들은 심원이 멀다는 것만 알았지 얼마나 먼지는 알지 못했다. 가본 적도 없고, 누구에게 물어본 적도 없기 때문이다. 이낙연의 동생 하나가 어느 날 도로표지판에 적힌 거리를 따져 보니 시골집에서 심원까지 국도로 23km나 되더라고 말했다. 국도가 뚫리기 전에 어머니가 다녔을 구불구불한 길은 대체 몇 km였을까? 그 길을 걸어서 갔다가 거의 얼어붙은 도시락으로 두 끼를 먹고 게를 잡아 다시 걸어왔다는 말이다. 왕복 50km가 훨씬 넘었을 그 길을. 이낙연은 지금도 어머니의 그 괴력이 믿어지지 않는다.'[17]

효부. '이낙연의 생가 용덕리 발막마을은 외갓집이 있는 고창군 석교리에서 3km 정도 떨어져 있다. 어머니는 장녀라서 친정을 자주 찾았다. 제사나 결혼식 등 친정의 대소사를 챙겨야 했다. 시댁의 사정도 녹록지 않았다. 시어머니와 남편을 모시고 7남매를 둔 처지였다. 그래서 친정에 일이 있는 날이면 밤늦게 친정에 갔다가 이른 새벽에 집으로 돌아왔다. 혼자 계신 시어머니 아침밥을 해드려야 했다. 동네 초상집에서 일해 주고 팥죽을 받으면 어머니는 그걸 시어머니에게 갖다 드렸다.'[18]

작은 거인. '어머니는 좀처럼 눈물을 보이거나 우는 소리를 내지 않았다. 4살짜리 은주가 죽었을 때도 그러했다. 밤새 보채던 아이가 마지막에 숨이 턱에 찰 때 "아이고 이것 죽는다!"라고 어머니는 아주 낮고 짧게 외쳤을 뿐이다. 아버지가 돌아가셨을 때는 상여가 떠날 때까지 2박 3일 동안 꼭 한번 곡을 했다. 그때에도 눈물은 흘리지 않은 것 같다.

둘째 딸 이금순은 어머니를 '작은 거인'이라고 부른다. 나는 어머니가 몸 편히 쉬는 걸 본 적이 거의 없다. 자녀를 10명이나 낳았는데도 몸조리를 하거나 감기몸살로 누워 계신 적도 없었다. 오직 자식들과 남편과 시어머니께 희생만 하고 산 어머니는 작은 거인이었다. 이낙연과 형제자매들은 어머니의 정신세계를 경이롭게 생각한다. 가난과 우환에 짓눌린 집안에서 평생 전쟁 치르듯이 살았는데도 유머를 잃지 않는 어머니의 정신세계는 그 깊이를 헤아리기 힘들었다.'[19]

이 세상 모든 어머니는 작은 거인이리라. 그런데도 이낙연의 어머니는 놀랍다. '어머니의 정신세계는 경이롭고, 육체는 초능력으로 이루어져 있는 것 같다. 말이나 글로 표현할 수 없는 놀라운 그 무엇이다.'[20]

굳은 심지 1. 어머니의 경이로운 체력과 정신력은 '굳은 심지'로 나타났다. 어머니의 굳은 심지는 학식과 지식을 초월한다. 아버지가 어려운 국면에 처했을 때 어머니의 심지가 아버지를 구했다. '아버지는 청년기와 중년기를 야당의 지방 당원으로 지냈다. 1980년 어떤 야당 의원을 도왔다. 그 정치인의 아들이 정치를 이어받자 아버지는 다시 그 아들을 도왔다. 그 아들은 전두환 정권 출범과 함께 야당을 떠나 여당 민정당에 합류했다. 그러면서 아버지에게 민정당에 같이 가자고 권유했다. 아버지는 처음에 흔들렸다. 그런 아버지를 어머니가 붙잡았다. 어머니는 아버지에게 이렇게 말했다.

"내가 당신을 만나 소박맞은 것도 참고 시앗 본 것도 참았지만, 자식들을 지조 없는 사람의 자식으로 만드는 것은 아무래도 못 참겠소."

그렇게 어머니는 아버지의 여당 행을 막았다. 아버지는 어머니의 말을 따랐다.'[21]

그 심지는 결국 어머니의 자식 사랑에서 비롯되었을 것이다.

아들의 죽음. 자신의 모든 것을 던지는 자식 사랑, 그것은 어디에서 비롯되었을까? 아마 모든 어머니의 본능일 것이다. 그런데 이낙연의 집안에는 그런 본능을 넘는 가족사가 있다. '장남 이낙연에 대한 어머니의 사랑은 지극정성을 뛰어넘었다. 원래 이낙연 위로 형이 2명 있었는데, 모두 어려서 세상을 떠났다. (아버지의 남동생도 죽었다.) 형들과 달리 이낙연의 누나는 어려서부터 건강했다. 아버지는 그게 마음에 들지 않았다. 딸은 건강하게 잘 자라는데 아들은 계속해서 죽는 것이 싫었다. 아버지의 외도가 시작된 것도 그 무렵이었다. 그런 때에 이낙연이 태어났다. 어머니로서는 당신의 모든 것이 걸린 아들이었을 것이다. 이낙연에

대한 어머니의 정성이 커진 데는 그런 영향도 있었을 것이다.'[22]

회초리. '이낙연이 초등학교 3학년 어느 날 복숭아를 먹고 싶었다. 시골에는 돈이 없었다. 소년은 집안의 캄캄한 골방에 들어가 보리항아리에서 보리를 한 되쯤 훔쳤다. 그 보리를 복숭아밭에 갖다주고 복숭아를 사 먹었고 집으로 돌아왔다. 밭일 나갔던 어머니가 집에 일찍 돌아와서 아들을 기다리고 있었다. 아들을 보자마자 어머니는 "너, 이리 오너라!" 하더니 준비한 회초리로 아들의 종아리를 때렸다. "내가 도둑놈을 키웠구나, 내가 도둑놈을 키웠구나." 하며 끝도 없이 때렸다. 안 죽을 만큼, 당신의 한을 다 푸는 것처럼 종아리를 때렸다. 캄캄한 골방에서 보리항아리의 중간쯤 남은 보리를 겨우 한 되 퍼낸 후에 흔적도 완벽하게 없앴는데, 어머니는 그걸 어떻게 알았을까? 보리 도둑질이 왜 들켰는지 소년은 어른이 되어서도 알지 못한다.'[23]

남편 사랑. '1991년 아버지가 돌아가셨을 때, 장남 이낙연은 삼우제를 마치고 나서 아버지의 문패를 내려놓고 면사무소에 가서 사망신고를 하고 주민등록증을 반납하고 집에 돌아왔다. 그런데 큰방 앞 기둥에는 아버지의 문패가 다시 걸려 있었다. 장남이 당황해하고 있을 때 어머니의 한마디.

"뭣이 급해서."

사망신고는 한 달 안에 해야 하고 휴가 끝나기 전에 깨끗이 정리를 하려고 했다고 매우 '공무원다운' 변명을 했지만, 장남은 그날의 죄스러운 마음을 씻지 못하고 있다.'[24] 아들의 생각과 어머니의 생각은 이만큼 다르다.

어머니의 단호함. '아버지 탈상 날 온 가족이 모였다. 장남은 술에 취했다. 취한 장남은 동생을 끌어안고 흐느꼈다. 옆에 있던 형제자매들이 함께 울었다. 어느새 그 자리는 눈물바다가 되었다. 그때 어머니가 등장했다.

"장남! 취했는가? 가서 자소!"

어머니의 단호한 한마디로 모든 상황은 순식간에 정리되었다.'[25]

굳은 심지 2. '1980년 아버지에게 일어난 일과 비슷한 (그러나 좀 다른) 일이 2003년 이낙연에게도 일어났다. 노무현 대통령이 민주당을 버리고 신당(열린우리당)에 동참했다. 대통령이 두세 번 사람을 보내 이낙연의 신당 동참을 권유했다. 장관직 이야기도 있었다. 이낙연은 분당이 옳지 않다고 생각했지만, 그래도 고민했다. 2003년 민주당 분당 직후 어느 날 아침 어머니로부터 전화가 걸려왔다.

"나다. 신당 가지 마라 잉!"

어머니는 그 말만 하고 전화를 끊었다. 시골 노인들이 으레 그렇듯이 어머니도 전화가 엄청나게 짧다. 나중에 어머니를 만나서 왜 그렇게 생각했는지 여쭈었다.

"사람이 그러면 못 쓴다."

어머니의 대답은 역시 짧았다.'[26]

아들 이낙연은 서울대 법대를 졸업했고, 이낙연의 어머니는 정규학교를 다닌 적이 없다. 학력과 학벌, 지식과 학식 등이 다 무슨 소용이란 말인가? 그 많은 (법)지식을 머리에 넣은 자들이 '조폭'과 같고 철새와 같다면, 그들이 이 '무학의 시골 아낙'보다 나은 것이 무엇이란 말인가?

('철새'는 언론의 표현을 그대로 쓴 것이니 동물학자나 자연애호가들은 이해하기 바란다.) 한 인간의 존엄함과 훌륭함은 그 인간이 갖고 있는 지식의 양이나 암기의 정도와 무관한 것 같다.

'이낙연은 때때로 '어머니'라는 인간을 곰곰이 생각한다. 아버지와 장남은 어머니가 제일 사랑하는 두 남자일 것이다. 두 남자 모두 여당에 갈 수 있는 처지였다. 그런 두 남자에게 여당에 가지 말고 야당에 그대로 있으라고 권유한 어머니의 판단은 무엇이었을까?

2006년 지방선거 직후에 어머니가 장남에게 전화를 했다. 지방선거는 이낙연에게 좋지 않은 결과를 안겨 주었다. 어머니는 민주당 분당 직후의 전화 이래 처음으로 장남에게 다시 전화를 한 것이다. 어머니의 말씀은 단 한마디였다.

"길게 봐라."

이낙연은 아버지 대를 이어 민주당을 지켰다. 이낙연의 마음에 품은 의지는 어머니가 심어준 듯하다. 그것은 학식도 논리도 아니다. 사람이 지켜야 할 도리와 양심이다.'[27]

굳은 심지 3. 어머니의 심지는 일상생활에도 많이 보인다. 둘째 아들 이하연의 말, '어머니는 내 의견을 존중했고 무엇 하나 강요한 것이 없지만, 내 인생의 중요한 대목에서는 늘 어머니의 말 한마디가 내 운명을 결정했다. A와 사귈 때였다. "나는 그 집안하고 사돈 맺기 싫다. 우리 집은 그 집안하고 연이 안 맞는다." 정말 그것으로 나와 A의 인연은 끝나버렸다. B와 만날 때도 그랬다. B가 떠나고 나서 어머니가 한마디 했다. "못 쓰겄다." 나와 B의 인연도 그날로 끝이 났다.'[28]

'나는 고등학교 졸업 후 4년이 지나 군대에 갔다. 호적이 1년 늦은 데다 신체검사 때 키가 너무 커서 '2을종'을 받았기 때문이다. 어머니는 마당 건너 텃밭 어귀에 선 채 내게 작별의 말을 했다. "군대 가면 말뚝 박아라." 나는 훈련소에서 정말로 말뚝을 박았다(하사관 장기복무 신청). 내 친구에 대한 판단도 옳았다. C군은 냉정하고 D군은 소탈하다는 말도 다 맞았다.'[29]

셋째 딸 이인순의 말, '이인순은 자기 남편이 바람피운다고 어머니에게 말했다. 어머니의 말씀이 의외였다. "남자들 다 바람피운다. 그런다고 마누라 집 나가면 더 좋아하지. 그러지 말고 네가 들어가서 그 여자를 집으로 데려오라고 해서 같이 살아라. 너희 집 방 많지?" 지금이 어느 시절인데 바람난 남편의 여자를 집으로 불러서 같이 살라고?

난 젊고 세련된 엄마가 되기로 했다. 그런데 우리 어머니처럼 나도 내 딸의 '정신적 지주'가 될 수 있을까? 어머니와 비교하면 나는 '젊고 세련된 엄마'일지 모른다. 하지만 배짱도 없고 너그럽지도 않다. 학교 교육을 많이 받았다는 것이 사람을 이기적으로 생각하도록 만드는 것은 아닐는지…. 어머니가 내게 베푼 사랑은 무조건적인 사랑이었을 것이다. 그 반면에 나는 나의 자존심 때문에 아이에게 잘하고 있는 건 아닐까?'[30]

막내아들 이상진, '이상진이 재수를 거쳐 대학에 원서를 내고 기다리고 있었다. 이상진은 인하대학교에 합격했고, 모인 사람들이 어머니께 덕담을 했다. 그런데 어머니의 반응이 시큰둥했다. "학교도 좋지 않은데, 축하는 무슨 축하요?" 모두 깜짝 놀랐을 것이다. 촌스런 시골 할머

니가 인하대를 우습게 말씀하시다니.'[31]

굳은 심지 4. '그렇게 입지도 먹지도 않고 자식들 가르쳐봐야 남의 딸 좋은 일만 시키는 것 아니냐고 이웃이 어머니에게 흉을 보았다. "며느리가 나보다 낫게 살면 좋은 일 아니냐?" 어머니는 그렇게 대답했다.'[32]

'어머니 생신에 형제들의 가족, 외가 식구, 어머니가 다니는 교회 친구들을 포함하여 40명 정도 모이기로 했다. 그런데 목사와 교회 사람들이 예정보다 늦었다. 기다리다가 걱정이 되어 이낙연의 동생 중에 누군가 어머니께 여쭈었다. "어머니, 교회에서는 몇 분이나 오시는지요?" "오시면 세어 봐라." 어머니는 태연한 얼굴로 대답했다.'[33]

'그래서 이낙연은 어머니를 뵙는 것만으로도 위안을 받는다. 어머니의 짧고 일상적인 말, 표정만으로도 격려를 받는다. 장남이 술 마시는 게 싫다고 하면서도 술을 권하는 마음, 그러면서도 술 많이 마시지 말라고 충고하는 마음, 그것이 어머니의 마음일까? 도지사 때 이낙연은 밤에 술을 마시고 다음날 농민단체 대표들을 만났다. 대표들은 이낙연이 전날 밤에 술 마셨다는 것을 눈치채지 못한 것 같았다. 그런데 어머니는 아들의 전날 음주를 바로 집어냈다.'[34]

오늘 우리는 이 어머니의 초인적인 헌신과 일방적인 희생이 바람직하지 않은 시대에 살고 있다. 남녀평등과 가사분담의 시대에 살고 있다. 그리고 오늘에는 어머니의 희생과 헌신을 대신하는 사람들이 많다. 먹을 것을 만드는 사람들, 청소나 빨래를 하는 사람들 등. 그러면서 많은 것을 돈으로 구매하는 시대에 살고 있다. 하지만 돈을 주고 구매하더라도 그들에게 고마움을 가져야 할 것 같다. 우리는 공동체에서 더불어 사는 사회적 동물이니까. 고마움을 모른다면 고마움을 아는 교육이 필요할 것 같다.

1.3. 친할머니의 편애와 외할아버지의 애정

이낙연의 친할머니는 큰손자 이낙연을 드러내놓고 편애했다. 이낙연 동생들의 항의 따위는 안중에도 없었다. 이낙연보다 먼저 태어난 손자 둘이 어릴 때 죽었으니 왜 안 그렇겠는가.

'이낙연의 어린 시절에 시골집 뒤꼍에는 10평 남짓 되는 딸기밭이 있었다. 딸기철이 되면 4남 3녀 형제자매는 아침에 눈 뜨자마자 딸기밭으로 달려갔다. 딸기열매가 조금만 맺혀도 닥치는 대로 따 먹었다.. 딸기가 제대로 굵어질 틈이 없었다. 그런 와중에도 이낙연은 느긋하게 늦잠을 잤다. 그나마 먹을 만한 딸기를 할머니가 일찌감치 따서 몰래 큰손자에게만 주었다. 큰손자에 대한 할머니의 편애는 노골적이었다. 어른이 된 뒤에 딸기에 얽힌 동생들의 설움을 들었다. 명절을 맞아 시골집에 모였을 때 셋째 남동생이 말했다.

"딸기가 크면 빨개진다는 걸 나는 중학교 들어가서야 처음 알았네!"

이낙연이 중학교에 들어가자 할머니는 '너도 이제 담배 피워라'라고 하며 이낙연에게 담배 한 갑을 주었다. 큰손자는 깜짝 놀랐다. 할머니는

'남자는 담배를 피워야 점잖아진다'라고 말했다. 그 말은 '어른스러워 보인다'라는 뜻이었을 게다.'[35]

'이낙연의 외가는 고창군 공음면 석교리 창촌마을의 서당이었다. 서당 훈장은 외할아버지였다. 이낙연의 외가는 뼈대 있는 한학자 집안이었다. 이낙연의 외증조부는 무장현 사람들의 추앙을 받던 유생이었다. 무장현, 즉 지금의 무장면에 터를 잡은 집안이 공음면 석교리로 터전을 옮긴 배경에는 1894년의 무장기포가 있었을 것이다. 공음면 석교리 주민 대다수처럼 이낙연의 외가 식구도 동학혁명의 후예였을 것이다.'[36]

'이낙연의 어머니는 장녀라서 친정집안의 대소사를 챙겨야 할 처지였고, 출가 후에도 친정 출입이 잦았다. 어머니가 친정에 갈 때면 어린 이낙연도 동행했다. 이낙연이 5살 때 외가에는 안방과 마루에서 수십 명의 학동들이 천자문을 외우며 공부했다. 어린 이낙연은 함부로 외할아버지가 있는 방으로 들어가지 못했다. 그럴 때면 외할아버지가 마당으로 나가서 어린 외손자를 품에 안고 방으로 들어갔다. 외손자를 무릎에 앉힌 뒤 학동들을 가르쳤다.'[37]

'방안의 벽 도배지는 신문지였다. 외할아버지는 막대기로 벽면 신문지의 한자를 하나씩 짚어가면서 외손자에게 읽어보라고 했다. 어린 외손자는 그것을 다 읽었다. 천자문을 거의 뗐다는 말이다. 이낙연은 어릴 때 방에서 책을 들고 놀았고 취학 전에 한글을 뗐다. 이럴 때면 학동들이 곤란해졌다.

"아니 이 녀석들아! 이 5살짜리 어린애도 한자를 읽는데, 도대체 네

놈들은 뭘 하는 게냐?"

그 시절 어린 이낙연 때문에 학동들이 '시집살이'를 좀 했다. 코흘리개 어린 시절부터 이낙연은 외가에 갈 때마다 외할아버지가 제자들에게 천자문 등 한문을 가르치는 걸 봤다. 그러다 보니 친가에 돌아가서 천자문 책을 들여다봤다. 어린 시절 이낙연은 한자 신동으로 소문이 자자했다.'[38]

'친가도 동학혁명의 피가 흘렀을 가능성이 높다. 무장기포 때 영광군 법성면 용덕리 농민들은 동학농민군의 죽창을 만들었다. 영광 일대의 많은 농가에서는 엽총을 만들고 농기구를 모아 동학농민군에 전했다.'[39]

2. 선생님들의 애정으로 성장한 10대

2.1. 초등학교 – 6학년 선생님의 엄격한 진학 지도

'이낙연은 1952년생이고 1958년에 법성면 용덕리의 삼덕초등학교에 입학했다. 그 당시 삼덕초등학교는 작은 분교였다. 학생 수는 200명 정도, 교실은 3칸, 2개 학년이 한 교실에서 수업했다. 선생님은 몇 명 안 되었다. 학년에 반(班)이 있다는 것도, 교장선생님이 수업을 하지 않는다는 것도, 학생이 의자에 앉아 공부한다는 것도 이낙연은 중학교에 가서 처음 알았다. 삼덕초등학교에는 한 학년이 1개 반뿐이었고, 선생님이 부족해서 때로 교장선생님도 수업을 했고, 학생들은 마룻바닥에 앉아 공부했다.'[40] 1958년의 시골, 이해할 만하다.

출석부. '이낙연은 학교에 들어가자마자 출석부를 달달 외웠다. 1번 남궁오채, 2번 이기철은 지금도 기억한다. 출석부는 일부러 외운 게 아니다. 아무런 놀이도 정보도 없던 시절에 학교에서 날마다 맨 먼저 듣는 것이 선생님이 출석을 부르는 소리였고, 그래서 그냥 외우게 되었다. 집에 돌아오면 혼자 출석부를 중얼거렸다. 아버지는 아들의 그런 모습에 흐뭇해했다.'[41]

작은 일손. '그 시절의 모든 농촌 아이들처럼 이낙연도 학생이라기보다 집안의 작은 일손으로 초등학교 시절을 보냈다. 봄이면 모내기를 도왔고, 여름이면 밭일을 돕거나 소를 먹이며 지냈다. 가을이면 홀태질을 하며 추수를 거들었다. 도왔다고 하지만 어린 이낙연의 일솜씨는 형편없었다. 매번 아버지의 야단을 듣기 일쑤였다. 등에 지고 오던 지게를 논에 빠뜨리자 아버지는 그 뒤로 장남에게 농사일을 시키지 않았다.'[42]

박태중 선생님. '평화로운' 농촌생활과 학교생활에 큰 변화가 생겼다. '6학년이 되자 여드름투성이의 호랑이 선생님이 나타난 것이다. 박태중 선생님은 광주 출신의 22살 총각이었다. 박 선생님은 사범학교를 졸업하고 군대를 제대한 뒤에 첫 부임지로 삼덕초등학교에 온 것이다. 박 선생님을 만난 것은 이낙연에게 운명이었다.'[43]

'박 선생님은 이낙연에게 "너는 광주서중으로 가라"라고 일방적으로 명령했다. 소년은 당연히 법성포중학교에 가는 것으로 알고 있었다. 광주로 진학한다는 것은 생각한 적도 없었다. 삼덕초등학교 졸업생들은 거의 100% 법성면의 면소재지에 있는 법성포중학교에 진학했다. 광주나 서울에 연고가 있는 집안의 아이들이 간혹 광주나 서울의 중학교에 진학하는 경우는 있었다. 하지만 삼덕초등학교 졸업생 대다수는 법성포중학교로 진학했다. 빈농의 아들이 대도시로 유학을 가다니, 당시로는 특이한 일이었다. 중학교 입학시험이 있던 당시에 광주서중은 호남의 수재들이 모이는 명문이었다. 이낙연을 그 중학교에 보내려고 박 선생님은 이낙연을 엄격하게 가르쳤다.'[44]

'박 선생님은 아이들에게 시험을 자주 (한 달에 두 번 정도) 치르게 하였다. 그리고 이낙연에게만 과목별 목표 점수를 정해 주었다. 국어 90점, 산수 90점… 하는 식이었다. 이낙연의 성적이 그 점수에서 1점 모자랄 때마다 이낙연은 회초리를 한 대씩 맞았다. 이낙연은 공부를 제일 잘하면서도 매를 제일 많이 맞았다. 박 선생님은 이낙연이 본 적도 들어 본 적도 없는 전과나 수련장을 사주며 이낙연에게 공부를 시켰다. 며칠에 한 번꼴로 이낙연의 집에 가서 '공부 잘하라'라고 격려하며 이낙연이 공부를 제대로 하고 있는지 확인했다.

"아니 선생님, 제가 언제 광주서중 간다고 했습니까?"

이낙연은 항변했지만 소용없었다. 박 선생님의 강도 높은 학습지도는 계속되었다. 그 덕분에 이낙연은 광주로 유학을 가게 되었다. 당초 목표했던 광주서중에는 떨어졌지만 후기의 광주북중에 입학하게 되었다.'[45]

'이낙연 인생의 시계를 삼덕초등학교 6학년 때로 돌리면 어떻게 될까? 만약 이낙연이 6학년 때 박태중 선생님을 만나지 못하고 광주북중이 아니라 법성포중학교에 진학했다면, 광주일고에 가고 서울대 법대에 가고 동아일보 기자가 될 수 있었을까? 쉽지 않았을 것이다.'[46]

'박 선생님은 이낙연에게 도시의 중학교로 가게 했다. 박 선생님은 삼덕초등학교가 이낙연에게 준 값진 선물이고, 이낙연 인생의 새로운 출발점을 만든 은인이다. 삼덕초등학교는 이낙연 인생의 원점이다. 그 원점을 잊지 말자는 생각에서 이낙연은 국회의원 시절 박 선생님을 후원회장으로 모셨다.'[47]

2.2. 중학교 – 선생님들의 따뜻한 진로 지도

광주 생활. '광주 생활은 흥미로웠지만 낯설었다. 집도 친구도 익숙하지 않아 마음 붙일 곳이 없었다. 2주에 한 번씩 시골집에 가서 하룻밤을 자고 용돈과 먹을거리를 챙겨 광주로 왔다. 집을 떠나기 싫어 매번 길모퉁이에 서서 울었다. 아버지에게 들키면 야단을 맞으니 아버지가 보지 않을 때만 울었다. 시골집을 떠날 때마다 아버지 몰래 운다는 것을 어머니가 눈치챘다. 하루는 어머니가 이낙연에게 조용히 말했다.

"광주 가기 싫으면 가지 마라. 내가 자전거 사줄게, 법성으로 학교 가거라."

그래도 아버지가 무서워 광주로 갔다. 광주에서 공부하는 기회를 잃고 싶지도 않았다.'[48]

콩나물. '광주에서 이낙연은 싼 하숙을 했다. 반찬은 늘 볼품없었고, 겨울에는 방바닥도 찼다. 하루는 그런 하숙방에 아버지가 오셨다. 모든 아버지들이 그렇겠지만, 이낙연의 아버지도 장남이 잘 먹는 것을 유별나게 원했다. 장남은 아버지를 기쁘게 해드리려고 하숙집 밥을 억지로 맛있게 먹었다. 그러나 맛있는 반찬이 없었다. 그중에 조금 나은 것이 콩나물무침이었다. 콩나물무침을 게걸스레 먹었다. 그 뒤로 묘한 일이 벌어졌다. 2주일에 한 번꼴로 영광 법성의 시골집에 가면 끼니마다 콩나물이 밥상에 올라오는 것이었다. 아버지가 어머니에게 '큰놈(장남)이 콩나물을 좋아하더구먼'이라고 한마디 한 결과였다. 끼니마다 콩나물을 먹기란 여간 고역이 아니었다.'[49]

성종선 선생님. 그런 와중에 광주에서 기댈 언덕이 생겼다. '1학년 때의 성종선 담임선생님이었다. 성 선생님은 한 달에 한 번꼴로 이낙연을 자택에 불러 밥을 먹여 주었다. 그때 선생님 댁에서 먹은 쇠고기국과 고소한 김, 그리고 따뜻한 놋그릇을 잊을 수 없다. 성 선생님은 이낙연과 밥상에 단둘이 앉아 이낙연에게 이것저것 먹게 하고 인생에 보탬이 될 만한 말을 많이 해주었다. 성 선생님은 이낙연 집이 가난하다는 것을 알고, 이낙연이 고향에 갈 때마다 "아버님께 갖다 드려라"라고 하면서 김이나 쇠고기를 싸 주었다.'[50]

광주일고로. '3학년 때 고민에 빠졌다. 성적으로 보면 광주일고로 진학할 수 있었고 진학하고 싶었지만, 일고에서는 장학금을 받기 어려웠다. 일고를 졸업하고 대학에 가려고 해도 아버지는 아들을 대학에 보낼 돈이 없었다. 그래서 광주고로 가려고 마음먹었다. 광주고에 가면 장학금을 받기 쉬웠고, 광주고에서는 육군사관학교에 많이 진학했고, 육사는 학비가 거의 들지 않았기 때문이다. 3학년 때 담임 위후량 선생님께서 주동이 되었고 다른 선생님들이 동조했다. 성종선 선생님도 동조했다. 위 선생님은 이낙연에게 "일고로 가라. 학비 걱정은 마라"라고 했다. 이낙연이 머뭇거리자 위 선생님은 "아버님을 학교에 모시고 오라"라고 했다. 며칠 뒤에 아버지를 모시고 교무실로 갔다. 선생님들은 아버지에게 "낙연이 학비는 우리 선생님들이 모아서 댈 테니 낙연이를 일고에 보내주십시오."하고 요청했다. 아버지는 기분이 좋아졌고 즉석에서 동의했다. 선생님들이 학비를 모아주지는 않았지만, 아버지와 아들은 선생님들을 한 번도 원망하지 않았다.'[51]

2.3. 고등학교 – 선생님의 관심과 격려

김정수 선생님. '광주일고 3학년 때 담임은 김정수 선생님이었고, 김 선생님은 이낙연이 2학년 때 국어를 가르쳤다. 김 선생님은 이낙연에 대해 이렇게 말했다. '이낙연은 공부를 잘하면서도 반장도 학생회장도 하지 않았다. 친구들 사이에서 어떤 결정을 내려야 할 때 조용하게 설득하는 역할을 했다. 그때에도 참 논리정연했다. 수업 중에 질문을 하면 핵심을 간파해서 놀랄 때가 많았다. 그 당시 국어시험의 예문을 교과서에서만 낼 수 없어서 『사상계』 등에 발표한 글 중에 발췌해서 시험문제를 만들었다. 학생들은 그걸 어려워했는데, 그런 문제도 이낙연은 잘 맞혔다.' 『사상계』는 장준하 선생이 1953년에 창간한 월간 종합잡지이고, 1950~1960년대 우리나라 최고의 지성들이 이 잡지에 글을 실었다. 그런 잡지도 고등학생 이낙연은 탐독했던 모양이다.'[52]

'이낙연의 광주 자취방은 허름했고 임대료는 쌌다. 자취방으로 가는 길은 질퍽했다. 그런데도 김 선생님은 가끔 이낙연의 자취방에 들러 이낙연이 공부를 잘하고 있는지 살펴봤다.

이낙연은 방학 때 영광에서 쌀 한 가마니를 갖고 광주로 왔다. 그걸로 한 학기를 견뎠다. 간장 같은 것 외에 반찬도 거의 없었다. 학교에 도시락을 싸 오는 것도 어려웠다. 3년 동안 그랬다. 김 선생님은 간간이 이낙연과 몇몇 학생을 자택에 불러 돼지불고기를 먹여 주었다. "너희들 나이에는 잘 먹어야 하는데 내가 가난해서 이것밖에 못 주는구나." 그러면서 제자들에게 늘 미안하다고 말했다.'[53]

'3학년 2학기에 학생들은 교련 반대 데모에 휩싸였다. 이낙연도 친구의 자취방에 찾아가 데모를 모의했다. 대학입시를 몇 달 안 남긴 시점에 데모라니…. 선생님들이 고민 끝에 '묘안'을 내놓았다. 3학년생들을 데리고 수학여행을 다시 가자는 것이었다. 데모 열기를 다른 데로 돌리려는 아이디어였다. 데모를 모의한 친구들은 수학여행을 거부하자는 의견을 내놓았다. 이낙연의 자취방은 좁은 골목으로 손바닥만 한 창문이 있었는데, 어느 날 밤 누군가 창문을 두드렸다. 김 선생님이었다. "공부하냐? 수학여행 갈 거지? 수학여행 가거라. 이번에는 술을 마셔도 좋다." 선생님의 말씀이 너무 멋있어서 이낙연은 "예, 가겠습니다." 하고 대답했다.'[54]

교실 청소에 대한 김 선생님의 기억. '그 당시 교실 청소는 학생들이 했다. 껄렁한 친구들은 청소를 안 했다. 청소 검사하러 교실에 가보면 당번들이 다 도망가고 이낙연 혼자 남아 책상을 옮기고 빗자루질을 했다. "왜 너 혼자냐?" 하면 "저라도 해야지요"라고 특유의 저음으로 대답했다.'[55]

'이낙연이 동아일보 기자로 일하는 동안에 김 선생님은 정년퇴임해서 과천에 살고 있었다. 김 선생님은 간간이 신문사에 찾아와서 "자네 글 잘 읽었네. 열심히 하게"라고 말했다. 이낙연이 2000년 총선에 출마하자 김 선생님은 과천에서 전남 영광까지 내려와서 얇지만 따뜻한 봉투를 놓고 갔다. '나는 선생님들이 베푼 은혜의 100만분의 1도 보답하지 못한 채 하루하루를 허둥지둥 살고 있다. 선생님들을 생각할 때마다 가슴이 저리고 눈물이 솟구친다.' 2000년 7월 이낙연의 말이다.'[56]

3. 김대중의 정치철학으로 큰 20~30대

3.1. 배고픈 대학생 고시에 좌절하다

이낙연은 1970년 3월 서울대 법대에 입학했다. '대학에 합격해서 서울로 가려고 할 때 아버지가 일찍이 선언했다. 등록금은 보내주겠다. 먹고사는 것은 네가 알아서 해라.'[57]

입주과외. 서울에서는 '종로구 효자동의 어느 집 입주과외로 서울살이를 시작했다. 이때 이낙연의 키가 10~15cm 정도 자랐다. 입주과외를 하면서 잘 먹은 덕분일 것이다. 중 · 고등학교 때는 키가 작은 편이었다. 고등학교 때 키순서로 번호를 정했는데, 3학년 때 20번대였다. 그리 크지 않았다.'[58]

'그 집은 고위직 공무원 집이었다. 가족끼리 중국집에 외식을 가는데, 입주 가정교사를 데리고 갔다. '이 군, 먹고 싶은 거 시켜.' 그러면서 다들 먹고 싶은 걸 시키는데 이낙연은 처음 들어보는 요리였다. 그때 이낙연이 아는 제일 비싼 요리는 볶음밥이었다. 그냥 알아서 시켜주면 좋은데, 정말 민주적으로 볶음밥을 시켜주었다. 그런 겸연쩍은 체험이 오래 가지는 않았다. 얼마 후 누가 잠잘 곳을 소개해줘서 그 집을 나왔다.'[59] 이런 취향(아비투스), 즉 문화자본의 차이가 이낙연과 그 가족의 '사회적 경계'를 만들고 구별 짓는다.[60]

독서실. '잠잘 곳은 사설 독서실이었다. 광화문 금강제화 골목에서 안쪽으로 들어가면 세종문화회관 후문이 나오는데, 그 길 중간쯤에 있는 독서실이었다. 충남에서 고등학교를 졸업하고 아버지한테 돈을 조금 받아 서울에 올라온 청년이 독서실을 운영했다. 나이는 이낙연보다 4~5살 많았는데, 동가숙 서가식 하는 이낙연의 형편을 듣고 공짜로 있으라고 했다. 식권도 줬다. '밥도 공짜로 먹어라. 네가 원할 때까지 있어라.' 밤에는 팔걸이 없는 의자 몇 개 붙이고 책 몇 권 쌓아서 옆으로 누워 잤다.'[61]

여기저기 전전하다. 그다음에 '대학이 있던 동숭동 근처의 선배나 친구의 하숙집이나 자취방을 전전했다. 그곳에서 며칠씩 공짜로 밥을 얻어먹고 지냈다. 방세를 안 내는 대신 설거지를 하거나 이삿짐 나르는 일을 도왔다. 이사 다닐 때 좀 불편했다. 용달차를 부를 돈이 없으니 이삿짐 보따리를 들고 시내버스를 탔다. 친구는 이사 가지 않는 것처럼 앞쪽에 타고, 이낙연은 짐을 잔뜩 들고 뒤쪽에 탔다. 차가 움직일 때마다 덜거덕거리며 냄비 부딪히는 소리가 났다.

창신동 언덕배기에 있던 하숙집을 비롯해 종로 일대가 이낙연이 청춘을 기댄 동네였다. 효자동, 부암동, 평창동, 삼청동의 독서실을 전전했다. 하지만 날이 갈수록 학비와 생활비 걱정이 쌓여갔다. 장난처럼 '법대가 아니라 밥대를 다닌다'라고 했고 끼니 챙기기도 쉽지 않았다. 서울 유학생활은 광주 유학생활과 별 차이가 없었다. 배고픔도 그대로였고, 잠자리 걱정도 매일반이었다. 한마디로 '남루했다.' 종로에서 시작한 청춘은 그런 모습이었다.'[62]

외삼촌댁에서 잔 적도 있다. '종암동에서 외삼촌이 세탁소를 했다.

세탁소에 딸린 방이라는 게 책상 2개를 붙인 것보다 작았다. 외삼촌 내외, 외사촌 3형제 사이에 끼어 몇 달을 살았다. 자다 보면 ㄱ자로 자는 사람도 있고 ㄴ자로 자는 사람도 있고 ㄷ자로 자는 사람도 있었다.

상계동에서 모래가 줄줄 흘러내리는 곳 밑의 천막집에 산 적도 있다. 입주 가정교사 대신 과외교사를 할 수도 있었을 텐데, 그때는 바보같이 그 방식을 몰랐다.'[63]

때는 박정희 유신정권 때였고 데모로 학창시절을 보냈다. '휴강이 많다 보니 학업에 매진할 수 없었다. 고시를 준비하는 친구들은 대부분 절에 들어갔다. 이낙연은 절에 들어갈 돈이 없었다. 공부를 해보겠다며 절에 몇 번 갔지만 형편이 안 되어 나왔다.'[64]

'길이 보이지 않았다. 등짝에 달라붙은 창자의 허기는 더욱 견딜 수 없었다. 영양실조에 빠졌고 비문증(飛蚊症)에 걸렸다. 눈앞에 모기가 날아다니는 것 같다고 해서 비문증이라고 하는데 영양실조 초기증상이다. 대학 4학년 때 그런 진단을 받았다.

대학 4학년 때 키 177cm에 체중이 50kg 아래로 내려가기도 했다. 대학 졸업앨범 속 그의 얼굴은 '시신' 같았다. 징집영장이 나오자 이낙연은 졸업식 1주일을 앞두고 입대했다. 이낙연이 군대를 간다고 하자 법대 동기들은 깜짝 놀랐지만, 입대는 어쩔 수 없는 선택이었다.'[65]

입대. '이낙연은 1974년 2월 육군에 입대했고, 광주 31사단에서 6주간의 신병훈련을 받았다. 훈련소에서도 허기진 시간이 계속되었는데, 기이한 인연도 있었다. 어느 훈련병이나 마찬가지였겠지만, 이낙연도 훈련소에서 엄청나게 배고팠다. 휴식시간에 PX에 가면 다른 훈련병의 입에 들어가는 빵까지 뺏어 먹고 싶을 정도였다. 그런데 어느 날 PX에서 우연히 B군을 만났다. B군은 고등학교와 대학교 친구였고, PX에서 막 빵을 사 들고 나오던 참이었다. B군의 입대는 이낙연보다 2주일 빨랐다. 낯설고 고생스러운 훈련소에서 친한 친구를 만나니 너무 반가웠다. B군은 "너 배고프지?" 하더니 자기가 먹으려고 산 빵을 모두 이낙연에게 주고 가버렸다. 힘든 훈련을 2주일이나 더 받았으니, 배고픔으로 따지면 B군이 훨씬 심했을 것이다. "괜찮다"라는 말이 끝나기도 전에 B군은 이낙연에게 빵을 안겨주고 빠른 걸음으로 사라졌다. 배고픈 훈련병 시절에 B군이 보여준 그날의 따뜻한 우정을 이낙연은 잊지 못한다. 그 빵을 사양하지 못하고 받아먹은 미안한 마음과 함께…. 빵을 건네준 B군은 서울에서 함께 하숙한 서울대 법대 동기 학담 스님이다.'[66]

'이낙연은 카투사로 배속되어 서울 이태원의 미8군 제21수송중대 행정병으로 배치되었다. 입대한 지 6개월쯤 지나자 영어도 늘고 살도 붙었다. 10대 이후 상체를 벗었을 때 갈비뼈가 보이지 않은 것은 그때가 처음이었다. 휴가를 얻어 시골집에 갔다. 저녁을 먹은 뒤에 어머니는 이것저것 물었다.

'밥은 뭘 주디야(주더냐)?'

'예, 쇠고기도 나오고, 돼지고기도 나오고, 닭도 1마리씩 나오고요….'

'미국은 참말로 부잔갑다(부자인가보다)! 어떻게 닭을 끼니마다 1마리씩 먹는다냐?'

닭이라면 장남도 1년에 1마리, 잘하면 2마리쯤 먹는 것이 고작이었

던 시절이다.'[67]

취직. '1976년 만기제대 후 이낙연은 다시 암담한 현실에 마주쳤다. 막막해하는 이낙연에게 한 친구가 월급 반을 떼어 줄 테니 공부하라고 후원을 자처했다. 친구의 도움으로 사법시험 공부를 했지만 계속해서 친구의 도움을 받을 수는 없었다. 친구에게 신세 지는 게 불편하고 괴로웠다. 거기에 장남으로서 남은 형제들과 부모를 봉양해야 한다는 책임감이 그를 짓눌렀다. 그가 다른 형제들과 달리 광주와 서울에서 학업을 계속 이어나갈 수 있었던 것은 부모와 형제들의 보이지 않는 희생이 있었기에 가능한 것이었다. 이낙연은 친구에게 고맙다는 말을 전하며 7개월 만에 사법시험의 꿈을 접었다. 이낙연은 투자신탁에 취직했다가 동아일보 기자가 되었다.'[68]

1970년대 가난한 시골 집안의 장남에게 있을 수 있는 일이다. 공부도 돈 있어야 한다는 평범한 진실을 이낙연은 겪었고 깨달았다. 그러면 접어야 한다. 고시를 포기해야 한다. 어찌할 수 없는 일을 계속 붙들고 있는 것은 어리석음이다.

3.2. 1971년 장충동 연설, 1987년 김대중 전담기자

'DJ는 이낙연의 운명이었다. 이낙연에게 제일 오래 영향을 미친 사건은 DJ와의 만남일 것이다. DJ의 첫 대통령 도전이 시작된 1970년 이낙연의 20대 청춘도 시작되었다. DJ의 군중연설을 들으면서 시작되었다.

이낙연이 대학 1학년(1970년) 때 신민당 대통령 후보 경선에서 김대중 후보는 김영삼 후보를 누르고 역전승을 거두었다. 1차 투표에서 졌다가 2차 투표에서 이긴 것이다. 이낙연은 지금도 그때의 흥분을 가라앉히지 못한다. DJ는 신민당 대통령 후보로 결정되었고, 이낙연은 열병을 앓듯이 DJ에게 빠져들었다. 학교 수업보다 DJ의 연설을 듣는 것이 더 좋았고, 법학 교과서보다 신문 정치면이 더 재미있었다.'[69]

장충단 공원 연설. '1971년 4월, 장충단 공원에서 열린 대선 유세장에 몰린 100만 인파 속에 청년 이낙연도 끼어 있었다. DJ의 장충동 연설은 황홀했다. 권력자의 선동이라고 느낄 만한, 사람의 마음을 파고드는 강렬한 메시지와 음성이 거기에 있었다. 정녕 봄꽃이었고, 이낙연 청춘의 가슴에도 꽃이 피었다. 김대중의 연설을 들으려고 대학 수업을 빼먹는 것이 아깝지 않았고, 김대중을 보는 것이 제일 큰 자랑이었고, 김대중의 연설을 직접 듣는 것이 제일 큰 기쁨이었다.'[70]

'박정희 정권의 폭정은 대학 2학년 때에도 이어졌다. 1971년 박정희 정권은 대학에서 군사교육과목(교련)을 강화했고, 이에 맞서 학생들은 교련철폐투쟁을 시작했다. 교문 밖에서 쏜 최루탄의 여진이 학교 안까지 들어왔다. 강의실 안에 최루탄 가스가 날아들고, 강의를 하는 날보다 휴강하는 날이 더 많았다. 거리에서 불심검문이 다반사로 일어났다. 그런 때에 장충단 공원 연설이 있었던 것이다. 어찌 흥분하지 않을 수 있겠는가.'[71]

비상사태. '그해 가을 대학가에는 최악의 시련이 닥쳤다. 박정희 정권은 10월 서울 전역에 위수령을 내리고 군 병력을 캠퍼스에 투입하고 2000명 가까운 학생들을 연행했다. 12월에는 국가비상사태를 선언했다. 이듬해에는 유신쿠데타를 일으켰다.'[72]

집회와 시위. '답답한 시국에 할 수 있는 일은 집회에 나가는 것밖에 없었다. 경찰서에 끌려가는 일이 없도록 시위대 중간쯤에서 집회에 참여했다. 시위 경력이 사법시험 합격에 장애가 될 수 있었기 때문이다. 사법고시 공부를 하기는 했지만, 현실을 바꿀 수 없어 답답했다.'[73]

김대중. '장충단 공원 연설이 있고 나서 16년 후(1987년) DJ는 6 · 29선언으로 사면 복권되었고, 두 번째 대통령 도전에 나섰다. 이낙연은 동아일보 정치부 기자 시절 동교동계를 담당하다가 DJ 전담기자가 되어 DJ와 두 번째 인연을 맺었다. '최대한 가까이 붙으라'라는 회사의 지시에 따라 24시간 DJ 옆에 있었다. 기자로서 DJ의 승용차에 제일 많이 동승하고 DJ를 제일 많이 독대했다. DJ가 승용차에 오르기도 전에 이낙연이 차에 먼저 탄 적도 많았다. DJ는 이낙연에게 DJ-YS 후보단일화 실패 배경, 대선 패배 예상 등 승용차 안에서 모든 이야기를 해주었다. DJ는 이낙연의 팩트 중심 보도와 분석력을 높이 샀다. 그리고 2000년 김대중 전 대통령의 공천으로 국회의원이 되어 정계에 입문했다.'[74]

'이낙연의 방에는 아직도 김 전 대통령이 글을 쓰는 액자 사진이 걸려 있다. 이낙연은 평소 그 사진을 보면서 김 전 대통령의 고매한 영혼, 높은 학식과 합리적인 지혜, 쉬운 말과 글, 무엇보다 대중에 대한 깊은 애정을 본받으려고 노력한다. 이낙연에게 김 전 대통령은 평생의 스승

이다.’[75]

DJ가 서거했을 때 이낙연이 쓴 글을 보는 것이 좋을 것 같다.

‘언젠가는 이런 날이 오게 되어 있었을 것이다. 나는 이런 날이 오리라는 것을 단 한 번도 생각해보지 못한 것이 분명하다. 그렇지 않고서야 이렇게까지 멍해질 수는 없는 노릇이다.

김대중 대통령께서 서거하신 2009년 8월 18일 낮 1시 43분, 그 시간으로 한 시대가 끝났다. 대한민국에서 제일 강렬하고 충실하고 위대한 시대가 끝났다. 나의 작은 인생에도 그 시간으로 청춘이 끝났다.

DJ께서 제1야당 대통령 후보로 결정된 1970년에 나는 대학 1학년생이었다. 그분의 국가적 정치가 본격적으로 시작되던 해에 나의 누추한 청춘도 시작되었다. 그분을 뵙는 것이 나의 제일 큰 자랑이었고, 그분의 연설을 듣는 일이 나의 제일 큰 기쁨이었다. 그분의 연설을 들으려고 나는 수업을 빼먹기도 했다.

DJ는 납치 망명 투옥 연금의 세월을 보냈다. 나는 대학을 졸업하고 군대에 다녀왔다. 그리고 신문기자가 되었다. 내가 수습기자 딱지를 떼자마자 박정희 대통령이 서거했다.

‘서울의 봄’이 왔다. DJ는 복권되었다. DJ의 복권을 나는 감격적인 기사로 썼다. 그 기사는 보도되지 못했다. ‘서울의 봄’은 짧았다. 1980년 5월 17일 신군부는 DJ를 비롯한 지도자들을 체포하고 정치를 정지시켰다. DJ는 사형선고를 받았다.

전두환 정권은 한미 정상회담을 추진했다. 미국 측은 DJ의 감형을 한미 정상회담의 조건으로 걸었다. 그 당시 나는 외무부 출입기자였다.

나는 외무부장관실에 숨어 들어가 DJ의 생사를 취재했다. 어느 날 외무부장관이 내게 오른쪽 엄지손가락을 올려 보였다. 신문사에 감형을 보고하면서 나는 얼마나 자랑스럽고 행복했는지 모른다. 그러나 언론 검열 때문에 DJ 감형도 보도할 수 없었다.

DJ께서 대통령에 두 번째 도전한 1987년에 나는 DJ 전담기자가 되었다. 나는 새벽부터 밤중까지 DJ를 취재했다. 전국 순회 유세 중에 DJ의 승용차에 제일 많이 동승한 사람도 나였다. 내 인생에서 제일 충실한 기간이었다. 노란색 물결을 이루던 DJ의 광주 조선대 연설을 나는 '유채밭 같다'라고 보도했다. DJ는 또 낙선했다. 낙선 열흘 뒤에 나는 텅 빈 동교동 자택 응접실에서 망연하게 창밖을 바라보던 DJ의 모습을 보도했다.

내가 도쿄 특파원으로 일하던 1991년 내 아버지께서 별세하였다. 돌아가시기 2년 전에 DJ로부터 "이(낙연) 기자는 변함이 없는 사람입니다"라는 말씀을 들은 것이 아버지 인생의 마지막 자랑거리였다.

1997년 12월 DJ는 마침내 대통령이 되었다. 2000년에 나는 DJ의 공천으로 국회의원이 되었다. 그해 DJ는 노벨평화상을 받았다. DJ와 관련된 나의 경험은 책으로 써야 할 정도이다. 내 삶은 DJ를 빼고는 설명하기 어렵다.

나는 하느님께 감사를 드려야 한다. 김대중 대통령님처럼 위대한 인간을 내 나이 20살부터 뵐 수 있었던 것은 하느님의 축복이 아니고는 불가능하다. 나는 김대중 대통령님께 영원히 감사를 드려야 한다. 그분이 있어서 나는 행복했고 충실했다. 나는 아직 김 대통령님의 명복을 빌

준비가 되어 있지 않다. 나에게 김 대통령님은 아직도 살아있다.'[76]

2011년 목포시 삼학도에서 열린 김대중 노벨평화상기념관 개관식에서 이낙연은 말했다. '우리가 김 대통령님과 같은 시대를 산 것은 축복입니다. 우리 선조들은 김 대통령님 같은 위대한 인간이 한반도에서 태어날 것을 상상하지 못하였을지 모릅니다. 우리 후대는 역사를 통해 김 대통령님을 배울 수밖에 없을 것입니다. 그러나 우리 세대는 김 대통령님과 같은 꿈을 꾸고 같은 길을 따르며 같은 고난과 같은 영광을 경험했습니다. 우리는 김 대통령님처럼 위대하지는 않습니다. 그러나 그분의 위대한 삶을 우리 삶의 일부로 갖고 있습니다.'[77]

'DJ는 오랜 세월 고난의 길을 걸었지만, 인동초 같은 삶으로 인류의 존경을 받는 세계적인 정치지도자로 살았다. 이낙연은 30대 중반 이후 DJ로부터 정치와 철학을 배우고 국가관과 세계관을 배웠다. DJ는 이낙연의 정치적 아버지이다.'[78]

3.3. 기자 시절 – '광주, 그 원죄'

투자신탁회사 취직. '군대를 제대한 후에 이낙연은 투자신탁회사에 취직했다. 월급은 좋았지만, 마음은 헛헛하고 현실은 만족스럽지 못했다. 친구들은 '왜 고시를 접고 취업을 했느냐?'라고 물었다. 그럴 때마다 자존심이 상했다. '투자신탁이 뭐 하는 곳이냐?'라고 물었다. 설명을 해도 친구들은 만날 때마다 투자신탁이 뭐 하는 곳이냐고 다시 물었다. 또

자존심이 상했다.'[79]

여동생 이인순의 말, 오빠는 '내 몸이 내 몸인 게 하나도 없다'라고 말했다. 부모가 가난하니 다른 사람들이 많이 도와줬는데, 신세 진 거 갚으려면 팔은 누구 거고, 다리는 누구 거고, 이렇게 말했다. 용돈 받은 것도 다 빚이라는 것이다. 오빠가 돈을 벌기 시작해 시골에 와서 동네 한 바퀴 돌면 지갑이 텅텅 비었다. 신세 진 사람들 다 주고 온 것이다. '괜찮아 인순아. 오빠 지갑은 정거장이야.' 오빠는 그렇게 말했다.[80]

남동생 이계연의 말, '제가 고3 때 형이 투자신탁회사에 취직해 다닐 때인데, 어느 날 갑자기 시골에 있는 학교까지 찾아왔어요. 학교 뒤 빵집에서 이야기하는데, 대뜸 저보고 대학을 가라는 거예요. '국립대학은 등록금을 대출 수 있으니 꼭 대학을 가라.' 그런 식으로 형은 자신이 아버지 역할을 해야 한다고 여겼던 것 같아요.'[81]

동아일보 취직. '투자신탁회사에 다니면서 고시에 2차례 더 도전했다. 사법고시와 행정고시를 각각 1차례씩 치렀지만 떨어졌다. 그 무렵 동아일보에 기자 채용공고가 났고, 이낙연은 지원했고, 1979년 10월 이낙연은 기자가 되었다.

첫 번째 출입처는 총리실이었다. 총리실 출입 직후 '10 · 26 사태'가 터졌다. 전화 없는 종암동 누나 집에 얹혀살다 보니 신문사의 연락을 받지 못했다. 다음날 출근하니 다른 기자가 간밤에 일어난 '10 · 26 사태' 기사를 썼다. 이낙연의 기자 생활은 거대한 낙종으로 시작되었다.'[82]

'장남은 2살 위 누나를 말없이 챙겼다. 이낙연은 신문사에 들어가면서 결혼한 누나네 얹혀살겠다며 짐을 들고 누나네 집으로 갔다. 장녀 이연순은 이낙연식 보호법을 알아차렸다. 28살 젊은 나이에 군인 남편과 사별하고 혼자 아이를 키우고 있으니 자기가 누이를 지켜야 한다고 생각한 것 같다.'[83]

'1979년 12월 12일, 이낙연은 총리공관 정문 앞 삼청여관 2층에 투숙했다. 지금은 카페로 바뀐 그 여관에서 대통령권한대행 최규하 총리의 내각 구성을 취재했다. 이낙연은 여관에 몸을 숨기고 상당 기간 근무했다. 총리공관 출입자 명단을 일일이 적어 신문사에 보냈다. 이 과정에서 이낙연은 대한민국의 정치가 어떻게 돌아가는지, 자기가 취재한 정치동향이 신문에 어떻게 보도되고 반영되는지 감을 잡았다.'[84]

선. '이낙연은 동아일보에 입사한 이듬해 1980년 4월에 김숙희(현재의 부인)와 선을 봤다. 그녀는 그 당시 미술 교사였고, 전주여고와 이화여대 서양학과를 졸업한 뒤 같은 대학교 교육대학원에서 미술교육을 전공했다. 첫눈에 반해 사랑에 빠진 사랑은 아니었다.'[85]

'소개를 받은 아가씨 앞에 앉으면 이낙연이 묻는 말이 있다.

"한 가지 여쭤볼 게 있습니다. 학교를 제대로 다니지 않은 사람을 보면 어떤 느낌이 드십니까?"

"그걸 왜 물으시는 거죠?"

"네, 사실은 말입니다. 저희 가족이 그렇거든요."

이낙연이 만난 아가씨들은 학교를 다니지 않은 사람에 대한 편견이 있었다.

그러던 어느 날, "저는 편견이 없는데요"라고 대답하는 아가씨를 만났다. 김숙희이다.'[86]

광주. '그해 5월 광주민중항쟁이 터졌다. 광주민중항쟁은 1980년 5월 18일에서 27일까지 전라남도와 광주의 시민들이 군사독재와 통치를 반대하고, 계엄령 철폐, 민주정치 지도자 석방 등을 요구하며 벌인 민주화운동이다. 1980년 5월 무렵, 이낙연은 동아일보 국제부의 햇병아리 기자였다. 그때는 비상계엄이 내려져서 모든 보도는 사전 검열을 받았다. 광주민주화운동 보도는 국제부 소관은 아니었다. 그렇더라도 기자 직업을 가진 사람으로서 광주가 유린당하는 것을 보도하지 못하는 심정은 거의 죽고 싶을 정도였다. 그때 서울에 사는 광주 전남 출신의 이낙연 친구들이 날마다 전화를 걸어 이낙연에게 퍼부어댔다. '그것도 못 쓰는 게 기자냐, 이 사꾸라 자식아.' 한참을 퍼붓다가 밤이 되면 선술집에서 만나 소주를 마셔대며 울분을 삭이기 일쑤였다.'[87]

'그때마다 김숙희가 술자리에 동석해 함께 고민을 나누었다. 이낙연은 그녀가 편하게 느껴지기 시작했고, 그녀와 만난 지 4개월 만에 결혼하게 된다. 어린 나이에 부모의 곁을 떠나 쫓기듯 살았던 이낙연에게 그녀는 안식처와도 같았을 것이다.'[88]

광주, 그 원죄. '기자 이낙연은 광주 5 · 18 민주항쟁을 보도할 수 없었고, 그는 훗날 그것이 원죄로 가슴에 박혔다고 말한다. 그 당시 언론은 정부의 나팔수와 다름없었다.'[89]

그건 원죄이다. 광주학살도 '세월호 참사'도 우리 모두의 원죄이다. 자신이 피해자 가족이 아니라고 해도 한국 국민은 모두 광주학살과 세월호 참사에 원죄의식을 갖지 않을 수 없다.

2017년 영화 〈택시운전사〉를 보고 국무총리 이낙연은 짤막한 감상을 남겼다. '1980년 5월 광주는 현재다. 광주에도, 대한민국에도, 제 개인의 인생에도 그렇다. 그 사실을 통렬하게 깨우친 좋은 작품이었다.'[90]

광주 정신. 2018년 5월 18일에 이낙연은 다음과 같이 말했다. '광주는 역사를 외면하지 않았습니다. 역사를 우회하지 않았습니다. 역사의 책임을 회피하지 않았습니다. 광주는 언제나 역사와 마주했습니다. 옳은 일에는 기쁘게 앞장섰고 옳지 않은 일에는 기꺼이 맞섰습니다. 그것이 광주입니다. … 38년 전 전남도청에서 끝까지 항전하다 산화하신 윤상원 열사는 말씀하셨습니다. '오늘 우리는 패배할 것이다. 그러나 내일의 역사는 우리를 승리자로 만들 것이다.' 영혼으로 결혼하고 〈임을 위한 행진곡〉으로 부활한 윤상원 열사의 말씀은 맞았습니다. 결국 광주는 승리자가 되었습니다. 앞으로도 광주는 늘 승리할 것입니다. 역사에서 정의가 끝내 승리하듯이, 광주 정신은 끝내 승리할 것입니다.'[91]

언론 통폐합. 1979년 12 · 12 군사반란으로 권력을 잡은 전두환 신군부 세력은 1980년 11월 언론 통폐합을 실행했다. 언론에 재갈을 물리며 1000여 명의 언론인을 해직시켰다. '제가 입사 2년 차일 때 언론 통폐합이 이루어졌습니다. 저희는 할 일이 없었습니다. 그저 밤마다 만나며 맥주, 소주, 막걸리를 뒤섞어 마시면서 그 이름을 '통폐합주'라고 불렀던 기억이 납니다. 신군부에 의한 언론인 해직이 공교롭게 저의 한 기수 선배들까지 하한선이었습니다. 산 자의 부채감 같은 게 평생을 따라다녔습니다.'[92]

'신군부에 대해 홍보성 기사를 쓸 수밖에 없었던 것에 대해 나중에 이낙연은 '부끄럽고 떳떳하지 않다'라고 고백했다. 기자로 치열하게 산

21년은 그 부끄러움과 광주에 대한 부채감에서 벗어나려는 투쟁의 과정이었는지 모른다.'[93]

1987년. '1987년 가을부터 이낙연은 평화민주당 김대중 후보의 전담기자가 되었다. 눈비 맞아가며 동트기 전부터 동교동의 DJ 자택 앞을 지켰다. DJ는 낙선했다.'[94]

'1989년 여름, 이낙연은 도쿄 특파원에 내정되었다. 같은 시기에 이낙연에게 또 다른 제안이 들어왔다. 김대중 평민당 총재 측에서 이낙연에게 정치를 하면 어떻겠냐며 이낙연의 고향 국회의원 보궐선거에 이낙연을 내보내려고 했다. 이낙연은 그 제의를 거절하고 특파원이 되었다. 3년 2개월 동안 일본을 경험하고 세계를 짐작했다. 그리고 28살부터 49살까지 21년 동안 동아일보 기자로 지냈다.'[95]

4. 내가 없는 나의 이야기, 행동 없는 말의 모음

장남 이낙연은 집안에서 부모님의 사랑을 받으며 자랐고 형제자매의 희생으로 상급학교에 진학했다. 초 · 중 · 고교에서는 선생님들의 각별한 애정을 받으며 공부했다. 대학에서는 친구와 선배들의 도움을 받으며 생활했다. 정치적으로는 김대중의 도움을 받았다. 그는 평생 남의 도움을 받은 사람이다. 회사에 취직해서 집안의 형제자매와 친구들에게 그 도움과 은혜를 갚을 수 있는 만큼 갚으려고 했다. 그것을 넘어 사회에 대해 한 것은 주로 말과 글이다. 즉 사회적인 생각과 행동은 거의 안 보인다. 그의 사고와 행동은 집안의 범위를 크게 벗어나지 않았다.

이낙연은 김대중의 공천으로 정계에 입문했다. 2000년 16대 국회의원 출마를 시작으로 고향에서 계속 당선되어 4선 의원이 되었다. 전라남도 도지사가 되고 국무총리가 되었다. 2020년에 5선 의원이 되고 당대표가 되었다.

'배움이 깊지 않았지만 삶을 통찰할 줄 알았던 어머니, 맏이만큼은 대학에 보내겠다고 한 아버지, 그 때문에 스스로 진학을 접었던 누이들, 배고픈 시절 살뜰히 챙겨준 선생님들, 정치와 철학을 알게 한 고 김대중 대통령, 인간미 넘쳤던 고 노무현 대통령, 그리고 종로 곳곳에서 만난 분들의 살아있는 이야기, 그것이 매일의 이낙연에게 스며있었다. 인연이 닿은 수많은 사람과 겪은 일, 그리고 그 당시의 풍경이 이낙연의 기억과 말 속에 살아 숨쉬고 있었다.'[96]

이 말은 정치인이 되기까지, 그리고 2020년 4월 총선에서 승리할 때까지 이낙연의 기억과 말에 미친 영향을 정리하고 있다. 그런데 '기억과 말'이다. 이낙연에게 기억과 말은 보이는데, 생각과 행동은 잘 안 보인다. 이낙연의 글에서 부모님, 선생님, 김대중은 잘 보이는데 이낙연 자신은 잘 안 보인다. 그래서 이낙연의 글 전체는 '내가 없는 나의 이야기'이고 '행동 없는 말의 모음'으로 보인다. 2020년 봄 여론조사에서 이낙연이 대선주자 1위가 된 것도 국무총리로 있을 때 한 '사이다 발언'에서, 즉 그의 말에서 비롯된다.

그 결과일 것이다. 2021년 새해 벽두에 이낙연은 '이명박과 박근혜에 대해 대통령께 사면을 건의하겠다고 말했다.'[97] 그것은 촛불혁명과 그로 인해 탄생한 문재인 정부를 부정하는 말이다. 그리고 2021년 여름의 경선 토론을 보면 그 말이 느닷없이 나온 말이 아닌 것 같다.

이낙연 아버지의 말처럼 이낙연에게는 '공부하는 삶'이 더 잘 맞을 것 같다. 박상주의 『낙연쌤의 파란펜』을[98] 보아도 이낙연에게는 기자나 작가가 더 잘 어울릴 것 같다.

이낙연이 가야 할 길은 청와대보다는 '말과 글'인 것 같다.[99]

제3장

안철수

1. 사춘기를 겪지 않은 10대

1.1. 만들고 읽고 수집하고 기르고

안철수는 1962년 경상남도 밀양에서 태어났다.

만들고. '아주 어릴 때부터 인류를 행복하게 할 훌륭한 발명품을 만드는 것이 구체적인 소원이었고, 그래서 아주 어릴 때부터 여러 사람들에게 존경받는 과학자가 되고 싶었다.'[1]

'어린이는 비행기나 탱크 같은 플라스틱 모델을 척척 만들었다. 간수하는 쪽은 엉망이었다. 만들기만 하고 구석에 던져 놓고 돌아보지 않았다. 어린 아들의 버릇을 고치려고 아버지는 모형을 사주지 않겠다고 선언했다.'[2]

읽고. '나는 항상 글 쓰는 사람들을 존경했다. 그 사람들이 글을 잘못 썼으리라는 생각은 하지 못했다. 그래서 비판적인 글 읽기가 아니라 수용적인 자세로 책을 읽은 것 같다. 글을 깨친 것은 초등학교 1학년 때였다. 그 이후로 글자라고 생긴 것은 닥치는 대로 읽기 시작했다. 초등학교 1학년 때부터 방학 때만 되면 부모님이 전집류를 사주었다. 방학 내내 방에 틀어박혀 책만 읽고 지냈다. 학교에 오고가는 길에도 책을 읽으면서 다녔다. 학교에서 아이들과 어울리는 것을 점점 더 싫어하게 되었다. 삼중당 문고는 고등학생 때 한 권씩 사 모으며 거의 다 읽었다.'[3]

'혼자 있기를 좋아하는 사람은 소설책을 많이 읽는다. 나는 정말 못

말리게 소설을 좋아했다. 또한 추리소설 광이었다. 고등학교 체육시간에도 축구 하라고 하면 혼자 나무그늘에 앉아 소설을 읽었다. 소설을 읽으면서 인간을 이해했고 인간의 다양한 성격을 경험할 수 있었다.'[4]

수집하고. '중학생 때는 우표를 수집했다. 작고 아름답게 디자인된 조각 그림들을 바라보는 것이 큰 즐거움이었다.'[5]

기르고. '어린이는 내성적인 성격이다. 어릴 때 발표력도 부족했던 편이다. 극단적으로는 사람 만나는 것도 좋아하지 않았다. 이런 성격 때문에 어려서부터 만들기와 책읽기를 좋아했다. 또 다른 즐거움은 동물과 식물을 기르는 것이었다. 어린이가 즐겨한 것은 모두 혼자도 잘할 수 있는 것이었다. 어른이 되어도 동식물은 뭐든지 귀엽고 사랑스럽다. 부산 범천동에서 꽤 넓은 마당이 있는 집에 살 때도, 고등학교 1학년 때 그 동네의 다른 집으로 이사해서 마당 없이 옥상만 있는 집에 살 때도 옥상에 채송화, 봉숭아, 안개꽃, 조롱박, 해바라기 등을 심었다.'[6]

모형 만들고 책 읽고 우표 모으고 동식물 기르고…. 초 · 중 · 고교 때 살 수 있는 건 다 사고 할 수 있는 건 다 했다. 안철수 집안은 부유했던 것 같다.

영국 시인 딜런 토머스의 말, '유년기를 불행하게 보내는 것보다 더 불행한 것이 있다. 그것은 유년기를 지나치게 행복하게 보내는 것이다.'[7] 안철수는 유년기를 지나치게 행복하게 보낸 것 같다.

1.2. 영화 보고 오락하고 과외하고

‘나는 철없는 영화광이었다. 영화에 맛을 들이기 시작한 것은 고등학교 3학년, 한창 대학입시에 바쁠 때였다. 몰래 보는 방법을 택했는데, 그러려면 종례는 빠져야 했다. 선생님께 중요한 과외공부가 있다고 거짓말을 하고 학교를 빠져나왔다.

2학년 때까지는 과외수업이 빡빡하게 짜여 있어서 도저히 시간을 낼 수 없었다. 국영수는 물론이고 안 해도 되는 몇 가지 암기과목도 과외를 했다. 국영수 실력이 어느 정도 기반을 닦게 되자 3학년 때는 과외수업을 받지 않아도 되게 되었다. 웬만한 학교수업은 과외수업에서 이미 다 배워놓은 것이었다. 다른 병원 집 아이들이 과외 하는 것을 본 부모님이 불안해해서 거기에 맞춰 드리는 수밖에 없었다.’[8]

학원이 아니라 전부 과외였다. 과외를 얼마나 많이 받아야 과외를 받지 않아도 되는 정도가 될까? 고3 때 과외를 받지 않은 것이 놀라운 게 아니라 과외를 받지 않아도 될 때까지 과외를 받았다는 게 놀랍다. 서울대 의대에 간 게 놀라운 게 아니라 서울대 의대에 못 갔으면 놀랐을 것 같다.

‘한 번 보고 재미있는 영화를 동생이 보러 갈 때 또 가려고 아버지께 말했다가 혼난 생각도 난다. 영화를 보고 있을 때만은 사람을 완전히 다른 세계로 데려가서 현실을 완전히 잊게 해준다. 고등학교 3학년 때 영화만 보러 다닌 것이 아니다. 틈나는 대로 전자오락실에 가서 별로 쌓이지도 않은 스트레스를 푼답시고 열심히 돈을 갖다 바쳤다.’[9]

'혼인하고 나서 군의관으로 근무할 때는 영화 비디오테이프를 많이 빌려보았다. 진해에 있으면서 그때 나온 비디오를 거의 다 본 것 같다. 지금 이 시점이 (1990년대 중반) 살던 중에 아마 제일 바쁜 시기인 듯한데, 그래서 영화를 직접 보는 대신에 영화 전문 잡지를 보는 방법을 택하고 있다. 온통 책으로 가득한 방안에 다달이 몇십 종류의 잡지가 배달된다. 그중에서 영화 전문 잡지는 얼마간 내 사랑을 독차지했다.'[10]

'나는 뭐든지 처음 나온 것은 다 사 먹어보는 괴벽(?)이 있다. 라면, 커피, 과자…. 라면은 시장에 나와 있는 종류대로 다 먹어보고, 커피는 거의 중독자(?)의 경지에 이르렀다.'[11]

모형, 책, 우표, 동식물에 영화, 오락 등 안철수는 (자신의 말처럼) '현실'의 안철수가 아니라 '다른 세계'의 안철수로 산 것 같다.

1.3. 어머니는 아들에게 존댓말 쓰고

'어머니와 얽힌 이야기 하나를 들려주고 싶다. 고등학교 2학년 때로 기억하는데 어느 날 학교에 늦어 택시를 타야 했다. 어머니가 큰길까지 나와서 택시를 잡아주었다. '잘 다녀오세요.' 택시가 출발하기 전에 어머니가 내게 말씀하셨다. 차가 출발하자 택시 기사가 내게 물었다.

"형수님이신가요?"

"어머니이신데요."

내가 이렇게 대답하자 그 사람은 깜짝 놀랐다. 그러면서 이렇게 말했다. '학생은 훌륭한 어머니를 두었으니 나중에라도 그 은혜를 잊지 않고 잘해드려야 합니다.' 택시 기사가 한 말이 무슨 뜻인지 처음에는 잘 몰랐다. 어머니가 우리에게 존댓말을 쓰고 있다는 것을 전혀 깨닫지 못하고 있었다. 늘 듣던 말이라서 그날도 어머니의 다녀오세요, 하는 말에 나는 그냥 예, 하며 대답하고 택시에 탄 것이다. 그런데 그 말을 유심히 듣고 있던 택시 기사가 내게 그 점을 일깨워준 것이다. 그러고 보니 어머니께서는 밥상을 차려놓고는 우리에게 식사하세요, 했고 뭘 시킬 때도 하세요, 라고 말했다는 것을 알 수 있었다. 이런 이유로 나는 부모님에게 더 자랑스러운 아들이 되고 싶었다.'[12]

'안철수의 어머니 박귀남은 부잣집 딸로 자라고 사회의 경험이 없어서인지 양육과 사회에 무지했고 자녀들을 제대로 가르치지 못했다. 그래서 안철수는 어릴 때부터 이불 한번 갠 적 없고 방 한번 쓴 적 없고 양말 한번 빨래통에 넣은 적 없다. 어머니는 자녀들에게 자립심과 사회성을 키우는 양육을 하지 못했고 자녀들을 하늘처럼 떠받들었다.'[13]

'아버지는 병원 일에 몰두했고, 자식들 교육은 어머니 몫이었다. 어머니의 가르침은 두 가지였다. 첫째 항상 자기에게 주어진 일에 최선을 다하고 살아라. 예컨대 학생이라면 공부를 열심히 해라. 둘째, 무슨 일을 하건 남을 먼저 생각해라. 남을 먼저 생각하고 존중하라는 말의 실천이 자식에 대한 존댓말로 드러난 것이다.'[14]

안철수의 삶은 철저히 어머니에게 의존하는 태도와 성격으로 형성되었다. 어머니는 자녀에게 높임말을 썼지만, 아버지는 높임말을 쓰지 않았다. 부모는 자녀 교육에 관해 상의하거나 의논하지 않은 것으로 보인다.

1.4. 아버지는 아들이 의사 되기를 바라고

'아버지는 아들이 의사가 되기를 바랐다. 아버지의 희망은 안철수에게 큰 짐이었다. 겉으로 표현하지는 않았지만, 마음속으로 바라고 있는 것을 눈치챌 수 있었다. 안철수는 전자공학과나 수학과에 가야 한다고 생각하고 있었지만, 고등학교 2학년으로 올라갈 즈음 의과대학에 가기로 결심했다. 피를 끔찍이 싫어했지만 아버지가 좋아할 것이라는 이유 하나만으로 그렇게 결심한 것이다. 장남이 가업을 잇는다고 하면 부모님이 기뻐할 것 같았다. 효도하는 차원에서 의대를 간 셈이다.'[15]

그때 안철수는 생각했다. '부모님은 나를 낳아주고 길러주고 사랑했다. 그런데 내가 부모님의 마음을 따르지 않고 꼭 공대를 가야 하는 걸까? 공대에 가서 어떻게 하겠다는 것인가? 공대에 가는 것을 좋아한다고 뚜렷하게 내세울 것도 없지 않은가? 그렇다면 부모님을 기쁘게 해드리는 것이 아들 된 도리가 아니겠는가.' 그런 생각이 들자 바로 아버지에게 가서 의대에 가겠다고 말했다. 아버지는 말없이 빙그레 미소만 지었다.[16]

'나의 미래를 아버지 뜻에 따라 결정한 뒤에도 후회할 일이 없었던 것은 아니다. 그러나 어떤 길을 갔다고 하더라도 그만한 고민은 있었을 것이다. 내게 얼마나 많은 것을 무조건적으로 베풀어준 분들인가를 생각하니 저절로 그런 결정이 내려졌던 것이다.'[17]

'부모는 자신을 키워준 은인이고 자신은 보잘것없는 존재이기 때문에 부모의 뜻에 따라야 한다는 생각, 이것이 '큰아이'라고 불린 착한 아

이의 삶이었다.'[18]

'안철수는 이 세상과 동떨어진 다른 세상에서 산 모범생이고, 자신의 삶이 아니라 부모의 삶을 산 착한 아이였다.'[19]

1.5. 반항을 모르는 '착한 아이'

'나는 반항 같은 것을 해본 적이 없다. 공부하기 싫을 때도 어머니가 공부하라고 하면 공부하는 척이라도 했다. 사춘기라고 말하는 중 · 고등학교 시절에도 그런 일은 없었다. 그러니 사춘기를 겪지 않았다고 해야 옳을 것이다.'[20]

'초등학교 때 한번은 중 · 고등학생들이 읽는 잡지를 보게 되었다. 거기에 한 중학생의 글이 실려 있었는데, 부모님이 자기에게 간섭을 하지 않았으면 좋겠다고 쓰여 있었다. 초등학생이던 나는 그 글을 읽은 순간 충격을 받았다. '자식이 부모님께 어떻게 그런 생각을 할 수 있나. 나는 절대로 안 그래야지.' 하고 생각했다. 그 뒤로 내 나름대로는 부모님께 효도를 해야겠다고 생각하면서 살았다.'[21]

'중 · 고등학교 시절에는 여학생 사귀는 것을 학생으로서 할 일이 아니라고 생각하여 스스로 금기시했다. 특히 선생님이나 부모님이 하지 말라고 한 일은 절대 안 하는 성미였다. 예를 들어 담배나 술을 전혀 입에 대지 않았다. 그것은 학생 신분에 어울리지 않는다고 생각했기 때문이었다. 고등학교 때 영화를 봤지만 연소자관람불가 딱지가 붙은 것은

절대로 보지 않았다.'[22]

사춘기를 겪지 않고 정체성의 혼란을 겪지 않아 안철수는 성인이 되어 정체성의 혼란을 겪고 있다. 의사, 의대 교수, 컴퓨터바이러스 백신 제작자, 기업의 CEO, 유학생, 전국순회 강연자, 이 대학 저 대학 교수, 작가(많은 책의 저자), '세계적인 석학', 국회의원, 정당의 대표, 서울시장 후보, 대통령 후보….

'안철수는 현실 감각이 떨어지고 스스로를 이상화하는 완벽한 나르시시스트이다.'[23]

2. 세상을 모르는 20대

2.1. 대학 1학년 – '광주'를 모르는 서울대 의대생

안철수는 1980년 3월 서울대 의대에 입학했다. 고등학교 때까지 부산에서 살았으니, 서울에서는 하숙을 했다. 어머니의 권유로 하게 되었는데, 하숙생활은 처음이었다.

하숙집 아주머니. '처음 하숙을 시작했을 때 모든 것이 새로웠다. 그 전까지 내 생활의 모든 것은 어머니가 마련한 것 위주로 되어 있어서 편하기 그지없었다. 하지만 그것은 독립적이지 못하고 의존적인 생활이었다. 나는 하숙집을 몇 번이나 옮겨 다녀야 했다. 하숙집 주인아주머니는 그대로인 채 그 아주머니가 이사하는 집을 따라 계속 옮겨 다닌 것이다. 그 아주머니는 전셋집에서 하숙을 치고 있었다. 본과에 올라가면서 신림동 생활을 끝내고 연건동으로 주거를 옮겼다. 연건동에서도 하숙을 세 번이나 옮겨 다녀야 했다.'[24] 안철수는 한 아주머니에게 익숙해지면 그 아주머니를 계속 따라다닌다.

술. '대학에 입학했을 때 고등학교 동창회에서 신입생 환영회를 주최했다. 선배들은 후배들에게 막무가내로 술을 권했다. 선배들이 소주를 막 먹여댔다. 얼마 지난 후 친구들이 픽픽 쓰러지기 시작했다. 나는 끝까지 말짱한 채로 있었다. 나로선 평생 처음 마신 술이었다. 한창때는 맥주 2000cc 정도 마시면 소변보러 다니는 것이 좀 귀찮았지만, 그 이상을 마시면 더 이상 취하지도 않고 마음이 편안해졌다. 친구들도 나의 술 실력(?)을 인정했다. 친구들은 내가 정신을 잃기는커녕 더 냉정해진다고 말했다. 딱 한 번 정신을 잃은 적이 있는데, 그때에도 다른 사람들은 내가 정신을 잃었다는 것을 눈치채지 못했다. 지금 생각해보면 술을 마실 때도 계속 긴장하면서, 항상 자기를 잃지 않으려고 통제력을 발휘하면서 술을 마신 것 같다. 나는 술을 마시지 않을 때나 마실 때나 언제나 나에게 엄격한 통제를 하며 살았다.'[25]

자신을 통제하는 것이 마음의 문을 열지 않고 산다는 뜻이라는 것을 안철수도 안다. 그래도 어쩔 수 없다. '나는 필름이 끊기는 보통 사람이 아니고 남과 다른 특별한 사람이니 통제력을 잃어서는 안 된다.' 이 무의식 때문에 안철수는 통제를 그만둘 수 없다.

서울 적응. 안철수는 대학에 입학해서 '말씨도 다르고 문화도 다른 서울에서 적응력을 발휘했다. 적응력은 나의 장점이다. 광화문에서 동대문까지 걸으면서 골목길마다 들어가 봤다. 시간 날 때마다 서울의 지리를 익히려고 돌아다녔다. 혼자 고궁, 박물관, 영화관 등을 돌아다니기도 했다.'[26]

미팅과 광주. 안철수는 대학 1학년 때 서울 여기저기를 돌아다니기도 했지만 미팅도 몇 번 했다. '미팅에 나가보면 여자들이 나를 별로 좋아하지 않는 것 같았다. 친구들에게 억지로 끌려가서 '대타' 노릇을 하기도 했다. 광주항쟁이 일어나고 대학교가 휴교되었을 때, 그러니까 대학교에 입학한 지 2달 만에 나의 미팅 역사도 끝이 났다.'[27]

'서울 1980년 봄, 안 씨라는 성을 가진 대학생'의 말이다. 안철수는 자신이 쓴 모든 책에서 여기에 딱 한 번 광주항쟁을 언급했다. 미팅 역사의 끝과 함께. 그것도 20살 어린 나이가 아니라 『별난 컴퓨터 의사 안철수』 책을 쓴 1995년, 즉 34살의 나이에. 1980년 봄 서울 거리에는 최루탄이 난무하고 대학에는 전경이 상주했는데, 안철수에게는 그것이 안 보였다. 1980년 5월 광주가 피를 흘리고 이 땅의 모든 산하가 통곡할 때 '안철수는 이 땅에 없었다.'[28]

물론 그럴 수 있다. 하지만 그런 사람에게 사회의식이나 역사의식을 기대하기는 어려울 것이다. 안철수를 사회형 인간이라고 보기도 어려울 것이다.

2.2. '공부가 너무 힘듭니다' – 사춘기? 어리광?

'의대 본과 1학년 겨울방학이 끝날 때쯤 20여 년의 삶에서 처음으로 위기가 찾아왔다. 의대생들에게는 성적이 평생 지고 다닐 멍에가 된다. 레지던트 시험에도 학부 때의 성적이 중요한 지표가 된다. 의대생은 늘 대학입시를 앞둔 수험생과 같은 처지였다. 성적이 10등 안에 들어야 자기가 원하는 과를 선택할 수 있다. 그 등수 안에 들려고 비인간적인 생활을 견뎌야 하는 것이 싫었다. 그런데도 성적이 걱정되어 겨울방학이 끝나기 1주일 전에 서울로 올라왔다. 미리 가서 공부를 해야겠다고 생각했다. 하숙방에 들어선 순간 혼자가 된 기분이었다. 방에 오도카니 앉아 있는데 늪에 빠지는 듯한 두려움이 밀려 왔다. 그때가 내 평생 제일 어려운 시기였던 것 같다. 마음의 갈피를 잡을 수 없었다. 방황이라는 것을 처음으로 실감했다. 한 번도 겪어보지 못한 느낌이었고, 어떻게 해야 좋을지 난감했다. 학교 다니기가 싫었다. 어쩔 줄 몰라 쩔쩔매다가 어머니에게 장거리 전화를 했다.

"어머니, 공부가 너무 힘듭니다."

울면서 말했다. 깜짝 놀란 어머니가 곧바로 비행기를 타고 올라왔다. 나를 데리러 온 것이다. 그날로 어머니와 함께 기차를 타고 부산으로 내려갔다. 기차를 타고 가는 중에도 계속 울었다. 어머니가 걱정하지 말라고 달랬지만 무슨 이야기를 해도 눈물부터 나왔다.

부산의 아버지는 잘 아는 정신과 의사에게 내가 상담할 수 있도록 자리를 마련했다. 나는 그 의사에게 내 이야기를 털어놓았다.

"의과대학 공부가 힘듭니다."

"쉬운 일은 아니지. 친구도 사귀어 보고 동아리도 들어봐."

그 의사의 이야기는 내 고민과는 거리가 있는 조언이었다. 그렇게 할 수도 있었다. 그러나 그렇게 하면 성적이 떨어지고 원하는 과에 지망할 수 없게 될 텐데, 어떻게 그 길을 택할 수 있을 것인가? 결국 모든 문제는 내가 해결해야 했다. 나는 부산에서 며칠을 보내고 마음을 달랬다. 부모님의 걱정을 뒤로하고 서울로 올라왔다.'[29]

안철수의 책을 보면 이것이 안철수의 삶에서 유일한 '사춘기적 사건'인 것 같다. 어머니에게 울면서 공부가 힘들다고 말한 건 그저 어리광일 뿐이지 사춘기여서가 아니라고 할 수도 있을 것이다. 어쨌든 '나는 의대생인가? 좋은 의사가 되려고 하는가? 공부를 열심히 해야 하는가?

얼마나 열심히 해야 하는가? 의대 공부를 계속해야 하는가? 계속할 수 있을까?' 하는 고민을 했다는 점에서 정체성의 혼란을 겪은 것이고, 그런 점에서 사춘기라고 볼 수 있을 것이다.

어머니의 배려. 이런 고민을 왜 중 · 고등학교 때 안 하고 대학 3학년(의대 본과 1학년)이 끝날 때 했을까? '어머니는 내가 공부를 열심히 하면서 바르게 자랄 수 있도록 늘 세심하게 배려해 주었다. 아주 어렸을 때부터 나는 공부만 하면 되었다. 자고 나서 학교에 갔다 오면 어느새 내 방은 깨끗하게 정리되어 있었다. 공작놀이를 한다고 방을 마구 어질러도 그것을 내가 치운 적이 없다. 이불 한번 갠 적 없고 방 한번 쓴 적 없다. 그렇게 살다가 대학에 들어가면서 어머니 곁을 떠난 것이다.'[30] 어머니의 '배려'가 아들의 사춘기를 '지워버린' 것인가?

아버지의 반응. '이때 아버지는 아들을 정신과 의사와 상담하게 했다. 정신과가 꼭 정신병이나 큰 정신적 문제가 있어야만 가는 곳은 아니다. 정신과 의사들은 환자의 힘든 이야기를 들어주고 상담을 해주기도 한다. 그런데 공부에 대한 고민과 스트레스 때문에 자식을 정신과에 보내는 부모는 흔치 않다.

'의대 공부가 힘들지. 아빠도 정말 힘들었단다.'

'10등 안에 못 들어도 돼. 나중에 아빠와 같이 병원을 하자꾸나.'

이런 위로는 기대할 수 없었다. 안철수가 '의과대학 공부가 힘듭니다'라고 정신과 의사에게 한 말은 의사 아버지에게도 할 수 있는 말이었다. 정신과 의사가 안철수에게 해준 조언도 의사 아버지가 해줄 수 있는 말이었다. 안철수 부자는 서로 직접 주고받을 수 있는 이야기도 정신

과 의사를 통해 주고받아야 할 만큼 소통이 없는 관계였다.'[31]

이런 경우에 보통 아버지들은 다음과 같이 말한다. '요즘에는 대학에서 전공이 중요하지 않다. 어느 학과를 나와도 나중에 자기가 하고 싶은 일을 하는 데는 지장이 없다. 대학을 졸업하고 다른 공부를 하고 싶으면 다른 공부를 할 수도 있고 다른 공부를 해도 된다.'[32] 안철수 아버지는 '보통의 아버지'가 아니었던 것 같다.

2.3. 인생을 책으로 배우다

의료봉사활동. '나는 의대 본과 2학년 때 구로동에서 주말 의료봉사활동을 하면서 책에서만 보던 사람들을 만날 수 있었다. 봉사활동에서 관절염이 심해 움직이지 못하는 할머니를 보았다. 할머니의 중학교 1학년 손녀가 신문배달을 해서 생계를 유지하고 있었다. 몇 달 후 같이 살던 손녀가 가출했다. 할머니는 혼자 있을 때 사망했고, 뒤늦게 병문안 간 성당 사람들이 할머니를 발견하고 시신을 수습했다. 가정사정이 곤란해지면 남편이 병을 앓아 몸져누워도 뒤돌아보지 않고 가출해 버리는 부인도 보았다. 남편이 아프거나 아내가 아프면 정성껏 간호하는 것을 상식으로 알고 있던 나에게는 충격이 아닐 수 없었다. 내 머리는 혼란스러웠고, 어떤 가닥도 잡히지 않았다. 사람이 돈보다 귀한 존재라고 생각했는데, 결국 제일 중요한 것은 돈일지 모른다는 생각이 들었다.'[33] 이들은 안철수에게 '책에서만 보던 사람들'이다. 안철수는 책만 봤고 시험만 봤다. 온실 속의 화초로 자랐다.

"인생은 선택의 연속이다."[34] 『CEO 안철수, 지금 우리에게 필요한 것은』 책 본문의 첫 문장이다. 선택할 수 있는 사람에게만 '인생은 선택의 연속이다.' 선택할 수 없는 사람에게는 인생이 선택의 연속이 아니다. 그 손녀나 부인, 그리고 이 땅의 많은 사람들은 그렇게 살 수밖에 없어서 그렇게 산다.

바둑도 책으로. '바둑 아마추어들은 바둑을 어깨너머로 배운다. 그런데 나는 의대 2학년 때 바둑을 배워야겠다는 생각이 들자 서점에 들러 무작위로 바둑 입문서를 샀다. 50권은 읽은 것 같다. 자주 보는 바람에 책을 외울 정도가 되었다. 그 무렵 실전 감각을 익히려고 실제로 바둑을 두었다. 처음에는 공부한 것이 전혀 소용없어 보였다. 10급에게 9점을 놓고 100집 이상 졌다. 그런데 자꾸 두다 보니 책을 읽은 것이 큰 밑거름이 되었다. 책으로 습득한 '내공'이었다. 1년 후에 아마추어 1~2단 수준에 이르게 되었다.'[35] 안철수는 바둑뿐만 아니라 인생을 주로 책을 통해 배운 것 같다.

2.4. '대인관계에 문제가 많다'

대인관계. 안철수는 '대학 2학년 때 자신의 대인관계에 문제가 많다는 것을 알게 되었다. 내가 좋아하고 따르던 고등학교 선배가 있었다. 다른 동기생도 그 선배를 따른다는 것을 알게 되었다. 선배는 나보다 동기생과 마음이 더 잘 맞는 편이라고 했다. 그 말을 듣는 순간 참지 못하고 선배에게 항의했다. 동기생보다 내가 선배에게 더 잘하는 것 같은데, 선배는 왜 그 동기생을 더 좋아하느냐고 따졌다. 내가 어떤 사람에게 일등으로 잘하면 그 사람도 내게 일등으로 잘해야 한다고 생각한 것이다. 감정뿐만 아니라 논리적으로도 그게 맞는다고 생각했다.'[36]

갈등 중재. '의대 석사과정에 들어가서 기숙사 조교가 되었다. 어느 날 기숙사 관리사무실과 식당의 비리에 대해 학생들이 항의하는 사건이 발생했다. 조교로서 학생들 편을 들 수도 없었고, 사무실과 식당 사람들 편을 들 수도 없었다. 딱 중간에 있었다. 양쪽을 중재하는 일을 맡았는데 그게 잘못되어 양쪽으로부터 비난을 들었다. 제대로 처신하지 못한 것이다. 내가 택한 방법은 한쪽의 말을 다른 쪽에 전해 주는 것이었다. '이쪽에 가서는 저쪽에서 잘못했다고 말하더라.' 하고 '저쪽에 가서는 이쪽에서 사과하더라.' 하고 전했다. 양쪽이 상대를 오해한 채 각자 자기편이 이겼다고 생각하게 만든 것이다. 그때 나에게는 그런 결말밖에 다른 방법이 떠오르지 않았다.'[37]

양쪽의 입장을 다 고려하면, 즉 양쪽에게 다 욕을 먹지 않고 좋은 사람이라는 인상을 받으려는 욕심이 작용하면 대개 '이런 방법밖에 떠오르지 않게' 된다.

박근혜 전 대통령의 말이 생각난다. '이런 상황에서 대통령과 행정부가 더 이상 어떻게 해야 되겠느냐. 지금 대통령이 더 이상 어떻게 해야 되겠느냐.' 2016년 국회의장의 직권상정 거부에 대한 기자 질문에도, 노동개혁에 대한 기자 질문에도 박근혜 전 대통령은 이렇게 말했다.

안철수는 공부 말고 할 줄 아는 게 거의 없고, '이런 상황에서 안철수는 더 이상 어떻게 해야 하는지 모른다.' 안철수는 박근혜 '공주'와 닮은 '남자 박근혜'이다.

2.5. 삶(살림)을 모르는 남편

이 모든 사회화 과정의 정점에 '양말 사건'이 있다. 안철수는 20대 말 '결혼생활 초기에 아내에게 지적받은 적이 많았다. 늘 하던 대로 양말을 벗어 무심코 아무 데나 던져 놓았더니 바로 화살이 날아왔다.

"아니 양말을 벗어서 그렇게 아무 데나 던지면 어떻게 해요?"

그 말을 듣는 순간 기분이 이상야릇해졌다.

"…."

부모님과 살 때는 한 번도 들어본 적 없는 야단이었다. 태어나서 처음 들어본 지적이었다. 아내는 그런 나를 이해할 수 없었을 것이다. 아내의 표정이 힘들다는 것을 짐작케 했다.

"빨래통에다 갖다 놔야지, 그렇게 던져 놓으면 따로 누가 치워야 되잖아요?"

"그럼 '양말을 벗어서 빨래통에 넣어 주세요.' 하면 되지, 왜 그렇게 야단치듯이 말을 해요?"

그게 내가 할 수 있는 최선의 대답이었다.'[38]

문제의 핵심이 안철수의 잘못된 행동에서 '아내의 야단'으로 이동했다. 공부 말고 아무것도 못 하게 하니 안철수는 집안형 인간을 넘어 자기중심형 인간이 되었다.[39] 안철수는 자기만 생각하는 나[我]형 인간이고, 그것이 어머니의 '배려'의 결과이다.

이 '양말 사건'은 2013년 박근혜 전 대통령이 서울 양재동 농협 하나로마트에서 감자를 들고 냄새를 맡은 사건에 견줄 만하다. 어느 상인의 말, '감자를 냄새 맡고 사는 경우는 없어요. 감자는 흙냄새밖에 안 날 텐데, 무슨 냄새를 맡았을까요. 몰라도 많이 모르는 것 같아요. 기본적인 지식조차 없는 것 아닌가요.'

'결혼 처음에는 고쳐야 할 것투성이였다. 지적받은 것은 빨리 고치려고 애썼다. 그러나 꼭 야단맞는 기분이 들어 가끔 떼를 부리기도 했다.'[40] 안철수의 요구를 어머니처럼 미리 다 들어주면 안철수는 떼를 쓸 일이 없고, 그래서 안철수에게 야단칠 일도 없을 것이다.

한국의 대학입시 시스템은 대한민국 청소년들에게 혼자 힘으로 생각하고 독립해서 행동하는 능력을 앗아간다. 안철수의 서울대 의대 입학과 결혼 전후의 모습이 그걸 증명한다. 그런데도 대한민국 학부모들은 안철수의 과외와 서울대 의대 입학을 흠모한다. 자기 자식이 서울대 의대생이 되는 것은 대한민국 거의 모든 학부모의 궁극의 '로망'이다. ('안철수 신드롬'이 강남에서 제일 먼저 시작되었다는 말은 틀린 말이 아닐 것이다.)

3. 컴퓨터에 눈뜨고 '바이러스'로 전환한 20~30대

3.1. 의대생의 공부법 - '영혼 없는' 암기 기계?

암기. 그 로망을 실현한 서울대 의대생, 나아가 모든 의대 학생들은 어떻게 공부할까? '의과대학 공부의 양은 고등학교 때와 비교할 바가 못 될 정도로 많다. 많은 시간을 투자해서 무조건 외워야 한다. 외울 항목이 많은 과목은 시험 때 각 항목을 논리적으로 분류해서 재구성한 다음에 집중적으로 외워야 한다. 요점을 파악해서 내용을 정리한 다음에 그것을 외우는 것이 내 특기였다. 외우는 능력은 쓸수록 발달하는 것 같다.'[41]

'이 방법이 효과가 있었고, 그래서 나의 경우에는 공부할 양이 많은 과목일수록 좋은 성적이 나왔다. 내 성적이 올라간 데는 집중력도 한몫했다. 나는 어떤 일에 집중하면 다른 일은 잊어버린다.'[42]

집중력은 좋은 것이다. 외우는 능력뿐만 아니라 모든 능력은 쓸수록 발달할 것이다. 그런데 암기력은 두뇌의 힘 중에 일부에 불과하다. 아인슈타인의 말, '보면 알 수 있는 것을 외우는 것은 미친 짓이다.'

'의대 교수 중에 의과대학은 머리가 좋은 사람보다 성실한 사람을 요구한다는 말을 하는 사람이 많다.'[43]

암기 천재. '대학원에 처음 들어갔을 때 어느 날 잠자리에 들어 하루를 정리하는데 문득 이런 생각이 들었다. '내 경쟁 상대들은 세계 각국의 실험실에서 열심히 일하고 있는 나와 비슷한 나이의 사람들이다. 내가 잠을 자고 있는 동안에도 미국에 있는 내 경쟁자들은 열심히 공부하고 있지 않겠는가?' 그런 생각이 드는 순간 초조함에 숨이 막힐 지경이었고 잠을 이룰 수 없었다. 결국 밤중에 일어나 책을 뒤적이게 되었고, 그 이후로는 잠을 줄여가면서 공부하는 수밖에 없었다. 세계 각국에 흩어져 있는 미래의 경쟁자들을 의식하면서 말이다.'[44]

'내가 잠든 시각에도 지구 어딘가에서 누군가 나와 같은 분야의 주제를 두고 연구하고 있다는 생각을 하면 마음이 잠시도 편하지 않았다.'[45] '나에게는 언제나 내가 선정해 둔 라이벌이 있었던 것 같다. 나는 그들을 목표로 삼고 노력에 노력을 거듭했다.'[46] '나는 천재는 결코 아니라고 생각한다. 천재들의 이야기를 들을 때면 도저히 그들을 따라갈 수 없는 내 자신이 서글퍼지기도 했다.'[47]

그 경쟁 상대들도 잔다. 잠은 두뇌활동에 매우 중요하다. 필자는 한때 '잠은 두뇌의 밥이다'라는 표현을 생각해낸 적이 있다.

대한민국의 많은 '암기왕'들이 자신을 한국 최고의 수재라고 생각하는 것 같다. 한국의 입시제도는 암기 수재들이 모든 것을 잘한다고 착각하는 '종교'를 만드는 것 같다. 암기왕은 암기만 잘하는 사람에 불과하다.

세계 최고의 천재들에게 열등감을 느끼는 만큼, 아니 그 이상으로 안철수는 '서울대 의대'급보다 낮은 커트라인을 보이는 대학의 '둔재'들에게 끝없는 우월감을 느낄 것이다. 안철수가 의학을 포기한 것은 근본적으로 세계 최고의 천재들에게 느낀 열등감 때문일 것이다.

'영혼 없는' 암기 기계. 안철수와 같은 의대생을 '영혼 없는' 사람이라고 할 수 있는가? 김옥주 서울대 의대 교수는 2011년 안철수의 서울대 강연에서 안철수에게 다음과 같이 질문했다.

'IMF를 거치고 나면서 요즘에는 의대, 치대, 한의대에 학생이 너무 많이 몰리는 현상이 있고, 그 이유도 안정적인 미래를 위한 '직업 안정성'을 추구해서인 것 같습니다. 의과대학 선배로서 이런 방식으로, 어떻게 보면 '영혼 없이' 의 · 치대로 몰리고 있는 전 국가적인 현상에 대해 어떻게 생각하나요?'[48]

이 말에 따르면, 의대 가고 법대 가는 사람은 영혼 없이 직업 안정성만 찾는 사람이다. IMF 위기 이전에도 법대와 의대에는 '암기 잘하는' 학생들이 몰렸다. 김옥주도 서울대 의대 교수로서 영혼 없이 의대에 간 것인가?

안철수의 답변. '의사는 본질적으로 매일 처음 보는 사람 100명 정도와 이야기를 해야 하는 직업이에요. 그런데 친구도 싫어하고 방에서 공부하기 좋아하는 아이가 의사가 되면 그 일을 무조건 해야 하는 거예요. 평생 해야 하는 일이니 점점 더 힘들어지죠. 결국 불행해져요. 환자분들도 알잖아요, 의사가 자기 싫어한다는 것. (웃음) 매일 100명 이상의 환자를 보면서도 하나하나의 환자가 건강을 회복하는 것을 보며 보람을 느끼는 의사, 그처럼 마음이 따뜻하고 성실한 사람이 의사가 되어야 하는데, 그런 면이 부족하고 공부만 잘하는 사람이 의사가 되다 보니 이런 괴리가 있는 거죠.'[49]

국가적 현상에 대한 질문에 안철수는 자기의 개인 경험으로 답변했다. 어쨌든 이 답변에서 안철수는 솔직하게 말했다. '자기는 사람 만나는 것을 싫어하고 방에 틀어박혀 공부하는 것만 좋아했는데, 아버지의 무언의 요구로 어쩔 수 없이 의대에 갔고, 그래서 의사가 되고 보니 힘들고 불행해졌다.' 의사는 하기 싫고 마침 컴퓨터바이러스 연구에 몰두할 때였다. 의학을 포기했다.

김옥주의 또 다른 질문, '선생님이 의과대학에서 계속 생리학을 공부했으면 우리나라에도 노벨상 수상자가 나올 수 있었는데요.'[50] 생리학을 계속 암기로만 공부한다면, 그것도 어려울 것이다.

아버지의 뜻에 따라 의대에 간 것, 아버지와 '대결'하지 못하고 아버지에게 복종만 하고 칭찬만 갈구한 것, 사춘기를 겪어야 할 나이에 사춘기를 겪지 못한 것, 10대와 20대를 과외와 '영혼 없는 암기 기계'로 산 것, 그런 삶이 불행이라는 것, 그것을 안철수는 나이 30이 넘어 깨달았다.

3.2. 군의관, 의사가 싫은 의대 교수

안철수는 서울대 의대에서 1986년에 학사학위를, 1988년에 석사학위를, 1991년에 박사학위를 받았다. 석사학위를 받고 단국대 의대 전임강사로 발령받았다. 20대 후반의 젊은 나이에 교수가 된 것이다.

입대. 교수로 근무하다가 1991년 2월에 군대에 들어갔다. 군대 가는 날까지 안철수는 마쳐야 하는 일이 있었다. 그 일을 하다 보니 안철수는 가족에게 군대 간다는 말도 하지 못하고 군대에 갔다고 말했다. 그런데 아내의 말은 다르다. '허둥지둥 지하철 타고 서울역으로 달려가더라. 기차 태워 보내고 혼자 돌아오는데 섭섭했다.'

'안철수는 늘 자신이 위인전에 나올 법한 인물로 사람들에게 보이기를 원한다. 그러다 보니 사실과 내적 욕구가 섞여 의식적 · 무의식적으로 가족에게 군대 간다는 말도 하지 못하고 군대에 갔다고 말하는 것이다.'[51]

군의관으로 39개월 복무할 예정이었고, 그 전에 3달 동안 훈련소 생활을 하게 되었다. 훈련소에서 2달간 잠수 훈련을 받을 때였다. '원래 겁이 많은 성격인 데다 무서운 것은 의지로도 어쩔 수 없었다. 그래서 1달 만에 잠수 훈련을 포기했다. 그때까지 내가 해야 할 일을 못 해낸 것은 그것이 처음이었다. 그때 나는 아무리 참을성과 의지가 강해도 못하는 일은 따로 있다는 것을 깨달았다. 한 번도 체험하지 못한 일이었다.'[52]

이 '잠수 훈련 포기'를 필자는 안철수 인생의 두 번째 사춘기적 사건으로 본다. 안철수가 이런 경험을 많이 할수록 '어른'이 되는 데 도움이 될 것 같다.

복직? '군대에서 제대한 후 교수로 복직할 예정이었으나 학교 측과 의견 충돌이 있었다. 학생지도와 연구에 꼭 필요한 실험기자재 구매요청을 학교 측은 고압적으로 묵살했고 채용보류 결정을 내렸다. 그래서 나는 자의 반 타의 반으로 직장을 그만두었다.'[53]

'고압적 묵살'이 핵심이다. 안철수는 자기 의견을 고압적으로 묵살당한 적이 없다. 어머니에게도 아버지에게도, 선생님에게도 (고3 때 영화 보러 가면서 과외 하러 간다고 거짓말을 할 때) 묵살당한 적이 없다.

이런 문제는 한쪽 말만 들어서는 알 수 없다. 실험기자재는 예산이 필요한 사안이고 대학교에서 심의해야 할 일이다. 대학교에 의과대학만 있는 것도 아니다. '고압적인 학교 측'은 모든 단과대학의 예산을 고려하고 그 예산의 긴급성, 필요성, 적절성 등을 검토하여 예산을 배분하고 책정할 것이다. 시간이 걸리기도 할 것이다.

'하지만 내 말을 안 들어주는 건 상상할 수 없다. 나의 채용을 보류한다고? 차라리 내가 그만두는 게 낫다.' 자신의 요구에 학교 측의 대처가 부당하다고 느낀 것, 이것이 자의 반 타의 반의 핵심일 것이다. 안철수는 자기중심적인 성격이 강하다. 단국대 '직장'이 서울대 박사 안철수의 '명예'에 맞지 않았을 수도 있다.

의학 포기. 1994년 군대에서 제대한 후 고민에 빠졌다. 교수를 할 수도 없고 의사를 하는 것도 싫었다. 거의 10개월간 실업자로 지냈다. '의사와 바이러스 둘 중 하나는 포기해야 했다. 그 당시 우리나라에서 바이러스나 컴퓨터 보안 쪽의 일을 하는 사람은 그다지 많지 않았고, 특히 바이러스는 나 하나뿐이었다. 의학 쪽에는 이미 많은 인력이 있었고, 그것도 나보다 훨씬 재능 있는 사람들이었다. 나를 절실하게 필요로 하는 쪽은 의학계가 아니라 컴퓨터 보안 쪽일지 모른다는 생각이 들었다. 고민 끝에 컴퓨터를 선택했다. 의학자의 길을 포기했다.'[54]

3.3. 바이러스 전문가 – '안철수연구소' 설립

1995년 독지가의 도움으로 '안철수연구소'를 설립했다.

'안철수가 컴퓨터를 처음 접한 건 1982년 의대 본과 1학년 때였다. 연건동의 세 번째 하숙집에 살 때 고려대 의대생도 그 집에 같이 하숙했다. 그 학생 부모님이 자기 아들에게 혜화동에 집을 한 채 마련해 주면서 그 학생은 하숙집을 떠나게 되었다. 그때 그 학생이 안철수에게 같이 지내는 게 어떠냐고 물었다. 안철수는 그 학생을 따라갔고, 그 집에서 그 학생의 컴퓨터를 보게 된 것이다.'[55]

그 후에 안철수도 컴퓨터를 샀고, '1980년대 후반에는 컴퓨터통신도 했다. 한 달에 70~80만 원씩 들이며 국제통신망에 접속했다. 1988년부터 컴퓨터와 관련된 여러 주제에 관해 글을 쓰고 컴퓨터 잡지에 글을 실었다. 글을 쓰겠다고 잡지사에 연락을 하고 그 말에 책임을 지려고 공부해서 글을 썼다. 그러면 공부를 안 할 수 없었다.

내 글의 주제는 창조적이지 못했다. 남이 생각하지 못한 것을 개념화하여 글로 풀어낼 능력은 없었다. 학교 다닐 때도 생각이 깊지 못해서 글이 평범한 내용이 되는 수가 많았다. 새로운 것을 창조하는 능력이 없다는 것은 이미 중학교 때 인식했다. 내가 쓴 글은 어느 것이라도 소스가 먼저 있었다. 책의 어려운 내용이나 자료를 쉽게 풀어쓰는 것이 적성에 맞았다.'[56]

'1988년 7월에 『마이크로소프트웨어』지에 브레인 바이러스를 치료할 수 있는 방법이 특집기사로 실렸다. 그중에 제일 크게 애착을 느낀 것은 8회 동안 연재한 컴퓨터통신에 관한 글이었다. 국제전화로 미국 통신망에 접속하느라고 월급도 전부 접속비용으로 들어갔다. 그 글에 애착이 제일 많이 간 이유는 보람 때문이었다. 수많은 사람들에게 도움이 될 수 있는 일을 할 수 있는 기회를 놓치고 싶지 않았다. 개인이 시간과 비용을 투자함으로써 나라 안의 많은 사람들이 동일한 주제에 더는 시간과 비용을 투자하지 않아도 된다는 것에 커다란 보람을 느꼈다.'[57]

안철수가 말하는 '보람'은 희생과 봉사의 성격도 있지만 칭찬, 존경, 명예의 성격이 더 강한 것으로 보인다. 의대 박사과정에 재학 중인 학생으로서 의학 공부하고 학위논문을 쓰기도 벅찰 텐데, 일에 대한 열정이 대단한 것 같다.

안철수의 말, '이제까지 무슨 일을 하든지 남을 의식하고 한 적은 없었다. 특히 남이 나를 어떻게 평가하느냐에 전혀 관심을 두지 않았다.'

'남이 나를 칭찬하면 기분이 좋지만, 그것으로 너무 기분이 좋아지려는 것을 억누르려고 애쓰기도 했다. 칭찬과 비난을 포함하여 다른 사람들이 나를 어떻게 생각하느냐에 귀를 막으려고 애를 쓰면서 내가 생각하기에 값진 일에 최선을 다하는 것만 염두에 두는 것이다. 문제는 자기완성도가 얼마나 되느냐 하는 것이다.'

'잡지에 내 백신을 실어 주기나 할까를 걱정하며 전화를 걸었던 것도 사실이다.'[58]

잡지에 실어줄지 걱정한 것은 자기 노력이 헛되이 버려지지 않기를 바란 것이기도 하지만, 그것이 바로 관심이고 의식이다.

1995년 안철수연구소를 세우고 몇 달 뒤 안철수는 미국으로 유학을 떠났다. 1997년까지 2년 동안 미국 펜실베이니아대학교에서 공학 석사과정을 밟았다. 귀국해서 계속 회사를 운영했다.

회사 창립 10년이 되는 2005년 안철수는 안철수연구소 대표직을 사임하고 다시 미국으로 유학을 떠났다. 첫 1년 동안은 스탠퍼드대학교에서 관심 있는 과목을 수강하며 실리콘밸리에 있는 벤처캐피탈 회사에서 EIR(예비창업가) 자격으로 일을 배웠다. 그 뒤 2년 동안은 펜실베이니아대학교 와튼 스쿨에서 MBA(최고경영자) 과정을 밟았다[59]

안철수의 제일 큰 공헌은 컴퓨터바이러스 백신 제작이다. '1988년 바이러스가 감염된 과정을 반대로 하면 치료할 수 있겠다고 생각하여 백신(Vaccine)이란 이름의 안티바이러스 프로그램을 만들어 치료에 성공했다. 이것이 V3의 최초 버전 V1이다. 안철수는 세계 최초로 컴퓨터바이러스 백신 V1을 만들게 되었다고 밝혔고 미국의 대기업들도 V1보다 1년 늦게 백신을 만들었다고 말했다. 그 뒤로 바이러스가 나올 때마다 혼자 만든 백신을 무료로 배포했다. 그 이후 V2, V2Plus 등을 차례로 발표하면서 지속적으로 업데이트를 하였다.'[60]

4. 부와 명예를 얻어 '대통령'으로 전환한 40~50대

4.1. 청춘콘서트 - 단독논문 1개의 '세계적인 석학'

카이스트 교수. '안철수는 3년간의 미국유학을 마치고 2008년 귀국했다. 그는 여러 대학에서 풀타임 교수직을 제안받았고, 그중에는 의대와 경영대도 있었다. 하지만 이공계 기피 현상에 대한 위기의식 때문에 안철수는 카이스트를 선택했고 카이스트의 석좌교수로 임용되었다.'[61]

청춘콘서트. '안철수는 카이스트 교수로 재직하면서 2009년 10월부터 이화여대를 시작으로 전국의 대학을 순회하며 청춘콘서트를 시작했다. 청춘콘서트는 대학생들을 위로하고 그들에게 용기와 희망을 주는 행사였다. 『정의란 무엇인가』와 『아프니까 청춘이다』가 100만 권 넘게 팔릴 정도로 그 당시 우리 사회는 정의와 위로에 대한 갈증이 심했다. 이명박 정권의 '불통'으로 스트레스를 받아 사람들은 소통을 원했다. 안철수는 이를 정확히 꿰뚫고 청춘콘서트에서 위로, 소통, 정의의 이미지 만들기에 성공했다.'[62]

소통? 그런데 청춘콘서트가 소통의 공간이자 소통의 활동이라는 말에 문제를 제기하는 사람이 있다. '강당에서 1500~3000명을 대상으로 하는 일방적인 강연에서 어떻게 소통을 할 수 있는가?'[63]

세계적인 석학? '청춘콘서트에서 안철수를 소개하는 현수막은 '세계적인 석학'이었다. 안철수는 2011년 8월 『세계일보』와 인터뷰를 하면서 '인사 규정을 그대로 따르면 나는 교수가 못 된다고 한다. 논문 수 등을 따지면 뽑을 수 없다고 하더라'라고 말했다. 안철수가 쓴 논문은 석 · 박사 학위논문을 제외하고 3편이다. 2편은 공동논문으로 안철수가 제1저자가 아니다. 안철수 이름의 유일한 단독논문은 『대학의학협회』지 1993년 12월호에 실린 「의료인의 컴퓨터 활용 범위」가 유일하다. (이 '놀라운' 논문은 안철수가 국군의무사령부 군의관 신분일 때 쓴 것인데, 인터넷에서 누구나 볼 수 있다. '경이로운' 매뉴얼이다.) 즉 안철수가 학자로서 낸 학문적 성과는 전무하다. 일반 사람들은 안철수가 자기계발서류의 책을 많이 냈기 때문에 학술적으로도 뛰어난 업적을 남겼을 것이라고 생각하는데, 사실이 아니다. '세계적인 석학'은 연구 실적이 아니라 플래카드의 자기홍보로 결정하는 것인가? 학자라고 볼 수 없을 정도로 연구 실적이 없는 사람이 자신을 '세계적인 석학'이라고 포장하는 것이 안철수가 평생 추구하는 '명예'인가?'[64]

서울대로. '안철수가 1년에 100회 정도 청춘콘서트를 하며 전국을 다닐 동안 카이스트 학생들이 연이어 자살해서 우리 사회에 충격을 주었다. 전국을 다니며 대학생들을 위로하면서도 정작 카이스트를 위해 안철수가 한 것은 없다.'[65] 물론 카이스트 학생들의 자살이 안철수의 책임이나 잘못은 아니다.

안철수는 카이스트에서는 연간 100명밖에 못 가르치기 때문에 더 많은 학생들을 가르치려고 서울대로 간다고 말했다. 그런데 그 당시(2011년 현재) 서울대 융합과학기술대학원의 석 · 박사 과정 학생을 다 합치면 72명이었다. 융합과학기술대학원은 수원에 있고 일반대학원도 아니었기 때문에 신림동의 서울대 대학원생들이 안철수의 강의를 듣는 것은 사실상 불가능하다. 안철수는 주당 3시간만 강의를 하면 되는데 그마저 하지 않았다. 서울대 관계자는 '보통 교수로 임용되면 바로 다음 학기부터 강의를 맡는 게 일반적이라며, 안 원장이 주당 3시간은 강의 해야 하는데 당최 무슨 영문인지 모르겠다'라고 말했다.[66]

'안철수는 4군데나 되는 대학에서 총장 제안을 받았지만 모두 거절했다. 안철수가 진정으로 대학생들을 위한다면 그가 아낀다는 지방대에 가서 그 학생들을 가르치고 키우는 것이 바람직하다. 안철수는 지방대보다 '높은' 서울대의 교수 자리를 택했고, 그러면서도 지방대를 다니며 지방대생들을 말로만 위로했다.'[67]

4.2. 명예, 그리고 명예, 또 명예

'안철수는 개인적인 명예를 중요하게 생각한다. 이름, 흔적, 명예에 대한 집착이 강하다. 안철수도 기회 있을 때마다 '내 인생에서 제일 중요한 것은 명예'라고 말했다. 안철수는 일관되게 명예를 추구한다.'[68]

'그 명예의 실체는 무엇인가? 학벌, 직위, 권위, 인기, 칭송 같은 것이다. '난 다르다, 특별하다, 위대하다'와 같은 것이다. '날 알아 달라, 날 받들어라'이다. 한마디로 인정 욕구이다. 안철수 인생의 시작과 끝, 안철수 언행의 동기와 기준은 명예이다. 명예는 그의 삶에서 제일 중요한 엔진이자 선택의 근거로 작동한다. 그 명예를 얻으려고 안철수는 최고 학벌을 추구하고 '높은 사람들'과 어울리고 정치적 이념이나 성향과 무관하게 모든 정권과 가깝게 지내고 대중들이 좋아할 언행을 골라 한다. 책임감이나 의무감은 느끼지 않는다. 안철수의 명예는 희생, 봉사, 헌신, 낮춤, 겸손으로 저절로 생기는 것이 아니라 늘 양지만을 추구해서 얻은 것이다.'[69]

학위. '제가 지금 학위가 5개인데, 학위 하나하나가 삶의 흔적이에요. 열심히 살았다는 흔적. 끝까지 인내했다는 흔적. 삶의 흔적을 남기는 것, 저한테는 그게 제일 중요해요. 지금까지 길지 않은 인생도 매 순간 제가 산 흔적을 가능한 많이 남길 수 있는 일을 하려고 최선을 다한 과정이었던 것 같아요. 전 당장 내일 죽는다고 해도 후회가 없다고 자신 있게 말할 수 있어요. 지금까지 제 나름대로 최선을 다해서, 이름을 남기기 위해서가 아니라 흔적을 남기기 위해서 살아왔으니까요. 이름을 남기는 환상은 없어요.'[70]

학사학위와 석사학위를 포함하여 학위가 5개라고 했는데, 안철수는 2017년 중앙선관위에 대통령후보 등록을 하면서 정규학력증명에 서울대 의학박사학위 1개만 기재했다. '외국의 교육기관에서 이수한 학력'란은 비어 있다.

맥아피. '1997년 안철수가 유학과 사업을 병행할 때 미국 맥아피(MacAfee)사 회장이 자신을 불러 안랩을 1000만 달러에 팔라고 제안했고, 안철수는 이를 거절했다고 말했다. 사실은 이와 다르다. 맥아피사가 안랩에 매각이나 합작법인을 제의한 것이 아니라 안랩이 맥아피와 기술도입 및 한국 독점판매 협정을 맺은 것이다. 즉 안철수는 세계적인 보안회사 맥아피와 맺은 '국내 판매 대행사 설립협정'을 각색해서 '1000만 달러 매각제안 거절'로 둔갑시킨 것이다.'[71]

빌 게이츠. '안철수는 2012년 한국의 대표적 IT 기업의 경영자로서 빌 게이츠와 회동하려고 했다. 세계 300위권 업체 안철수연구소의 창업자 안철수가 (백신 제작자일 수는 있지만) 어떻게 한국의 대표적 IT 기업 경영자인지 의문이 든다.

안철수는 빌 게이츠와 '한 시간 가까이' 면담을 했다고 하는데, 회동 시간은 정확히 28분이었다. 빌 게이츠는 잠깐 쉬는 시간이나 커피 타임을 안철수에게 내준 것뿐이다. 면담에서 빌 게이츠의 스피치 시간은 전체의 약 1/8 정도였으니 28분간 거의 안철수 혼자 말하고 빌 게이츠는 거기에 덕담을 해준 정도에 불과하다.

안철수 측에서 빌 게이츠와 만난 것을 '중요한 회동'이라고 선전했는데 동영상은커녕 빌 게이츠와 찍은 사진 한 장 없다. 빌 게이츠가 회동 조건에 기자의 참석, TV카메라의 촬영, 사진 촬영 등 모든 촬영을 불허했기 때문이다. 빌 게이츠는 안철수가 회동을 (순수한 목적이 아니라) 정치적 목적으로 이용할 수 있는 인물이라는 것, 나아가 회동의 이유가 애초부터 그런 것일 수 있다는 것을 간파했다. 그래서 회동 당일 안철수가 약속을 무시하면서까지 사진 찍기를 부탁했는데, 빌 게이츠는 그것마저 거절했다.'[72]

여러 직책. '이명박 정권에서 안철수는 총 5개의 직책을 맡았다. 대통령 소속 국가정보화위원회 위원, 방송통신위원회 기술자문위원, 지식경제부 R&D 전략기획단 비상근 단원, 이명박 직속 미래기획위원회 위원, 생태계 발전형 신성장동력 10대 프로젝트 위원장.

실체와 바닥이 드러난 이명박 정권 말기에 안철수는 그런 자리를 맡았다. 그가 맡은 직책들은 책임지고 욕먹을 일이 거의 없는 자리이다. 그는 역대 정권들의 많은 장관 제의를 모두 거절했다. 장관은 욕먹고 책임지는 자리이다. 안철수는 욕먹고 책임지고 싶어 하지 않는다. '명예' 때문이다. 그리고 한 정권에서 장관을 하면 다른 정권에서 자리를 맡는 것이 어려워진다. 계속 정권과 가깝게 지내며 자신의 '명예'를 유지하려는 안철수의 전략과 맞지 않는 것이다.'[73]

이름. '안철수가 쓴 책들을 보면 공저가 아닌 단독저서에는 제목에 모두 안철수의 이름 석 자가 들어 있다. 그리고 단독저서의 표지에는 예외 없이 안철수의 얼굴이 등장한다. 안철수가 자신의 책 제목에 이름을, 책 표지에 얼굴을 넣는 것은 전형적인 인정 욕구의 표현이다. 자신의 명예에 부합하도록 자기 이름과 얼굴을 널리 알리고 싶어 하는 것이다. 작가 중에 내성적이고 수줍음을 많이 타는 사람들은 자기 얼굴을 책에 넣지 않고, 작가 소개를 주변 사람들이 자신인지 모르게 최소한으로 쓰거나, 심지어 필명으로 책을 내기도 한다.

안철수는 자신의 책뿐만 아니라 회사와 재단의 이름에도 '안철수'를 넣는다. (물론 문제가 되거나 나쁘다는 말은 아니다.) 재단에는 안철수의 인정 욕구가 본격적으로 드러난다. 안철수에게는 설립 목적보다 자기 이름을 알리고 남기는 것이 훨씬 중요한 것이다. 선관위에서 대선 전에 활동하려면 재단에서 안철수 이름을 빼야 한다고 해도 재단 설립을 늦출지언정 자신의 이름을 빼지 않는다.'[74]

주식 무상 증여. 2009년 〈무릎팍도사〉 프로그램에서 강호동이 안철수에게 질문했다. '전 직원들에게 다 무상으로 주식을 줬더라고요?' 안철수의 대답, '아… 예, 그것도… 그때 직원들에게….'[75]

'안철수연구소의 안철수 사장은 2000년에 직원 125명에게 액면가 500원짜리 650주씩 전환사채 약 80,000주를 나눠줬다. 평가액은 1인당 325,000원이었고 전체 560만 주의 1.52%였다. 그 당시 벤처기업이 직원들에게 주식을 나눠주는 것은 벤처 업계의 관행이자 고육책이었다. 안철수는 겨우 1.52%를 증여하고 9시 뉴스에 나왔다. 그리고 다시 〈무릎팍도사〉에 출연해서 마치 전부를 무상 증여한 것처럼 말했다. 그 심리의 바탕에는 안철수가 추구하는 '명예'가 있다.'[76]

안철수는 '모든 직원에게 일정하게 주식을 나눠줬다'라는 것이기 때문에 자신의 대답에 문제가 없다고 말했다. 다(전부)라고 '이야기했나 안 했나'의 해명은 '다라고 했다 안 했다'라야 한다. '일정하게'는 해명이 될 수 없다. 그러면서 안철수는 '결국 중요한 건 진실이니까요'라고 말했다.[77]

재벌 비판. '재벌과 금융사범에 대한 안철수의 강도 높은 비판도 명예에서 비롯된다. 비판적인 지식인과 정의로운 사회지도자의 모습을 보여 인기를 얻고 좋은 이미지를 만들어 명예를 높이는 것이다. 더구나 금융사범은 자신과 관련이 없기 때문에 마음 놓고 '반쯤 죽여야 한다.', '왜 사형을 못 시키나'라고 사람들에게 통쾌함을 주는 거친 말까지 쓰며 비판했다.'[78]

'그런데 안철수가 재벌의 문제점을 개선하도록 한 일은 무엇일까?

실제로 한 일은 없다. 그냥 말만 한 것이다. 안철수의 비판에 대해 삼성과 LG는 어떤 반응을 보였을까? 아무런 반응을 보이지 않았다. SK 회장 최태원과 어울리고 재벌 편인 안철수가 인기와 명예를 얻으려고 말할 뿐이지 결코 재벌개혁에 직간접적으로 참여할 수 없고, 참여하지 않을 것임을 삼성과 LG는 잘 알고 있었다.'[79]

IT 재벌 비판? '제조업 재벌 말고 IT 재벌에 대한 안철수의 생각은 어떨까? 네이버가 검색 권력과 언론 권력을 동시에 갖고 있어 우리 사회의 심각한 문제로 떠오른 것은 어떻게 생각할까? 안철수는 IT 재벌에 대해서는 아무런 비판을 하지 않았다. 왜? IT 분야 사람들은 안철수와 안철수연구소에 대해 속속들이 잘 알고 있다. 그들을 비판했다가는 본전도 못 찾을 것임을 안철수 자신이 너무나 잘 알고 있었다.'[80]

V-소사이어티. '이와 같은 맥락에 V-소사이어티가 있다. 안철수에게 V-소사이어티의 본질은 힘 있는 사람들과 가까이 지내서 자신의 명예를 높이는 것이다. 안철수는 자신의 명예를 위해 늘 힘 있고 높은 사람들을 가까이했다. 대학시절 의료봉사 이후 낮은 곳의 '없는' 사람들과는 작별하고 자신의 명예를 위해 늘 높은 곳의 '있는' 사람들과 어울렸다.'[81]

4.3. 부의 축적

배당금. '기업의 목적이 수익 창출이라는 말은 틀렸고, 수익은 기업 활동의 결과이지 목적이 아니다. 이런 정의도 나는 다르고 특별하다는 인정 욕구의 표현이다. 이 기준으로 자신은 속물에서 벗어나고 다른 사업가들을 속물로 만든다.

돈 벌려고 회사를 만든 것이 아니라고 강조한 안철수는 안철수연구소에서 2004~2010년에 매년 11~14억 원의 배당금으로 104억 원을 받았다. 세계 소프트웨어 업체 387위 안철수연구소의 규모, 실적, 순익으로 볼 때 너무 큰 금액이다.'[82]

사외이사 수입. '안철수는 포스코 사외이사로 6년간 급여 3억 8천만 원, 스톡옵션 3억 원, 총 약 7억 원 정도의 수입을 얻었다. 안철수가 포스코 사외이사로 재직하면서 돈을 벌고 '거수기' 노릇을 하는 동안 포스코는 사외이사들이 해야 할 감시와 견제를 제대로 하지 않아 상당한 어려움에 빠졌다.'[83]

주식 부자. '안철수는 주식으로 많은 부를 획득했다. 안랩의 주가는 벤처 붐에 의한 투기세력의 주가조작으로 폭등했다. 투기세력의 '근거 없는 주가조작'에 편승하거나 그것을 방조하여 엄청난 이득을 챙겼다. 그리고 보유 주식 중에 86만 주를 팔아 약 720억 원을 현금으로 챙겨서 '안철수재단' 설립기금을 조달했다.'[84] 2015년 현재 안철수의 재산은 약 800억 원이다.[85]

딱지 매입. '안철수는 1988년 대학원생 때 부산에 사는 어머니가 사당동 철거민촌에서 딱지를 매입해 안철수에게 증여했다. 그 당시 사당동 '가마니골' 딱지 외에 강남구에 또 다른 딱지를 샀다. 부산에 거주하면서 서울의 변두리 사당동 '가마니골' 딱지를 샀다는 것은 딱지 매입 전문가가 아니면 할 수 없는 일이다. 2001년에 다운계약서를 작성하여 부동산을 매입한 의혹도 있다. 이런 일련의 의혹에 대해 안철수는 2012년에 '언론을 보고 사실을 알았다. 사과드린다'라고 말했다. 다운계약서 사건이 또 터지니 "갈음한다"라는 말로 사과를 대신했다.'[86]

어음 할인. '안철수가 고생한 것처럼 말한 적이 있다. 안철수연구소를 운영하면서 물건 대금으로 받은 어음을 은행에 갖고 가서 어음깡('어음 할인'의 속칭)을 해야 하는 것이었다. 우리나라의 많은 중소기업이나 영세기업 사장들이 이 말을 들으면 기가 차서 말이 안 나올 것이다. '어음 할인'을 할 수 있는 형편이야말로 많은 중소기업이 부러워하는 (하루라도 빨리 도달하고 싶어 하는) 경영상태이기 때문이다. 안철수는 고생이 뭔 줄도 모르고 살았다.'[87]

4.4. 부와 명예를 바탕으로 대통령으로

이렇게 안철수는 부와 명예를 얻었고, 2011년 서울시장 후보에서 50%의 지지율을 보였다. 그런데 5%의 지지율을 보인 박원순에게 후보를 양보했다. 2012년 『안철수의 생각』을 출판했다. 대권으로 가는 길을 다졌다.

무계획. 신효필의 질문, '텔레비전 프로그램 〈무릎팍도사〉에 나온 후에 사람들의 열렬한 반응이 있었는데, 그 가운데 '안철수는 이 나라의 대통령'이라는 말도 나왔습니다. 혹시 그쪽(정치)으로도 생각이 있는지 궁금합니다.' 안철수의 답변, '제가 장기계획을 안 세우는 사람인데요.

나라는 사람은 미래 계획이 안 맞는 사람이구나, 앞으로는 미래 계획을 안 세우고 살아야지, 하고 다짐했어요. 한 가지 분명한 것은 제가 어떤 일을 하고 있든지 그 순간에 제가 의미를 느낄 수 있고 재미있게 일할 수 있고 잘할 수 있는 일을 하고 있을 것이라는 것입니다.'[88]

계획. 안철수는 10년 후를 생각하며 살아간다. 다른 사람들에게도 미래의 계획을 세우라고 말한다. 자신의 30대, 40대, 50대, 60대의 모습을 그려보라고 조언한다. '계획 없는 삶은 꿈이 없는 삶이고, 꿈이 없는 삶은 불행한 삶이라는 말이 있다. 꿈은 그 자체로 의미가 있다. 꿈이 이루어질 수 있느냐 없느냐가 중요한 것이 아니라, 인생에 방향성을 제시함으로써 활력을 주고 발전적으로 살아가게 하는 것이야말로 꿈이 가지는 진정한 의미이다.'[89]

대권 행보. 안철수의 대권 행보는 이미 그의 청춘콘서트에서 시작된 것으로 보인다. 그런데 안철수는 『CEO 안철수, 지금 우리에게 필요한 것은』을 출판한 2004년 전후로, 즉 안철수연구소를 그만둘 생각을 했을 때부터 정치에 대한 생각을 한 것으로 보인다. '리더에게 요구되는 기본적인 요건은 철학이라고 생각한다. 조직의 이익과 개인의 이익이 상충할 때, 개인의 이익을 버리고 조직의 이익을 택할 수 있는 사람만이 한 조직의 리더가 될 자격이 있다.'[90]

결국 안철수는 서울대 융합과학기술대학원 교수를 그만두고 정치로 뛰어들었다. 그 이후의 이력은 대부분 잘 알고 있을 것이다. 제19대 국회의원(2013~2016년), 제20대 국회의원(2016~2017년), 제19대 대통령후보(2017년), 새정치민주연합 공동대표와 상임고문, 국민의당 공동대표와 당대표 등.

5. '타버린 재'

안철수는 어릴 때의 '닥치는 대로' 독서와 고등학교 때의 입시과외로, 1980~1990년 11년의 의학 공부로, 1988~1994년 7년간의 의학 공부, 교수, 의사, 컴퓨터바이러스 연구, 백신 제작 병행으로 심신이 소모되었다. 1995년 안철수연구소를 만들어 10년 동안 경영하면서 2번의 미국유학을 다녀온 2008년 안철수의 심신은 '타버린 재'가 되었다.

그래서 카이스트에서도 서울대에서도 강의를 하지 못한 것이다. 강의를 할 수 있는데 하지 않은 것이 아니다. 강의는 준비도 해야 하고 부담도 되어 못한다. 연구는 손을 놓은 지 오래 되었으니 학자라고 할 수도 없다. 봉사는 대학생 때 한 번 하고 말았다. 사람 만나는 것을 싫어하니 의사로 돌아갈 수도 없다. 돈도 많이 벌어 백신 연구를 계속하고 싶지도 않다.

이제 책을 읽고 남의 말을 듣는 등 무엇을 받아들이는 수용은 못한다. 말하고 드러내는 발산만 할 수 있다. 다른 곳으로 눈을 돌려야 한다. '타버린 재'의 막다른 길은 정치이고 권력이다. 그러려면 인지도를 높여야 한다. 청춘콘서트를 해서 대중 앞에서 자기 경험담을 말하고 청중이 듣기 좋은 말을 한다. TV에 출연하면서 자신을 언론에 자주 노출한다. 인기를 얻는다. 인기를 얻으니 명예도 올라가고 인지도도 높아진다. 이제 대통령도 할 만한 것 같다. '대통령'은 칭찬을 갈구하는 '영원한 아이'가 다른 세계에 살다가 이 세계로 오려는 것이다.

5.1. 명예욕의 근원 - 아버지

안철수의 명예욕, 즉 인정 욕구의 근원에는 아버지가 있다. 안철수는 아버지에게 인정과 칭찬을 받지 못해서 그것에 결핍감을 갖고 살았다.

'나는 언제나 부모님의 자랑스러운 아들이 되고 싶었다. 그러니 부모님께 걱정 끼쳐 드리는 일은 생각할 수조차 없었다.' 안철수는 부모에게 칭찬받고 인정받는 것이 전부가 된 '영원한 아들'이다.[91]

자수성가형. '안철수의 아버지 안영모는 1930년에 5남매의 둘째로 태어났다. 6년제 공업학교를 나왔다. 이즈음 집안이 몰락했다. 의과대학에 가고 싶어 혼자 절에 들어가 따로 2~3년 공부하여 서울대 의과대학에 진학했다. 대학을 졸업하고 7년 동안 군의관으로 복무한 뒤에 혼자 힘으로 개업해서 의사로 일했다.'[92]

'그런 점에서 아버지는 전형적인 자수성가형 인물이다. 자수성가한 인물들은 독단과 독선에 빠지기 쉽다. 그들은 자기 방식이 옳다고 믿고 혼자 판단하는 경우가 많다. 주변에 도움을 줄 사람이 없기 때문에 모든 것을 혼자 판단해야 했고, 자기 방식이 옳다고 믿어야 흔들리지 않고 그 방식을 밀고 나갈 수 있었을 것이다. 그것이 그들의 생존 방식이자 성공 방식인 셈이다. 그런데 그들의 독단적이고 독선적인 성향은 대부분 자녀 양육에도 그대로 나타난다. 안철수는 자기 아버지를 가부장적이라고 생각하며 자랐다.'[93]

부재형. '아버지는 자녀 양육에 거의 관심을 기울이지 않았다. 아버지가 밖에서 돈을 벌고 어머니가 집안일과 양육을 전담한다고 해도, 자녀들이 양말을 아무 데나 벗어던지고 어머니가 이불을 개 주는 것을 당연하게 받아들이도록 놔두는 아버지는 거의 없다. 어머니는 자녀들에게 높임말을 하는데 아버지는 반말을 하는 것도 어색하고 이상하다. 부부가 자녀에게 일치된 모습을 보이지 않는 것은 자녀 양육에 대한 대화나 합의가 없었다는 뜻이고, 그런 모습에 자녀들은 혼란을 느낄 수도 있다. 양말 사건이나 높임말 등으로 볼 때 안영모는 부재형(不在型) 아버지 중에 무관심한 타입의 전형으로 볼 수 있다.'[94]

아버지의 기쁨. '안철수는 자신의 꿈과 적성을 버리고 자신과 맞지 않는 의사의 길을 갔다. 오로지 의사 아버지가 바랐기 때문이다. 안철수가 의대에 가기로 했다고 아버지에게 말했을 때, 아버지는 기뻐했다. '나야, 그럼 좋지.' 아버지로서 아들에게 '네 생각은 어떠냐? 너도 좋냐? 네가 정말 하고 싶은 건 뭐냐?'가 아니었다.'[95]

'전공이나 직업을 자신이 원하는 것이 아니라 부모가 원하는 것으로 선택하는 것은 '착한 아이'가 부모에게 '효도'하는 제일 큰 결정이다. 최악의 '착한 아이'는 자신이 아니라 부모가 원하는 배우자를 선택하는 경우일 것이다.'[96]

가족사진. 안철수의 가족사진은 안철수의 책에도 있고 인터넷에서도 볼 수 있다. 사진 왼쪽부터 안철수, 아버지, 딸, 어머니, 아내가 소파에 앉아 있는 사진이다. (소파가 작아서인지 아내는 소파에 앉지 못하고 소파 옆 바닥에 무릎을 꿇고 앉은 자세를 하고 있는데 표정은 밝다.)

'가족사진을 관찰하면 많은 것을 알 수 있다. 안철수가 제일 먼저 눈에 띄고, 그다음에 안철수 부자가 눈에 띈다. 5명 중에 안철수만 웃지 않고 있다. (아버지도 별로 웃지 않지만 아들보다는 환하게 웃고 있다. 딸, 어머니, 아내는 밝고 환하게 웃고 있다.) 아버지는 오른팔로 안철수를 감싸고 있는데, 안철수의 표정은 그리 밝지 않다. 얼굴이나 자세가 조금 굳어 있다. 양손도 무릎 위에 어색하게 두고 있다. 두 사람이 같이 어깨동무 자세로 사진을 찍는다면 그건 두 사람의 친밀함을 드러내는 자세로 볼 수 있다. 그런데 한 사람만 어깨동무를 하고 있다면 그건 불평등한 관계를 표현한다. 아버지가 안철수 어깨를 팔로 감싸고 있는 모습은 아들을 자신의 영향력 아래에 두고 있다고 생각하는 자세로 보인다.'[97]

'가족사진을 보면 안영모는 안철수를 부모 말 잘 듣는 '착한 아이'로 생각한 듯하다. 실제로 안영모는 안철수를 '큰아이'라고 불렀다. '큰아들'도 아니고 '철수'도 아니다. '큰아이'라고 한 것은 안철수를 여전히 '아이'라고 인식하는 안영모의 의식적 · 무의식적 표현일 것이다.'[98]

서울시장 후보 양보. '2011년 서울시장 후보를 박원순에게 양보한 것도 아버지 때문이다. 청춘콘서트에서 어느 날 안철수는 서울시장 보궐선거에 출마하겠다고 말했다. 그런데 며칠 후 안철수는 선거에 못 나가겠다고 말을 바꾸었다. 그 이유는 가족의 반대인데, 특히 '아버지가 의절하겠다'라고 말했기 때문이다. 안철수에게 아버지란 일반적인 아버지가 아니고, 안철수도 일반적인 아들이 아니다. 그런 아버지가 '의절하겠다'라고 할 정도로 강하게 나오니 '착한 아이' 안철수는 밀어붙일 수 없었다. 안철수는 때마침 등장한 박원순에게 '아름다운 양보'인 것처럼 포장해서 서울시장 출마를 포기하고 만다.

이것으로 '그런 중요한 결정을 왜 20분 만에 했을까?'라는 의문이

풀렸다. 아버지 때문에 이미 포기해서 후보를 넘기려고 하는데 안철수가 무슨 이야기를 더 오래 듣고 싶겠는가. 안철수는 나이 50이 되어도 아버지 때문에 하고 싶은 것을 못한다.'[99]

5.2. 친할아버지의 애정

'서울대 의대 본과 4학년 때 친할아버지 안호인이 사망했다. 안철수는 그 사실을 모르고 있었다. 부산 출신의 동기생이 그 사실을 알려 주었다. 그 소식을 듣고 안철수는 기숙사 방문을 걸어 잠그고 한참을 울었다. 장례는 끝난 뒤였고 삼우제를 하루 앞두고 있었다. 안철수는 한걸음에 역으로 달려가 밤차에 몸을 실었다.'[100]

'바른생활 사나이 안철수가 수업 같은 것은 안중에도 없이 내려갈 정도로 할아버지는 안철수에게 '대리 아버지' 같은 존재였다. 그런 할아버지를 생각하면서 안철수는 자신의 책에 '지금도 마음속에서 살아 계시는 고 안호인 조부님께'라는 헌정사를 썼다.'[101] 할아버지가 손자에게 얼마나 큰 사랑을 베풀었는지 짐작할 수 있다.

안철수의 부모와 친척들이 안철수가 공부하는데 지장을 줄지 모른다는 이유로 안철수에게 연락을 하지 않은 것 같다. 조부의 사망에는 군대에서도 청원휴가를 낼 수 있다. 안철수에게 연락을 하고 서울에서 부산에 오든 안 오든 그것은 안철수의 선택에 맡겨야 하는 것이 아닌가?

안철수의 책에는 친할아버지와 외할아버지에 관한 언급이 짧게 나온다. '안철수의 친할아버지는 일제강점기에 부산상업고등학교를 나왔다. 부산의 명문학교 중의 하나였다. 그 후 은행장까지 했다. 그 시절에 할아버지는 승용차를 갖고 있었다. 그리고 사업을 하면서 집안은 오르막과 내리막을 크게 겪었다. 사업에 실패하고 집안이 완전히 몰락했다.'[102] 그래서 안철수의 아버지가 힘들게 공부했을 것이다.

'안철수의 외할아버지, 즉 안철수 어머니의 친정아버지는 일제강점기에 큰 사업가로 이름을 날렸다. 부산에서는 외할아버지 성함만 대면 통하지 못할 곳이 없었다. 편지봉투에 외할아버지 성함만 써도 집에 편지가 배달될 정도였다. 어머니는 그런 부잣집의 셋째 딸이었다.'[103] 외할아버지의 성함이 궁금해지는데, 안철수는 외할아버지의 이름을 밝히지 않았다.

5.3. 무용지용

'저는 도중에 그만둔 경우가 없어요. 의학도 교수까지 했고, 컴퓨터 프로그램도 세계 최초로 백신 프로그램을 만든 사람 가운데 한 명이었고, CEO로서도 창업해서 발전시키고 성장시켰어요. 그러니까 도중에 그만둔 것은 하나도 없어요.'[104]

안철수는 중도에 다 그만두었다. 교수하다가 그만두었고, 백신 프로그램 만들다가 그만두었고, CEO 하다가 그만두었다. 안철수는 평생 중도에 그만두는 일을 계속하고 반복했다. 가치나 이상이 안 맞기도 했겠지만, 심신이 소모되었기 때문으로 보인다. 그래서 안철수에게는 아무것도 하지 않는 것, '멍때리는 것'이 필요한 것 같다. 장자의 무용지용(無用之用)의 도를 깨달으면 좋을 것 같다.[105]

안철수는 그럴 생각이 없는 것 같다. '깨어있는 한순간이라도 헛되이 보내지 않겠다는 것은 앞으로도 내가 할 수 있는 유일한 방법인지 모른다. 이것은 분명한 사실이다.'[106]

'내가 정치를 시작한 때가 2012년이다. 독일에 2018년에 왔으니 만 6년을 정치를 한 것이다. 지난 6년 동안 쉼 없이 일했다. 정치를 시작하고는 쉬는 날도 없고 주말도 없었다. 혼신의 힘을 다해 정책을 제안하고 입법 등의 의정 활동을 했다. 정치를 시작했던 때나 지금이나 나는 정치가 우리 사회에 대한 퍼블릭 서비스(Public Service), 즉 '봉사'라고 생각한다. 앞으로도 나는 언제 어떤 일을 할지 모르지만, 우리 사회를 위한 문제 해결사로서의 내 역할을 해나갈 것이다. 고민 끝에 내가 깨달은 나의 정체성은 '문제 해결사(problem solver)'였다. 나는 사람들이 어떤 문제 때문에 고통받는 걸 보면 그걸 꼭 해결해 주는 사람이 되고 싶었다.'[107]

필자는 안철수가 사회에 봉사하지 말고 게으르게 쉬면서 헛되게 살기를 바라는데, (개인적 명예를 넘어) 사회적 명예에 대한 안철수의 집착은 그걸 허락하지 않는 것 같다.

안철수에게는 무얼 하는 것이 아니라 무얼 하지 않는 것, 쓸모 있는 인간이 되어 칭찬받고 인정받겠다는 생각을 버리는 것이 필요해 보인다. 혼자 살면서 (또는 가족과 살면서도) 장 보고 밥하고 빨래하고 청소하는 등 살림을 하는 것이 필요해 보인다. 그런 시간이 많아질수록 안철수의 정신적 성장에 도움이 될 것이라고 생각한다. (이 말은 빈정대는 말이 아니라 진심으로 하는 말이다.)

안철수가 가야 할 길은 '대통령'이 아니라 무용지용일 것이다.

여담 1. 의대와 서울대의 실상?!

안철수는 그냥 서울대도 아니고 무려 '서울대 의대'를 재수도 하지 않고 단번에 합격했다. '입시지옥' 대한민국에서 서울의대 합격은 '가문의 영광'이고, 안철수는 대한민국 모든 학부모의 로망이다. (대학 본고사가 있던 시절, 그리고 대학 학부에 법대가 있었을 때 우리나라에는 대학이 3개뿐이라고 말한 사람들이 있다. '서울대 법대, 서울대 의대, 나머지 전부.' 이 말은 서울대 국문학과 출신에게 들은 말이다.) 그래서 여기에 의대와 서울대의 실상을 두 권의 책을 통해 간략히 살펴본다.

이종훈, 『의대를 꿈꾸는 대한민국의 천재들』, 한언, 2015. 3. 10 (2006. 5. 1 초판 발행)

이혜정, 『서울대에서는 누가 A+를 받는가』, 다산북스, 2014. 10. 24

먼저 이종훈의 책에서 몇몇 부분을 인용하고 필자의 의견을 간략히 적는다.

'지금 우리나라에는 의대 광풍이 불고 있다. 경쟁률과 합격 점수가 매우 높다. '최상위권 수험생들이 전국의 41개 의과대학을 모두 채우고, 그다음 점수를 받은 학생이 서울공대에 진학한다'라는 농담이 유행하는 시대이다.'[108] 광풍은 순풍이 되고, 농담은 진담이 되었을 것이다.

'의대에서는 과를 정하지 않은 채 26개 진료과목을 전부 배우기 때

문에 공부하는 것이 녹록지 않다. 의대 시절은 머릿속에 지식을 욱여넣는 기간이다.'[109]

'본과 시기의 의대생들은 '살아있는 시체들'이다. 화장실에 갈 때도 시간이 아까워서 족보를 들고 가고, 하루가 멀다 하고 밤을 새우니 눈은 시뻘겋게 된다. 걸어 다니면서 중얼중얼, 찬물에 세수하고 토끼뜀까지 뛰면서 족보를 외우는 모습을 보인다.'[110]

'의대는 다른 대학과 비교할 때 공부할 양이 너무 방대해서 혼자서는 절대 할 수 없다. 스터디그룹을 짜서 서로의 정보를 공유하거나, 선배들이 건네주는 족보 등이 반드시 필요하다. 동기나 선배들과 끈끈한 유대관계를 쌓는 게 의대생에게는 생존전략이 된다. 유대관계가 좋으면 그만큼 편하게 진급할 수 있고, 그렇지 않으면 아주 힘들게 학년을 보내게 된다.'[111]

'이 순리를 거스르고 혼자 정공법으로 가겠다며 다 암기하려고 하다가는 유급행 99.9%이다. 간혹 완벽주의를 추구하는 학생이 유급을 당하는 경우가 있는데, 다 이런 이유 때문이다.'[112]

'의학은 책에서 배우는 것으로 그치는 게 아니라 위로부터 직접 손으로 하나하나 배워야 한다. 그래서 전문의가 될 때까지 모든 과정은 도제식 교육으로 진행된다. 그런 이유로 선후배 관계의 군기도 세고 그 관계도 평생 이어진다. 의대생은 온순한 양처럼 지낼 수밖에 없다. 특히 의사는 환자의 건강과 생명을 다루는 직업이다 보니 어떤 모험이나 새로운 시도도 함부로 할 수 없다.'[113]

'의과대학은 뛰어난 창의력이나 번뜩이는 천재성을 필요로 하는 곳이 아니다. 의사들의 주된 업무가 무에서 유를 창조하기보다는 선배들이 일궈놓은 치료법과 검증된 수술법을 배워 환자들을 치료하는 일이기 때문이다. 의대에는 일정 수준의 이해력, 암기력, 인내력을 갖춘 사람이 필요하다. 임상의사가 되고 싶다면 두뇌보다 사람들과의 친화력, 환자에 대한 관심, 양심, 빠르고 정확한 판단능력 등이 더 필요하다.'[114]

안철수는 임상의학을 포기하고 기초의학을 공부했다. 인간의 생명을 다루는 것이 의사의 직업이니 그에 상당한 보상을 받는 것은 당연할 것이다. 적절한 보상이 문제의 핵심일 것이다. 그 적절함의 기준이 의사와 정부 사이에 다르겠지만. (본인부담금과 보험자부담금, 급여와 비급여 등 제도적인 문제는 여기에 언급하지 않는다.)

물론 이종욱, 이호왕, 백인제, 장기려와 같은 훌륭한 의사들도 많다. 『사랑의 왕진가방』의 저자 박세록은 환자로 인해 깊은 깨달음을 얻었다.[115] 대다수의 의사들은 이런 의사들일 것이라고 생각한다.

'이 책의 제목에 천재라는 단어가 들어 있지만, 사실 의사는 천재들이 해야 할 일이 아니라고 생각한다. 의사라는 일은 정직하고 성실한 사람들이 해야 되는 일이다. 원래 생각한 제목에는 '천재'가 들어 있지 않았는데, 이러저러한 이유로 들어간 것 같다.'[116]

의학도 암기를 많이 해야 하지만 법학도 그에 못지않을 것 같다. 의학과 법학은 수용적인 학문이고 보수적인 성격을 띤다. 수용적인 사고력은 어떤 사고력인가?

이혜정의 책을 통해 살펴본다. 이혜정은 서울대에서 학점을 잘 받은 최우등생을 오랫동안 심층면접하고 조사했다.

'수용적 사고력이란 상대방이 가르치는 내용을 아무런 의심이나 비판 없이 그대로 받아들이고 암기하여 시험에서 정확히 기억해내는 능력이다. 그에 반해 비판적 사고력이란 주어진 내용을 이렇게도 생각해보고 저렇게도 생각해보고 뒤집어도 생각해보는 등, 상대방이 가르치는 내용을 자신의 관점으로 다시 들여다보는 능력이다. 또한 창의적 사고력은 주어진 내용에 대해서만 생각하기보다는 지금껏 존재하지 않았던 무엇을 새롭게 생각하는 능력이다.'[117]

'현실에서 비판적 생각은 공격적으로 느껴지거나 불편한 트집처럼 여겨지고, 창의적 생각은 엉뚱한 것이나 괜히 튀는 것으로 받아들여진다. 서울대 최우등생들도 비판적 사고력을 공격적인 성향으로, 창의적 사고력을 엉뚱한 것으로 인식하고 있었다.'[118]

우리나라 입시교육은 주로 수용적 사고력을 계발하는 교육이다. 수용적 사고력은 5급이든 9급이든 공무원 하고 관료 하는데 적합한 사고력이 아닌가 하는 생각이 든다.

'올림픽에서 피겨스케이팅과 육상의 심사 기준은 달라야 하고, 수영과 양궁의 심사 기준은 달라야 한다. 그런데 모든 선수를 전부 100미터 달리기로 점수를 매긴다면 얼마나 우스운가? 우리나라 대학에서 일어나고 있는 일이 바로 이와 같다. 말로는 리더를 키우고 다양성을 장려한다고 하면서 수용적 사고력을 기준으로 학생들을 평가하고 있는 것이 피겨스케이팅 선수를 기른다며 죽으라고 달리기만 시키는 상황과 무엇이 다른가?'[119]

어느 서울대 최우등생의 말, '무식하다고 할 정도로 필기해요. 무조건 전부 다. 제 견해보다 학점이 우선이니까요.'[120]

'생각하려면 생각할 시간이 있어야 한다. 그런데 강의실에서는 생각할 시간이 없다. 받아먹기만 할 뿐 소화를 못 시킨다. 생각은 못하고 듣기만 한다. 진정한 학습이 일어나지 않는다.'[121]

조절. 서울대 최우등생들의 공부법 중 특이한 것은 어느 한 과목이나 과제에 지나치게 몰입하기를 철저하게 자제한다는 것이었다. 어느 과목, 어느 과제에도 치우치지 않게 시간과 노력을 균일하게 나누는 것이 핵심이었다. '이 정도 공부하면 A+를 받을 수 있겠다 싶으면 그 이상은 더 할 수 있어도 안 하게 돼요. 그 시간에 다른 과목을 공부하는 게 낫죠. 어차피 시간은 한정되어 있잖아요.'[122]

'서울대 최우등생들의 자기조절 대상에는 감정까지 포함되어 있다. 감정의 기복에 의해 공부가 방해받지 않도록 늘 평상심을 유지할 수 있게 감정조절에도 신경 썼다. 서울대 최우등생들의 철저한 자기조절 능력의 궁극적인 종착역은 어디일까?'[123]

'서울대 최우등생들은 좋아하는 공부를 하고 있는 게 아니라 해야 하는 공부를 좋아하려고 엄청나게 노력하고 있었다. 해야 할 일을 좋아하게 만드는 것에 능하고, 그래서 잘 즐기는 것보다 잘 견디는 것에 능숙했다. 이것은 동기 자체가 아니라 동기조절능력이다.'[124]

육체와 감정의 조절은 사랑도 조절하게 만든다. '46명의 서울대 최우등생들을 인터뷰하면서 내가 느낀 점은 한마디로 그들이 뜨겁지 않다는 것이었다. 인생에서 최고로 뜨겁고 열정적일 나이인데도 그들은 대단히 절제되어 있고 완벽하게 자기조절을 하고 체력도 시간도 감정도 철저하게 관리하는, 매우 차분하고 이성적인 유형이었다. 좋아하는 것에 혼신을 불태우는 열정은 찾아보기 어려웠다. 사랑에 관해서도 마찬가지였다. 20대의 대학생, 이때는 인생에서 가장 아름다운 사랑을 불태울 시기가 아니던가? 그런데 그들은 뜨겁지 않았다.'[125]

'어떻게 20대의 정열적인 사랑을 하면서 공부에 전혀 영향을 받지 않을 수 있을까? 다음의 한마디에 그 이유가 함축되어 있었다. '보채지 않아서 좋아요.' 서울대 의대생의 말이다. 남자친구 때문에 공부에 방해되지 않느냐는 질문에 너무나 쿨하게 나온 대답. 이 말을 듣는 순간, 이들은 사랑도 뜨겁지 않구나, 하고 생각했다. 아니, 뜨거운 사랑을 경험해 본 적이 있기나 할까?'[126]

'이렇게 뜨거움을 배제한 절제가 궁극적으로 무엇을 추구하고 달성하려고 하는 것인지 질문하지 않을 수 없다. 서울대 최우등생들을 인터뷰하면서 내가 제일 아쉬웠던 것 중의 하나가 이들에게는 설레는 '꿈'이 없다는 것이었다. 무엇을 진정으로 하고 싶은지, 자신의 열정을 쏟고자 하는 꿈이 무엇인지, 질문을 하는 나까지 설레게 할 만한 대답을 하는 최우등생은 한 명도 없었다. 뜨겁지 않은 젊음, 타오르는 꿈의 부재. 도대체 무엇을 위한 절제이고 무엇을 위한 견딤인가?'[127]

안철수는 의학 공부하느라고 시간도 없고, 상대에게 보채지도 않고, 그런데 20대 후반이 되어가고, 그래서 바로 옆에 있는 제일 가까운 사람 중에 하나를 배우자로 선택한 것인가?

예술 분야. '개성을 중시할 것 같은 예술대 최우등생들의 경우도 서울대의 일반 학과의 학생들과 크게 다르지 않았다. '사실 대학 와서 피아니스트로 개성을 찾는 게 많이 힘든 것 같아요. 한 교수님한테 배우다 보니 3~4년 지나고 나면 제 스타일이 그 교수님처럼 변하거든요.' 피아노를 전공하며 장차 프로 연주자가 되기를 꿈꾸는 어느 음대생은 방학을 이용해 미국에 레슨을 받으러 갔다가 큰 충격을 받았다. 미국 교수가 그 학생의 (연주 스킬이 아니라) 상상력을 지적했기 때문이다.'[128]

이혜정이 어느 지인에게 들은 이야기. '공직에 있을 때 탈북 피아니스트를 만난 적이 있는데, 북한의 피아니스트라는 존재가 낯설기도 하고 신선하기도 하여 관심을 갖고 대화를 하게 되었다. 이런저런 이야기를 하다가 그 탈북 피아니스트가 툭 던진 말. '그런데 남조선에서는 말입니다, 피아노를 치는 것이 어떻게 다 그렇게 똑같습니까? 각자 다른 자기 음악을 하는 게 아니라 하나같이 똑같이 치기에 알아보니 다들 한 교수의 제자더군요. 남조선에서는 선생과 똑같이 치는 게 잘 치는 것인가 봅니다.' 자유가 제한된 북한조차 스승과 똑같이 연주하는 것을 이상하게 여긴다. 서울대는 북한보다 더 자유가 없는 것인가? 왜 서울대 최우등생들은 교수의 울타리를 한 치도 벗어나지 못하고 있는가?'[129]

'서울대는 거대한 취업 기관이자 고시원일 뿐이라고 서울대 학생들이 비아냥댄다.'[130] 그래도 상관없다. 뜨겁지 않든 꿈이 없든 상관없다. 서울대가 취업 기관이고 고시원인 것이 어제오늘 일도 아니다. 한국에서 중요한 건 '서울대 졸업장'이니까.

좀 심하게 말하면 '안철수'는 (생각은 하지 않고 암기만 하고 수용만 하여 높은 점수 받은 이들을 수재나 천재라고 보는) 해괴한 사회가 낳은 '괴물' 이다. 그런 괴물은 오늘도 대치동과 서울대에서 자라고 있을 것이다.

받아들이기만 하고 수용만 하는 인간 심성의 본질은 노예근성이다. 그런 인간은 복종만 한다. 노예 생활을 충실히 하여 국가고시에 합격하고 노예에서 벗어나면 이제 '노예'들에게 복종을 요구하고 노예들을 지배한다. 그들에게는 지배와 복종 둘만 남는다.

여담 2. 안철수의 독서 – 히로나카와 파인만

안철수는 자신의 '자서전'에서 아래의 두 책을 언급했다.

히로나카 헤이스케, 『학문의 즐거움』, 방승양 옮김, 김영사, 1992. 12. 1 (2008. 7. 28 4판)
R. P. 파인만, 『"파인만 씨 농담도 정말 잘 하시네요!"』, 김재삼 · 양종만 · 최승희 번역, 안국출판사, 1987. 11. 5

두 책에 관심이 생겼고 그 책을 읽었다. 아래에 그 책 일부를 인용하고 필자의 의견을 덧붙인다. 안철수는 일본인 수학자 히로나카의 책을 인용했다. '어떤 문제에 부딪히면 나는 미리 남보다 시간을 두세 곱절 더 투자할 각오를 한다. 그것이야말로 평범한 두뇌를 지닌 내가 할 수 있는 유일한 방법이다.'[131] 히로나카가 했다는 이 말을 칭송하면서 안철수는 '나도 그런 생활신조로 살았으니 히로나카와 닮지 않았느냐'라고 자랑하듯이 말했다.[132] 그런데 그 말은 다른 책에 나오는 말을 히로나카가 자기 나름대로 소화한 것이다. 그 말이 히로나카의 책에서 중요하지도 않다. 히로나카는 안철수와 가정환경도 배움의 자세도 많이 달랐다. 과외도 없이 대학에 갔고 암기왕도 아니었다.

'성장기의 인간에게 제일 친근하고 구체적인 어른의 모델은 부모

이다. 부모를 존경하든 안 하든 이 사실을 부정하는 사람은 없을 것이다.'[133]

안철수에게도, 이 책에 언급한 인물 전부에게도 그런 모습이 보였다.

'존경받는 부모가 되려고 자신의 결점을 감추고 좋은 점만 보이려고 하는 부모도 있고, 자식 앞에서 있는 그대로의 모습을 드러내는 부모도 있다. 나는 후자의 유형이 자식들에게 더 많은 것을 가르친다고 생각한다.'[134]

'히로나카의 아버지는 부자였는데도 행상을 했다. 자기 혼자 힘으로 먹고사는 것만큼 소중한 것은 없다고 말했다. 아버지에게는 자식들이 입시공부를 하는 것도 쓸데없는 짓으로 보았다. '대학은 공부를 하지 않아도 합격할 수 있는 사람만 가는 곳이다.' 이게 아버지의 생각이었다. 히로나카를 보기만 하면 아버지는 '같이 거름통을 들자.' 하며 아들을 밭으로 끌고 나갔다.'[135]

'부모는 두 분 모두 배우자를 잃고 재혼한 처지였다. 히로나카는 15명 중에 7번째였고 4남이었다. 재혼한 부부 중에는 2번째로 태어난 장남이었다. 재혼 전에 5명을, 재혼해서 10명을 낳았다.'[136]

'히로나카는 어머니에게서 생각하는 것의 기쁨을 배웠다. '생각한다는 것은 그 자체로 의미가 있다'라는 것을 배웠다.'[137]

'좋은 것을 창조하려는 사람은 어느 정도 체념할 줄도 알아야 한다. 학문의 세계에서 경쟁의식이 좋은 결과를 내는 경우는 적다. 대부분 좋지 않은 결과를 낸다. 정신에너지 중에 창조에 쓰이는 부분이 경쟁의식으로 인해 질투로 변형되어 낮아지기 때문이다. 정신에너지는 사고에너지나 창조에너지 등을 포함한 에너지인데, 그것을 남과 우열경쟁을 하느라고 소모하면 창조에너지는 줄어들게 마련이다.'[138]

'이 세상에는 상대가 되지 않을 정도로 우수한 사람들이 수두룩하다. 그런 사람들을 일일이 질투하는 것은 아무런 도움이 안 된다. 체념한다고 모든 것을 포기하는 것도 아니다. 그렇게 하면 질투심이 안 생긴다. 남을 질투하는 마음이 없으면 자기의 정신에너지가 조금도 소모되지 않고 판단력도 둔해지지 않는다. 그런 정신에너지는 창조로 이어질 것이다.'[139]

'다른 사람과 비교할 필요는 전혀 없다. 자기 자신의 목표를 가져야 한다. 다른 친구가 어느 과목을 어느 정도까지 공부하고 있는지 전혀 신경을 쓰지 않았다. 신경 써봐야 소용이 없다. 이 경험은 나보다 훨씬 머리가 좋은 수학자들과 어울릴 때 조금도 자신감을 잃지 않고 독자적인 연구를 하는 데 큰 도움이 되었다.'[140]

안철수는 대학원에 들어갔을 때 세계 각국의 경쟁 상대들을 생각하며 초조함에 숨이 막힐 지경이었다. 그래서 밤중에 일어나 책을 뒤적였다. 이런 태도와 히로나카의 생각은 많이 다르다. 안철수는 다른 사람에 대한 비교와 경쟁심으로 많은 정신에너지를 소모한 것 같다.

'수학자에게 '당신의 이론은 아름답다. 최고다!'라는 말을 능가할 만한 찬사는 없을 것이다. 히로나카는 이 칭찬에 기분이 좋아졌고, 그 후 자기의 방법을 고집하게 되었다. 고집은 편견을 만들었고, 그 편견을 다시 고집하는 악순환을 되풀이했다. 그러는 사이에 어느 문제를 새로운 시각에서 바라보는 태도를 잊어버렸고, 무의식중에 편견으로 가득 차게 되었다. 2년에 걸쳐 이 편견을 향하여 돌진한 것이다. 사람은 성공을 경험함으로써 소박한 마음을 잃어버리기 쉽다.'[141] 히로나카의 경험으로 보면 높은 성적, 성공, 칭찬이 무조건 좋은 것은 아니다. 위험할 수도 있다.

'히로나카의 중학교 동창생 중에 비즈니스에서 성공한 친구가 있었다. 그와 둘이 은사를 찾아갔다. 은사가 그 친구에게 말했다. '자네는 수학을 잘 못 했지. 더하기는 괜찮았는데 빼기를 자주 틀렸어. 그런 자네가 장사의 천재가 되다니!' 그 친구의 대답, '저는 돈을 벌기만 하기 때문에 더하기만 합니다. 빼기는 전혀 안 씁니다.' 장사에 성공하는 것도 재능이다. 나 같은 수학자가 있는가 하면 사업가와 같은 재능도 있다. 사람의 재능이란 어느 쪽이 위나 아래라고 말할 수 없다. 각자의 개성이나 재능을 잘 키우는 것이 각자 다양하게 사는 방식이다.'[142]

대학 순위, 의대 빅5 등의 온갖 서열의식, 그리고 '검사는 시골에 가도 면서기가 아니라 검찰'이라는 우월의식은 '사람의 재능이란 어느 쪽이 위나 아래라고 말할 수 없다'라는 사고방식과 많이 다른 것 같다.

이제 파인만의 책을 보도록 한다.

'나는 사람들의 잘못을 이해할 수 없었다. 그들은 이해로 배우지 않고 기계적으로 외우거나, 혹은 다른 방식으로 배운다. 그래서 그들의 지

식은 별로 확고하지 못하다.'[143]

파인만은 책에서 브라질의 주입식 암기교육에 관해 언급했는데, 그 이야기는 브라질뿐만 아니라 한국에도 잘 들어맞는 것 같다. 그중에 일부만 인용하는데, 그 전후 맥락을 보려면 책의 274~285쪽을 읽기 바란다.

'왜 다른 나라에 뒤지지 않아야 한다고 생각합니까? 그것은 어리석은 생각입니다. 다른 나라들이 그렇게 하니까, 라는 이유가 아니라 훌륭한 이유, 분별 있는 이유를 갖고 과학을 가르쳐야 합니다. 내 강연의 주된 의도는 브라질에서는 과학이 가르쳐지고 있지 않다는 것을 보여드리는 것입니다.

'브라질에서는 너무 많은 어린아이들이 미국보다 훨씬 어릴 때부터 물리학을 배우지만 물리학자들은 많지 않다. 그것은 무슨 이유에서일까? 나는 비유로 그리스어를 사랑하는 그리스학자를 들었다. 그리스에서는 그리스어를 공부하는 어린이들이 많지 않다. 그 학자가 다른 나라에 가보니 그곳에서는 모두, 심지어 초등학교 아이들까지 그리스어를 공부하고 있었다. 그리스어로 학위를 따려는 한 학생의 시험장에서 그는 질문했다.

'진리와 아름다움의 관계에 대한 소크라테스의 생각은 무엇입니까?'

그 학생은 답변하지 못했다. 그는 학생에게 다시 물었다.

'세 번째 대화에서 소크라테스는 플라톤에게 무엇을 말했나요?'

그 학생은 활기차게 말했다.

'이러이러한… 저러저러한….'

소크라테스가 말한 것을 학생은 아름다운 그리스어로 모두 말했다. 그러나 소크라테스가 세 번째 대화에서 말한 것이 바로 진리와 아름다움의 관계에 관한 것이었다! 그 그리스학자가 발견한 사실, 다른 나라에서는 그리스어들이 어떤 의미를 갖고 있는지 알지 못한 채 소크라테스가 한 말을 외운다는 것이었다. 그것은 모두 인위적인 소리에 불과했다.'

브라질에서 여러분이 어린이들에게 '과학'을 가르치는 것을 보았을 때, 내게는 그런 식으로 보였습니다.'[144]

'나는 기본 물리학 교과서를 되는대로 페이지를 넘겨서 내 손가락이 머문 곳에 있는 문장들을 읽고 무엇이 문제인지 보여줄 수 있는데, 모든 경우에 그것이 어떻게 과학이 아니고 암기일 뿐인지를 말해줄 수 있습니다.

실례를 무릅쓰고 내 손가락이 닿는 대로 페이지를 넘겨서 그 이유를 설명하겠습니다. 나는 손가락을 책 속에 집어넣고 읽기 시작했다. '마찰광(光), 마찰광은 결정들이 부서질 때 발사하는 빛으로서….'

그러나 그 대신 여러분이 '어둠 속에서 설탕 한 덩어리를 펜치로 부서뜨릴 때 푸른빛을 띤 섬광을 볼 수 있다. 다른 결정들도 그렇게 된다. 그 이유를 아는 사람은 없다. 그 현상은 마찰광이라고 불린다'라고 하면 누군가 집에서 그것을 실험해 볼 것입니다. 그러면 거기에는 자연에 대한 한 가지 경험이 생기게 되는 것입니다.

결론적으로 나는 사람들이 시험에 합격하고 또 시험에 합격하도록 다른 사람들을 가르치지만, 어떤 것을 아는 사람이라고는 아무도 없는 이런 자기 선전식의 체제에 의해 누가 어떻게 교육을 받을 수 있는지 알 수 없다고 말했다.'[145]

이런 강연에 대해 브라질 과학교육국 책임자가 말했다. '파인만 씨는 우리들이 듣기에 매우 거북한 것들을 말해 주었습니다만, 그는 정말 과학을 사랑하고 있고, 그의 비평에는 성실함이 있는 것 같습니다. 우리는 그의 말에 귀를 기울여야 한다고 생각합니다. 나는 우리의 교육체제에 어떤 결점이 있음을 알고 여기에 왔습니다. 우리는 암을 앓고 있습니다.'[146]

한국 교육도 암을 앓고 있다. 주입식 암기교육을 무한 재생산하는 시스템으로 피폐해진 '영혼 없는 암기 기계'들이 경쟁이란 이름으로 '공부 아닌 공부'를 하고 있다. 우리나라는 고3 때까지 모든 아이들을 소모시키고 소진시킨다. 그러고도 소모되지 않은 아이들은 대학에서 소진된다.

파인만은 브라질의 교과서에 대해서도 언급했다. '교과서 책들은 너무 형편없었다. 그것은 잘못되어 있었고, 그들은 너무 서둘렀다. 설명은 늘 난해했고, 정의들은 정확하지 않았고, 모든 것이 약간씩 모호했다. 그들은 그것을 되는대로 꾸며대고 있었고, 자신도 이해하지 못하는 것을 가르치고 있었고, 그것은 사실상 그 나이의 어린아이에게 쓸모없는 것이었다.'[147]

파인만은 과학책의 어느 부분에 관해 이야기한다. '어느 과학책 첫 부분에 그림 4개가 있었다. 태엽을 감는 장난감, 자동차 한 대, 자전거를 타고 있는 소년, 어떤 다른 것이 있었다. 그림 밑에 '무엇이 그것을 움직이게 하는가?'라고 쓰여 있었다. 나는 페이지를 넘겼다. '에너지가 그것을 움직이게 한다.' 자전거를 타고 있는 소년에 대한 답도 '에너지가 움직이게 한다.'였다. 답은 모두 '에너지가 움직이게 한다.'였다.

그런데 그것은 아무 의미도 없는 것이다. 그런 식으로는 아무런 지식도 전달되지 않는다. 그것은 다만 하나의 단어에 그칠 뿐이다! 그들이 했어야 하는 것은 태엽을 감는 장난감을 보고, 그 속에 태엽이 들어 있는 것을 알게 되고, 태엽에 대해 배우고, 바퀴들에 관해 배우는 것이지 에너지를 염두에 두어서는 안 된다. 나중에 에너지의 일반 원리들을 논할 수 있다.

더구나 '에너지가 그것을 움직이게 한다'라는 것도 사실이 아닌데, 만약 그것이 멈추면 '에너지가 그것을 멈추게 한다'라고 똑같이 말할 수 있기 때문이다. 이 예에서 에너지는 증가하지도 감소하지도 않고, 다만 하나의 형태에서 다른 형태로 변할 뿐이다. 물체들이 정지할 때는 에너지가 열로 변하는데, 그 열이란 혼돈상태를 나타낸다.

책들이 모두 그런 식이었다. 무익하고 마구 섞여 있고 모호하고 혼란을 주고 부분적으로 틀린 것들이 쓰여 있었다. 이런 책으로 누가 어떻게 과학을 배울 수 있는지 나는 알 수 없다. 그것은 과학이 아니기 때문이다. 수학책들과 똑같은 종류의 문제를 갖고 있는 이 끔찍한 책들을 보았을 때 나는 또다시 폭발했다.'[148]

수학과 과학의 교육과 교과서에 관한 파인만의 견해는 (모두 타당하지 않을 수 있고, 그래서 토론의 대상이 될 수 있지만) 경청할 만하다. 이런 내용으로 되어 있는 파인만의 책, 그리고 온갖 독특한 상상력과 기상천외한 에피소드로 이루어진 파인만의 일생을 담은 책을 읽고 안철수가 감동을 받았는가? 믿기 어렵다.

제4장

홍준표

1. 아버지 – 천하의 한량, 그 카리스마

한량. '홍준표의 아버지는 1914년생으로 (추정되고) 몰락한 한학자의 후예로서 한학을 공부하고 서당을 했다. 일제강점기에 징용에 끌려갔다 왔다. 아버지는 외갓집 할아버지의 인정을 받아 그 당시 남지 갑부였던 외갓집에 데릴사위 비슷한 신분으로 큰딸(어머니)과 결혼했다. 외갓집에는 아들이 없어 큰딸에게 많은 재산을 물려주었는데, 외할아버지가 돌아가신 뒤 아버지는 외가에서 해방되어 할 일이 없어졌고 그때부터 한량의 길로 들어섰다.'[1]

'아버지는 천하의 한량이었다. 판소리는 박동진 선생을 능가할 정도의 명창이었고 꽹과리는 전국대회에서 수상할 정도로 명인이었다. 아침에 일어나면 친구들을 데리고 낙동강변의 남지 백사장에 가서 활쏘기 놀이로 하루를 시작했다. 그것이 끝나면 바로 기생집으로 가서 밤 11시 40분 통금 직전까지 매일 시조를 읊조리면서 술판을 벌였다. 타고난 한량 기질 때문에 매년 논밭을 팔고 유흥비로 가산을 탕진했다. 홍준표가 초등학교 1학년에 다닐 즈음 가세는 기울었고 가족의 고난이 시작되었다. 그 뒤로 아버지의 인생도 고난의 연속이었다.'[2]

방랑. '한량에다 방랑기 있는 아버지는 늘 뜬구름같이 떠돌아다녔고, 그래서 가족도 타향으로 떠돌았다. 홍준표는 초등학교 6년을 다니면서 5번 전학을 했다. 1학년은 고향 남지에서, 2학년은 대구 신천초등학교를, 3학년은 대구 신암초등학교를, 4학년은 창녕초등학교를 다녔

다. 5~6학년은 합천 학남초등학교를 다녔다.'[3]

술. '아버지는 대주가였고, 어머니는 집에 늘 소주 됫병과 막걸리를 준비해야만 했다. 하루라도 술을 마시지 않으면 생활을 할 수 없을 정도로 아버지는 술과 하루를 시작하고 하루를 마쳤다. 하지만 아버지가 술주정을 하거나 다른 사람과 시비가 붙은 것을 홍준표는 본 일이 없었다. 그만큼 아버지는 자기절제력이 뛰어난 분이었다.'[4]

'그 당시 어린 홍준표는 매일 아침저녁으로 범마리 강변에 나가 피라미 한 주전자를 잡았다. 아버지의 횟감을 마련하는 것은 어린 홍준표의 몫이었다. 아버지는 피라미회로 아침식사를 했다.'[5]

카리스마. '평소 '한 성격 하는' 아버지는 마을 유지들과 사사건건 대립했다. 가족이 고향을 떠나 1년에 한 번씩 살길을 찾아 헤매면서 동네의 유지들로부터 따돌림을 받을 때도 아버지는 불의와 타협하지 않았다.'[6]

'아버지는 가족들로부터 늘 존경을 받고 카리스마를 유지했는데, 이는 그분의 올곧은 정신과 (한량이었지만) 깨끗한 사생활 덕분이었다. 축첩을 하지 않아 아버지는 돌아가실 때까지 어머니로부터 존경을 받았다. 가족 누구도 아버지를 원망하거나 비난하지 않았다. 그만큼 아버지의 카리스마는 우리 가족을 압도했다.'[7]

'홍준표는 고등학교 2학년에 올라가면서 이과를 선택했다. 의사가 되어 사회적으로 존경도 받고 돈도 많이 벌려고 경북대학교 의과대학을 가기로 마음먹은 것이다. 그런데 3학년 여름방학 때 아버지가 의과대학에 가려면 돈이 많이 드니 육사를 가라고 했다.

'육사는 학사 자격도 주고 육군 소위도 될 수 있으니 일거양득이 아니냐.'

홍준표는 아무런 이의도 달지 않고 육사를 가겠다고 말했다. 홍준표의 집에서 아버지의 말은 절대적인 위력을 보였다. 돈도 벌지 못하고 가족을 고생시켰지만 카리스마 하나는 절대적이었다.'[8]

책임감. '부모님은 대구 신천동 산동네에서 양은그릇도 팔고 누룩도 파는 등 온갖 장사를 했다. 팔공산 공산면 주변에서 나무를 해서 팔기도 했다. 부모님은 장사기질이 없어서 밑지는 장사를 했고, 고향의 농토를 매년 한 마지기씩 팔아야 했다. 창녕으로 내려와서도 부모님은 리어카에 양은그릇을 싣고 행상에 나섰다. 장사 수단이 없어서 망했다. 그래도 홍준표는 아버지를 존경하는데, 아버지는 가족에 대한 책임감이 큰 분이었다.'[9]

'1974년 6월 말경 고향집에 불이 나서 가족이 울산으로 이사했다. 울산 복산동에서 단칸 월세방을 얻어 맨손으로 밑바닥 생활을 했다. 아버지는 60의 나이에 현대조선소의 임시직 야간경비 자리를 얻었다. 배를 건조하면서 남은 철근이나 쇳조각을 지키는 일이었다. 그 당시 현대조선소는 담도 없이 바닷가 해변에 철조망만 쳐놓고 선박을 건조했다. 경비가 없으면 철근과 철판이 분실되기 때문에 노인들을 경비로 채용한 것이었다.'[10]

'아버지는 그해 겨울 영하 18도의 엄동설한에 전하동의 컴컴한 바닷가 해변에서 횃불 하나 켜 놓고 밤새 쪼그리고 앉아 막소주로 버티면서 야간경비를 섰다. 그 추운 날씨에 야간경비를 서는 늙은 아버지를 먼

발치에서 보고 홍준표는 자신의 무능을 탓하면서 마음속으로 피눈물을 흘리고 서럽게 울었다.'[11]

일생. '해방 이후 한학이 소용없게 되자 아버지는 할 일이 없어졌고 판소리를 하고 술집을 전전하다가 고향의 가산을 탕진했다. 아버지는 나의 초등학교 1학년 겨울부터 타향살이를 시작하여 대구 신천동과 신암동, 창녕읍, 합천 밤마리, 울산을 헤매다가 1974년 칠석 전날 돌아가셨다. 아버지는 살아생전에 한량으로 살다가 나이 들어 고생길에 접어들어 만년에 비참한 생활로 생을 마감했다. 나는 그런 아버지를 보면서 '나는 그렇게 살지 말아야지.' 하고 다짐했다.'[12] '50대 중반까지 앞만 보고 달려온 내가 어려울 때마다 곁에서 지탱해준 고마운 분들이 있는데, 그 첫 번째 분이 내 아버지이다.'[13]

홍준표의 이율배반. 아버지는 한량이었지만 카리스마가 있고, 기생집에서 놀았지만 사생활이 깨끗하고, 술 없이는 하루도 못살지만 자기 절제력이 뛰어나고, 가산을 탕진했지만 책임감이 강하다. 아버지가 이웃과 대립한 것은 불의와 싸운 것이다. 아버지는 무능한데 아버지를 존경하고, 아버지를 존경하는데 아버지처럼 살지 않겠다고 다짐한다.

2. 어머니, 누이, 아내 – 여자들의 희생과 헌신

2.1. 어머니 – 절대적인 복종, 맹목적인 믿음

남편에 대한 순종. '생전에 가족을 그토록 고생시킨 아버지였지만, 가족 중에 누구도 아버지를 원망해 본 일이 없다. 특히 어머니는 단 한 번도 불평하지 않았다. 가난을 운명으로 알고 살았다.'[14] '무능한 가장이 가산을 탕진할 때도 어머니는 팔자려니 생각했다. 평생 아버지 뜻을 단 한 번도 거스르지 않고 묵묵히 따랐다. 한국적 순종의 미덕만을 보여주었다.'[15] '아버지가 첩질하지 않은 것만으로도 어머니는 아버지를 고맙게 여기며 살았다.'[16]

'어머니는 아버지에게 절대복종했다.'[17] '어머니는 체념 속에 살다가 바람처럼 간 것이다. 어머니에게 아버지는 작은 우주(宇宙)였다.'[18]

가족에 대한 헌신. '가난해서 고생하며 살았어도 어머니는 자식 배곯을까, 공부 못 시킬까 걱정했다. 홍준표의 초등학교 6학년 때 어머니는 아들의 학비를 벌려고 달비(처녀나 부녀자들의 머리카락) 장사도 했다. 자식 사랑하고 가족에게 희생하고 묵묵히 일만 한 전형적인 한국의 어머니였다.'[19]

'홍준표는 2017년 대구 서문시장에서 대선 출마를 선언할 때 '나의 평생 멘토는 어머니'라고 밝혔다. 홍준표 인생의 멘토는 이순신 장군도, 세종대왕도, 김구 선생도 아니다. 홍준표 인생의 멘토는 '어머니'이다.

어릴 때부터 나이 60이 넘어서까지 변함이 없다.'[20]

아들에 대한 믿음. '어머니는 자식이 왜 검사를 그만두었는지 묻지 않았고, 왜 국회의원이 되려고 하는지 알려고 하지 않았다. 다만 '내 아들이 결정한 것은 모두 맞는 일'이라고 말하면서 늘 '네가 하는 일은 틀린 일이 없다'라고 맹목적으로 믿어 주었다.'[21]

어머니와 아버지. '홍준표는 1996년 4월 말 전화 한 통을 받았다. 어머니가 위독하니 당장 울산으로 내려오라는 전화였다. 울산 동광병원에 도착했는데, 어머니는 외아들을 보고 가려고 버티고 있었다.'[22]

'홍준표는 서럽게 울었다. '이 세상에 와서 남편에게 대접 못 받고 자식들 뒷바라지하느라고 온갖 고생 다 하셨는데 무슨 미련이 남아 못 가십니까? 모두 잊고 편히 가십시오.' 아들은 어머니에게 제일 호화로운 꽃상여를 맞추어 드렸다.'[23]

'어머니가 돌아가시기 전에 올해는 저승으로 간다고 하면서 수의도 준비하고 묘소는 외할아버지 옆에 쓰라고 했다. (어머니가 돌아가신 후 작은누나가 홍준표에게 해준 말이다.)'[24]

'아버지는 돌아가시기 직전에 '대학병원에 가서 내 병명이 무엇인지 알고나 죽자'라고 하면서 마지막으로 경북대학교 의과대학에 가보자고 어머니에게 말했다. 어머니는 냉정하게 거절했다. 홍준표의 대학 2학기 등록금으로 작은누나가 번 돈을 가망 없는 사람에게 쓸 수 없다는 것이었다. 아버지가 무슨 병으로 돌아가셨는지 가족들은 아직도 모른다. 그러나 어머니는 단정적으로 말했다. '너거 아버지는 술병이다.' 삼우제를 지내고 집에 돌아오는 날 가족은 들판에서 일곱 색깔 무지개를 보았다.

작은누나는 아버지가 천국에 갔을 것이라고 좋아했다. '살아계실 때 불효를 한 주제에 돌아가시고 난 뒤 영령을 달래 본들 기복하는 자식들이 자신들을 생각하는 이기적인 행위가 아닌가….' 홍준표는 공허하기 이를 데 없었다.'[25]

그 시대에도 오늘날에도 자식들이 보는 앞에서 아버지에 대한 불평을 하는 어머니는 많지 않을 것이다. 기생질하면서 가산을 탕진하는 남편을 좋아할 아내는 없을 텐데, 아내는 오로지 가정의 화목을 생각해서 남편에게 순종만 한 것인가? 남편은 가부장적이라서 아내를 대접하지 않은 것인가? 외아들에 대한 어머니의 맹목적인 믿음은 어머니의 결혼 생활이 불행했다는 간접 정황인가 아니면 아버지에 대한 애정이 아들에게 흘러간 것인가? 어머니는 딸들에게도 맹목적인 믿음을 주었는가?

멘토란 경험과 지식을 바탕으로 다른 사람을 지도하고 조언하는 사람이고 충실한 조언자이자 믿을 만한 의논 상대이다. 그런데 홍준표에게 '멘토'란 남편에게는 절대복종을, 자식에게는 절대 희생을 하는 사람을 말하는가?

작은누나가 일곱 색깔 무지개를 보며 아버지가 천국에 갔을 것이라고 기뻐한 것은 기복행위이고, 홍준표가 어머니에게 제일 호화로운 꽃상여를 맞추어 드린 건 기복행위가 아닌가?

아버지가 병명이나 알고 죽자고 했을 때 어머니는 냉정하게 거절했다. '죽은 사람은 죽은 사람이고 산 사람은 살아야 한다'라는 말이 있다. 아마 그때 어머니의 결정이 옳았을 것이다. 그런데 이것이 아내로부터 존경받은 남편의 모습이고 가족으로부터 존경받은 가장의 모습인가? 어머니가 아버지의 결정을 단 한 번도 거스른 일이 없고 아버지에게 절대복종을 했다는 말은 사실이 아닌 것 같다.

그런데 그 순간에는 홍준표도 나서지 않았다. 그 결정적인 순간에 홍준표는 자기 이익을 우선했다. 아버지를 존경했다면 자기의 대학 등록을 포기하더라도 아버지의 마지막 소원을 들었어야 한다. 홍준표에게는 아버지의 마지막 소원보다 자기의 대학 등록이 더 중요했다. 홍준표의 자기중심주의는 아버지에 대한 존경이나 효도보다 강력하다. 어머니도 홍준표도 '현실적으로' 판단했다.

어머니가 돌아가시면서 묘소를 외할아버지 옆으로 쓰라고 한 것은 아버지와 살면서 (마음)고생을 너무 많이 했고, 죽어서 아버지와 같이 있고 싶지 않다는 말이다. 시집오기 전 친정아버지와 편안하게 살았던 때가 그립다는 말이다. '남편에 대한 순종'은 아들의 착각일 수도 있다.

그래서 아버지는 어머니에게 우주였던 게 아니라 외아들 홍준표에게 우주였던 것 같다. 절대적인 카리스마로 자기 성질대로 사는 것, 자기 하고 싶은 대로 말하고 행동하는 것, 홍준표는 아버지처럼 살았고 그렇게 살고 있다.

2.2. 누이 – 중 · 고 · 대학 진학을 도운 작은누나와 여동생

누이의 희생. '지금 내가 글을 읽고 쓸 줄 알고 글을 발표할 줄 알게

된 것은 온전히 형제들, 특히 작은누나와 여동생이 스스로를 희생하여 나를 뒷바라지한 덕분이다.'[26]

'홍준표가 초등학교 6학년이 되던 해에 홍준표보다 한 살 많은 작은누나는 초등학교를 졸업하고 돈 벌러 대구의 직물공장으로 떠났다. 홍준표보다 두 살 어린 여동생은 초등학교에 갔다 와서 홀치기로 돈을 벌었다. 홀치기는 기모노의 허리 장식품인데, 그 당시에 우리나라 시골처녀들은 홀치기로 외화를 벌었다.'[27]

'홍준표가 대구의 중학교에 입학하면서 1년 전에 대구의 월세방에 살고 있던 작은누나와 같이 살게 되었다. 나중에 여동생이 초등학교를 졸업하고 방직공장에 취직하여 대구에 합류했다. 이때부터 작은누나와 여동생은 자신의 삶을 희생한 채 홍준표의 학교공부를 뒷바라지했다.'[28]

똑똑함. '작은누나는 참으로 똑똑한 사람이다. 대구 신천동에 이사한 (누나의) 초등학교 3학년 때, 작은누나는 내당주차장에서 신천동까지, 대구 서쪽에서 동쪽 끝까지 지게꾼을 데리고 한 번밖에 가지 않은 길을 기억하여 걸어왔다. 나는 그 당시에 작은누나가 이 세상에서 제일 머리가 좋다고 생각했다. 누나도 나보고 늘 말했다. '네가 남자라서 우리 집 대표선수로 공부하는 것이지, 네가 나보다 머리가 좋아서 우리 집 대표선수가 된 것은 아니다.' 내가 중 · 고등학교를 다닐 수 있었던 것도 대학을 다닐 수 있었던 것도 모두 작은누나의 희생 덕분이다.'[29]

용감함. '부모님이 부를 때까지 작은누나와 내가 창녕에서 자취를 한 적이 있다. 작은누나가 초등학교 5학년 때였고 추석이 다가올 때였다. 이때 창녕읍 술정리의 셋방 주인은 술버릇이 나쁜 곰보 아저씨였다. 어느 날 곰보 아저씨는 우리가 자기 집 콩깍지를 훔쳐서 땔감으로 사용했다고 말했다. 도둑 취급을 당하고 보니 억울하기 짝이 없었다. 작은누나는 셋방 부엌문을 열어젖히고 곰보 아저씨에게 거칠게 대들었다. 나는 사내였는데도 곰보 아저씨의 서슬에 눌려 바보처럼 말 한마디 하지 못했다.'[30] 홍준표는 '다시 돌아가면 그 인정 없는 곰보 아저씨를 몽둥이로 패주고 싶다.'[31]

'누이는 나와 가족에게 헌신했다. 그러나 팔자가 그런지 아직 복을 받지 못하고 있다. 작은누나와 여동생은 초혼에 실패했다. 내 누이를 위해 내가 할 일이 없다는 것이 안타깝다.'[32]

2.3. 아내 - 고시 공부와 어머니를 도운 애인

아내의 희생. '홍준표는 1976년 10월에 지금의 아내 이순삼을 만나 연애를 시작했다. 이순삼은 은행원이었고, 홍준표는 대학 4학년이었다.'[33]

'고시 공부하고 있는 홍준표를 대신해서 애인은 매월 월급날 주말에 울산에 내려갔다. 울산에 혼자 살고 있는 홍준표의 어머니를 찾아뵙고 인사를 드렸다. 울산에서 어머니는 누추한 월세방에서 가난하고 어렵게 살고 있었다. 그런데도 애인은 그것을 내색하지 않았고 홍준표와 어머니를 깔보지도 않았다. 나중에 왜 그랬냐고 물었다. 그러자 애인은 사람을 좋아하는데 무슨 이유가 있냐고 되물어 오히려 홍준표를 당황하게 만들었다. 애인의 그 마음과 정성을 홍준표는 잊지 않고 고마워하고 있다.'[34]

'애인과 결혼한 후에도 홍준표의 '낙방 행진'은 계속되었다. 대학 4학년 때 처음 고시에 도전한 이래 네 번째 낙방이었다. 1982년 7월에 마지막이라는 심정으로 고시를 치러 합격했다.'[35]

홍준표가 중 · 고등학교와 대학을 다닌 10년 동안은 작은누나와 여동생이 (초등학교만 졸업하고) 돈을 벌어 홍준표의 학비와 생활비를 댔다. 애인(아내)을 만나고 나서 홍준표는 6년 동안(1976~1982년) 아내의 도움으로 공부했다. 16년 동안 작은누나, 여동생, 아내의 도움으로 생활하고 공부했다.

순종의 미덕. '애인과 결혼한 뒤 홍준표는 봉천동 지하 단칸 셋방에서 신접살림을 시작했다. 신혼 시절 홍준표는 (고시 공부 시절 하지 못한) 잡기(雜技)에 빠졌다. 밤을 새우고 집에 들어가도 아내에게 미안한 줄 몰랐다. 총각 시절 버릇대로 생활해도 아내는 불평 한마디 없었다.'[36]

'어느 날 홍준표는 친구 하숙집에서 친구들과 밤새 포커를 하고 아침에 집에 들어갔다. 그날 홍준표는 아내의 험악한 눈빛에 놀라 아내에게 한동안 말도 붙이지 못했다. '연애할 때 네 뜻에 따른 것은 고시 공부하는 데 신경 쓰지 않도록 배려한 것이다. 네가 모두 올바르다고 생각해서 따른 것이 아니다.' 어머니에게서 본 순종의 미덕을 홍준표는 연애할 때의 아내에게서 보았고, 그것이 아내의 전부라고 생각했다. 그날 아침

아내의 모습은 그것이 아니었다.'[37]

'어머니는 아버지에게 무조건 복종했고, 홍준표는 그런 어머니만 보고 자랐다. 그래서 여자는 당연히 남자에게 순종해야 하는 것으로 알았고, 그것이 최고의 미덕인 줄 알았다. 그 미덕을 홍준표는 아내에게 강요했고, 아내는 그 미덕을 거부했다. 아내가 홍준표에게 따지고 대들면 홍준표는 그것을 이해하지 못했다. '내가 너보다 아는 것도 많은데, 무슨 여자가 감히 남자에게 대드는가?' 이런 식으로 아내를 대하다 보니 홍준표 부부의 다툼은 결론이 나지 않았다. 남자는 강하고 모든 일에 책임을 져야 하고 한 치의 실수도 있어서는 안 되는 것으로 알고 살았다.'[38]

홍준표가 남자로서 어머니, 아내, 누이 등 여자에게 요구하는 것이 순종의 미덕이다. 홍준표의 어머니가 홍준표의 아버지에게 무조건 복종한 것이 결과적으로 자식들에게 바람직하지 않은 것 같다. 자식들에게 잘못된 가치관을 심어주기 때문이다.

아내의 도움. '1987년 6 · 29선언이 있고 난 뒤 첫 대선에서 홍준표는 아내와 접점을 찾으려고 했다. '부부는 일심동체이니 투표할 후보를 단일화해야 한다.' 그런데 홍준표도 아내도 자신의 주장을 굽히지 않았다. 홍준표는 아내에게 제3의 후보로 합의할 것을 제의했고, 아내는 이 제의에 동의했다. 1992년 대통령선거는 투표장에 가서 각자 찍었다.'[39]

같은 후보에게 투표해야 한다고 요구하는 것은 헌법 제19조에 보장된 양심의 자유를 현직 검사가 부정하는 것이다.

'선거를 세 번 치르면서 (2005년 현재) 홍준표는 아내의 도움을 많이 받았다. 선거 때면 이런 사람을 그동안 너무 깔보고 살았다는 자괴감이 들었다. 하지만 선거가 끝나고 나면 옛날 버릇이 나오는 바람에 요즘도 아내에게 핀잔을 듣는다.

'야, 홍준표! 그래 너 잘났다. 너 나이 들면 보자.'

아내의 그런 비아냥에 홍준표는 이렇게 대답했다.

'나이 들면 네 수발 안 받고 머리 깎고 입산수도할 테니 걱정마라.'

다시 돌아가면 시대착오적인 생각은 버리고 아내에게 처음부터 잘하고 싶다. 정말로 아내를 등에 업고 살고 싶다.'[40]

'나처럼 한(恨) 많은 사람을 만나지 않았다면, 나처럼 생각이 복잡한 사람을 만나지 않고 단순하고 즐겁게 가정만 생각하는 소시민을 만났다면, 내 아내는 지금보다 훨씬 행복했을지 모른다.'[41]

입산수도보다 '자연인'이 홍준표에게 더 잘 어울린다. (아래에 서술한다.) 홍준표는 옛날 버릇을 바꾸지 못하고, 사람은 잘 바뀌지 않는다. 사람 사는 것은 비슷비슷해서 아내가 소시민을 만났다고 해서 아내가 훨씬 행복했을지는 알 수 없다. 홍준표에게 대통령이 되고 싶은 욕심은 많지만 한이 많은지는 의문이다. 생각이 복잡한 것도 대개 욕심이 많기 때문이다.

가족공동체. 홍준표는 〈홍 소장의 가을〉이라는 2004년 특집 드라마를 언급하면서 '가족공동체가 파괴되면 그 사회는 바로 해체의 길로 갈 수밖에 없다'라고[42] 말했다. 〈홍 소장의 가을〉은 성공과 실패의 추락

선상에 선 40대 후반 실직 가장의 늘어진 어깨를 통해 가족의 소중함을 일깨우고 시대적 아픔을 표현한 드라마이다.[43]

'차라리 못 살아도 과거와 같이 희망을 갖고 애틋함이 있는 시대로 돌아가고 싶다. 이렇게 살벌하고 이해타산에만 얽매이는 시대가 우리의 미래라면 우리의 인생은 너무 삭막하고 비인간적이다.'[44]

드라마는 논외로 하고, 홍준표가 말하는 '가족공동체'는 어머니는 아버지에게 복종하고 여자는 남자에게 순종하고 딸은 아들에게 희생하는 공동체를 말하는가? 그런 공동체라면 파괴되는 것이 낫지 않을까? 누가 파괴하지 않아도 지금 파괴되고 해체되고 있는 중이다. 그런데 그것이 파괴이고 해체인가?

현재 우리나라의 1인 가구 비율은 전체 가구의 40%에 이른다. 북유럽의 몇몇 나라는 이 비율이 더 높다. 그래서 가족공동체가 파괴되고 사회가 해체되었나? 경제활동과 삶의 방식이 과거와 달라져서 가족의 개념도 달라지고 사회가 변화하는 것이 아닌가? 예를 들면 조선시대에는 1인 가구가 생겨나지 않았거나 극히 드물었을 것이다. 그것이 생겨날 사회경제적인 토대가 없었기 때문이다.

가족공동체를 지나치게 강조하는 이들은 그 공동체로부터 이익만 보는 권위주의적인 성향의 남자들이 아닐까? 가족공동체에서 손해를 보는 집단이 그 공동체를 거부할 때 그 공동체가 파괴되고 해체되는 것은 자연스러운 현상일 것이다. 그것은 사회의 변화를 반영한 것이지 가족과 사회의 파괴, 해체, 소멸이 아니다. 가족공동체의 기득권 세력에게만 그렇게 보일 뿐이다.

홍준표가 말한 '애틋함'이 남자에게만 해당되고 여자에게는 해당되지 않는다면 그 시대는 돌아갈 만한 시대가 아닐 것 같다. 그리고 인생 전부를 걸고 하는 도박과도 같은 고시 공부보다 더 이해타산적이고 비인간적인 행동도 드물 것이다.

3. 세상에 원한을 품은 청소년기 - 변방에서 중심으로

홍준표는 1953년 경상남도 창녕에서 태어났다. '4살 때 홍역에 걸렸다. 어머니는 어린 아들을 담요에 말아 업고 마을 근처의 절에 갔다. '원래 내 이름이 태어날 때는 '이표'였는데 부처님에게 팔았다고 해서 그때부터 '판표'가 되었다.' 어머니가 40살이 다 되어 낳은 외아들을 그냥 죽이는 것이 억울하여 부처님께 빌 요량으로 절에 간 것이다.'[45]

3.1. 가난의 상처, 세상에 대한 원망(초등학교)

상처와 치욕. '아버지가 가산을 탕진했기 때문에 홍준표 가족은 부잣집에서 장리곡을 얻어먹으며 지낸 적이 있다. 부잣집은 장리곡을 주면서 횡포를 부렸고, 그 횡포를 보면서 어린 홍준표는 마음에 크게 상처를 받았다. 또한 홍준표 집에는 소가 없었고, 부잣집 소를 빌려 밭을 갈게 되면 그 대가를 치러야 했다. 부모님만으로는 부족해서 때로 어린 홍준표도 부잣집에 가서 머슴처럼 일했다. (부잣집 아들은 친구인데) 친구 집에 가서 머슴처럼 일한다는 것이 부끄럽고 창피했다. 무상으로 밭일을 강요당하는 것은 치욕스런 짓이었다. 1961년 5 · 16 직후 부모님은 법에 따라 고리채를 신고했는데, 그 때문에 부모님이 부자들에게 린치를 당하는 현장도 어린 홍준표는 생생하게 목격했다.'[46]

주전자 사건. '초등학교 2학년 대구 신천동 셋방에 살 때, 홍준표는 구호물자(옥수수죽)를 타려고 여동생과 같이 동사무소에 간 적이 있다. 어린 나이에 1km 남짓한 큰 고갯길은 상당히 멀어 보였다. 집에 오다가 여동생이 부주의로 길에 넘어졌고, 그래서 겨울 칼바람 속에 배급받은 옥수수죽 주전자를 길에 쏟고 말았다. 여동생은 사색이 되어 어쩔 줄 몰라 하고 있었다. 오빠는 여동생을 혼냈다. 어른이 되어 생각한다. '내 여동생보다 옥수수죽 주전자가 더 소중했단 말인가?'

초등학교 4학년 무렵 창녕에서 자취할 때도 여동생을 혼낸 일이 있다. 여동생이 이웃집에서 얻은 김치를 길에 쏟는 실수를 저지른 것이었다. '나는 내 입만 생각하는 지독한 이기주의자였다. 성인이 되어 여동생을 생각할 때마다 이 두 가지 일로 미안하다. 시집가서 잘 살아주길 바랐지만 그것도 팔자인지 그렇지를 못하고 있다.' 홍준표는 부끄럽게 생각한다.'[47]

그 주전자를 오빠 홍준표가 들 수도 있었다. 실수는 고의가 아니니 혼낼 일이 아니다. 이때는 홍준표도 어렸다.

신천동의 산. '초등학교 2학년 때 홍준표는 학교에서 허기지면 수돗가에서 물로 배를 채우며 지냈다. 그때 작은누나는 아버지에게 시골에 남은 논을 팔아 신천동 산을 사두면 나중에 괜찮을 것이라고 말했다. 그 당시 시골 논을 팔면 신천동 산 1만 평 정도는 살 수 있었다. 아버지는 장래 걱정보다 당장 먹고살 걱정을 해야 했다. '나 돌아가고 싶다. 돌아가면 신천동 큰 고개 산을 통째로 사고 싶다. 그때 그 산을 사서 묵혀 놓았으면 우리 가족이 그렇게 고생하지 않았을 것이다. 내가 여동생을

구박하는 일도 없었을 것이다.' 아버지는 이재에 어두웠다.'[48]

작은누나는 생각 이상으로 똑똑했던 것 같다. 어린 나이에도 미래를 내다볼 줄 알았다. 그런데 부자가 되었으면 홍준표는 여동생을 구박하지 않았을까? 이런 건 부자냐 아니냐, 돈이 많으냐 적으냐의 문제보다 마음과 심성의 문제인 것 같다. 2014년부터 한진재벌 오너 일가 이명희, 조현아, 조현민, 조원태 '집구석'의 땅콩회항, 물컵 갑질, 직원 폭행, 가사도우미 불법 고용 등등에 이어 2019년의 막장드라마(거실 유리창 박살, 꽃병과 도자기 산산조각, 이명희 팔의 상처 등)에서 볼 수 있는 것처럼, 구박은 고생하느냐 안 하느냐와 무관한 것 같다.[49]

부러운 친구. '대구 신암초등학교 3학년 때 홍준표는 학력고사에서 전체 1등을 했다. 그러자 친구도 생기고 대구 생활에 안정을 찾아갔다. 그 시절 홍준표는 동급생 중에 선생님의 아들 김혁이라는 아이가 그렇게 부러웠다. 그 아이는 집안도 좋고 명랑하고 잘생기고 자기 공부방도 있었다. 잘사는 아버지를 만나 아무 걱정 없이 공부만 했다. 한없이 부러웠다.'[50]

초등학교 3학년 어린이의 심정이라서 이해할 수는 있다. 하지만 1960년대 초에는 우리나라의 국민 대부분이 가난했다. 욕심이 많지 않으면 부러움도 심하지 않을 것이다. 열등감도 정도를 지나치면 병이 되는데, 나중에 성공하면 그것이 병적인 우월감으로 바뀔 수 있다.

한겨울의 이사. '초등학교 3학년 12월 말 아버지는 또 짐을 쌌다. 고향에는 못 가고 이번에는 창녕 읍내로 가기로 했다. 대구 신암동에서 창녕으로 이사 가던 날은 12월 24일 크리스마스이브 날이었다. 우리

여섯 식구는 리어카에 이삿짐을 싣고 창녕까지 이틀 동안 걸어서 이사를 갔다. 내복도 없이 홑겹으로 입은 옷 속으로 한겨울의 찬바람이 파고들었다. 온 세상이 우리를 버린 것 같았다. 아니면 우리 가족이 세상을 버리고 어디론가 떠나는 것 같았다.'[51]

'리어카를 끌고 가는 아버지의 어깨 위로 눈발이 날렸다. 지나가는 마을의 초가지붕 위로 피어오르는 연기가 그렇게 따뜻하고 부러울 수 없었다. 인생의 목표는 반드시 클 필요가 없다. 온 가족이 발을 묻고 추위를 녹일 수 있는 방 한 칸, 허기진 배를 채울 수 있는 약간의 음식, 그것이면 족하다. 창녕에 도착하자마자 허기진 배를 채우려고 밥을 지었다. 반찬이 없어 간장으로 밥을 먹었다. 우리 가족이 무슨 큰 죄를 지어 이토록 고통을 받아야 하는가 싶어 나는 그날 밤 복받쳐 오르는 서러움에 한없이 울었다.'[52]

얌체. '아들이라고 나 혼자 밥 한 상을 받고 나머지 한 상은 누나 둘에 여동생이 받았다. 누이들은 배고픔에 지쳐 잠을 이루지 못했다. 밤새도록 여관방 벽에 걸려 있던 메주를 뜯어먹다가 이튿날 하루 종일 설사를 했다. 아들이라고 특별 대접을 받기는 했지만, 그때 일로 나는 두고두고 누이들의 원성을 샀다. 혼자서 야금야금 밥 한 상을 다 먹는 내 모습이 누이들에게 얼마나 얌체처럼 보였을까? 부모님은 허기를 면하려고 이틀 동안 엿만 드셨다. 다시 돌아가면 이런 얌체 짓은 하지 않을 것이다.'[53]

걸어서 가느라고 이사하는데 며칠이 걸렸던 것 같다. 그래서 중간에 여관방에서 잤을 것이다. '내 입만 생각하는 지독한 이기주의자'의 모습이 또 나타났다. 홍준표가 지금은 누이들과 상부상조하며 잘 지내는지 궁금하다.

땅콩농사. '창녕에서 홍준표 가족은 살아보려고 땅콩농사를 했다. 가뭄이 들어 밭에 양동이로 힘겹게 물을 날라야 했다. 가뭄 다음에는 장마가 들었다. 장마로 땅콩밭은 황토물로 범람했다. 그날 밤 나는 낙동강 변에 나가 속이 시원해질 때까지 실컷 울었다. 우리 가족이 이렇게 사는 것도 분하고, 어머니의 기진맥진한 모습을 보고도 부모님을 도울 수 없어 분했다. 막노동이라도 해서 부모님을 도울 수만 있다면 나서 보겠는데, 나는 키도 작고 힘도 없었다.'[54]

쌀밥과 벌건 김치. '부모님이 여동생을 데리고 합천으로 가고 나와 작은누이만 창녕에서 6개월가량 산 적이 있다. 그때 양식이 떨어져서 굶는 날과 먹는 날이 반반이었다. 잘 익은 벌건 배추김치에 쌀밥 한번 원 없이 먹어보는 것이 소원이었다. 이때부터 불가능에 대한 도전 '당랑의 꿈'을 꾸기 시작한 것으로 생각된다.'[55]

홍준표가 말한 것처럼 홍준표에게 '당랑의 꿈'은 대통령이 되는 것이다.

배고픈 서러움. '이즈음 홍준표는 추석 무렵 괜히 선창에 나갔다. '혹시 우리 집에도 재일동포로 성공한 친척이 찾아오지 않을까?' 하는 엉뚱한 신기루를 꿈꾸며 선창에 나갔다.'[56]

'나는 어릴 때 몸집이 작고 왜소하고 빼빼 말라서 다른 사람들이 품삯 일을 잘 시켜주지 않았다. 나는 돈도 벌지 못하고 엄마가 고생하는데 보탬도 되지 못한 것이 내가 무능력한 것이라고 생각했다. 그날 나는 밤

마리 어두운 강변에서 서럽게 울었다.'[57]

어린 시절 홍준표는 많이 울었다. 실컷 울었고 서럽게 울었고 분해서 울었다. 1960년대에는 대부분의 한국 사람들이 몸집이 작고 빼빼 말랐다. 홍준표만 그런 게 아니었다. 이보다 어릴 때 홍준표는 친구네 부잣집 밭에 가서 들일을 했다. 홍준표는 일할 수 있다. 막노동으로 품삯을 받는 일은 아니라도 집 안팎에서 나이에 맞는 일을 하여 부모님을 도우면 된다. 물론 부모님이 그것을 원하지 않았거나 어린 아들에게 일을 시키지 않았을 수는 있지만.

중 · 고등학교 때의 배고픔. 집안 경제 형편이 달라지지 않았으니 초등학교 때의 배고픔은 중 · 고등학교 때도 이어졌다. '작은누나는 아침에 보리밥에 김치와 왜간장을 반찬으로 냈다. 어쩌다 더 나오는 반찬은 콩나물국이었다. 작은누나가 공장에서 받는 월급으로 전기세와 수도세를 내고 보리쌀과 내 학용품을 사고 나면 남는 돈이 없었다. 어쩌다 쌀을 살 때면 작은누나는 내 밥에만 보리밥 한가운데 한 움큼 쌀밥을 넣어 주었다. 작은누나는 음식 솜씨가 없어 반찬을 무척 짜게 만들었다. 김치를 짜게 담아야 빨리 시지 않고 오래 먹는다고 나를 타일렀다.

중학교와 고등학교를 다니면서 점심시간이면 나는 늘 수돗가에 갈 수밖에 없었다. 물로 배를 채운 것이다. 반찬이 없어 도시락을 쌀 수 없었다. 점심시간이면 학교 매점에서 단팥빵을 팔았지만 나는 먹어본 일이 없다. 어떤 친구는 밥이 싫어 빵을 먹는다고 했지만 나는 밥도 먹지 못했다. 내가 지금 뼈가 가늘고 살이 없는 것은 어릴 때 밥을 제대로 먹지 못했기 때문이다.'[58]

쌀밥과 단팥빵. '나는 지금도 쌀밥만 먹는다. 건강식이라며 보리밥을 권해도 나는 보리밥에 질려 쌀밥만 먹는다. 밥 욕심이 많아 어느 때는 두 그릇씩 먹는다. 아울러 빵도 단팥빵만 먹는다. 나 다시 그 시절로 돌아간다면 점심시간에 친구 밥이라도 뺏어 먹고 튼튼하게 자라고 싶다. 노동이라도 해서 작은누나의 힘을 덜어 주고 싶다. 부끄럽고 창피하여 점심시간에 도망이나 다니는 비겁한 짓은 하지 않을 것이다.'[59]

지천명의 나이에도 홍준표는 쌀밥과 단팥빵을 그리워한다. 돌아가서 하지 말고 지금이라도 작은누나의 힘을 덜어주면 좋을 것 같다.

공부만이 살길이다. '초등학교 3학년 때 생각했다. 우리는 왜 이렇게 어렵게 사는가? 우리 엄마는 왜 저토록 고생만 하는가? 누이와 내가 어려서 어머니를 도울 수 없는 것이 어머니에게 늘 미안했다. 그때마다 어머니는 나에게 공부를 잘하는 것이 효도라고 했다. 그래서 나는 어릴 때부터 내가 사는 길은 공부라도 열심히 하는 길밖에 없다고 생각했다. 생존 차원에서 공부를 한 것으로 기억된다.'[60]

'홍준표는 이미 9살 때 '반공을 국시의 제일의로 삼고'로 시작하는 박정희의 혁명공약을 외우기 시작했다. 1968년 (중학교 3학년 때) 국민교육헌장이 선포되었을 때도 홍준표는 반 대표로 국민교육헌장 암기대회에서 활약했다. 그 외에 정권 차원에서 추진되던 국민운동이나 암기대회에 빠짐없이 차출되었다. 어릴 때 암기력이 좋았기 때문에 홍준표는 그런 정권홍보 암기대회에 자주 대표로 나갔다. 부모님이 좋아했기 때문이기도 하다. 홍준표는 밤을 새워 암기했고, 부모님은 잘했다고 칭찬했다. 홍준표는 그것을 효도라고 생각했다.'[61]

공부를 생존 차원에서 하면 공부는 '무기'가 된다. 머리끈을 질끈 동여매고 세상을 향해 전쟁을 하듯 책을 암기하게 된다. 홍준표만 그런 것도 아니고 그때만 그런 것도 아니다. 이건 '억울하면 출세하는 공부'이다. 판 · 검사 되고 의사 되면 승리자가 되는 '고문 같은 공부'이다. 우리나라 교육제도와 공무원 선발방식은 학생들에게 암기를 공부의 전부라고 주입한다.

영화와 만화. 가난과 공부 외에 홍준표의 인성 형성에 중요한 영향을 미친 일이 있었던 것 같은데, 홍준표는 그것을 스치듯이 서술했다. 초등학교 3학년 즈음 '그때의 유일한 낙은 자갈마당 노동회관에서 영화를 보는 것이었다. 2원을 주고 영화를 보았다. 일요일 아침에 아버지에게 5원을 받았다. 1시간 반을 걸어 노동회관으로 갔다. 오전 10시부터 하루 종일 영화를 보았다. 영화가 시작되면 점심을 굶고 영화가 이해될 때까지 영화 2편을 2~3번씩 보았다. 이때부터 세상 이치를 조금씩 깨달아가게 된 것이 아닌가 생각된다. 남은 돈으로는 만화를 보았다. 아마 하루에 수십 권씩 본 것으로 기억한다. 그렇게 내 생각의 뿌리는 영화와 만화를 보면서 형성되었다.'[62]

3.2. 중심 콤플렉스 1 – 합천에서 대구로(중 · 고등학교)

도시의 중학교로. '작은누나는 나보다 1년 먼저 초등학교를 졸업하고 대구 '협립양산'에 취업하려고 협립양산 검수원 집에 식모살이로 가 있었다. 나는 대구로 갈 것인지 이방면 옥야중학교로 갈 것인지 결정하지 못하고 있었다.

초등학교를 졸업할 때 옥야중학교에서 학비 면제로 오라고 제의했다. 나는 대구로 유학을 가겠다고 아버지를 설득했다. 초등학교 때 학년마다 전학을 다니면서 중학교만큼은 '시내'에서 다니고 싶었다. 보리쌀 2말을 들고 대구로 유학을 떠났다. 대구 영남중학교에 진학한 것은 전적으로 내 고집 탓이다. 가난을 대물림하지 않기 위해서라도 공부를 열심히 해야 한다고 생각했다.'[63]

가정 형편을 생각한다면 학비를 면제해 주는 옥야중학교로 가야 했는데, 아이는 그것을 거부했다. 13살 아이가 52살 아버지를 '설득'했다는 것은 납득하기 어렵다. 외아들인데다 공부를 제법 하니 아버지를 조른 것이 아닐까? 옥야중학교 한 곳에서 3년을 다니면 전학하지 않아도 된다. 학생은 공부를 열심히 해야 하니, 열심히 공부한다는 것이 대구행의 이유가 될 수는 없다. 이유는 시골에 있지 않고 도시로 가겠다는 고집, 변방에서 탈출하여 중심으로 가겠다는 욕심이다.

대구 가는 날. '아버지와 합천에서 헤어졌다. 어머니와 나를 버스에 태워주고 아버지는 혼자 빗속을 걸어 돌아갔다. 학용품 사라고 받은 돈 30원에서 10원을 아버지에게 돌려드렸다. 돌아갈 때 술이라도 사드시라고 했다.

대구에 도착했다. 입학식 다음 날 이제 어머니가 합천으로 돌아가야 했다. 어릴 때 나는 어머니 뒤만 졸졸 따라다녔다. 7살 때까지 어머니 젖을 먹었다. 나 때문에 여동생은 어머니 젖은 구경도 못하고 사카린

탄 맹물만 마셨다고 한다. 늘그막에 본 아들 하나를 얼마나 애지중지했는지, 어머니에게 나는 목숨과도 바꿀 수 있는 귀한 아들이었을 것이다. 어머니와 헤어져 산다는 것은 한 번도 생각한 적이 없다. 어머니와 헤어지기 싫었고, 내당주차장에서 어머니가 탄 버스가 출발할 때까지 나는 버스 차창을 보고 한없이 울었다. 남은 용돈 20원 중에 10원을 어머니에게 드리면서 아버지 술 사드리라고 했다.'[64]

'다시 돌아가고 싶다. 돌아가면 시골에서 중 · 고등학교를 다니면서 밥이라도 제대로 먹고 싶다. 내 욕심만 채우려고 부모님과 작은누나의 부담만 지우는 고집을 부리지 않을 것이다.'[65]

어머니와 헤어지는 슬픔은 도시로 가려는 고집과 욕심을 이길 수 없다.

중학교 생활. '중학생 홍준표는 작은누나의 월세방에서 대구 생활을 시작했다. 대구 생활은 초라하고 을씨년스러웠지만, 그럴수록 중학생은 이를 악물고 공부에 전념했다. 홍준표에게 다른 대안이 있을 수 없었고 공부만이 유일한 생존 수단이었다.'[66]

'내당동 월세방의 표독스러운 주인아줌마는 방의 전기 사용을 감시했고, 홍준표는 밤이 되면 방문에 홑이불을 걸쳐 놓고 공부를 해야 했다.'[67]

'대명동에서 자취를 할 때는 아침에는 콩나물국에 보리밥으로, 점심에는 굶는 것으로, 저녁에는 다시 아침과 똑같은 메뉴로 지냈다. 힘들고 허기진 세월이었다.'[68]

'중학교 입학 후 첫 시험을 보게 되었다. 시험 성적이 평균 90점 아래로 내려가면 특대생이 안 되기 때문에 홍준표는 죽으라고 공부했다. 이 시험에서 전교 1등을 하고 난 뒤 특대생이 되었고 공납금을 면제받았다. 친구가 늘기 시작했고 학교생활도 즐겁게 할 수 있었다.

그런데 이 시험을 준비하던 (1966년) 5월 초에 결혼한 큰누나가 남편의 폭력을 피해 자취방으로 도망을 왔다. 죽으라고 공부를 해야 하는 때인데, 왜 하필 시험에 맞춰 도망을 왔는지 중학생은 큰누나가 미워 죽을 지경이었다. (자형은 그해 겨울 북면 온천장에서 술 마시고 동네를 배회하다 동사(凍死)했다. 큰누나의 시련은 계속되었고 재혼에도 실패했다. 지금은 할머니가 되어 있다.)'[69]

월세방 주인아줌마를 구두쇠나 노랑이라고 할 수는 있을 것이다. 표독스럽다는 말은 전기 사용을 감시하는 행동과 무관한 것 같다. 어린 홍준표가 그렇게 느꼈을 것이다. 중학생 시험에 맞춰 싸움을 하는 부부가 어디 있겠는가. 중학교 1학년 나이의 생각이니 이해할 수 있지만, 홍준표의 자기중심적 사고는 어릴 때부터 매우 강했다. 홍준표의 말에 따르면, 홍준표는 대구에서 힘들게 공부한 것 같다.

고등학교 생활. '영남 중 · 고등학교는 대구의 변두리 학교였다. 선생님들도 학생들을 깔보았다. 이런 상황에서 나는 수업을 듣기보다 독학하다시피 하면서 6년을 보냈다. 체계적인 수업이 없었던지라 남독을 할 수밖에 없었고, 닥치는 대로 읽고 쓰고 암기할 수밖에 없었다.'[70]

'경북대 의대에 진학하기로 결심하고 고등학교 2학년에 올라가면서 이과를 선택했다. 돈도 잘 벌고 사회적 존경도 받는 의사가 되고 싶었기 때문이다.'[71]

고등학교 3학년 여름방학 때 아버지가 의대를 포기하고 육사에 가라고 했다. 육사에 가기 싫었고 서운했지만 아버지의 명령이라서 '그렇게 하겠습니다'라고 대답했다. 그해(1971년) 10월 초순 육사 이과 반에 특차시험을 보고 10월 말경 합격했다.[72]

검사 지망. '고등학교 3학년 말 (1971년 12월 20일경) 지서 순경들이 우리 집에 들이닥쳐 집을 수색했다. 비료 2포대를 압수하고 아버지를 끌고 갔다. 농협지소장이 아버지를 고발한 것이다. 아버지가 비료를 받은 날에는 비료를 배급한 일이 없고, 그 비료는 장물이라고 했다. 아버지는 지소장과 면장이 주도하는 마을사업에 반대하지 않는다는 조건으로 훈방되었다. 아버지는 육사에 합격한 아들의 신원조회를 걱정해서 굴복한 것이다. (그 사건은 홍준표 가족이 울산으로 이사 간 2년 뒤 농협 자체감사 결과 농협지소장의 비료 300포대 횡령으로 판명되었다고 들었다.)'[73]

'이 사건을 겪고 나는 결심했다. '군대에 갈 일이 아니구나. 순경을 이기려면 순경보다 더 높은 검사를 해야 하는구나.' 아버지와 의논했다. 군인의 길을 포기하고 검찰의 길을 선택했다. 아르바이트를 해서라도 내 힘으로 대학에 가겠다고 결심했다. 다시 부랴부랴 책을 싸서 대구로 올라갔다. 급하게 문과 공부를 했고, 1달 후에 고려대학교 법과대학에 시험을 보아 운 좋게 합격했다.'[74]

위세. '만약 그때 그 사건 없이 육사를 갔다면 1980년 5 · 17 무렵에 나는 육군 중위나 대위쯤 되어 있었을 것이다. 그 귀한 합천 사람을 찾던 전두환 장군을 따라 쿠데타에 가담했을 것이다. 그리고 한 시절 위

세를 부리다가 감옥에 갔을지 모른다.'[75]

이 모든 사건은 고3 때 일어난 일이지만, 홍준표가 지천명의 나이에 쓰고 출판한 책에 있는 이야기이다. 홍준표에게는 순경보다 높은 직위가 중요했다. 전두환의 광주학살을 보는 홍준표의 시각은 '쿠데타에 가담하여 위세를 부리는 것'이다.

다른 길. '나 돌아가고 싶다. 돌아가면 절대 법대에 가지 않을 것이다. 고고학을 전공해서 인디아나 존스 박사 같은 인생을 살고 싶다. 그 무엇에도 얽매이지 않고 자유스럽게 살고 싶다.'[76]

'나 돌아가고 싶다. 돌아가면 부모님을 잘 모시고 싶다. 나 자신의 출세를 위해 부모님을 시골에 팽개치고 서울로 오지 않을 것이다. 9급 면서기를 해서라도 부모님을 모시고 밤마리 강변에 살고 싶다.'[77]

홍준표는 자기 고집대로 산다. 그 무엇에도 얽매이지 않고 자유롭게 살았고 그렇게 살고 있다. 그렇게 사는 데는 고고학보다 '자연인'이 더 잘 맞을 것 같다. 홍준표는 자연인을 꿈꾸는 것 같다.

3.3. 중심 콤플렉스 2 – 대구에서 서울로(대학 1학년)

서울 신고식. '1972년 2월 24일 동대구역에서 밤 11시 50분 야간 특급열차를 타고 25일 새벽 6시 서울역에 도착했다. 그날은 유난히 추웠던 것으로 기억된다. 변방에서 중심으로 가려고 대구로 갔고, 이제 대한민국의 중심으로 왔다.'[78]

'입학시험을 보려고 서울에 왔을 때는 고려대까지 택시비가 600원이 나온 것으로 기억하는데 이번에는 800원이 나왔다. 200원을 더 보태 '옜다, 팁이다.' 하고 1000원을 던져주고 내렸다. 눈 감으면 코 베어 간다는 데가 서울이라더니, 그렇게 호되게 신고식을 치렀다.'[79]

가정교사. 홍준표가 '서울에 오자마자 맨 먼저 한 일은 가정교사 광고를 낸 일이었다.'[80] 몇 달 전 결심과 각오를 실천하는 것이다. 그런데 '가정교사 일을 마치고 밤늦게 하숙집으로 돌아올 때 불이 환하게 켜진 중앙도서관을 바라보면서 '내가 공부하러 서울 왔나, 먹고살러 서울 왔나.' 하며 한탄하기도 했다. 그만큼 생활의 주객이 전도되어 있었다. 부모 잘 만나 아무 걱정 없이 즐겁게 대학의 낭만을 누리는 동급생들이 한없이 부럽기도 했다.'[81]

아르바이트를 해서라도 법대에 가겠다는 결심은 어디로 간 것인가? '부모 잘못 만나' (대학은 고사하고) 중학교도 못 간 작은누나와 여동생은 무엇을 한탄하고 누구를 부러워해야 할까? 그 동급생들도 각자 자기 나름대로 고민이 있고 힘들고 괴로운 생활을 하는지 어떤지는 겉으로만 보면 모른다. 거꾸로 가정교사 아르바이트라도 하는 홍준표를 한없이 부러워하는 동급생들도 있을 것이다.

'정릉에 있는 가정교사 집에서 고등학교 2학년 학생을 가르쳤다. 그 학생은 반에서 꼴찌를 했고, 그 집 부모는 반에서 중간만 되도록 가르쳐 달라고 했다. 성적이 오르지 않았다. 석 달이 되자 그 집 부모는 내게 그만 오라고 했다. 해고된 것이었다. 해고된 날 세상의 무서움이 피부로 와 닿았다. 성과가 없으면 바로 해고될 수 있는 것이 세상이라는 걸 처음 알게 된 것이다.

해고된 날 나는 고려대 본관 앞 인촌 동상 아래에서 소주 2병을 마시고 둥근달을 보며 한탄했다. 촌에서 9급 면서기 시험 보고 같이 살자고 한 사람도 생각났고, 800평도 안 되는 하천 부지에서 밤낮 일해도 겨우 먹고사는 부모님도 생각났다. 그러나 이튿날 눈을 뜨고 보면 그곳은 차가운 현실이 있는 서울이었다. 그만큼 서울은 내게 견디기 힘든 곳이었다.'[82]

소를 빌린 대가로 친구 집의 밭일을 할 때부터 홍준표는 세상의 무서움을 알았을 것이다. 다만 세상의 무서움이라는 추상적인 막연함과 자기에게 직접 관련되는 구체적인 '해고'의 연관성을 파악하지 못했을 뿐이다. 시험 봐서 면서기를 하면 되지만 순경을 이기는 검사를 하려고 했는데, 대학을 그만둘까?

'그다음에 정릉의 여관집에서 입주 가정교사를 했다. 여관집 주인의 고3, 중3 두 딸을 맡아 가르치는 자리였다. 여관이라서 '이상한' 소리도 났고, 딸들은 대학생 가정교사를 은근히 유혹하기도 했다. 그 당시 그런 자리를 얻기도 쉽지 않았고 홍준표는 돈이 참으로 필요한 때였지만 그 자리를 박차고 나올 수밖에 없었다.'[83]

대학 1학년 때 유명한 사건이 있었는데, '이대 계집애' 사건과 '돼지 흥분제' 사건이 그것이다.

'이대 계집애' 사건. '대학에 입학한 후 첫 미팅에 나갔다. 내 짝이라고 온 학생은 뜻밖에 대구 출신이었다. 반갑기도 하고 감격스럽기도 했는데, 그것은 그 여학생이 경북여고 출신이었기 때문이다. 대구 출신들에게 선망의 대상, 나 같은 소위 3류 고등학교 출신으로는 꿈도 꾸지 못할 봉황 같은 존재, 그것이 경북여고 출신이었다. 반가운 마음에 나도 대구 출신이라고 하니 경북고등학교 몇 회냐고 물었다. 영남고등학교를 나왔다고 말했다. 그 말이 떨어지자 그 여학생은 슬그머니 일어나서 나갔다. 화장실에 가는 줄 알고 나는 멍하니 있었다. 30분이 지나도 오지 않았다. 친구가 '너 안 가고 뭐 하노?' 하기에 "개가 와야 가지." 했다. 친구는 '벌써 집에 갔다. 헛물켜지 말고 집에 가라'라고 말했다.'[84]

2005년의 책에 있는 내용이다. 이것이 2011년 '이대 계집애들 싫어한다'라는 막말의 근원이 된 사건이다. 이 사건과 막말을 2017년 어느 방송에서 해명하면서 다음과 같이 말했다. '18살 때 뭘 알았겠습니까?'

1972년 사건을 33년 지나 2005년 책에 쓸 만큼 홍준표는 경북여고 출신 이대생에게 마음의 상처를 받았다. 이 내용을 13년 지나 2018년 책에 또 썼다. 이 사건이 홍준표에게는 46년이 지나도 잊혀지지 않는 상처였다. 영남고 학생을 무시하고 경북여고라는 우월감을 갖는 여학생이나 영남고라는 열등감을 갖는 홍준표나, 학교공부와 암기는 잘했을지 몰라도 어리석음에서는 비슷한 것 같다.

'18살 때 뭘 알았겠냐'라는 65살(2017년) 홍준표의 말도 수긍하기 어렵다. 홍준표는 이미 7살 때 친구 집에서 밭일을 강요당하는 것이 치욕이라는 것을 알았다. 중학생 때 월세방 주인아줌마가 표독스럽다는 것도 알았다. 영남 중 · 고등학교 선생님들이 학생들을 깔보는 것도 알았다. 미팅을 하기 몇 달 전 순경을 이기려면 검사를 해야 한다는 것도 알았다. 서울 온 날 택시비로 뒤끝을 보여주었다. 과외에서 해고당하면서 세상의 무서움도 알았다. 이 모든 것을 안 홍준표가 18살 때 (이때 홍준표는 18살이 아니라 20살이었는데) 이대생에게 차인 것이 치욕이라는 것만 모른 것인가? '이대 계집애들 싫어한다'라는 말이 막말이라는 것을 2011년 59살에도 모른 것인가?

'축제 중에 첫 미팅에 나갔다가 경북여고 출신 이대생을 만나 3류고 출신이라고 30초 만에 차이고, 내가 붙인 '영남고 출신 동문 모임' 벽보를 보고 가보니 나 혼자밖에 없었다. 세상이 나를 버린 건지 내가 세상을 버린 건지, 혼돈 속에서 보낸 대학생활의 첫 번째 봄은 참으로 비참했다. 공부하러 서울에 온 건지 먹고살려고 서울에 온 건지 분간이 안 되는 고단한 생활 속에서 여름방학을 맞았다.'[85]

그 당시 홍준표 고려대 학생은 이대생에게 차이고 동문이 없어서 비참하고, 작은누나는 남동생 학비와 생활비를 마련하느라고 공장에서 비참하다.

'돼지 흥분제' 사건. '1972년 대학 1학년 제기동 하숙집에는 서울상대 경제학과 1학년 학생이 같이 하숙을 했다. 이 친구는 나보다 더 숙맥인 전형적인 촌놈이었다. 그 당시 나는 48kg 남짓 되는 왜소한 체구였고 그 친구도 키는 컸지만 50kg 남짓한 빼빼였다.'

이 서울상대 경제학과 학생이 '돼지 흥분제 이야기'의 주인공이다. 홍준표가 그 학생과 '성폭력(강간 미수) 공모(共謀)'를 한 것이다. 홍준표는 2017년에 말했다.

'45년 전(1972년) 이야기이고 12년 전에 (2005년 『나 돌아가고 싶다』는 책에서) 고해성사했고 잘못했다고 했고 용서를 바란다고 했다. 만약 내가 그 성범죄를 저질렀다면 상식적으로 그 내용을 책에 쓸 리가 있겠는가? 그들은 너무나 쉽게 인격살인을 저지른다.'[86]

돼지 흥분제 이야기는 많이 언급되었으니 필자는 그 이야기를 언급하지 않는다. 필자 눈에 들어온 다른 점만 말한다. 키가 크고 50kg이라면 그 학생은 홍준표보다 더 마른 것 같다. 그 당시에는 홍준표만 못 먹고 가난했던 게 아니다. 그러니 자기만 비참하다고 생각하는 건 지나치다.

『나 돌아가고 싶다』에 대해. 이 책은 '유년시절부터 지금까지 내가 겪은 힘들었던 순간, 부끄럽고 창피했던 60여 편의 후회스러운 순간을 다시 돌아가면 그렇게 하지 않겠다는 다짐 형태로 엮은 것이다. 이 단상(斷想)들이 독자들에게 있는 그대로 오해 없이 전달되기를 간절히 바란다. 남은 세월이 얼마나 되는지 기약은 없지만 지난 세월을 돌아보면서 앞으로의 세월만은 후회 없이 살다가 박수받으며 떠나야겠다는 생각으로 쓴 이 단상들이 독자들에게 있는 그대로 오해 없이 전달되기를 간절히 바란다.'[87]

반복된 바람을 보니 그 책이 오해의 소지를 담고 있다는 것을 홍준표도 알고 있는 것 같다. 그 간절한 바람에 숨겨 있는 홍준표의 무의식, '국회의원을 하든 도지사를 하든, 내가 하는 것은 무엇이든지 지난 세월에 대한 후회와 반성을 한 이후의 결정이니 독자는, 그래서 국민은 나를 무조건 믿어야 한다. 그렇지 않으면 국민은 내 말을 있는 그대로 오해

없이 읽은 것이 아니다.'

홍준표는 그 책을 '고해성사'로 이해하고 있고, 부모와 가족에 대한 '면죄부'로 간주한다. 그러니 과거의 잘못에 대해 용서를 받았다고 생각한다. 그 책에서 홍준표는 겉으로는 과거로 돌아가고 싶다고 말하지만 속으로는 돌아가고 싶지 않다. 그래서 과거로 돌아가면 이렇게 할 것이고 저렇게 할 것이라는 말은 가족과 독자에게 자기 과거의 잘못을 뉘우치고 반성했다는 것을 보여주는 자기 합리화이자 사후(事後 그리고 부모님의 死後) '심리적 알리바이'이다.

3.4. '사보타주' - 서울에서 시골로(휴학)

'1973년 3월 나는 대학 등록을 포기하고 시골로 다시 내려갔다. 이렇게 살기에만 급급한 생활을 하며 4년 동안 다녀본들 대학생활이 무의미하다고 판단했고, 더 이상 학비와 생활비를 조달할 자신이 없었다. 그해 여름 낭인이 된 것이다. 보다 못한 아버지는 동네사람 보기 창피하니 어서 대구로 올라가라고 채근했다. 9급 공무원시험이라도 보라는 것이었다. 그러나 작은누나는 '이제부터 내가 학비와 생활비를 마련할 테니 복학을 준비하라'라고 했다. '내 동생은 더 큰 일을 할 수 있는 능력이 있다'라면서 아버지를 설득했다.'[88]

대학 1학년 입학금과 등록금은 부모와 작은누나가 마련했는데, 홍준표는 공부도 아르바이트도 제대로 하지 않았다. 1972년 1학년을 마치고 휴학해서 1973년 1년을 시골에서 한량처럼 놀았다. 이건 일종의 '사보타주'이다. 학비와 생활비를 안 준다고 부모와 가족에게 '시위'를 하면서 떼를 쓴 것이고, 자기가 대학 다니고 출세하려면 가족이 희생을 해야 한다는 '무언의 항의'이다. 대학을 휴학한 아들 '한량'은 (기생집에서 술판을 벌이며 가산을 탕진한) 아버지 한량을 떠올리게 한다. 홍준표는 아버지를 닮아서 자기 성질대로 산다. 아르바이트를 해서라도 혼자 힘으로 대학에 다니겠다는 결심은 거짓으로 드러났다.

홍준표는 9급 공무원시험을 보라는 아버지의 말을 듣지 않았다. 아버지의 절대적인 카리스마도 홍준표의 고집과 욕심을 꺾지 못한다. 작은누나와 여동생이 계속 희생할 수밖에 없다. 이는 어머니의 무한 믿음, 작은누나와 여동생의 희생, 아버지의 '사랑'을 왜곡되게 받아들인 것이다. 홍준표는 집안이, 세상과 우주가 자기를 중심으로 돌아가야 한다고 생각한다.[89] 홍준표의 삶을 보면 홍준표는 가족이나 다른 사람을 위해 자기를 희생하는 유형의 인물이 아니다.

3.5. 중심 콤플렉스 3 - 서울에서 고시 공부를 하다

전복과 자족. '1974년 집은 마지막 정착지 울산으로 이사 갔다. 창녕 남지에서 대구 신천동, 신암동, 창녕읍, 합천 덕곡을 거쳐 울산으로 간 것이다. 고난의 연속이었다. 무엇을 하려 해도 아무것도 할 수 없는 황량한 세월이었다. 세상이 한번 뒤집혔으면 좋겠다는 생각을 했다.'[90]

그런데 '저는 늘 자족하는 인생을 삽니다.'[91] 모순되는 말을 한다.

민주화운동. 1974년 홍준표는 복학했다. '1974년 12월 말경 동아일보 광고 탄압 때 몇몇 친구들과 성금을 모아 동아일보를 찾았다. 동아일보 백지 격려광고를 시작한 것이다. 나는 민주화운동을 한 사람들의 용기를 존경한다. 대학시절 먹고사는 데 급급했고 대학은 어떻게 하든 졸업해야겠다는 강박관념으로 반독재저항운동은 행동에 옮길 수 없었다. 다시 돌아가도 나는 민주화운동에 나설 용기가 없다. 그러기에는 나를 위해 희생하고 있는 내 가족이 너무 불쌍하기 때문이다.'[92]

민주화운동을 할 용기가 없다고 말하는 것으로 충분하다. 그 이유로 가족을 언급하는 것은 가족 뒤로 숨는 비겁함이다. 홍준표가 가족을 위해 한 게 거의 없기 때문이다.

낭만을 찾아. '그 당시에 〈아침이슬〉과 〈고래사냥〉을 노래하면서 학사 주점에 드나들었고 시대의 아픔에 앞장서지 못하는 용기 없음을 탓하면서 우울한 세월을 보냈다. 나는 그 시절 무엇을 하고 살았는가? 나 혼자만의 신분 상승을 위해 도서관에서 고시 공부에 열중한 것이 과연 옳은 일이었는가? 혁명가가 되기에는 너무 소심했고, 개혁가가 되기에는 너무 부족했다. 사르트르나 니체를 논하는 자리에서는 늘 소외감을 느낄 수밖에 없었다. 법서 이외에 내가 읽은 책이 과연 몇 권이나 되는가?'[93]

'아아! 정말 다시 돌아가고 싶다. 대학의 낭만과 가을의 정취를 맘껏 향유하며 대학생활을 보내고 싶다. 나도 주류 대열에서 가을의 전설에 취하고 싶다. 더 이상 아웃사이더는 되고 싶지 않다.'[94]

철학과 문학도, 과학과 예술도, 사회와 역사도 모르고 법전만 보는 인간은 편협한 인간이 될 것이다. 이 세상의 나무와 꽃도, 새와 풀도, 산과 강도 모르는 인간이 될 것이다.

여기에 보이는 홍준표의 무의식. 민주화운동에서 말석을 할 수도 있다. 광고탄압에 맞서 모금을 할 수도 있다. 조직원을 도울 수도 있고 동료를 피신시킬 수도 있다. 그런데 홍준표의 입에서 나온 말은 혁명가이고 개혁가이다. 주인공 콤플렉스, 주인공이 된다면 혁명가도 할 것이고 최고의 자리라면 독재자도 할 것이다. 주인공이 되어 중심에 서는 것이 중요하다. 그래서 대통령이 되려는 것이다. 하찮은 일은 하지 않는다. 그래서 9급 면서기를 하기 싫은 것이다. 향유, 최고의 자리 대통령에 올라 중심에 우뚝 서서 모든 것을 누리는 것이 바로 홍준표가 원하는 것이다.

미망의 세월. '1974년 동아일보 사건으로 조사를 받고 나왔다. 아버지가 돌아가신 직후였다. 집의 가장이 된 상황에서 조사까지 받으니 가족의 걱정이 컸다. 데모에 참여하는 대신 사법시험 준비에 들어갔다.'[95]

'1975년 긴급조치 7호가 공포되던 날, 나는 고대 정문 앞에서 닭장차에 실려 성북서로 끌려갔다. 그날 밤샘 조사에서 하숙집 아줌마의 재치로 성북서에서 풀려날 수 있었다.'[96]

'열심히 살지 못하고 미망(迷妄) 속에서 세월을 허비한 것이 너무 아깝다.'[97]

'5 · 16 군사혁명 때 혁명공약을 외우면서 초등학교를 다녔고, 10월 유신이 선포되던 해에 대학에 입학하여 한국적 민주주의를 공부했고, 유신 반대를 외치면서 법과대학을 다녔다. 내 젊은 날의 기억은 온

통 박정희 대통령의 공과만을 경험한 조국 근대화 시대였다.'[98]

홍준표가 어떤 미망 속에서 어떻게 세월을 허비했는지 알 길이 없다. 민주화운동도 고시 공부도 제대로 하지 않은 것으로, 철학도 문학도 제대로 공부하지 않은 것으로, 연애도 아르바이트도 제대로 하지 않은 것으로 추측할 뿐이다. '세상이 한번 뒤집혔으면 좋겠다는 생각을' 하면서 시간을 무의미하게 흘려보낸 것 같다.

홍준표는 쿠데타를 혁명으로, 독재를 한국적 민주주의로 본다. 박근혜의 탄핵으로(2017년) 박정희 시대가 종말을 고한 때에(2018년) 홍준표의 사고는 '박정희 시대'에 정지되어 있다. 그런 점에서 홍준표는 '유신의 잔재'이다.

신검. '1976년 대학 4학년 봄에 신검을 갔는데, 그 당시 몸무게가 48kg밖에 나가지 않았고 시력과 병력이 추가되면서 4급 판정을 받았다. 4급 판정을 받았을 때 나는 세월을 세이빙할 수 있다는 얄팍한 생각에 다행으로 생각했다. 그 후 공직에 나가면서 병역 문제가 화제에 오를 때마다 방위 출신이라는 것이 미안하고 창피했다.

다시 돌아가면 해병대에 지원해서라도 떳떳하게 병역을 마치고 싶다. 방위병 출신이라는 열등감이 나의 아들 둘을 현역병으로 입대시킨 배경인지도 모른다.'[99]

갑자기 왜 '세이빙'이란 외국어가 등장하는지 의아하다. 시간을 세이빙하는 게 아니라 세월을 세이빙하는가? 세월이 세이빙할 수 있는 대상인가? (아래에서도 보겠지만 검사 출신들은 대체로 국어를 상당히 못한다.) 얄팍한 생각을 갖고 있었는데 해병대에 지원했을지는 의문이다. 부정을 저지르지 않고 몸무게, 시력, 병력 등의 부적합으로 방위병이 된 것이라면 미안하고 창피해할 필요 없다. 방위병으로 판정한 것은 병무청이다.

고시의 인질. '1976년 사법시험 1차에 합격하고 2차에 낙방하면서 그 후 6년 동안 사법시험의 인질이 되었고, 사법시험의 도전은 6년이나 계속되었다. 계속 낙방하여 중간에 그만둘 생각도 했다. 그런데 내 꿈을 버리고 가족들이 내게 걸었던 기대를 저버리면서 가장의 도리를 하겠다고 나서는 것이 위선이자 잘못이라는 것을 깨달았다. 몇몇 회사에 이력서도 넣고 면접도 보았지만, 마음 한구석에는 좌절에 대한 분노로 사법시험이 뇌리를 떠나지 않았다.'[100]

홍준표는 누구의 강요로 (심지어 아버지의 강요로도) 이렇게 살고 저렇게 사는 사람이 아니다. 인질이 아니라 욕심이라고 말해야 한다. 욕심의 인질이 된 것이고 고집의 멍에를 쓴 것이다.

좌절에 대한 분노. 고시 공부는 분노로 한다는 것을 홍준표가 증언하고 있다. 세상에 대한 원한, 중심으로 들어가려는 고집, 무한대의 욕심, 분노와 복수심이 홍준표에게 고시 공부를 하게 한 원동력이다.

이처럼 세상에 복수하려고 (공부 같지 않은) 공부를 하는 이들이 있다. 고시 공부하는 이들 가운데도 그런 이들이 있다. 고시에 합격하면 그들 중에 일부는 (2016년 나향욱 전 교육부 정책기획관처럼) 국민을 '개 · 돼지'로 안다.

홍준표에게는 원한이 많다. 이미 고등학교 때 육사에 붙고도 복수심에 불타 검사를 하려고 진로를 바꾸었다. 1971년 고3 때부터 10년 넘게 원한을 품었다. 어릴 때 친구 집에서 들일을 강요당한 치욕도 잊을 수 없다. 그런데 이렇게 원한에 찬 인간들이 (공적인 일을 하고 공공에 봉사하는) 공무원이 되는 것은 원한을 품은 본인에게나 국민에게나 안 좋을 것 같다.

'두 차례나 평균 합격선을 상회하고도 과락으로 떨어진 것은 답안지에 독단적인 논리를 썼기 때문이다. 오기로 소수의 학설을 강변하고 섣부른 논리를 전개했다. 1976년 대학 4학년 여름에 점을 치는 분이 5년 후에나 사법시험에 합격할 것이라고 말했다. 혼자 피식 웃었다. 올해는 수석을 할 수 있다고 자만했던 터라 점을 치는 아줌마의 말이 우습기까지 했다. 그런데 정확히 5년 후에 사법시험에 합격할 수 있었다.'[101]

'수석 하겠다고 오만을 부릴 때 나는 언제나 낙방했다. '말석이라도 붙여만 다오'라고 겸손할 때 나는 합격할 수 있었다.'[102]

홍준표는 1982년에 사법시험에 합격했다.

4. '내 성질대로 산다' – 지독한 이기주의자의 '아버지 놀이'

아버지는 명령했고 어머니는 (외견상) 순종했다. 누이들은 남자형제에게 희생했다. 외아들 홍준표는 아버지에게 복종했고 여자들(누이와 아내)에게는 희생을 하게 했다. 남자는 지배하고 여자는 복종하는 것으로 배웠다. 세상은 자기를 중심으로 돌아갔고, 아들은 자기 성질대로 사는 이기주의자가 되었다. 그것은 기본적으로 아버지처럼 행동하는 것, 즉 '아버지 놀이'이다.

안철수는 아버지에게 순종했고 어머니에게는 '순종을 받았다.' 안철수는 의학을 암기했고 홍준표는 법전을 암기했다. 둘은 주로 수용적 사고력만 갖고 있다. 세상과 우주가 자기를 중심으로 돌아간다고 생각하는 점에서, '나[我]형 인간'이라는 점에서 둘은 비슷하다.

안철수가 가난한 집에서 태어났다면 홍준표처럼 되었을 것 같고, 홍준표가 부잣집에서 태어났다면 안철수처럼 되었을 것 같다. 안철수는 '부잣집의 홍준표'이고, 홍준표는 '가난한 집의 안철수'이다.

4.1. '홍준표답게'

홍준표는 사법시험에 합격하고 사법연수원에 다녔다.

'사법연수원 2년 차일 때 우리는 봉천동 지하 단칸 셋방에서 2층의 방 2개짜리로 올라갔다. 수료시험을 앞두고 밤새워 공부할 때 큰놈이 모질게 울어대는 바람에 나는 울음을 그치게 한답시고 그 어린놈의 뺨을 세차게 때렸다. 놀라서 울음을 그치긴 했으나 큰놈은 그때부터 애비를 두려워한 것 같다.

큰놈이 고등학교 2학년 때 머리에 노랑물을 들이고 성적도 형편없이 받아왔다. 나는 큰놈을 무지막지하게 두들겨 팼다. 처음에는 반항을 했으나 워낙 서슬이 퍼렇게 덤비는 애비를 보고 큰놈은 기가 질려 잘못했다고 빌었다.

군대 입대하기 얼마 전 큰놈이 내게 항의하면서 그때 자신을 때린 것을 사과하라고 했다. 나는 기가 차서 대꾸하지도 않고 내가 싫으면 네가 집을 나가라고 했다. 그러나 입대하기 직전 나는 큰놈에게 사과했다. '그 당시 애비가 너에게 기대가 커서 그 기대에 못 미치는 너를 보고 화가 나 손찌검한 것은 잘못된 일이다. 그러나 홍준표 아들답지 않게 처신한 네게도 잘못이 있다.' 큰놈과 나는 그것으로 오래된 앙금을 풀었다.

아들에 대해 과도한 요구를 한 것이 잘못되었다고 느낀다. 아들이 건강한 몸과 정신으로 살아주는 것이 얼마나 고마운 일인지 하느님께 감사드린다. 세상에 공부가 전부가 아닌 것을 왜 진작 깨닫지 못했는지 죄스러울 때가 있다. 다시 돌아가면 나는 아들에게 공부하라고 강요하지 않고 자신이 하고 싶은 것을 하도록 도와주고 싶다. 자유롭게 생각하고 남을 이해하고 열심히 살면서 세상을 긍정적으로 보라고 권유하고 싶다.'[103]

이런 가족사에 대해 필자는 제3자로서 할 말이 없다. 필자도 홍준표의 큰아들이 육체적으로나 정신적으로 건강하게 살기를 바란다. 이런 상황에서는 세상 모든 부모들도 홍준표와 같은 마음일 것이다.

빰을 때린 것은 큰아들이 1~2살 때였을 것이다. 고2 아들은 아버지의 눈에 비행청소년으로 보여 두들겨 맞았는데, 그 아들은 자기 집안을 가족공동체라고 여겼을까?

큰아들이 아버지에게 반항하고 항의하고 사과하라고 요구한 것을 보면 큰아들은 정신적으로 건강한 것 같다. 부당한 처사에 항의하는 것은 정신적으로 건강하다는 증거이다. 그런 폭력에 항의하지 않으면, 즉 그것을 안으로 삭이면 그렇게 당한 폭력을 자기보다 약한 자에게 '묻지마 폭력'으로 풀든지, 그 폭력을 자기에게 행사하는 것으로(자살로) 해소할 가능성이 높다.

이 부분에서 핵심은 '홍준표 아들답지 않게'이다. 홍준표에게는 기준이 있다. 홍준표는 홍준표다워야 하고, 홍준표 아들은 홍준표 아들다워야 한다. 그것은 홍준표 스스로 정한 임의적인 기준이다. 객관적인 것도 아니고 공개되어 있는 것도 아니고 불변인 것도 아니다. 수치로 나타낼 수도 없다. 홍준표 이외의 모든 인간은 그 기준에 맞추기 어렵다. 홍준표 자신도 그 기준을 맞추기 어려울 것이다. 어쨌든 그 기준에 맞지 않으면 홍준표답지 않은 것이고 아들답지 않은 것이다. 그 기준은 (쉽게 말하면) '내 마음대로'이다.

그래서 마지막 권유는 큰아들이 아니라 홍준표 자신에게 했으면 한다. 홍준표에게 자유롭게 생각하고(대통령에만 집착하지 말고) 남을 이해하고(부모, 작은누나와 여동생, 아내의 희생을 이해하고) 세상을 긍정적으로 보라고(변방 촌놈이라는 열등감을 버리라고) 권유하고 싶다.

'큰놈이 4살 때 그릇을 깼다고 야단을 친 일이 있다. 큰놈이 한밤중에 깨진 그릇을 들고 나가기에 살며시 뒤따라 나가보니 깨진 그릇을 들고 동네 슈퍼에 가서 슈퍼 아저씨에게 깨진 그릇을 내밀고 가만히 서 있는 것이었다. 바꿔 달라는 뜻이었다. 그 슈퍼 아저씨는 빙그레 웃더니 그 그릇을 바꾸어 주었다.'[104]

4살짜리 아이가 그릇을 깬 건 잘못이 아니라 실수이다. 자녀교육에서 (일류대학교를 나오고 배운 것도 많고 사법시험에 합격한) 검사 '엘리트'는 (아마 대학교도 안 나오고 배운 것도 많지 않고 검사도 아닐) 동네 슈퍼 '장사꾼'을 보고 스스로 부끄럽게 생각하지 않았을까? 자녀교육이나 사람 됨됨이는 검사냐 아니냐, 목사냐 아니냐, 국회의원이냐 아니냐, 재벌이냐 아니냐 하는 것으로 결정되지 않는 것 같다.

4.2. 주류 콤플렉스 – 영웅이 되고 싶은 '모래시계' 검사

검찰 지원. '1984년에 울산에서 변호사로 개업하려면 1억 원 이상이 필요했다. 회사에 들어가려고 했더니 삼성에서 상무 자리를 주겠다고 했다. 망설이고 있는데 연수원 시절 검사 시보를 할 때 지도부장을 하던 부장검사가 검찰에 지원하라고 했다. 변호사 개업비용을 마련하지 못해 부득이하게 검찰에 지원하고 기다렸다.'[105] 고3 때 순경보다 높은 검사가 되려고 결심했는데, 그 결심은 잊은 것인가? 아니면 이제 돈이 더 중요해진 것인가?

화제의 중심. 잠깐의 망설임 끝에 홍준표는 검사가 되었다. 검사 초창기에 '괴산군청 국유지 불법 매각사건을 맡았는데, 괴산 출신 국회의원의 영향력이 막강했다. 그 때문에 오기로 피의자를 구속해 버렸다.'[106] 국민은 검사의 오기를 조심해야 할 것 같다.

이 외에도 홍준표는 자신의 책에서 많은 사건을 언급했다. 진주 남강 골재채취사건, 노량진 수산시장 강탈사건, 슬롯머신사건, 현대중공업 폭동사건, 조직폭력배 소탕사건 등을 언급했다. 진주 남강 골재채취사건에서는 현직 대통령 누나를 잡아넣으려고 했다. 슬롯머신사건에서는 슬롯머신 업계의 대부 정덕진, 현직 고검장 이건개, '6공의 황태자' 박철언을 구속했다. 이 모든 서술에서 홍준표는 누구를 구속했고 수사에서 성공했다는 등 법 집행이 자신의 활동에 대한 자화자찬으로 수렴한다. 법과 정의는 부차적으로 보일 정도이다.

'돌이켜보면 그리 길지 않은 검사 생활에서 나는 가는 곳마다 화제의 중심에 있었다.'[107]

영웅. 현직 고검장의 구속과 같은 일련의 사건으로 '홍준표는 '검찰 조직에 상처를 내면서까지 영웅이 되고 싶은 거냐?'는 비난을 들었다. '네가 영웅인 줄 아느냐'라며 욕도 먹었다. 소영웅주의라는 질책도 받았다. 홍준표는 속은 상했지만 후회하지 않았다. 그건 왜곡된 비난이라고 생각했다.'[108]

사직. '나는 검사를 하는 내내 실수를 했고, 그러자 점점 중앙에서 변방으로 밀려났다. 내 성질대로 살기 위하여 검찰에 더 이상 머물 수 없었다. 1995년 9월 28일 나는 '일신상의 이유로 사직을 원합니다'라는 한 줄의 사직서를 써서 법무실장에게 제출했다. 검찰 고위 간부의 말, '검찰에서도 더 이상 당신을 데리고 있기 어려우니 나가서 정치나 한번 해보시오.' 사표가 수리되었다. 잘못도 없으면서 열심히 일만 한 죄로 쫓겨나는 것을 본 아내는 며칠 동안 서럽게 울었지만 우리를 봐줄 사람은 아무도 없었다.'[109] 내 성질대로 살기 위하여! 홍준표는 항상 자기 성질대로 산다.[110]

주류 콤플렉스 1. '검사 생활 11년에 남은 것은 〈모래시계〉 드라마 한 편뿐이었다. 초등학교, 중 · 고등학교, 대학교 시절에 나는 늘 변방에 있었다. 검사가 되면서 중심부로 왔다고 생각했으나 그것은 착각이었다. 검사를 그만두면서 지난 세월을 돌아보니 나는 검사 때도 늘 변방에 있었던 것이다.'[111]

'초등학교 6년을 다니면서 집안이 어려워서 삶의 궤적을 따라 5번이나 전학을 했다. 그 바람에 전학 가는 학교마다 애들과 어울릴 기회가 없어서 나는 늘 비주류였다. 중 · 고등학교를 다니면서도 그 당시 3류 학교였던 관계로 주류세계에 편입되지 못하고 항상 주변만 맴도는 비주류였다. 육사를 포기하고 고려대 법대에 입학했을 때 나는 주류가 될 절호의 찬스가 있었다. 그러나 생계에 쫓기는 바람에 또다시 비주류로 전락하였다. 내게 캠퍼스의 낭만이 있었던가? 고시에 합격하고 검사가 되었을 때 나는 드디어 한국사회의 주류 대열에 포함된 것으로 생각했다. 하지만 그것은 착각이었다.

세상에서 주류로 산다는 것이 얼마나 행복하고 좋은 것인지 나는 평생 비주류를 해봐서 잘 안다. 비주류를 오래 하다 보면 편향된 사고를 갖게 되고 이해심이 부족해지고 조급증에 시달리게 된다. 나 돌아가고 싶다. 다시 돌아가서 주류로 살고 싶다. 여유와 낭만이 넘치는 주류로 살고 싶다.'[112]

홍준표의 기준에 따르면 작은누나는 비주류라고 할 만한데, 필자는 작은누나가 편향된 사고를 갖고 이해심이 부족하고 조급증에 시달렸다고 보지 않는다. 홍준표는 심각하게 비뚤어진 '주류병'을 앓고 있다.

변방 콤플렉스. '저는 7살 때 고향을 떠나 50년간 타향살이를 했습니다. 대구, 합천, 울산, 서울, 그곳이 어디이든 가난에 찌들고 변방에서 맴돌았어요.'[113]

'유년시절은 물론 청장년 시절에도 저는 늘 변방에 있었습니다. 그럴 때마다 '언제쯤이면 중심 세계로 들어갈 수 있을까?'라는 치기 어린 생각도 들었습니다. 이런 고민을 9년 전 『변방』이라는 책을 통해 밝혔는데, 그 이후의 제 삶은 더 변방으로 밀려났습니다. 저는 젊은이들이 흙수저와 금수저를 나누는 심리적 기준에 대해 잘 압니다. 겉으로는 돈을 기준으로 계급을 나누는 것 같지만, 속내를 따라가 보면 '변방에 있느냐? 중심에 있느냐?'를 놓고 흙수저와 금수저를 나눕니다. 중심에 살면 금수저이고, 변방에 살면 흙수저라고 여기는 것입니다. 전 검사로 있을 때도 중심에 있어 본 적이 한 번도 없었습니다.'[114]

9년 전(2009년)부터 홍준표의 삶은 더 변방으로 밀려났다. 그래서 홍준표에게는 국회의원도 도지사도 변방이다.

주류 콤플렉스 2. '홍준표를 정리하면 '중앙에서도 비주류가 되었던 사람'이라고 하는 게 맞을 것 같습니다. 고려대 법대생이 되었을 때 주류가 될 줄 알았는데 생계에 쫓겨 그러지 못했고, 검찰에 들어와서는 11년 내내 비주류로 있다가 검사복을 벗었습니다. 정치인이 되어서도 늘 저격수 역할만 맡다 보니 배척을 당하면 당했지 주류에 들어간 적이 없었습니다.'[115]

'세상에서 주류가 되고 싶지 않은 사람은 한 명도 없습니다. 오랫동안 비주류로 살다 보니 '나의 편향성'에 대해 고민이 되었던 적도 많았습니다. 행여나 편향성으로 인해 가족이나 측근들이 다치지는 않을까, 늘 조바심이 났습니다. 하지만 그것이 홍준표라는 사람의 정체성이니 어쩔 수 없다고 생각합니다.'[116] '편향성'은 정확한 진단으로 보인다. 홍준표의 정체성은 편향성이다.

홍준표의 주류병을 김대식이 상식의 수준에서 반박했다. '주류와 비주류를 나누는 기준이 무엇인지 모르겠으나 자신의 자리에서 최선을 다했다면 저는 그 사람이 주류라고 생각합니다.'[117] 주류와 비주류를 나누는 기준을 홍준표는 돈과 권력과 공간으로, 김대식은 가치관의 차이로 보고 있다.

중심국가. 홍준표의 중심병과 주류병은 자기 자신을 넘어 국가와 세계로 확장된다. '이제 우리는 5000년 변방국가 시대를 털고 세계 중심국가로 우뚝 서야 하는 시대적 과제를 안고 있다. 우리 자손들에게 굴종을 강요하는 변방국가를 더 이상 물려주어서는 안 된다. 가자, 가자.

모두 하나가 되어 세계 중심국가로!'[118]

이 말을 들으니 필자가 갑자기 '민족중흥의 역사적 사명을 띠고 이 땅에 태어난' 것 같다. 필자는 중심이 될 생각이 없고 중심국가로 갈 생각이 없다. 필자가 있는 곳이 중심이고, 필자가 하는 일이 중심이다. 모든 인간은 그 자체로 중심이고 우주이다.

예를 들어 남태평양의 작은 섬나라 피지는 (또는 홍준표가 고시에 계속 낙방하자 회사에 취직하여 파견될 뻔한 나라 파푸아뉴기니는) 홍준표에게 변방국가일 것이다. 피지 국민이 모두 하나가 되어 세계 중심국가로 우뚝 서야 할 이유가 무엇인가? 피지 국민 모두 자기의 노동으로 벌어먹으면서 행복하게 살면 되는 것 아닌가?

홍준표의 기준으로 보아도 조선의 모든 왕, 최소한 세종대왕은 중심이 아니겠는가. 그런데 홍준표는 한반도의 5000년 역사 전체를 변방과 굴종의 역사로 본다. 임진왜란 때 왜군에 항거한 수많은 무명전사와 의병들도 홍준표에게는 굴종을 강요당한 변방인가?

홍준표의 어릴 적 가난은 홍준표의 잘못이 아니다. 그것을 굴종으로 생각하고 비뚤어진 가치관을 갖고 세상에 한풀이를 하듯이 공부하고 검사하고 정치하는 것은 편협함을 넘어 위험하기까지 하다.

홍준표와 다른 생각을 갖고 있는 필자와 같은 사람에게도 홍준표는 모두 하나가 되자고 요구한다. 그것은 홍준표가 증오하는 바로 그 '공산주의'이고, 히틀러와 무솔리니의 파시즘 이데올로기이다. 필자는 홍준표와 하나가 될 생각이 없다.

4.3. 우두머리 콤플렉스 – 대통령이 되고 싶은 당랑

조폭의 위협. '1995년 홍준표는 검사를 그만둔 후 변호사 사무실을 개업했다. 그런데 검사를 할 때 수사한 조직폭력배들에게 협박전화가 걸려오기 시작했다. 조폭들은 아들 납치까지 언급했다. 다시 제도권으로 들어가야겠다고 생각했다. 검찰로는 돌아갈 길이 없고, 부득이하게 정치권으로 들어가기로 결심했다. '제 정치입문은 국가와 민족을 위한다는 거창한 명분보다는 가족과 나를 지켜야겠다는 가장의 결심에서 기인한 것이었습니다.' 그 후 협박전화는 끊어졌다.'[119]

홍준표는 가족과 자기를 지키려는 생각으로 공직에 들어간 것이다. 집안형 인간이자 자기중심형 인간의 모습이 보인다.

'애비의 명예'를 버리고. '1996년 1월 25일 신한국당 당사에서 입당 기자회견을 하기로 했다. 그런데 24일 밤에 제정구 의원 등 몇 명의 의원이 집으로 찾아왔다. 제정구 의원의 한마디는 지금까지도 나를 부끄럽게 한다. '당신은 남자로서 명예도 얻었다. 변호사를 할 수도 있으니 재산도 모을 것이다. 그런데 무엇이 부족하여 여당에 입당하려고 하느냐. 자식에게 물려줄 것은 부가 아니다. 애비의 명예다.' 그 말을 듣고 밤새 한숨도 못 잤다. 이튿날 나는 이미 해버린 약속을 파기할 명분도 없어 변호사 사무실에서 신한국당 당사로 갔다.'[120]

자식에게 물려줄 것이 아버지의 명예라는 말 이상의 명분이 어디 있는가. 그래서 '지금까지도 나를 부끄럽게 한다'라는 말은 '나 돌아가고 싶다'라는 말과 같은 심리적 알리바이에 불과하다. 그런 부끄러움을 알지만 '소신대로' 여당을 선택했다는 알리바이, 양심의 가책과 번뇌를 거친 후의 선택이고 결단이었다는 알리바이.

보수우파로. '원래 나는 성장 과정과 검찰 활동 과정만 보면 진보좌파로 흘러갈 소지가 있는 사람이었다. 그런데 YS의 솔직담백함에 이끌려 정치의 출발을 보수우파 진영에서 하다 보니 나도 보수우파가 되어버렸다.'[121]

홍준표의 성장 과정과 주류병을 보면 홍준표가 진보좌파로 흐를 소지는 없다. 홍준표는 가족과 자기를 지키려고 정치를 시작했고, '박정희 시대'에 멈춰버린 세대이고, 자기 이익에 충실한 '주류병 환자'이다.

주류의 교체. 1997년 15대 대선에서 김대중이 승리하고 이회창이 패배했다. '우리는 범보수표의 결집으로 반전을 노렸으나 역부족이었다. 1.3%, 380,000여 표 차이로 한국사회의 주류가 바뀌었다. 우리의 대선 패배는 해방 이후 형성된 한국사회 주류의 교체를 의미한다. JP라는 주류가 DJ측에 갔지만 곁가지에 불과했다. 이제 주류는 DJ측이 되어버렸다. 한국정치사상 처음으로 마이너 출신 대통령이 탄생했다. IMF 환란에 대한 책임으로 50년 만에 진보 진영에게 정권을 내주었다. 지금의 역사의 역류는 이회창 후보에게 책임의 일단이 있다.'[122]

이승만 독재, 박정희의 쿠데타와 군사독재, 전두환(과 노태우)의 광주학살, 3당 합당의 김영삼 정권을 홍준표는 한국의 주류로 본다. '불의에 항거한 4 · 19민주이념을 계승'하는 대한민국 헌법정신을 부정하는 사고방식이다. 50년 동안 보수 진영이 집권한 게 이상한 게 아니라 50년 만에 처음으로 정권이 바뀐 게 홍준표에게는 이상하다. '정권을 내주었다는' 말은 권력이 자기 것이었다는 말인가? '대한민국의 주권은 국민에게 있고, 모든 권력은 국민으로부터 나온다.'

2018년에도 홍준표는 역류적인 사고를 보인다. 2018년 지방선거에서 패배하자 홍준표는 '우리는 참패했고 나라는 통째로 넘어갔습니다'라고[123] 말했다. 나라는 홍준표의 소유물도, 홍준표 당의 소유물도 아니다. 나라의 주권은 국민에게 있다. 넘어가지 않았고 어디로 넘어간 적이 없다.

역사인식. 50년의 독재지배와 권위적 지배를 주류로 보는 비뚤어진 사고는 홍준표의 왜곡된 역사인식에서도 나타난다. 그 결과는 역사의식의 부재이다.

'오늘 제주 4 · 3 추념식에 참석합니다. 건국 과정에서 김달삼을 중심으로 한 남로당 좌익폭동에 희생된 제주 양민들의 넋을 기리기 위한 행사입니다.'[124] '좌익폭동'이란 말은 4 · 3에 대한 무지이자 왜곡이고, 제주도민에 대한 모욕이다. 제주 4 · 3사건은 '1947년 3월 1일부터 1954년 9월 21일까지 제주도에서 발생한 남로당 무장대와 토벌대 간의 무력충돌이고, 토벌대의 진압과정에서 다수의 주민들이 희생당한 사건'이다.[125] 고등학교 한국사 교과서에 따르면 '2003년 발간된 『제주 4 · 3사건 진상조사보고서』는 제주도에서 국가 공권력에 의해 중대한 인권 유린과 과오가 있었음을 지적하고 있다.'[126] '국가 공권력에 의해 중대한 인권 유린과 과오'가 객관적인 평가이다.

'자라나는 청소년을 대상으로 하는 역사책은 중립적 시각에서 기술되어야 합니다. 그래야만 좌우에 경도되지 않는 가치중립적인 역사관

을 가질 수 있습니다.'[127]

안중근이 이토 히로부미를 저격하여 사살한 것을 홍준표는 필자에게 가치중립적인 시각에서 기술해 달라. 그 당시 조선의 시각도 아니고 일본의 시각도 아닌 제3자의 시각에서 기술해 달라. 그리하여 가치중립적인 역사관을 가르쳐 달라. 이완용의 반역적 친일행동을 가치중립적인 시각에서 기술해 달라. 전두환의 광주학살을 가치중립적인 시각에서 기술해 달라. 그런 것이 가능한가? 그것은 가치중립이 아니라 몰가치적이고 몰역사적인 시각이다. 그런 가치중립은 반민족적 · 반민주적 반역행동을 한 자들이 자기들에게 불리한 역사적 사실을 기술하지 않고 숨기고 감추려는 정치적인 시각이고 행동이다. 반드시 해야 하는 가치판단의 교묘하고 교활한 회피이고 은폐이다. 홍준표가 말한 바로 앞의 '좌익폭동'이 이미 극우적인 시각이고 가치개입적인 표현인 것이다.

권력의 잔욕. '마지막 권력의 한 자락을 잡고 잔욕(殘慾)에 몸부림치는 한 시대 거인들의 모습을 보면서 다음 세대의 지도자들은 그런 모습만은 닮지 말아야 한다는 생각이 들었다. 무릇 사람에게는 그의 시대가 있는 법이다. 이미 끝났어야 할 3김 시대가 아직도 계속되고 있는 것은 국가적인 불행인지도 모른다.'[128]

'거인들'은 김대중, 김영삼, 김종필 3김을 말하는 것처럼 보인다. 하지만 그때 '마지막 권력의 한 자락을 잡은' 것은 김대중이고, 그래서 홍준표가 겨냥한 것도 김대중이다.

그러면서 홍준표는 말한다. '한국의 50대들이여! 횃불을 들어라. 60~70대 장로의 지혜를 빌리고 30~40대 청년세대의 능력과 패기를 뒷받침받아 젊은 한국으로 나라의 패러다임을 바꿔라. 혜안을 가져라. 혜안 없는 사람이 지도자가 되면 국가적인 재앙이 된다.

우리에게는 시간이 없다. 3김의 아성에서 벗어날 다음 세대의 지도자는 50대에서 나와야 하고, 50대가 우리 사회의 주축이 되는 사회를 만들어나가야 한다. 나는 이것을 '50대 횃불론'이라고 부르고자 한다. 앞으로 한국사회의 지도자는 이들이 되어야 하고 될 것이다. 이들은 스스로 절차탁마하고 꿈을 키워 21세기 이 나라를 이끌어나갈 것이다. 한국의 50대여! 이제 각성하고 일어나라!'[129]

김대중은 1924년생이고 1997년 74살에 대통령에 당선되었다. 홍준표는 1953년생이고 2022년 70살의 나이에 또 대선에 도전하려고 한다. 패러디한다. '나이 70이 되어도 대통령이 되려는 '잔욕(殘慾)에 몸부림치는 홍준표 노인의 모습을 보면서 다음 세대의 지도자들은 그런 모습만은 닮지 말아야 한다는 생각이 든다. 무릇 사람에게는 그의 시대가 있는 법이다. 이미 끝났어야 할 홍준표의 막말 시대가 아직도 계속되고 있는 것은 국가적인 불행인지도 모른다.'[130] 70살 홍준표가 '50대 횃불론'을 아직 갖고 있는 것인지 버린 것인지 궁금하다.

망명과 사면. 1996년 국회의원 선거에서 홍준표는 선거운동비에 대해 허위지출보고서를 제출한 혐의를 받았다. 대법원판결을 하루 앞둔 1999년 3월 8일 홍준표는 국회의원직을 사퇴했고, 그다음 날 대법원은 벌금 500만 원을 선고한 원심을 확정했다. '나는 대법원 유죄판결 하루 전날 국회의원직을 사퇴하고 그 판결은 받아들일 수 없다고 선언했다. 사법 책임이 아니라 관리 책임을 지고자 '의원직 사퇴 선언'을 하

고 워싱턴으로 망명을 갔다.'[131]

2000년 광복절 때 홍준표는 사면되었다. '이제 나는 다시 정치판으로 돌아갈 것이다. 국가개조에 대한 새로운 이상을 실현하기 위해 또다시 아수라도(阿修羅道)를 향해 갈 것이다.'[132]

대법원의 판결을 피고가 받아들이거나 받아들이지 않을 선택권과 선언권이 있는지 몰랐다. 사법적 판결을 피해 미국으로 도망간 것을 망명이라고 생각한다. 워싱턴에서 어떻게 관리 책임을 지겠다는 것인지 의아하다.

(선택권과 선언권 외에 홍준표는 2018년에 '재고권'도 발명했다. 미등록 여론조사를 공표하여 홍준표는 과태료 처분을 받았다. '우리 당의 재정상 과태료 2000만 원을 감당할 수 없으니 재고하여 주시기 바랍니다.')

도망갔다가 사면되니 돌아와서 싸움을 하고 국가개조의 이상을 실현하려고 한다. '인생의 목표는 반드시 클 필요가 없다. 온 가족이 발을 묻고 추위를 녹일 수 있는 방 한 칸, 허기진 배를 채울 수 있는 약간의 음식이면 족하다'라는 홍준표의 말은 거짓인 것 같다.

우두머리 콤플렉스. 2008년 4월 총선은 '대선의 영향으로 내가 치른 4번의 선거 중에 제일 편한 마음으로 무난히 당선되었다. 나는 5월 말 여당의 국회 수장(首長)인 원내대표가 되었다. 유년시절과 청년시절, 검사와 정치인 시절을 모두 변방에서 보내다가 드디어 나는 중심부로 들어왔다. 변방에서 중심으로 이동한 것이다. 그리고 2011년 7월 자력으로 당대표가 되었다. 늘 변방에 있던 홍준표가 중앙무대에 섰다고 볼 수 있다.'[133]

대구도 서울도, 고려대도 검사도, 국회의원도 도지사도 홍준표에게는 중심이 아니다. '수장(首長)', 즉 우두머리가 되는 것이 중심이다. 이제 마지막 우두머리, 즉 대통령만 남은 것 같다.

중심은 변방에 의존한다. 정치인은 유권자에게 의존한다. 수많은 변방이 이 땅의 주인이고 주권자이다. 홍준표는 변방의 작은누나에게 중 · 고 · 대학을 의존했고, 변방의 은행원(아내)에게 고시 공부를 의존했다. 변방이 희생하여 오늘의 홍준표를 만든 것이다. 수많은 '변방'이 자기의 능력과 노력으로 공정하고 공평하게 사는 세상은 우두머리 콤플렉스에 걸린 홍준표에게 잘 안 보이는 것 같다.

'우리 정치에 많은 문제가 있지만, 그 모든 문제의 핵심은 자기중심주의에서 벗어나지 못하는데 있다.'[134]

당랑의 꿈. '내가 국가와 국민에 눈을 뜬 것은 재선 의원이 되고 난 뒤였다. 수레에 달려드는 당랑(螳螂)으로 내 마지막 꿈을 이루고자 이 책을 낸다.'[135]

그 책은 2005년에 출판된 『나 돌아가고 싶다』는 책이고, 마지막 꿈은 대권이다. 당랑의 꿈은 당랑거철을 말한다. '당랑거철(螳螂拒轍)은 사마귀가 수레바퀴를 막는다는 뜻이다. 중국 고서 『회남자(淮南子)』에 나오는 고사로, 사마귀 한 마리가 제(齊)나라 장공(莊公)의 수레를 막아 돌아가게 했다는 데서 유래된 말이다.'[136]

그런데 표준국어대사전에서 당랑거철은 '자기 역량을 생각하지 않고 분수도 모른 채 강한 상대나 되지 않을 일에 덤벼드는 무모한 행동거지를 비유적으로 이르는 말이다.'

마지막 꿈. '어머니는 내가 처음 국회의원에 당선되고 2주일 뒤에 돌아가셨다. 삶의 마지막 순간에도 아들 앞길에 방해될까 연락도 못하다가 내 얼굴을 보고 마지막 눈을 감았다. 나는 정치를 시작하고, 어머니는 이 세상을 떠났다. 어머니가 남긴 꿈 하나 가슴에 품고 정치를 시작했다. 그 꿈은 가진 것 없고 힘없는 사람들, 평생 일만 하고 고생만 한 내 어머니 같은 분들이 잘사는 세상을 만드는 것이다. 그것이 내 인생의 마지막 꿈이다.'[137]

이 말을 믿을 수 없다. 홍준표는 자신의 출세 때문에 (어머니 같은 분들 말고) 어머니 한 사람만 잘사는 세상도 만들지 않았다. 홍준표의 꿈은 '가진 것 없고 힘없는 사람들, 평생 일만 하고 고생만 한 사람들'과 무관하다.

군상들의 모습. '대통령도 5년이면 물러납니다. 최정상에서 누리는 기쁨도 5년에 그치는데 그 정점을 향해 맹목적으로 달리는 군상들의 모습이 더없이 불쌍해 보이기조차 합니다.'[138]

그런데 왜 홍준표는 그 군상들의 모습에 집착하고 정점을 향해 맹목적으로 달리는 것일까? 최정상에서 누리는 기쁨 때문이다. '최장상의 정점을 향해 맹목적으로 달리는 홍준표의 모습이 더없이 불쌍해 보인다.'

4.4. '가미카제'의 막말 - 아버지에 대한 무의식적 증오?

독고다이. 2017년 『조선일보』의 어느 칼럼, '홍준표의 이미지는 독불장군이었다.' 홍준표의 답변, '저는 독고다이일 뿐 독불장군은 아닙니다. 독불장군은 부하라도 있지만 저는 부하 한 명 없는 독고다이입니다.'[139]

독불장군(獨不將軍)의 사전적 의미는 다음과 같다. '1. (기본의미) 무슨 일이든지 제 생각대로 혼자 처리하는 사람, 2. 따돌림을 받는 외로운 사람, 3. 혼자서는 장군이 될 수 없다는 뜻으로, 혼자의 힘만으로 되는 일은 없으니 모든 일은 다른 사람들과 협조하고 타협해서 처리해야 함을 이르는 말.'

'독고다이는 특공대(特攻隊)의 일본식 발음 돗코타이(とっこうたい)가 어원이라고 추정되며, 국립국어원도 일본어 특공대에서 온 것으로 보고 있다. 특공대는 특별공격대의 준말인데, 특별공격대란 제2차 세계대전 당시 일본군이 가미카제[新風] 공격을 하던 자폭부대를 가리킬 때 쓰던 말이다. 이들의 자폭공격을 특공이라고 불렀다. 독고다이는 '가미카제 자살폭격 특별공격대'이다.'[140]

'저는 정면 돌파형이었습니다. 독단적인 리더십이라고 하는 데 동의하기 어렵습니다. 결단력 있는 리더십에 가깝습니다.'[141]

홍준표가 자기를 독고다이라고 주장하니 이 장의 제목에 가미카제를 넣는다.

결단력 있는 막말. '막말이란 되는대로 함부로 하는 말이나 속된 표현을 일컫는다. 나를 막말 프레임에 가둔 것은 노무현 자살이라는 말에서 비롯된다. 맞는 말을 하니 충격이 커서 내게 막말이라고 공격하는 것이다. 그 후 내가 상황에 맞는 비유나 상대방의 폐부를 찌르는 말을 하면 상대방은 그걸 막말이라고 덮어씌워 내게 인격살인을 한다.

나는 막말을 한 일이 없는데도 상대방은 그걸 막말이라고 반격한다. 향단이, 바퀴벌레, 암 덩어리, 연탄가스, 영감탱이 등 우리가 통상 쓰는 서민적 비유법을 쓰면 상대방은 그걸 막말이라고 매도한다.'[142]

국민은 홍준표의 말을 막말이라고 하는데 홍준표만 아니라고 한다. 비유한다. 선생이 수업을 잘했는지 못했는지는 선생이 판단하는 게 아니다. 그 선생의 수업을 들은 학생들이 판단하는 것이다. 홍준표의 말이 막말인지 아닌지는 홍준표가 판단하는 게 아니다. 그 말을 들은 국민이 판단하는 것이다.

'나는 정치적 현실주의자이다. 현재의 현상을 그대로 받아들이고 그것을 타개할 현실적이고 타당한 방법을 찾는 것이 정치적 현실주의자이다.'[143] 정치적 현실주의자라면 상대의 막말 비난을 '현재의 현상 그대로 받아들여야' 한다. 그런데 홍준표는 막말 비난을 받아들이지 않는다.

'저는 국익에 도움이 된다면 어떠한 소리도 들을 준비가 되어 있습니다.'[144] 홍준표는 다른 사람의 말을 듣는 타입이 아니다. 국익에 도움이 되는데도 홍준표는 막말이라고 비난하는 소리를 듣지 않는다.

막말 패러디. '팩트를 다소 거칠게 표현한다고 해서 그걸 막말이라고 규정하는 건 문제가 있다. 우리는 팩트와 진실이 막말로 포장되는 이상한 세상에 살고 있다.'[145] 패러디, '우리는 막말을 팩트와 진실로 포장하는 이상한 홍준표와 살고 있다.'

'헌법상 양심과 표현의 자유는 무제한의 자유가 아니다. 그 양심과 표현이 외부에 나타날 때는 일정한 제한을 받는 내재적 한계가 있는 자유이다.'[146] 패러디, '홍준표의 막말은 무제한의 자유가 아니다. 그 막말이 외부에 나타날 때는 일정한 제한을 받는 내재적 한계가 있는 자유이다.'

'민심의 바다는 그만큼 무섭다. 한때 전 국민의 사랑을 받던 공주를 마녀로 만들 수도 있는 것이 정치이다.'[147] 패러디, '홍준표의 말을 막말이라고 하는 민심의 바다는 그만큼 무섭다. 한때 많은 국민의 사랑을 받던 홍준표에게 마녀사냥을 할 수도 있는 것이 정치이다.'

'이제 경기도 패륜 · 무상불륜 후보는 사퇴하는 것이 사내로서 자존심을 지키는 일이 아닐까 생각됩니다.'[148] 패러디, '이제 가미카제 · 막말 후보는 사퇴하는 것이 사내로서 자존심을 지키는 일이 아닐까 생각됩니다.'

'김영삼을 뺑영삼이라고, 박근혜를 머리가 비었다고 닭근혜, 발끈혜라고, 발정제 사건을 덮어씌워 나를 홍발정이라고, '향단이'론을 비꼬아 친박들이 나를 홍방자라고 한다. 그러나 사감으로 폄하하고 조롱하는 것이 국격을 떨어뜨린다는 것을 왜 모르는지 안타깝습니다.'[149] 패러디, '향단이, 바퀴벌레, 암 덩어리, 연탄가스, 영감탱이 등 다른 사람을 사감으로 폄하하고 조롱하고 막말하는 것이 홍준표의 인격을 떨어뜨린다는 것을 왜 모르는지 안타깝습니다.'

'국민은 어리석지 않다. 한국 국민은 세계 어디를 내놓아도 뒤지지 않는 '유권자로서의 지혜와 자질'을 갖고 있다. 국민의 최종 선택이 좌파 후보라면 그것도 존중하는 것이 민주주의라고 본다. 그것이 국민의 의사라면 그것을 따를 수밖에 없는 것이 민주주의라고 본다. 자신의 잘못에는 관대하고 일반 국민의 잘못에는 단호한, 이중적인 잣대를 가진 지도자와 정치인들을 우리는 더 이상 원하지 않는다. 지도자를 경멸하고 조롱하면 자신도 그 대접밖에 못 받는다는 것을 알게 되면 세상 사람들이 달라질까?'[150] 패러디, '홍준표의 말을 막말이라고 말하는 국민은 어리석지 않다. 한국 유권자는 세계 어디를 내놓아도 뒤지지 않는 지혜와 자질을 갖고 있다. 국민의 최종 선택이 홍준표의 말을 막말이라고 하는 것이라면 그것도 존중하는 것이 민주주의라고 본다. 그것이 국민의 의사라면 그것을 따를 수밖에 없는 것이 민주주의라고 본다. 자신의 돼지 흥분제 사건에는 한때의 치기로 치부하여 관대하고 일반 국민의 촛불혁명에는 단호한, 이중적인 잣대를 가진 홍준표를 우리는 더 이상 원하지 않는다. 현직 대통령을 '쪼다'라고 경멸하고 조롱하면 자신도 쪼다 대접밖에 못 받는다는 것을 알게 되면 홍준표가 달라질까?'

막말 철학. '정치는 처칠처럼 유머 있게, JP처럼 여유와 낭만이 있게 해야 한다고 생각했습니다. 그러다 보니 상스런 말을 스스럼없이 할 때도 있고, 억센 경상도 사투리를 섞어 말할 때도 있습니다. 그것이 막말로 매도당해도, 품격 없다고 패션 우파들이 비난해도, 저는 개의치 않습니다. 그것은 저의 정치철학의 한 부분이니까요.'[151]

막말이 홍준표의 정치철학이다. '정치철학사'에 막말 철학이 있다는 것을 새삼 알게 되었다.

'당이 걱정되어 충고를 하면 그걸 내부총질이라고 펄펄 뛴다. 총질이나 한번 해보고 그런 말해라. 나는 군부대 방위로 복무해서 M1, 카빈, 식스틴 소총도 쏴봤고, 국회 정보위 시절에는 국정원 사격장에서 리볼버 권총도 쏴봤다. 나는 검사 시절부터 지난 38년간 자유로운 영혼으로 살았던 사람이다.'[152]

'내부총질'이란 낱말에서 총의 여러 가지 종류를 떠올리고 열거하는 홍준표의 '영혼'은 정말 자유로운 것 같다. 홍준표는 평생 '자유로운 영혼'으로 살았다.

막말 요약. 막말로 알 수 있는 홍준표의 자기중심주의는 나르시시즘을 넘어 정신병 수준으로 보인다. 홍준표의 말은 막말이고 글은 '배설'이다. 전두환이 국민에게 총칼을 들었다면 홍준표는 국민에게 막말을 들었다. 홍준표는 '막말을 든 전두환'이다.

막말의 근원. 홍준표 막말의 근원은 근본적으로 아버지처럼 행동하는 '아버지 놀이'이다. 자기 성질대로 사는 것, 지배하고 군림하는 것이다. 아버지에게 보고 배운 것이 그것이다. 아직도 '아버지 놀이'를 하고 있는 것을 보면 홍준표의 내면에는 아버지에 대한 무의식적 증오가 깊이 뿌리박혀 있는 것 같다.

'부모님 산소에 다녀왔다. 아버지는 46년 전에 돌아가셨는데, 남지 공동묘지에 안장을 했다. 어머니는 24년 전에 돌아가셨는데 외가 선산에 모셨다. 경남도지사 시절 많은 분들이 공동묘지에 있는 아버지 묘소를 이장하라고 강권했다. 풍수지리를 믿지 않기 때문에 이장하지 않았다. 사후세계가 있다면 공동묘지에 친구들이 제일 많을 것이라는 생각

도 작용했다.'[153]

2020년에 한 말이다. 아버지는 1974년에, 어머니는 1996년에 돌아가셨다. 풍수지리를 떠나 부모님을 같이 모시지 않는 것이 상식적으로 납득이 안 된다.

제3자들이 남의 부모 이장에 관해 왈가왈부하면서 '강권'했을 것 같지는 않다. 그냥 권하는 정도였을 것이다. 그게 홍준표에게는 마음에 내키지 않았고, 그래서 '강권'으로 들렸을 것이다. 강권은 내키지 아니한 것을 억지로 권한다는 뜻이다.

공동묘지에 친구들이 많다니, 혼령들이 장소와 공간을 특정하여 만나는가? 공동묘지에 친구들이 제일 많을 것이라고 홍준표가 스스로 생각한 게 아니라 그런 '생각도 작용했다.' '생각의 작용'은 이상한 표현이다.

이런 사실과 표현에서 아버지에 대한 홍준표의 무의식적 증오심이 느껴진다. 카리스마적인 독재와 가족을 고생시킨 데 대한 무의식적 증오심. 자기도 아버지처럼 행동하면서 무의식에서 아버지를 '용서하지' 않은 것 같다.

한 성격 하는 '독재자' 아버지, 복잡한 가족관계, 떠돌이처럼 방랑하는 가족, 그래서 친구도 제대로 사귀지 못한 소년시절, 지긋지긋한 가난, 하늘처럼 대접받은 외아들, 친척 하나 없는 삶, 타향 대구와 서울에서 겪은 배고프고 살벌한 현실, 악착같이 한 고시 공부, 이런 피해의식을 홍준표는 평생 갖고 있는 것 같다. 이런 점에서 필자는 (아버지에 대한 무의식적 증오를 가슴에 품고 있는 것 같은) 홍준표가 인간적으로 측은하여 개인적으로 연민의 감정이 들기도 한다. 홍준표의 막말은 그 피해의식의 반대 표현이다. 발악하고 절규하듯이 산 홍준표 인생의 귀결이다.

아버지는 한때 가산을 탕진하고 가족을 이리저리 떠돌게 한 무능한 가장이었지만, 이것저것 행상도 하고 울산에서 야간경비도 했다. 아버지로서는 노력할 만큼 했다. 홍준표가 자기 큰아들에게 한 폭력을 사과했듯이, 홍준표가 가슴 깊이 품은 아버지에 대한 내면의 증오심을 진심으로 참회하고 사과하기 바란다. 아버지를 용서하기 바란다. 그래서 어릴 적 갖게 된 세상에 대한 원한을 해소하기 바란다. 자기를 낳아 기른 아버지에게 진심으로 감사함을 느낀다면, 홍준표는 비로소 '어른'이 될 것이고 막말도 사라질 것 같다. 그것을 풀지 않아 홍준표에게 '병'이 되었고, 막말은 그 병이 외부로 나타난 것으로 보인다.[154]

홍준표가 가야 할 곳은 청와대가 아니라 '아버지'이다.

여담 1. 자형과 이복형

자형. '자형이 되는 김상도라는 분은 이 세상에서 최초로 나를 알아준 분이다. 자형은 늘 '우리 처남은 앞으로 큰 인물이 될 것이다'라고 하면서 나를 만날 때마다 치켜세워 주었다. 자형은 준수한 용모에 한주먹하는 사람이었다. 출신의 굴레가 있었고 알코올 중독자였다. 큰누나를 자주 폭행했다. 겨울에 동사했다.'[155]

이 인용에서 관심을 끄는 것은 자형의 삶이 아니라 이름이다. 홍준표는 자신이 쓴 모든 책에서 이 자형과 아내 외에는 이름을 밝히지 않았다. 홍준표의 삶과 별 상관없는 것으로 보이는 김혁이라는 아이(초등학교 3학년 동급생이자 선생님의 아들)의 이름도 있는데, 세 누이의 이름도, 아버지와 어머니의 이름도 없다. 필자에게는 이것이 매우 그로테스크하게 보인다. 왜 그랬을까? 홍준표는 주변 사람으로부터는 칭찬과 인정을 많이 받지 못한 것 같은데, 이 자형으로부터는 칭찬과 인정을 많이 받은 것 같다.

이복형. "우리 집은 호적상 내 형님이 계신다. 아버님이 형님 한 사람을 데리고 엄마와 재혼했기 때문에 나는 호적상 차남이다. 그러나 형님은 한 번도 내 엄마를 엄마로 인정한 일이 없기 때문에 나는 늘 외아들이라고 한다. 불쌍한 내 엄마를 엄마로 인정하지 않는 그런 사람은 나도 형님으로 인정할 수가 없었다. 몇 년 전 형님의 장례식을 끝으로 나는 형님 집과 발길을 끊었다."[156]

이 '형님'은 2000년 전후에 사망한 것으로 보인다.

'이 배다른 형님은 어릴 적부터 부모님과 사이가 틀어져서 집에 오지 않았다. 이 형님 외에 우리 집에는 친척이 아무도 없었다.'[157]

홍준표는 자기의 모든 책에서 중 · 고등학교의 친구도, 대학의 친구도 자세히 언급하지 않았다. 검사 시절의 동료도 거의 언급하지 않았다. 친척, 친구, 동료가 없는 삶, 홍준표의 인간관계가 외롭고 팍팍했을 것 같다.

여담 2. 홍준표의 독서 - 엄홍길

홍준표의 말, '예전에 엄홍길 대장의『불멸의 도전 히말라야 16좌 등정기』를 읽었습니다. 절대고독 속에서도 자신을 지켜나가는 영웅의 모습에서 깊은 감회를 받았습니다.'[158]

이 말에서 핵심은 절대고독과 영웅이다. 홍준표는 영웅을 '자신을 지켜나가는 자'로 정의하고 있다. 이 핵심을 확인하려고 엄홍길의 책을 읽었다.

엄홍길,『8000미터의 희망과 고독. 히말라야 탱크 엄홍길 14좌 완등 신화』, 이레, 2003. 11. 15
엄홍길,『꿈을 향해 거침없이 도전하라』, 마음의숲, 2008. 5. 20
엄홍길,『불멸의 도전. 히말라야 8000미터급 16좌 완등 기록』, 도요새, 2008. 11. 18

세 번째 책 외에 앞의 두 권의 책을 더 읽었다. 책을 읽고 든 생각, 홍준표는 엄홍길을 있는 그대로 읽지 않고 자기 읽고 싶은 대로 읽었다. 그래서 엄홍길에게서 자신의 모습을 발견했든지, 자신의 모습을 엄홍길에게 투영했다. 이런 식으로 책을 읽으면 홍준표는 이순신을 읽고도, 나폴레옹을 읽고도 똑같은 말을 할 것이다. '절대고독 속에서도 자신을 지켜나가는 영웅의 모습에서 깊은 감명을 받았다.'

홍준표는 남의 말을 받아들이지 않는다. 이미 확립된(왜곡된) 자아상을 엄홍길, 이순신, 나폴레옹 등에 투영할 뿐이다. 홍준표는 이런 종류의 책을 읽으면 그것이 무슨 책이든지 늘 '절대 고독 속에서 자신을 지켜나가는 영웅'을 볼 것 같다. '절대고독 속에서 자신을 지켜나가는 영웅' 말고 엄홍길의 책에서 필자가 깨달은 것 몇 가지를 인용한다.

첫째, 등반은 정복이 아니라는 것. '산은 정복하는 게 아니라 정상을 잠시 빌리는 것이다. 산이 나를 받아주었기 때문에 올라갈 수 있는 것이다. 산이 나를 거부하면 내가 아무리 잘났어도 절대 올라갈 수 없다. 산에서 제일 먼저 배워야 할 것은 자신을 낮추는 것이다.'

'어느 순간 나는 깨달았다. 산은 오르는 것이 아니라 그 아래에 서는 것이라고. 산 정상에 서 있어도 산 아래 서 있다는 것, 산을 이해하게 되면 그런 경외감과 겸허함이 생긴다는 것을.'

'히말라야에 오르는 산악인들은 오직 자신만의 정상을 갖기 위해, 탈환하기 위해 올라간 게 아닐 것이다.'[159]

둘째, 등반은 절대고독이 아니라 도움과 협력에 절대적으로 의존한다는 것. '산을 오를 때 제일 중요한 것은 세 가지이다. 첫째는 팀워크이다. 자신의 장비는 물론이고 서로의 장비 점검부터 마음까지 읽고 챙겨주는 완벽한 팀워크가 필요하다. 산을 오르다 보면 어느 지점에서 하나의 로프에 의지한 채 절벽에 대원들이 매달려 있을 수 있다. 이런 절박한 위기의 순간에 적절한 팀워크가 그 팀을 살리게 되는 것이다. 두 번째는 정신력이고, 세 번째는 겸허함이다.' 이것은 절대고독 속에서 자신을 지키려는 영웅의 모습이 아니다.

'내가 정상에 오르기까지 수많은 대원과 셰르파들이 나의 곁에서 도움을 준 것처럼, 누구에게나 현재의 자신이 있기까지 도움을 준 지인들이 있을 것이다. 어떤 위대한 업적을 이루어 낸 사람도, 그 어떤 영웅도, 정치가도, 기업가도, 운동선수도 곁에는 그들을 빛내주는 누군가 있었을 것이다.'

'어느 한 사람이 빛난다면 누군가 위에서, 밑에서, 곁에서 그 사람을 끊임없이 비춰주기 때문이다. 이 세상에 혼자 이뤄낼 수 있는 일은 아무것도 없다. 팀워크가 아니어도 우리를 뒷바라지한 어머니, 아내, 스승이 있을 것이다. 그들을 잊으면 안 된다. '내가 남을 얼마나 배려하고 살고 있는가.' 하는 마음이 팀워크를 만든다.'[160]

셋째, 인간은 자연의 일부라는 인식, 자연과 하나라는 인식. '인간은 제아무리 문명의 장대함을 과시해도 하나의 자연물에 불과하다. 인간은 자연에서 태어나고 자연으로 돌아간다.'

'나는 정상에 올랐을 때 자연과 하나가 되는 경험을 했다. 산은 싸워서 이기는 상대가 아니다.'

'오랫동안 산을 다니면서 산이 자연만은 아니라는 생각이 들었다. 그 속에 마음이 있고 정신이 있고 신도 있다는 확신을 갖게 되었다.'[161]

넷째, 정상은 두렵고 산에서는 겸허해야 한다는 인식. '정상이 아니라 정신의 정점에 우뚝 서는 것, 그것이 얼마나 무섭고 두려운 일인지 나는 너무도 잘 안다.'

'제일 높은 정신은 제일 추운 곳을 향한다는 것을 어떻게 이해하고 어떻게 이해시켜 드릴 수 있겠습니까. '겨울은 강철로 된 무지개인가보다.' 산은 결코 죽으려고 가는 것이 아닙니다. 목숨을 거는 한계 체험을 통해 자신의 본질을 깨닫는 것입니다.'

'익은 벼가 고개를 숙이듯이 겸허한 마음을 갖는 것이 바로 강인한 정신력이다.'[162]

다섯째, 산에서 겸허해야 할 뿐만 아니라 산 자체가 겸허함이라는 인식. '높은 산일수록 겸허합니다. 아무리 세찬 바람이 불고 강추위가 몰아친다고 해도 산의 본마음은 겸허입니다. 묵묵함입니다. 도전이란 언제나 그 대상 앞에 겸허해야 합니다. 그래야 산이 마음을 엽니다. 겸허하다는 것은 그만큼 높다는 것입니다.'[163]

여섯째, 산이 인간에게 겸허함을 가르친다는 인식. '날이 갈수록 자신의 목소리를 높여만 가는 인간들과는 다르게 산은 무한한 침묵으로 나를 가르칩니다. 더 경험하고 부딪치는 삶을 살아야 한다는 것을 배우게 됩니다. 이와 동시에 자신을 낮추고 더욱 겸허해져야 한다는 것을 깨닫게 됩니다.'

과학자 아이작 뉴턴의 말, '나는 바닷가 모래사장에서 조개껍질 하나를 발견한 아이에 지나지 않습니다.'[164]

일곱째, 등산이 삶이라는 인식. '사람들이 묻습니다. '왜 산에 오르는가.' 산에 오르는 이유를 묻는 사람들에게 나는 되묻습니다. '왜 사는가.' 그렇습니다. 산은 나에게 존재의 이유이며 삶의 전부입니다. 태어났으므로 살아야 하는 것처럼, 산이 거기 있기에 오르는 것입니다. 글을 쓰지 않으면 존재의 의미가 없다는 어느 작가의 말처럼, 연기(演技)가 없으면 삶이 아니라고 말한 어느 배우의 말처럼, 산이 없으면 나는 내가 아닙니다. 산은 정복이 아니라 배움이고 수행입니다.'[165]

여덟째, 자기 주위의 인간에 대한 공감 능력. '창동 쪽에 살다가 수유리 쪽에 있는 주택으로 이사했습니다. 첫겨울을 맞이한 어느 날 저녁 집으로 돌아가는 길이었습니다. 젊은 아가씨 둘이 리어카에 군고구마통을 올려놓고 군고구마와 군밤을 팔고 있었습니다. 나는 그들이 안쓰러워 얼른 군고구마와 군밤을 한 봉지씩 샀습니다. 어떻게 보면 그들은 히말라야보다 더 춥고 냉엄한 현실에서 먹고살기 위해 숭고한 생존의 꽃을 피우고 있는지도 모릅니다.'[166] 군고구마와 군밤을 사는 엄홍길은 절대고독의 영웅과는 거리가 멀다.

아홉째, 도시 인간의 삶에 대한 인식. '이 시대의 삶을 살아가는 사람들은 매일 매일을 무산소 등정을 하고 있는 듯합니다. 머리가 깨어질 듯 아프고 어지러우며 구토가 날 것 같은 고산증을 견디며 말입니다. 내가 히말라야 정상을 향해 무산소 등정을 한다면 그들은 도대체 무엇을 향해 무산소 등정을 하고 있는 것일까요?

하나라도 더 갖기 위해, 한 단계라도 더 올라서기 위해 아등바등하는 현대인들의 얼굴에는 어린 시절 자신이 지녔던 천진난만한 미소가 사라졌습니다.'

'도시에서 겪는 호흡곤란은 히말라야에서 겪는 호흡곤란과는 차원이 다릅니다. 어떻게 보면 도시의 사람들도 호흡을 가쁘게 몰아쉬며 산을 오르고 있는 것인지도 모릅니다. 자신만의 '산'을 오르기 위해서 말입니다. 뿌연 매연과 황사, 요란한 기계음 속에서 사람들이 오르려고 하는 것, 도달하려고 하는 것은 무엇일까 궁금해집니다.

많은 사람들이 내게 왜 높은 산을 오르는가를 묻는 것처럼 나도 사람들에게 묻고 싶습니다. 그렇게 바쁘게, 너무도 빨리, 어디로 가고 무엇에 도달하려고 하는 것인지를….'[167]

마지막으로 행복과 욕심에 대한 인식. '행복한 삶의 척도는 적당함을 받아들이는 것이라고 생각합니다. 산에 오를 때도 적당한 때에 멈출 수 있어야 합니다. 정상을 불과 100미터, 200미터 남겨 두더라도 오르는 것이 적당하지 않다고 생각되면 그 순간을 받아들여야 합니다. 얼마 남지 않았다고 욕심을 내면 자연은 이를 허락하지 않습니다. 인간이 제 자신의 척도를 상실한 채 행동한다면 자연은 인간을 영원히 자기 품 안에 가둘지도 모릅니다.'

'스스로에게 물어보십시오. 무엇이 자기에게 맞고, 맞지 않는지. 어떤 일을 할 때 자신의 가슴이 뛰는지를…. 그 일을 할 때만이 인간은 삶의 보람을 찾고 행복을 느낄 수 있는 것입니다.'[168]

이 외에도 많지만 이것으로 인용을 마친다. 홍준표는 엄홍길을 잘못 읽은 것 같다.

제5장

황교안

1. '또 하나의 가족'

'인간 황교안의 가족사에 대해서는 알려진 바가 거의 없다. 황교안 자신이 집안 내력에 대해 말한 바가 거의 없기 때문이다.' '황교안이 어느 누구에게도 가정사를 말하지 않았기 때문이다.'[1]

김용삼의 책 『황교안 2017』에 나오는 말이다. 같은 말이 같은 쪽에 두 번이나 나온다. 『황교안 2017』은 2017년 2월에 출간되었다. 황교안이 『황교안 2017』을 읽었는지, 황교안은 2018년 8월에 『황교안의 답』을 출간했고, 이 책에서 집안 내력을 약간 밝혔다.

1.1. 자랑스러운 가족 - 아내, 자녀, 손주

손주와 자녀. '딸이 둘째 아이를 순산했다는 소식에 온 가족이 감사한 마음으로 젊은 부부를 축복해 주었다. 이 모습을 지켜보는 내게도 오래된 감격과 설렘의 기억이 되살아났다.

1984년 11월, 결혼 9개월 만에 첫째가 태어났다. 사내 녀석이었다. 아내의 친구들 사이에서 속도위반 아니냐는 장난기 어린 농담이 나왔지만 허니문 베이비였다. 그로부터 2년 후에 딸이 태어났다.'[2]

황교안이 쓴 『황교안의 답』 본문의 첫 문장이고 첫 단락이고 첫 부분이다. 황교안은 손자의 출생으로, 그리고 아들과 딸의 출생으로 '자서

전'을 시작했다. 생명의 탄생은 신비하고 감사한 일이다. 인간이든 동물이든 식물이든, 생명의 탄생은 경이롭고 축복할 일이다. 황교안의 아들은 1984년생이고, 딸은 1986년생일 것이다.

아내. '예나 지금이나 나는 아내로부터 배우며 산다. 특히 손주들에 관한 부분에서 그렇다. 손주들이 놀러 오면 우리 부부는 손주들을 유모차에 태우고 산책을 나간다. 공원을 거닐다 갈림길이 나타나면 나는 내가 가면 좋겠다고 생각하는 방향으로 유모차를 몰고 간다. 그 반면에 아내는 손주들의 의견을 묻는다. 그리고 아이들의 손가락이 가리킨 방향으로 간다. 나는 15개월밖에 안 된 아기들에게 무슨 의견이 있을까 싶었지만 아내가 옳았다. 아이들에게 '선택의 기회'를 준 것이다.'[3] 황교안의 아내는 어린아이들에 대한 배려심이 있는 것 같다.

'우리 부부를 맺어준 사람은 큰형수이다. 나보다 16살 위인 큰형수는 형수라기보다 이모 같은 분이다. 내가 고시에 합격하자 기다렸다는 듯 평소 눈여겨봐 둔 여학생이 있으니 한번 만나 보면 어떻겠냐며 내 의향을 물어보았다.

나는 소개받은 여학생을 보자마자 번개를 맞은 듯 첫눈에 반했다. 연애의 짜릿함 같은 건 느끼기 어려울 것이라고 여겼는데, 날개 잃은 천사처럼 그녀가 등장한 것이다. 그 덕분에 내게 새로운 삶이 열렸다.'[4]

큰형수는 막내시동생에게 '고시 합격생의 신분'에 걸맞은 여학생을 소개했다. '새로운 삶'이 무엇인지 황교안은 밝히지 않았다. 결혼이 새로운 삶의 시작일 것이라고 짐작할 수 있다. 황교안이 1957년생이니 16살 위의 큰형수는 1941년생일 것이다.

'그렇게 만난 아내와 함께한 지 34년이 지났다. 아내는 예나 지금이나 마음이 아름다운 여자이다. 연애 시절, 내가 늘 시간에 쫓겨 사는 것을 알고는 일부러 시간을 내어 내가 있는 곳으로 오고는 했다. 내가 춘천지방검찰청 검사 시보로 있을 때, 주말이 되면 그 여학생이 춘천까지 와서 공지천 인근 카페에서 퇴근 시간까지 기다려 주고는 했다.'[5]

'내가 청주지검으로 발령을 받은 당시(1983년 9월), 아내는 대학 4학년에 재학 중이었다. 그러자 양가에서는 신랑감이 홀로 청주에서 지내고 있으니 졸업하자마자 곧바로 결혼하는 것이 좋겠다는 이야기가 나왔다.

초임검사들은 '월말 증후군'을 겪는다. 매달 말일이 가까워지면 배당된 사건이 오래 지체되거나 방치되는 일이 없도록 정리하느라고 혼이 쏙 빠진다. 상황이 그러하다 보니 결혼 날짜도 일에 맞춰 조정했다. 월초로 잡으면 준비할 시간이 부족하고, 일에 지장을 주지 않으면서도 결혼 준비를 할 수 있는 짬은 결국 중순 무렵이었다. 아내를 위해서는 2월 말로 예정된 졸업식 이후로 날을 잡아야 했지만, 그때는 세심하게 배려를 하지 못한 것이 미안함으로 남았다. 일이 우선이라며 불평이나 원망 한마디 없이 내 입장을 헤아린 아내에게 그저 고마울 따름이었다.

부부의 연을 맺은 지 34년. 우리 부부는 아낌없이 사랑하며 살아왔다. 언제나 서로를 배려하고 이해하고자 노력하기 때문이다. 아내가 내 인생에 들어온 것만으로도 커다란 행운이자 축복이다.'[6] 이상적인 부부의 모습인 것 같다.

'아내는 늘 생활에 쫓기며 살다 보니 맏딸임에도 친정에 자주 들르지 못하는 편이었다. 하루는 장모님이 맏딸 얼굴은 자주 못 보지만 목소리라도 들을 수 있으면 얼마나 좋겠냐고 하면서, 아내가 직접 부른 노래를 몇 곡 녹음해서 보내 달라고 말했다. 가족을 위해 오랜 시간 묵묵히 애쓴 아내에 대한 고마운 마음에 기회가 닿는다면 꼭 도와야겠다는 생각으로 가스펠 녹음을 하던 아내의 열정을 아낌없이 지원했다.

가족을 먼저 챙기는 과정에서 자신의 재능을 살릴 수 없었던 아내는 새로운 기회에 도전했다. 원래는 학부에서 영문학을 전공했지만, 상담을 통해 어려운 사람을 돕겠다는 꿈을 품고 상담학 전공으로 대학원에 진학했고, 입학한 지 6년 만에 박사학위를 받고 현재 교수로 재직하고 있다.'[7]

황교안과 아내, 아들과 딸, 손주의 모습은 어느 모로 보나 행복한 모습을 보이는 아름다운 가족이다. 아들딸과 손주보다 아내에 대해 훨씬 많은 분량을 쓴 것을 보면 황교안의 아내 사랑이 지극한 것 같다. 황교안에게 '아내와 살면서 부부싸움 한번 안 했냐?'고 할 수도 있지만, 부부싸움에 관한 이야기를 쓰고 안 쓰고는 황교안의 자유의사일 것이다. 필자의 추측으로는 황교안과 아내는 부부싸움을 거의 하지 않았을 것 같다.

1.2. 감추고 싶은 가족 – 부모와 형제자매

아버지. '내가 대학에 들어가기 직전, 20살이 되던 해에 세상을 떠나신 아버지의 모습도 떠오른다. 아버지와 함께 보낸 날은 많지 않았다.

아버지는 고향 황해도 연백에 제법 땅을 갖고 있었는데, 6 · 25전쟁이 끝나면 곧 돌아갈 수 있으리라는 희망을 품고 빈손으로 월남하였다. 아이 넷을 데려오고, 피난 와서 둘을 더 낳으셨다. 그 이후 아버지는 이것저것 다 해보고, 마지막에는 만리재 고개 근처 서부역 앞 중림동에서 고물상도 했다. 형편은 넉넉하지 못해도 아버지는 남에게 폐를 끼치는 것과는 거리가 먼 정직하고 강직한 분이었다. 평소에 말수도 매우 적은 분이라서 가족들이 아버지를 어려워했지만, 아버지는 막내인 나를 세심하게 챙겨 주었다.

고3 때의 어느 날 평소처럼 창밖이 푸르스름한 새벽에 일어나서 공부를 시작하려는 순간, 나는 마치 나무막대처럼 쓰러져서 그대로 기절해 버렸다. 연탄가스에 중독된 것이다. 아버지는 당황한 나머지 어떻게든 막내를 살리겠다고 동치미 국물도 먹여 보고, 아직 열지도 않은 약국 문을 세차게 두드리며 정신없이 뛰어다녔다. 그날 나는 평소와 전혀 다른 아버지를 보았다. 엄격하고 자식들에게 무심하게만 비치던 평소의 아버지와 사뭇 달랐다. 아버지는 말로는 형용할 수 없는 진한 사랑을 가슴에만 품고 있었던 것인가. 아버지와 찍은 유일한 사진 한 장을 꺼내 보았다. 아버지가 그립다. 너무 서둘러 세상을 떠나지 않았다면 지금의 막내를 보며 흐뭇해하셨을 텐데.'[8]

아버지에 관한 이야기는 이것이 전부이다. 여기에서 황교안이 말한 것. 아버지는 이북에서 월남했다. 이것저것 다 해보고 고물상도 했다. 월남해서 고생을 많이 했다. 정직하고 강직하고, 엄격하면서도 세심하다. 아버지는 1977년 초에 돌아가셨다.

황교안이 말하지 않은 것. 첫째, 손주와 아들딸 이야기를 하고 나서, 그리고 아내에 관해 자세히 이야기하고 나서 비로소 아버지에 관해 언급했다.

둘째, 아버지의 '모습이' 떠오르는 것이 아니라 아버지의 '모습도' 떠오른다. 이 말에서 아버지가 황교안에게 손주와 아들딸보다 그리고 아내보다 덜 중요한 인물이라는 무의식이 드러난다.

셋째, 아버지가 세상을 떠났다는 말이 아버지에 관한 첫 문장이고 마지막 문장이다. 즉 아버지에 관해서는 돌아가셨다는 말로 시작해서 돌아가셨다는 말로 끝냈다. 아버지가 돌아가셨다는 것이 황교안에게 매우 중요하고, 그래서 황교안은 아버지가 돌아가셨다는 것을 (무의식적으로) 강조한다.

넷째, 자식을 살리려고 정신없이 뛰어다니는 것은 모든 부모의 인지상정일 것이다. 고생했고, 정직하고 강직하고, 엄격하고 무심하고, 말수도 적은 것은 그 시대 대부분의 아버지와 비슷한 모습이다. 즉 이 부분에서 황교안의 아버지에 대해 독자가 알 수 있는 것은 별로 많지 않다. 달리 말하면, 모든 아버지의 모습이라고 할 만한 것 이외에 자기 아버지에 대해 황교안이 말한 것은 거의 없다.

그런데 위의 인용 중에 필자에게 매우 그로테스크하게 다가오는 문장이 있다. '아이 넷을 데려오고, 피난 와서 둘을 더 낳으셨다.' 이런 문장은 자식의 언어가 아니고 아들의 언어도 아니다. '막내'의 언어는 더욱 아니다. 이건 부모의 언어이고 제3자의 언어이고 '관찰자의 언어'이다. 아들인지 딸인지, 형인지 오빠인지, 누나인지 동생인지 언급하지도 않고 뭉뚱그려 이렇게 말했다. 형제자매를 왜 이렇게 이상하게 표현했을까? 필자에게는 이 문장이, 그리고 이 문장을 쓰게 만든 황교안의 머릿속 생각이 미스터리하다. 그 문장으로 황교안은 무엇은 말하고 무엇은 말하지 않으려고 했다. 그 무엇이 무엇일까?

어머니. '어머니를 상징하는 것 가운데 하나가 쪽진머리였다. 게다가 43살에 나를 낳았으니 누가 보면 어머니라기보다는 할머니 같았다. 그러나 자식들에게 늘 온유하고 따뜻하며 막내를 위해 열심히 기도해주었다. 그런 어머니도 내가 38살이 되던 해에 뇌출혈로 돌아가셨다.'[9]

황교안의 어머니는 1914년생이고 1995년에 돌아가신 것으로 보인다.

아버지와 어머니에 대해 죽음을 먼저 언급하는 것이 기이하다. 그 죽음에서도 아버지와 어머니가 몇 세나 몇 연도에 돌아가신 게 아니다. 내가 몇 살 때 그분들이 돌아가신 것이다. 그들의 죽음도 자신을 기준으로 생각한다.

아버지에 대해서도 어머니에 대해서도 황교안은 거의 말하지 않는다. 말하기는 하는데, 자식에게 엄격하고(아버지) 따뜻했다는(어머니) 말만 한다. 이것은 모든 아버지와 어머니에게 해당되는 말이다. 어머니에 관한 분량이 아버지에 관한 분량보다 적다.

'저는 6남매 중에 뚝 떨어진 막내였는데, 어머니께서 43살에 안 낳으려다가 낳았다고 하더군요. 학부모 모임에 어머니가 오면 친구들이 '야, 할머니 오셨다'라며 놀리고는 했어요. 하지만 어머니를 따를 뿐 아니라 공부도 꽤 하고 상장도 잘 받아 오는 데다 반장을 맡는 막내를 어머니는 아주 많이 아껴 주었답니다. 그러던 어머니께서 뇌출혈로 갑작스럽게 돌아가셨습니다. 집안 형편이 어려웠던 시절에 어머니도 시장에서 노점상을 했습니다.'[10]

부모님. '만일 내게 가족이 없었다면 아프거나 힘든 순간에 따뜻하게 위로해 줄 존재도 없었을 것이다. 부모님은 내게 반듯하고 선하게 사는 법을 가르쳐 주었다. 하지만 두 분 모두 배움은 적은 편이어서 사회적 관계 속에서 생긴 고민을 갖고 상담을 구할 수는 없었다. 장인과 장모가 이런 부분을 채워 주었다. 특히 장인의 경우에는 내가 어려운 현안에 대해 상의를 해도 경험과 노하우를 토대로 아낌없이 조언해 주고는 했다.'[11]

국영수 많이 외우고 법전 많이 외우면 배움이 많은 것인가? 그런 배움이 적다고 나이도 많고 인생 경험도 많은 부모가 사회적 관계의 고민을 모를까? 부모의 가치를 '가방끈'으로 잴 수 있는가? 부모 세대의 평균 학력을 황교안 세대의 평균 학력과 혼동해서는 안 된다. 1930~1940년대 조선 사람의 평균 학력이 초등학교 졸업이었다면 그것을 배움이 적다고 할 수 없다.

어려운 현안은 무엇이고, 경험과 노하우는 무엇인가? 장인은 어떤 조언을 했는가? 황교안은 '글자'를 한참 써도 내용을 알 수 없는 문장을 만들고 알아들을 수 없는 글을 쓴다. 그래서 아무것도 드러내지 않는다. 이런 글은 무엇을 말하는 것이 아니라 숨기는 것이고, 자기를 드러내는 것이 아니라 감추는 것이다.

형제자매. '6남매 중에 막내로 태어난 내 위로 형이 둘, 누나가 셋이다. 어머니께서 나를 뱃속에 가진 무렵에는 집안 형편이 너무 어려워서 힘들게 하루하루를 보냈다. 하지만 자식이란 본래 하늘이 주는 귀한 존재라는 생각으로 마음을 굳게 먹었다고 한다. 큰형님은 본래 활달한 분이었지만, 말년에 이국땅에서 고생하다가 돌아가셨다. 어렵게 지냈지만, 결국 자수성가로 뜻을 이룬 둘째 형님도 특히 나를 아껴 주었다.'[12]

어머니는 막내를 낙태하려는 생각도 했지만, 마음을 굳게 먹고 황교안을 낳았다. 그때는 5남매, 7남매, 9남매 등이 흔했고, 낙태도 적지 않게 이루어졌다. 어머니가 크게 잘못했다고 (잘못 생각했다고) 할 수 없을 것이다.

큰형, 활달했지만 외국에서 고생하다가 죽었다. 둘째 형, 어려웠지만 자수성가했고 나를 아껴 주었다. 큰형과 둘째 형을 각각 한 문장으로 '처리했다.' 황교안은 두 형의 이름도 나이도 말하지 않는다.

'큰누님에 대한 이야기는 빠뜨릴 수 없다. 나를 교회로 인도한 분이기 때문이다. 교회에 같이 가자고 몇 번이나 말을 해도 내가 따르지 않자, 큰누님은 교회에 함께 가면 10환(지금으로 치면 1원)을 주겠다는 '당근'을 제시하며 나를 교회로 데려갔다. 그 당시에 알사탕 1개 값이 5환이었으니 큰누님 따라 교회에 가면 알사탕 2개를 살 수 있었다. 굵은 알사탕을 입에 넣고 깨물지만 않으면 2~3시간 정도는 녹여 가며 먹을 수 있었다. 그렇게 큰누님의 손에 이끌려 얼떨결에 다니게 된 교회와 그곳에서 만난 하나님이 내 삶의 등대가 되어 주었다. 둘째 누님과 셋째 누님도 막내인 나를 따뜻하게 챙겨 주고 늘 기도해 주었다.'[13]

큰누나는 황교안을 교회로 인도했다. 둘째 누나와 셋째 누나도 막내를 따뜻하게 대했다. 둘째 누나와 셋째 누나는 합쳐서 한 문장으로 '처리했다.' 세 누나의 이름도 없고 나이도 없다. (물론 반드시 밝혀야 하는 것은 아닐 것이다.)

사람들은 보통 큰형, 작은형, 큰누나, 작은누나라고 말한다. 둘째 형, 둘째 누나는 작은형, 작은누나보다 거리를 두는 표현이고 객관적인 호칭이다.

황교안은 (아내, 아들딸, 손주와 달리) 부모와 형제자매에 대해 자세히 말하지 않을 뿐만 아니라 그들을 감추고 숨기듯이 서술했다.

황교안과 어머니. '고등학교 졸업 후, 우리 집 형편상 내가 대학을 다닐 수 없지 않겠느냐는 생각을 어머니에게 말했다. 아버지가 갑작스럽게 세상을 떠난 상황에서 홀로 남겨진 어머니를 부양할 사람은 나밖에 없다고 여겼기 때문이다. 내가 대학에 진학하면 생활이 막막해질 테니 대학은 나중 일인 것 같다고 말했다. 어머니는 대답했다. '내 머리카락을 팔아서라도 네가 대학 졸업장을 받는 모습을 꼭 보겠다.' 그 이후에도 고민은 계속되었지만, 결국 대학에 진학해서 어머니를 실망시키지 말아야 한다는 의지는 더욱 굳어졌다.'[14]

전형적인 어머니상이다. 소 팔고 집 팔아서라도 자식 대학 공부시키겠다는 마음은 그 당시 모든 어머니의 마음이었을 것이다. 충분히 이해할 수 있다.

그런데 '따뜻한' 형과 누나들은 어디 가고 홀로 남겨진 어머니를 부양할 사람이 이제 대학에 막 들어가는 막내밖에 없다는 말인가? 활달한 큰형과 자수성가한 둘째 형은 어디에서 무엇을 하고 있는가?

1.3. 학창시절의 친구와 선생님

부모님이나 형제자매와 달리 학창시절 친구와 선생님에 대해서는 약간 자세히 언급했다.

초등학교 시절. '초등학교 6학년 때 우리 반 담임을 맡은 황진곤 선생님에 대한 기억은 조금 특별하다. 우리 학교에 갓 부임했을 당시 선생님의 나이는 20대 중반쯤 되어 보였다. 매일 방과 후가 되면 선생님과 나는 바둑을 두고는 했다. 선생님은 아마추어 2급, 나는 3급이었다. 바둑에는 호선과 정선이 있는데, 호선이란 실력이 비슷해서 맞두는 것이지만, 나는 급수가 낮아 선생님과 정선, 즉 흑을 들고 맞두었다. 그 시절 나는 점심 도시락을 못 싸가는 날이 많았다. 총각이라 그런지는 몰라도 선생님 역시 도시락을 싸 오지 않는 날이 잦았다. 그럴 때면 선생님은 나를 학교 보일러실로 데려가 함께 라면을 끓여 먹었다. 두 해 전쯤, 선생님이 보낸 뜻밖의 편지를 받았다. 편지로 안부를 건넬 수 있게 되어 반갑다는 말과 함께 내가 잘하고 있어서 고맙다는 내용이었다. 선생님으로부터 편지를 받은 사실을 동창들에게 알리면서 선생님을 한번 모시자고 제안했다. 그러나 그 당시 국정을 맡고 있던 상황에서 약속 당일에 생긴 불가피한 일로 선생님을 뵙지 못해 몹시 아쉬웠다.'[15]

초등학교 6학년 때 담임선생님에 관한 서술은 자세하고 구체적이다. 부모와 형제자매의 이름은 말하지 않았는데, 여기에는 '황진곤'이라는 이름도 나온다. 이 선생님과 각별한 관계였던 것 같다. 부모와 형제자매는 따뜻하다는 말로 끝냈는데, 여기에는 바둑 급수는 물론 호선과 정선도 언급한다.

그 선생님과 바둑을 두었고, 선생님이 라면을 끓여주었다. 결국 라면을 먹어서 특별하다는 말이다. 그의 가난을 미루어 짐작할 수 있고, 초등학교 6학년의 나이에 '황교안 어린이'가 얼마나 라면을 먹고 싶어 했는지 짐작할 수 있다. 1969년에 라면은 특별한 식품이었다.

선생님은 언제든지 모시면 될 텐데 아쉽다니, 그다음에 모시지 않은 것인가?

중학교 시절. '친구들에 대한 기억을 돌이켜보니 중학교 동창 하나가 떠오른다. 가장 친했던 친구에 대한 질문을 받으면 나는 이 친구에 관한 이야기를 한다. 함께 분식집에 가면 부잣집 아들인 그 친구가 늘 밥을 사고는 했다. 그런가 하면 자기가 쓰고 남은 학용품이라며 내게 갖다주고는 했다. 그때 받은 학용품의 상태를 떠올려보면, 나를 위해 일부러 새것을 사다 주었던 것이다. 그 반면에 내가 학교 성적은 좀 나아 공부방법 등을 조언해 주는 역할을 맡았다.

그렇듯 우리는 부족한 부분을 서로 보완해 주면서 속상한 일이나 고민거리가 생기면 편하게 털어놓을 수 있는 사이로 발전했다. 그러나 그는 2004년에 이 세상과 작별했다. 때로는 친구에 대한 밀려오는 그리움에 가슴 한구석이 아프다. 만일 다시 만난다면, 차마 전하지 못한 진심을 후회 없이 표현하고 싶다. '그때는 정말 고마웠다. 친구야!' 조금

더 따뜻하게 대해 주지 못한 것에 대한 마음의 짐은 늘상 지고 살아온 듯하다.'[16]

부잣집 아들은 가난한 집 아들에게 밥을 사주고, 가난한 집 아들은 부잣집 아들에게 공부를 가르쳐 주었다. 고민을 털어놓을 수 있는 사이가 되었는데, 곧바로 '그 친구는 죽었다'라는 문장이 나온다. 이제 말한다. 그 친구에게 조금 더 따뜻하게 대해 주지 못해서 미안하다고. 이런 말로는 황교안이 그 친구에게 어떤 고민을 털어놓았는지, 어떻게 따뜻하게 대해 주지 못했는지 알 수 없다. 황교안은 자기 이야기를 하면서 자신을 감추듯이 글을 쓴다.

'중학교 때 우리 반 담임선생님이자 국어를 맡은 원형동 선생님에 대한 고마운 기억도 있다. 선생님은 내가 문예반 활동을 하고 있을 당시에 우리 문예반을 지도해 주었다. 내가 반장을 맡고 있었지만, 어머니는 연세가 많아 소위 '반장 어머니' 역할을 하기 어려웠다. 그럼에도 선생님은 불편한 기색 하나 없이 다른 어머니들의 협조를 구하며 내 마음의 짐을 덜어 주었다. 그처럼 나를 배려한 선생님에게 감사한 마음뿐이다.'[17]

어머니가 '반장 어머니' 역할을 하기 어려운 줄 알면서 황교안은 왜 반장을 했는가? 선거로 뽑힌 것인가? 반장 어머니는 가난하고 나이도 많은데, 그런 어머니를 배려해서 담임선생님이 다른 어머니들에게 경제적 협조를 구했고, 다른 어머니들이 경제적으로 도움을 주었고, 담임선생님은 그것을 내색하지 않았다. 가난 이야기이다.

고등학교 시절. '학창시절에 나는 학생회장과 학도호국단 연대장을 하며 많은 친구를 두루 사귀면서도, 특히 마음에 맞는 친구들과는 속 깊은 대화도 나누는 편이었다.

고등학교 동창들 중에는 지금도 나를 학생회장으로도 학도호국단 연대장으로도 기억하고 있는 경우가 있다. 이는 2학년 때 학생회장이 되어 임기를 마칠 때쯤 1975년 가을에 학도호국단이 생기면서, 내가 학도호국단 연대장을 임시로 맡았기 때문이다.'[18]

학생회장이나 학도호국단 연대장을 했다는 말로 고등학교 언급은 끝이다.

황교안은 아내, 자녀, 손주에 대해, 부모와 형제자매에 대해, 친구와 선생님에 대해 적지 않은 말을 했다. 그런데 표현은 기이하고 문장은 그로테스크하다. 자신의 삶을 관찰자적 시점으로 객관적으로 묘사했다. 많은 말을 했는데도 내용을 알 수 없게 글을 썼다. 가족을 드러내는 것이 아니라 감추고 숨기는 방식으로 서술했다. 왜 그렇게 서술했는가?

한 가지 이유를 댈 수 있다. '실은 예나 지금이나 크게 변하지 않았다는 말을 듣는 편인데, 생각해보니 제가 쉽게 변하지 않는 사람인 점은 맞는 것 같습니다. 특히 외모와 언행에서 또래보다 조숙하고 신중하다는 이야기를 듣고는 했습니다. 제가 6남매 중에 막내인 데도 막내티가 별로 나지 않았다고 하니까요.'[19]

대개 사람은 누구든지 크게 변하지 않는다. 황교안은 외모와 언행에서 조숙하고 신중하다. 왜 그리고 언제부터 조숙하고 신중하게 된 것일까? 아래에서 본다.

2. '셀프 주홍글자'

가족사. '인간 황교안의 가족사에 대해서는 알려진 바가 거의 없다. 황교안 자신이 집안 내력에 대해 말한 바가 거의 없기 때문이다.

여기저기에서 입수한 단편적인 정보들을 이어 붙여 보면 다음과 같은 골격이 형성된다. 황교안의 부친은 평안남도 출신으로 해방 후 월남하여 서울 만리동에 정착했다.

서울역 뒤편 만리동에 터를 잡은 황교안의 부친은 고물상을 운영하며 자식을 키웠다. 그 덕분에 집안 형편은 어려웠다. 서울에서 부인 전칠례 여사와 만나 가정을 꾸렸다. 부친과 마찬가지로 모친에 대해서도 고향이 어디인지, 출신 배경은 어땠는지에 대해 알려진 것은 없다. 황교안이 어느 누구에게도 가정사를 말하지 않았기 때문이다.'[20]

다시 김용삼의 『황교안 2017』 65쪽에 있는 말이다. 황교안의 아버지가 평안남도 출신인가? 황교안은 자기 아버지의 고향을 황해도 연백이라고 말했다. 그런데 그것이 중요한 게 아니다.

'서울에서 부인 전칠례 여사와 만나 가정을 꾸렸다.'

'아이 넷을 데려오고, 피난 와서 둘을 더 낳으셨다.'

의문이 풀렸다. 황교안의 조숙함과 신중함, 가족사를 밝히지 않는 것, 감추고 숨기는 서술, 이 모든 것은 황교안의 '셀프 주홍글자' 때문이다.[21]

김용삼의 말이 사실이라면, 황교안의 아버지는 월남하여 서울에서 전칠례를 만났고 전칠례와 새로 결혼했다. 황교안을 포함하여 3남 3녀의 형제자매 중에 4명은 아버지가 이북에서 결혼한 부인 사이에 낳은 자식이고, 2명은 이남에서 결혼한 전칠례 사이에 낳은 자식이다. 두 형과 두 누나는 이복 형제자매이다. 어린 막내 황교안이 만들지도 않았고 바꿀 수도 없는 이 사실을 황교안은 수치의 낙인으로 받아들인 것 같다. 그래서 '셀프 주홍글자'이다. 나이가 들어도 밝힐 수 없는 수치.

전칠례는 1914년생이다. 전칠례에게 이 혼인이 초혼인지 재혼인지 알 수 없으나, 황교안 아버지와 인연을 맺게 된 데는 그 나름대로의 사정이 있었을 것이다. '모친 전칠례 여사는 1995년에 작고했다.'[22]

그런데 월남한 피난민 중에 황교안의 아버지와 같은 사람들이 많았고 그런 가족이 많았다. 하지만 어린 막내는 그것을 이해할 수 없었다.

이 모든 상황은 황교안의 잘못이 아니다. 태어나는 생명에게는 잘못도 없고 불법도 없다. 황교안의 아버지와 어머니에게도 잘못이 없다. 아버지와 어머니는 황교안을 낳은 부모이고, 황교안은 그 부모의 자식이다.

이 장의 첫 부분을 반복한다. '딸이 둘째 아이를 순산했다는 소식에 온 가족이 감사한 마음으로 젊은 부부를 축복해 주었다. 이 모습을 지켜보는 내게도 오래된 감격과 설렘의 기억이 되살아났다.' 필자의 말, '생명의 탄생은 신비하고 감사한 일이다. 인간이든 동물이든 식물이든, 생명의 탄생은 경이롭고 축복할 일이다.' 딸이 둘째 아이를 순산한 것과 같이, 황교안 어머니가 1957년에 황교안을 순산한 것도 감사하고 축복할 일이다.

그래서 황교안은 부모와 형제자매를 온 마음으로 받아들여야 한다. 그는 그렇게 하지 않았다. 어린 황교안은 그 사정을 이해하거나 감당하기 어려웠을 것이다. 이런 상황에서 어린 황교안은 어떤 출구를 찾을 수 있었을까?

첫째, 비뚤어지는 것이다. 부모에게 반항하고, 형과 누나들에게 대들고, 우리 가족이 왜 이렇게 되었냐고 항의했어야 한다. 심한 사춘기를 겪고 정체성의 혼란을 경험하고 '문제 학생'이 되어 정신적으로 방황했어야 한다. 성격이 비뚤어지고 일탈을 감행했어야 한다. 황교안은 그런 과정을 충분히 거치고 나서 '어른'이 되었어야 한다. 하지만 황교안의 글 어디를 보아도 황교안이 사춘기를 겪은 흔적은 보이지 않는다.

둘째, 침묵하는 것이다. 형수라기보다 이모라고 할 정도로 나이 많은 형수와 삼촌뻘의 큰형에게, 그보다 더 나이 많은 아버지와 어머니에게 어리고 작고 힘없는 막내는 반항할 수 없었다. 막내의 선택은 침묵, 오직 침묵뿐이었다.

또 다른 주홍글자. '아버지는 이것저것 다 해보고, 마지막에는 만리재 고개 근처 서부역 앞 중림동에서 고물상도 했다.' 고물상? 넝마주이라는 말이다. 황교안 아버지는 넝마주이를 했고, 이것을 황교안은 또 다른 주홍글자로 받아들인 것 같다.

하지만 1950~1960년대에 얼마나 많은 사람들이 넝마주이를 하고 구두닦이를 하고 '아이스케키'를 팔았는가? 즉 황교안의 부모만 가난했던 게 아니다. 대부분의 한국 사람들이 가난했고, 월남한 사람들 대부분이 힘들게 살았다.

그런데 어린 황교안은 아버지의 '넝마주이'가 상징하는 가난도 수치로 받아들인 것 같다. 초등학교 때 담임선생님이 라면을 끓여준 이야기, 중학교 때 친구가 밥을 사주고 학용품을 준 이야기, 중학교 때 담임선생님이 다른 어머니들의 경제적 협조를 구한 이야기 등에서 짐작할 수 있다.

가족사진. 이런 수치 때문인지 황교안의 '자서전' 『황교안의 답』에는 '가족사진'이 없다. 아내, 아들과 딸, 손주의 사진은 있다. 황교안이 어릴 때 (4~5살 때로 보이는데) 아버지와 단둘이 찍은 사진도 한 장 있다. 그 옆에 따로 어머니의 독사진도 한 장 있다. 학창시절 친구들과 찍은 사진도 있고, 검사 동료들(로 보이는 사람들)과 찍은 사진도 있다. 심지어 강아지들과 찍은 사진도 있다. (장관이나 총리로 있을 때 찍은 사진은 엄청나게 많다.) 하지만 황교안의 형제자매의 사진은 단 한 장도 없다. 사진이 없을 수도 있다. 하지만 사진이 있는데 황교안이 공개하지 않은 것일 수도 있다.

또한 모든 사진에서 특이한 것은 '웃는' 사진이 거의 없다는 것이다. (장관이나 총리로 있을 때 찍은 사진에는 웃는 사진이 많다.) 아들이나 딸과 같이 찍은 사진에서도, 손주와 찍은 사진에서도, 아내와 찍은 사진에서도 웃는 표정이 거의 안 보인다. 웃는 사진에서도 상당히 '신중하고 절제된' 웃음만 보인다. 『황교안의 답』에서 황교안이 제일 자연스럽고 해맑게 웃는 사진은 40쪽에 있는 사진인데, 그 사진은 경기고등학교 다닐 때 친구들과 같이 찍은 사진이다.

진정한 가족. 이제 우리는 『황교안의 답』 첫 부분에서 황교안이 왜

딸과 손주, 자신의 결혼과 출산, 아들과 딸 이야기, 아내에 관한 이야기부터 시작했는지 알 수 있을 것 같다. 황교안이 (무)의식적으로 자기 부모와 형제자매는 별로 내세울 것 없는 가정이지만 자기와 아내, 아들과 딸, 손주는 '정상적인 가족'이라고 생각한 것이 아닐까? 아내와 결혼하고 나서 황교안은 비로소 '진정한 가족'을 갖게 되었다고 생각한 것 같다.

침묵. 황교안의 언행이 조숙하고 신중하다는 것은 가족사와 가난에 대한 '침묵'의 다른 표현이다. 황교안은 자신을 드러내지 않는다. 드러내다 보면 드러내고 싶지 않은 것도 드러날까 봐서 늘 조심한다. 황교안의 침묵은 가족 콤플렉스를 반증한다.

'어린 시절부터 황교안을 따라다닌 수식어는 '조용하고 착한 모범생', 성실한 '기독교 학생'이었다.'[23] 황교안은 가족사의 수치와 가난을 침묵으로 억누르고 공부로 복수했다. 기독교와 공부에 빠지는 정도는 수치와 콤플렉스의 정도에 비례했다.

3. '철의 장막'

황교안은 가족사를 알고 난 후에 기독교와 반공, 학벌과 검사로 (밖으로 드러나는 모습과 활동으로) 자기 인생의 과거에 '철의 장막'을[24] 치기로 결심한 것 같다.

3.1. 철의 장막 1 – 기독교, 경기고, '서울대'

교회와 신앙생활. '문득 생각해보았다. 과연 내 삶을 크게 변화시킨 계기가 있었던가. 있었다면 나는 그 변화의 순간들을 어떻게 겪었던가를. 교회를 다니고 신앙심을 갖게 된 것을 계기로 나는 이전과는 다르게 살기 시작했다. 조금 더 먼 시점으로 돌아가 본다.

내가 학교에 다녀오면 어머니는 집 앞에 난 명아주 나물을 뜯어오게 했다. 내가 한 소쿠리씩 가져다드리면 어머니는 그걸로 식구들 먹을 반찬을 만들고는 했다. 명아주 나물을 건네받으면서 어머니는 늘 이렇게 말했다. '자, 이제 밖에 나가서 놀아라.' 형님과 누님들의 공부에 방해되지 않도록 밖에 나가 노는 일이 내 의무가 되어버렸다. 방과 후에 숙제를 끝내 놓기 무섭게 마냥 놀다 보니 학교 성적이 좋을 리 없었다.

그러던 어느 날, 교회의 주일학교 선생님의 말씀 한마디가 나를 바꾸었다. '신앙생활도 공부도 모두 열심히 해야 한다. 그래야 교회에서도 세상에서도 역할을 하는 사람이 될 수 있단다.' 이 말에 자극을 받은 나는 '아, 신앙생활뿐만 아니라 공부도 열심히 해야 하는구나'라고 여기게 되었고, 그때부터 마음을 다잡고 공부에도 힘쓰게 되었다. 이것이 내 삶의 첫 번째 전환점이 되었다.'[25]

명아주 나물 이야기는 알아들을 수 있는 문장이고 내용이다. 황교안이 처음 교회에 가게 된 계기는 10환 때문이고 '알사탕' 때문이다. 황교안은 주일학교 선생님이 말해 주기 전에는 공부를 열심히 해야 하는지 몰랐다. 황교안에게는 교회와 공부가 거의 동시에 다가왔다. 이때 황교안은 평범한 어린이답게 순진했던 것 같다. 황교안은 부모의 아들보다 하나님의 아들 쪽을 선택한 것 같다. 황교안이 '뼛속까지 기독교인'이라면[26] 그는 '뼛속까지' 부모와 형제자매를 숨기고 감춘 것이다.

예수님의 영접. '다음 일요일이 되자 나는 누구보다 일찍 교회로 달려갔다. 왕사탕은 없어도 괜찮았다. 그날 예배 후 주일학교 선생님에게 내가 궁금했던 것들에 대해 질문을 했고, 선생님은 자세히 일러 주었다.

'사람은 본래 죄를 갖고 태어났고 죄를 지으며 살기 때문에 모두 멸망할 수밖에 없단다. 그래서 하나님이 보낸 독생자 예수님을 구세주로 받아들이고 믿어야 구원을 얻을 수 있단다.

그리고 내게 예수님을 영접하는 기도를 따라하게 했다. 그에 따라 나도 예수님을 믿겠다고 고백하고 예수님을 영접하였다. 어린 나이였지만 예수님을 알게 된 것이 기뻤고, 그 이후로 예수님 및 교회와 더불어 사는 세상은 이전과는 전혀 다른 세상으로 보였다.'[27]

경기고. '고등학교는 경기고등학교 72회 출신이다. 그 당시 경기고등학교의 하늘색 교복(하복)과 '京畿'라고 한자로 쓰인 다이아몬드형 모표(帽標)는 한국사회에서 수재를 뜻하는 상징이었다. 황교안은 그중에도 손꼽히는 모범생으로 고교 3년 내내 반장을 맡았다.'[28]

경기고등학교 입학으로 황교안은 가족사에 철의 장막을 칠 수 있게 되었다. 그것으로도 충분할 텐데, 그는 3년 내내 반장을 하고 학생회장(학도호국단 연대장)도 했다. 감투를 많이 쓰고 '밖으로' 활동할수록 '안은' 가려지고 내면은 감추어질 것이다.

'황교안과 고교 동창 최금락(이명박 정부 시절 청와대 홍보수석)의 증언에 의하면 황교안은 경기고 총학생회장에 출마하여 당선되었다. 당대 국내 최고의 명문고로 꼽히던 경기고의 총학생회장에 황교안이 당선되었다는 점은 그가 범상치 않은 정치적 기질을 타고났음을 알려주는 에피소드이다.'[29]

고등학교 시절 그에게는 (기독교와) 공부만 있었다. 정치적 기질은 타고나지 않았다. 숨겨야 할 것을 가슴에 품고 사는 황교안에게 부모와 세상에 대한 원한은 있었지만 정치적 기질은 없었다.

'황교안과 고교 동기였던 이종걸은 '황교안은 학도호국단 연대장으로서 항상 교련복을 입고 절도 있는 생활을 하던 모범생'이었다고 회고했다. 또 다른 동문은 '황교안이 농담도 잘 하지 않고 실수도 없어서 동기들이 '영감'이라고 불렀다'라고 기억한다.'[30]

배다른 형제자매가 있고 넝마주이의 아들이라는 것은 황교안에게 마음의 상처였다. '나는 그것을 (바꿀 수 없지만) 감추고 숨기면서 살 것'이라는 생각이 황교안의 평생을 좌우한 것으로 보인다.[31]

'서울대'와 성균관대. '생애 최초의 시련은 목표로 한 대학에 가지 못했을 때 찾아왔다. 내가 목표로 했던 대학에 가지 못하는 상황은 상상조차 못했기에 그때의 충격과 실망감은 더욱 클 수밖에 없었다. 재수 생활을 견디고 재도전을 했지만, 끝내 목표로 한 학교에는 가지 못하고 성균관대 법학과로부터 합격 통지서를 받았다.

그 당시의 상황을 받아들이는 것이 쉽지 않았고, 대학에 입학한 후에도 학교에 정을 붙이지 못하고 방황하며 첫 학기를 보냈다. 학점도 좋지 않았고 친구들과 쉽게 어울리지도 못했다. 원하는 대학에 가지 못한 답답한 심경을 어머니에게 털어놓아도 공감을 못 해서 아쉬운 적도 있었다. 하지만 어머니는 막내를 위해 아낌없는 위로와 기도를 했다.'[32]

황교안은 이순(耳順)이 되어도 '서울대 콤플렉스'에서 벗어나지 못했다. 이 부분에 '목표로 했던 대학'이나 '목표로 한 학교'는 나오지만 '서울대'는 등장하지 않는다. 그는 '서울대'라는 세 글자를 쓸 수 없고 쓰고 싶지 않다.

이 상황은 『황교안 2017』에 좀 더 자세히 기술되어 있다. '승승장구하던 황교안에게 인생의 첫 시련은 대학입시 때 찾아왔다. 3년 내내 반장을 지내던 자타 공인 범생이(모범생을 뜻하는 은어) 학도호국단 연대장 황교안이 서울대 법대 입시에서 보기 좋게 나가떨어진 것이다.

질풍노도와 같이 거칠 것이 없었던 황교안의 인생 질주에 덜컥 브레이크가 걸린 셈이다.

황교안이 정상적인 과정을 거쳐 대학에 진학을 했다면 76학번이 되어야 맞다. 1년의 공백이 생긴 이유는 고교를 졸업하던 첫해에 서울대 법대를 도전했다가 실패하여 재수를 한 것으로 추측된다. 다음 해 두 번째 도전에서도 역시 서울대 법대의 관문을 넘지 못했다.

황교안은 성균관대 법학과를 지원하여 77학번으로 입학했다. 수재 중의 수재들만 모였다는 경기고 출신들 입장에서 볼 때 성균관대 진학은 절대 성공이라고 말할 수 없는 일이었다.

천하의 '범생이'였던 황교안이 자신이 목표했던 대학에 거푸 두 차례나 낙방한 점은 석연치 않아 보인다. 황교안은 이 문제와 관련하여 공식적으로 코멘트를 한 적이 없어서 추측만 무성할 뿐이다.'[33]

황교안의 인생에서 '질풍노도와 같이 거칠 것이 없었던' 때는 없었다. 그는 질주하지 않았고 질풍노도를 겪지도 않았다. 그는 조심스럽고 신중했다. 항상 그러했고 평생 그러했다.

'황교안은 어린 시절부터 조용하고 착한 모범생이었고 교회에 다닌 성실한 기독교 학생이었다. 대한민국 최고 명문고에서 3년 내내 반장을 하고 총학생회장을 한 화려한 경력의 소유자이다. 이런 수재형 인간들에게 흔히 나타나는 현상은 어느 누구도 말리지 못하는 외골수의 엘리트 의식이다. 거칠게 말하면 천상천하 유아독존적 안하무인의 자존감에 빠져들 가능성이 높다는 것이다.

천하의 엘리트라고 자부한 황교안의 인생에서 서울대 법대 진학 실패, 성균관대 법대 입학이라는 커리어는 마음속 깊은 곳에 지울 수 없는 상처를 남겼을 것으로 추측된다. 서울대 법대 낙방은 아무리 뛰어난 수재라도 인생행로에서 만만치 않은 굴곡이 도처에 널려 있으니 겸손하게 자기 자신을 낮춰야 더 높아질 수 있다는 깨달음을 얻는 계기가 되

었던 것은 아닐까.'[34]

경기고 졸업에 이은 서울대 법대 입학은 황교안의 가족 은폐와 '철의 장막'을 더 완벽하게 만들어 주었을 것이다. 하지만 목표는 고시였고, 서울대 법대는 그 징검다리에 지나지 않았다. 서울대 법대 진학 실패는 고시에 대한 의지를 더욱 불태웠을 수 있다. 천상천하 유아독존의 안하무인이 자신을 낮춰야 한다는 깨달음으로 이어진다는 것은 그 짧은 기간에 어려웠을 것으로 보인다.

'한 인간에게 적당한 양의 콤플렉스는 인생 개척의 강력한 에너지원이 된다. 청년시절 목표한 대학 진학 좌절이라는 실패를 체험하면서 황교안은 스스로를 추스르는 기회를 맞게 된다. 이와 동시에 무서운 집념으로 목표를 향한 새 출발이 시작되었다. 서울대 법대 진학에는 실패했지만, 사법시험에서 실패해서는 안 된다는 교훈도 얻었을 터이다.'[35]

적당한 콤플렉스가 인생 개척의 에너지원이 된다는 말은 인생 경험을 돌아볼 때 맞는 말이다. 그런데 황교안은 지울 수 없는 낙인을 갖고 있고, 그것은 적당한 콤플렉스가 아니라 무한대의 콤플렉스이다. 자신의 의지와 노력으로 어찌할 도리도 없고 변경할 수도 없는 콤플렉스. '무서운 집념'은 무한대의 콤플렉스를 감추고 숨기려는 집념이었다. 기독교, 경기고, '서울대'의 (서울대 입학에는 실패했지만) 외양으로 내면의 콤플렉스를 감출 수 있다고 생각했다.

3.2. 철의 장막 2 – 고시, 검사, 공안검사

고시. '제가 꿈에 대해 생각하기 시작한 것은 고등학생 때입니다. 그 전에는 꿈에 대한 개념이 없어서 친구들 중에 누군가 대통령이 꿈이라고 말하면 그저 피식 웃곤 했어요. 고등학생이 되면서 법조인이 되겠다는 생각을 하기 시작했습니다. 집안 배경이 없더라도 비전을 펼칠 수 있는 것이 법조인이라고 생각했기 때문입니다. 사법시험이라는 관문을 통과하기란 무척 힘든 일이긴 하나, 도전해 볼 만한 꿈이라고 여겼습니다. 검사가 되기로 결심하게 된 겁니다.'[36]

'배경과 비전'은 중립적인 표현이다. 연좌제가 살아있던 시대에, 월남민의 자식은 육사 입학도 안 되던 시대에 '대통령'은 어린 황교안에게도 불가능해 보였을 것이다. 그 대신에 시험은 해볼 만하다. 아니, 해야 한다. 돈도 없고 빽도 없는 월남민 가족의 막내는 시험으로 출세하는 것 외에 다른 길이 없다.

가난한 넝마주이의 막내아들에게 고시는 거의 유일한 탈출구였을 것이다. 성공해야 하고 출세해야 한다. 그에게 원한은 너무나 분명했다. 세상에 대한 원한은 태생적인 것이라서 바꿀 수도 지울 수도 없다. '고시에 붙어 검사가 되어 세상에 복수하리라.'

여기에 박완서의 문학적인 비유를 인용한다.

'왜 있잖아요. 원한 같은 거. 이런 암자인지 움막인지 하는 곳에 몇 년씩 틀어박혀 한눈 한번 안 팔고 출세의 길을 닦으려면 출세에 대한

집념도 집념이지만 세상에 한두 가지쯤 원한이 맺히지 않고는 힘들 것 같아서요.'[37]

황교안에게는 하나의 원한이 맺혀있는데, 그것은 너무 큰 원한이다.

'말희는 팔베개를 하고 누워서 한쪽 벽을 메운 고시용 책들과 방바닥에 상당한 부피가 되어 쌓여있는 주간지들을 눈여겨보았다.

부피로 봐서 많은 책들임에도 불구하고 책이라고는 한 권도 없는 방에서 항용 느끼게 되는 그 방주인의 내면의 황폐를 똑같이 느끼게 해주는 건 참 이상한 일이었다.

그녀는 여태까지 위대해 보였던 남자들의 야망, 사람이 사람을 심판하거나 다스리는 입장에 서보려는 남자들의 야망이 느닷없이 초래해 보이면서 연민 같은 걸 느꼈다.

… 낮잠 속에서 그녀는 괴기한 꿈을 꾸었다.

날은 어둡고 산속에 달만이 휘영청 밝은데 암자 앞 너른 마당에는 암자의 방방에서 쏟아져 나온 수많은 청년들이 눈을 번득이며 숫돌에 칼을 갈고 있었다. 간간이 달빛에 날[刃]을 비춰보며 칼을 갈고 또 갈았다.

달빛에 푸르게 번득이는 칼날과 눈빛에 말희는 심장이 얼어붙는 것 같은 무섬증을 느꼈다. …

청년들은 말희 같은 건 거들떠도 안 보고 묵묵히 칼만 갈고 있었는데도, 말희는 저절로 그 칼이 장차 청년들이 세상에 갖고 나가 휘두를 복수의 칼이라고 알아차렸다.

그것을 저절로 알아차릴 수 있을 만큼 칼을 가는 청년들의 창백한 얼굴에는 세상에 대한 한 가지 이상의 원한이 명확하게 드러나 있다. 그

래서 칼을 가는 분위기는 더욱 살벌하고 귀기(鬼氣)마저 서려 있다.'[38]

'고시용 책들이 보여주는 책 주인의 내면의 황폐, 지배하려는 야망의 초라함, 세상에 대한 원한, 복수의 칼' 등의 말은 이연주의 『내가 검찰을 떠난 이유』가 말하는 사실과 증언을 문학적으로 표현하고 있다.

검사. '대학 졸업반이던 1981년 황교안은 사법시험에 합격했다. 그는 사법연수원을 마치고 1983년 청주지방검찰청에서 검사 생활을 시작했다. 황교안의 초임검사 시절은 전두환 집권기였다. 집권당 민정당은 육사 출신과 서울대 법대 출신이 좌우하던 시절이어서 '육법당'이라고 불렀다.'[39]

황교안은 박정희 정권 시기에 중 · 고등학교를 다니고, 박정희와 전두환 정권 시기에 대학을 다니고, 전두환 정권 시기에 고시에 합격했다. 그래서인지 다음과 같이 말했다. '제게 리더십의 비전을 보여준 분은 박정희 대통령입니다.'[40]

'황교안과 경기고 동창인 노회찬은 '고교 시절 나는 유신 반대 유인물을 뿌리고 다녔고, 황교안은 학도호국단 연대장이었다. 황교안은 그때나 지금이나 가치관이 변한 게 없다. 나와는 많이 달랐다'라고 밝힌 바 있다.'[41] 가치관의 차이도 있겠지만, 다른 점의 뿌리에는 집안 환경의 차이와 영향이 크게 자리 잡고 있었을 것이다.

'법조계 인사들의 증언에 의하면 황교안의 검사 시절 인물평은 '젊은 사람 같지 않게 언행이 진중(鎭重)하고 일을 꼼꼼하게 잘해서 학벌

을 따지는 검찰 조직 내에서도 그를 무시하는 사람이 없었다'라고 한다.'[42]

일을 꼼꼼히 잘하지 않으면 학벌을 따지는 검찰 조직에서 살아남을 수 없었을 것이다. 그리고 검사 황교안의 언행이 진중한 것은 어린 시절 언행이 신중한 것의 연장선에 있다. 가족사를 알고 나서 그는 평생 신중하고 진중할 수밖에 없었다. 황교안이 가볍고 말을 많이 하고 활발해질 수 있겠는가.

'아무튼 나무랄 데 없는 청년인 것은 틀림없겠다 싶으면서도 한편 뭔가 섭섭했다. 자기를 만들려고 작용해 오는 외부적인 것에 저항한 흔적이라곤 전연 없이 너무도 고분고분 잘 만들어졌기 때문이다. 신랑감은 그렇게 울퉁불퉁하거나 껄끄러운 데라곤 한 군데도 없이 다만 매끄러웠다.'[43]

박완서가 초희의 첫 번째 신랑감 조광욱을 묘사한 부분이다. 황교안은 신중하고 진중할 뿐만 아니라 외모도 목소리도 매끄럽다. '울퉁불퉁하거나 껄끄러운 데라곤 한 군데도 없이' 지금도 매끄럽고 평생 매끄럽다.

황교안은 부모와 형제자매에게 반항이나 저항을 하지 못했고 할 수 없었다. 그런 것처럼 그는 박정희의 유신독재에도 전두환의 독재에도 저항하지 않았다. 황교안의 인생에는 저항이 없다. 자기가 바꿀 수 없는 사실(가족사)에 어떻게 저항한다는 말인가. 황교안은 '외부에 저항한 흔적이라곤 전연 없이 너무도 고분고분 잘 만들어졌고 다만 매끄러웠다.'

그래서 황교안은 (박완서의 비유에 따르면) '훤칠한 청년신사였고 머리끝에서 발끝까지 세련되어 있었고 속에 들은 게 많을지는 몰라도 자기의 목소리를 못 가진 사람의 공허함이 있었다.'[44]

공안검사. '황교안이 검사의 여러 갈래 길 중에 하필이면 공안 분야를 택했는지에 대한 단서는 발견되지 않는다. 다만 북한에서 공산당을 체험하고 월남한 부친의 존재를 염두에 두고 볼 때 월남한 부친으로부터 '공산주의는 절대 안 된다'라는 신념을 물려받은 것이 공안통이 된 주요 요인이었던 것으로 추측된다.'[45]

황교안은 무엇이든지 잘 밝히지 않는다. 그가 명백히 밝히는 것은 기독교인이라는 것뿐이다. 기독교인이면서 공안검사, 기독교와 반공은 황교안이 가슴속에 품은 '일란성 쌍둥이'이다.

공안검사가 된 단서. '세 번째 전환점은 공안부와의 만남이다. 공안부는 검찰 내 여러 부서 중의 하나인데, '공안(公安)'은 글자 그대로 '공공의 안녕과 질서를 수호한다'라는 뜻이다. 초임검사 시절에는 공안부에 대해 아는 바가 별로 없는 데다 역량도 못 미친다고 여기고 있었다. 그런데 서울중앙지검에서 근무하고 있던 어느 날, 공안부에 결원이 생겨서 급히 충원이 필요한 상황이 발생하여 내가 그곳으로 파견되었다. 나는 이번 사건이 마무리되면 곧 복귀하리라고 여기며 공안부에서 맡은 일에 최선을 다했는데, 결국 그대로 남게 되었다.'[46]

황교안이 자기의 삶을 변화시킨 세 가지 계기를 들고 있다. 첫째는 교회에 가게 된 것, 둘째는 아내를 만난 것, 셋째는 공안검사가 된 것이다. 그런데 공안검사가 된 것은 우연이고, 단서는 '결원이 생겨서'이다. '이번 사건'이 중요한 사건이었든지, '최선'이 인정받아서 공안부에 남게 되었을 것이다.

'초임검사 시절 황교안은 '특정 사건'에 대해 검사장과 의견 차이가 있었고, 이것이 논란이 되어 청주지검 전체를 들었다 놓았다 할 만한 사태가 생겨났고, 자존심에 손상을 입었고, 사의를 표했고, 차장검사의 말에 사의를 접었다.'[47]

이런 말만으로는 어떤 사건인지, 어떤 논란과 사태가 생겨났는지 알 수 없다. 황교안은 글을 쓰면서 무슨 말인지 알 수 없게 쓴다. 글을 쓰는 것은 자신을 드러내는 행동인데, 그는 글을 쓰면서 자신을 감춘다.

이와 달리 황교안은『황교안의 답』34~37쪽에서 2005년 국정원 도청 사건과 강정구 교수 사건은 상세히 서술했다. 강정구 교수 사건은 황교안의 '삶에 큰 파란을' 일으켰다. 그러고 보면 그는 교회를 만나듯 아내를 만났고 아내를 만나듯 공안부를 만났다.

'황교안을 잘 아는 법조인은 '공안검사 출신들은 (사건 사고를 주로 다루는) 특수부 검사들과는 달리 정치적 성격의 사건을 주로 다루기 때문에 정치를 보는 안목이 꽤 있다'라고 말했다. 공안검사 출신 황교안이 정치적 감각에 문외한이 아님을 우회적으로 표현한 것이다.'[48]

공안, 용공, 종북, 반공만 외치는 검사들에게 정치적 안목이 있다고 보기 어렵다. 그건 정치적 안목이 아니라 '정치적 억압'의 프로파간다이다. 그런 검사들에게는 반공정권에 대한 복종만 있을 뿐이다. 황교안에게는 공안검사가 교회와 같은 역할을 했다. 자신의 출생의 비밀과 가족사를 감추는 철의 장막.

검사 사퇴. '황교안은 노무현 정권 내내 인사 때마다 속칭 '물'을 먹었다. 한 차례 검사장 승진에서 탈락해도 검사복을 벗고 변호사 개업을 하는 것이 검찰의 일반적인 분위기인데, 황교안은 세 차례나 연거푸 고배를 마시고도 요지부동이었다. 그가 검사장에 오른 것은 이명박 정권 출범 후의 일이다. 이런 모습을 보면서 법조계에서는 '황교안은 인내심이 대단하며 권력의지가 만만치 않은 인물'이라는 평이 나돌았다.'[49]

이건 인내심과 권력의지의 문제가 아니라 돈의 문제이다. 검사장도 하지 않고 변호사를 하면 '전관예우' 효과도 현저히 떨어질 것이다. 그보다 더 중요한 게 있다. 그에게 소속이 없어지고 끈이 떨어지면, 그래서 '철의 장막' 하나가 사라지면, 황교안의 존재는 무너질 수 있다. 황교안에게 '검찰의 일반적인 분위기'는 중요하지 않고 고려의 대상도 되지 않는다. 그는 (공안)검사라는 철의 장막을 붙들 수 있을 때까지 붙들어야 한다. 그것은 황교안에게 권력의지의 문제가 아니라 '존재'의 문제이다.

'황교안은 이명박 정권에서 뒤늦게 검사장으로 승진하여 빛을 보기 시작했다. 2011년 부산고검장을 끝으로 검사복을 벗었다.'[50] 왜 검사를 그만두게 되었는지 궁금하다.

3.3. 철의 장막 3 - 장관, 총리, 대통령권한대행

통합진보당 해산. '그 이후 법무법인 태평양 고문 변호사로서 변호사 생활을 하던 중에 2013년 3월 박근혜 대통령의 부름을 받아 법무부장관으로 임명되었다.'[51]

'황교안은 법무부장관 재임 시절 뜻하지 않게 스타덤에 오르게 된다. 대한민국 헌정사상 최초로 원내까지 진출하여 6명의 소속 의원이 활동하고 있는 통합진보당을 위헌(違憲)정당으로 헌법재판소에 제소해 해산시킨 사건' 때문이다.[52]

'겁쟁이'가 권력을 갖게 되면 어떤 일이 일어나는지 여기에서 그 단서를 보게 된다. 그보다 더 중요한 게 있다. 이런 초유의 사건과 활동으로 황교안의 부모와 형제자매는 세상의 관심에서 완전히 잊혀진다는 것. 자기 가족사를 숨기고 감추고 안 보이게 하는 일이라면, 세상 사람을 가족에서 멀리 '떨어뜨려' 놓는 일이라면, 황교안은 이 세상 모든 사람을 교회 쪽으로 인도하고 반공 쪽으로 유인할 용의가 있다.

일요일 시험. 황교안은 공무원시험을 일요일에 치르는 것이 기독교 신자들의 종교의 자유와 예배권을 침해하는 것이라고 주장했다. 이에 대해 헌법재판소는 2001년에 사법고시 1차 시험을 일요일에 시행하는 것이 종교의 자유를 침해하는 것이 아니라고 결정했다. '일요일은 특별한 종교의식일이 아니라 일반적인 공휴일이고, 사법시험은 공무담임의 기회를 제공하는 것이어서 종교의 자유나 행복추구권을 침해한다고 볼 수 없다'라고 판결했다.

이 결정이 황교안에게는 유감이다. '이 결정이 공무원시험을 주일에 치르라는 명령이 될 수는 없다. 정부는 토요일 오후 등 주일이 아닌 기회를 마련하여 공무원시험을 실시하여 모든 국민의 편의를 배려하는 성숙한 행정을 펼쳐야 할 것이다.'[53]

교회법 우선의 원칙. '황교안에게 법규범의 우열순서는 교회법→

국보법→헌법이다. 법 지식을 일관되게 기성체제, 기득권, 강자 옹호 및 반대자와 약자 억압에 사용했던 사람이다. 그런데 민주와 공화의 나라의 총리라니!'[54]

이 말은 2015년 황교안이 국무총리에 취임했을 때 조국 교수가 트위터에 올린 글을 김용삼이 『황교안 2017』에 인용한 것이다. 황교안의 법규범 우열순서를 지적한 조국의 말은 맞을 것이다. 하지만 조국은 황교안에게 기독교와 반공이 쌍둥이라는 점, 그런 순서가 자기 부모와 형제자매를 감추고 숨기려는 '철의 장막'의 다른 표현이라는 점은 보지 못했을 것이다.

기억상실과 뇌손상. 황교안이 법무부장관으로서, 국무총리로서, 대통령권한대행으로서 한 말을 몇 가지만 모아본다. '황교안은 최순실을 모른다. 김학의를 모른다. 박근혜의 수인번호를 모른다. 자신이 국가테러대책회의 의장인지를 모른다.' 집안 배경을 숨기고 감추고 싶은 (무)의식과 그것을 기억하고 싶지 않은 마음이 오래 지속되어서 황교안은 선택적 기억상실증에 걸린 것으로 보인다. (그래서 황교안은 자기 아버지와 어머니, 형제자매의 배경에 대해서도 기억하고 싶지 않을 것이고, 이제는 잘 기억하지 못할지도 모른다.) 그리고 'CEO를 오래 하는 등 권력 행사를 오래 하면 뇌가 심각하게 망가진다는 연구결과가 나왔다.'[55] 황교안의 '모르쇠'는 뭔가 잘못된 것이 아니라 선택적 기억상실증과 '뇌손상'이 결합되어 만들어진 결과일 것이다.

무슨 사태. 그런 결과가 또 하나 있다. 2020년의 "1980년대 하여튼 무슨 사태" 발언이다. 1980년 암흑의 시대에 대학생 황교안은 열심히 고시 공부를 하고 있었다. (그것 자체가 나쁘다는 말은 아니다.) '태생적 콤플렉스'를 갖고 있는 황교안은 시대의 부조리를 알지 못할 뿐만 아니라 보지도 않고 보이지도 않는다. 가족의 역사를 지우고 감추고 숨기면서 그는 시대와 역사에 대해 '장님'이 된다. 2020년 2월 총선 유세 과정에서 황교안은 "1980년대 하여튼 무슨 사태"라고 말했다.[56] 황교안에게는 그 발언이 충격적이지 않고 잘못된 것도 아니다. 그는 '광주'를 몰랐고 지금도 모를 것이다. 그에게 기억나는 것은 대학의 휴교 '사태' 뿐이다.

4. 다시 그 가족으로

황교안의 아버지가 넝마주이를 했다면 (넝마주이는 요즘의 고물상과는 확연히 다른데) 그것은 이재명 아버지의 '시장 청소부'와 비슷한 밑바닥 생활이라고 할 만하다. 황교안의 아버지는 그만큼 생활력이 강했고 가장으로서 책임감이 강했다. (범죄가 아닌 한) 무슨 일을 해서라도 자식들을 먹이고 기르겠다는 책임감.

황교안의 부모는 황교안을 낳아주고 길러주었다. 아버지가 넝마주이였든 아니든, 어머니가 노점상을 했든 안 했든, 아버지나 어머니가 몇 번을 결혼했든, 배다른 형제자매가 있든 없든, 그 아버지와 어머니는 황교안의 아버지와 어머니이고, 그 형제자매는 황교안의 형제자매이다. 황교안의 부모도 형제자매도 황교안에게 잘못한 것이 없다. 황교안도 잘못한 것이 없다. 이 가족사는 분단과 전쟁이 낳은 비극이고, 이런 비극을 황교안 가족만 겪은 것도 아니다.

그러니 황교안은 부모와 형제자매 때문에 친 철의 장막(기독교와 반공, 검사와 공직)을 거두기 바란다. 신중함과 진중함을 집어던지고 점잖은 표정과 목소리를 걷어치우기 바란다. 경기고의 우월감, 성균관대의 열등감, 공안검사의 우월감, 넝마주이 아들의 열등감, 부모와 형제자매의 출신과 배경에 대한 콤플렉스를 버리기 바란다. 부모와 형제자매를 감추고 숨긴 것을 참회하고, 자기 내면의 닫히고 억눌린 마음을 풀어 주기 바란다. 딤스데일 목사가 한 것처럼.[57]

황교안은 자신의 마음 깊은 곳에 묻어두고 쌓아둔 장벽과 장막을 걷고 온 마음으로 부모님을 맞이하고, 감추고 숨긴 부모님을 참회의 눈물로 다시 영접해야 할 것이다.

황교안이 가야 할 곳은 교회나 청와대가 아니라 그의 '부모'이다.

제6장

윤석열

1. 부모님

1.1. 어머니 - 부잣집 외동딸

윤석열의[1] 어머니 최성자에 대해서는 알려진 바가 거의 없다. 대학 강단에 섰다고 하는데[2] 현재로는 확인할 길이 없다. 외할머니에 대해서는 약간 알려져 있다. '외할머니는 2019년 초에 향년 102세로 세상을 떠났다. 18살에 강릉에 있는 외할아버지에게 시집갔는데, 19살에 외할아버지가 돌아가시고 홀로 무남독녀(윤석열 어머니)를 키웠다. 외할머니는 홀몸으로 딸을 데리고 살면서 포목장사를 시작했는데, 관동지방 제일의 포목상이 되었다. 그때 모은 재산으로 강릉 지역의 가난한 영재들에게 장학금을 지급했다. 강릉에서 제11대와 제12대 (1981~1988년) 국회의원을 지낸 고 이봉모 의원이 외할머니의 남동생이다. 이봉모는 1953년 1월에 한양대 학사를, 1962년 1월에 한양대 석사를, 1972년 1월에 고려대 박사를 받았다. 한양대 공대 교수를 지냈고, 1970년대 후반에는 대한해운공사 사장을 지냈다.'[3]

만 나이로 계산하면 외할머니는 1917년생이고, 18살에 결혼했으니 결혼한 해는 1935년이다. 어머니는 1936년생이고 무남독녀이다. 아버지는 1931년생, 윤석열은 1960년생이다. 이봉모는 1930년생으로 누나와 13살 차이가 난다. 이봉모는 조카사위(윤석열의 아버지)보다 한 살 많다.

외할머니는 엄청난 부자였을 것이고, 재산(의 상당 부분)을 무남독녀에게 물려주었을 것이다.

1.2. 아버지 – 권위적 원칙주의자

'아버지 윤기중은 1931년생으로 충청남도 논산 출신이다. 공주농고에 다닐 때 할아버지가 공주에 살 집을 따로 마련하고 뒷바라지할 사람을 딸려 보냈다. 1956년 2월에 연세대 경제학과 학사를, 1958년 2월에 석사과정을 마쳤다. 석사학위 논문은 1958년 12월에 제출했다. 1958년 3월부터 1968년 2월까지 한양대 상경대학 경제학과 조교로 일하고 부교수까지 했다. 한양대에 재직할 동안(1958~1968년) 1966~1968년에 일본 히토츠바시대학교 대학원 경제학연구과에서 공부했다. 일본 문무성 제1호 국비장학생으로 유학을 한 것이다. 귀국해서 1968년 3월부터 연세대 상경대학 응용통계학과 조교수와 교수를 지냈다.'[4]

한 살 많은 처외삼촌 이봉모가 1953년 1월에 한양대를 졸업하고 한양대에서 근무했으니, 그 인연으로 윤기중이 (1958년에) 한양대에서 조교를 시작했을 것으로 추측할 수 있다. 1965년 박정희 정권은 국민의 극심한 반대 속에 미국의 압박과 김종필의 회담으로 일본과 국교를 정상화했다. 바로 그 이듬해에 윤기중이 일본으로 유학을 간 것이다. 윤기중은 출세욕과 명예욕이 높은 자수성가형 인물로 보인다. 고등학교 때 공주에 집을 마련하고 사람을 딸려 보낼 정도였으면 집안이 상당히 부유했을 것이다.

윤기중은 원칙주의자였다. '대학교 때 석열이 콩서리를 하고 집에 들어간 거예요. 그때만 해도 '서리'라고 하는 것이 아이들 장난쯤으로 용인되던 시절이었으니 크게 죄책감은 없었죠. 그런데 그걸 아버지가 알고 (마당에 있던) 고무호스로 종아리를 엄청 때렸어요. '농부가 얼마나 힘들게 지은 농사인데 재미로 서리하면 되느냐'라면서 종아리가 터지도록 때린 거죠.

또 다른 대목에서도 고무호스가 등장한다. 여간해서는 술에 취하지 않는 석열이 하루는 술에 만취해서 친구들에게 업혀 집에 들어간 적이 있다. 그때 부친 윤기중 교수가 대로해서 석열을 마당에 '엎드려뻗쳐'를 시켜놓고 고무호스로 볼기를 쳤다는 이야기이다.'[5]

아버지가 대학생 아들에게 '엎드려뻗쳐'를 시키는 것, 20살 성인을 고무호스로 때리는 것은 그 시대에도 드문 일이고 심한 폭력에 속한다. '아들이 어릴 때에도 아버지는 잘 모르고 아들을 혼낸 적이 있고, 그건 아버지가 오해해서 때린 것이고, 그래서 나중에 아들에게 미안하다고 한 적이 있다.'[6]

윤기중은 성취지상주의형 아버지 중에 적극적으로 개입하는 타입의 전형으로 볼 수 있다.[7] 이렇게 해야 하고 저렇게 해서는 안 된다는 기준을 아버지가 제시하는 것이다. 아들이 그 기준에 이르지 못하는 것을 아버지는 이해하지 못한다. '애비가 혼자 힘으로 공부하고 유학해서 교수까지 했는데, 내 아들이 못 할 것이 무엇이란 말인가. 너도 할 수 있

다.' 초등학교 때 충분히 뛰어놀면서 자랄 나이에 아버지는 아들을 '오해해서 때리고 잘 모르고 혼냈다.'

어린 아들에게 아버지가 그런 폭력을 쓰면 아들은 고분고분해지고 겉으로 순종적인 아이처럼 행동할 것이다. 『구수한 윤석열』 68쪽에 어린 윤석열이 아버지와 찍은 사진이 있다. 아버지는 전형적인 엄한 아버지상을 떠올리게 하는 표정으로 아들을 왼손으로 감싸고 있다. 아들은 두 손을 공손히 모아 잡고 약간 긴장되고 굳은 표정으로 있다. 아버지의 말, '우리 아이, 어려서부터 옳지 않은 일은 한 일이 없어요.'[8] 그런 옳은 행동은 대개 처벌이 두려워서 말을 잘 듣는 아이처럼 한 행동일 가능성이 높다. 그런 두려움으로 아들은 무력해지고, 자존감은 낮아진다. 잘못된 권위에 대한 저항을 생각하지 못하게 될 것이다.

2021년 6월에 보인 윤석열의 '도리도리'는 아버지의 폭력이 아들의 신체에 잠재되어 있다가 무의식적으로 표출된 반응으로 보인다. 도리도리는 정면을 제대로 바라보지 못하는 주눅 든 태도이고 권위에 대한 회피 반응이기 때문이다.[9]

2. 아버지의 권위에 억눌린 청소년기

그래서 윤석열은 '가짜 모범생'이다. 규칙을 지키지 않을 때 오게 될 손해가 두려워서 규칙을 잘 지키고, 불의에 저항할 때 오게 될 불이익이 두려워서 저항하지 못한다. 규칙을 지키지 않는 사람을 보면 억울하게 생각하고, 불의에 저항하는 사람에 대해서는 관심이 없다. 그래서 아래의 이야기는 거짓일 가능성이 높다.

'1980년 5월 18일 직후 전두환의 비상계엄 시기에 서울법대 동아리 형사법학회는 학내 축제기간에 모의형사재판을 진행했다. 모의형사재판에서 5 · 18 광주민주화운동 유혈진압 사건을 다루었고, 검사 역할을 맡은 대학 2학년 윤석열은 그 당시 현직 대통령이던 전두환에게 사형을 구형했다. 전두환 사형구형 이야기는 빠르게 퍼져나갔고, 윤석열은 경찰의 수배를 피해 외할머니가 살고 있는 강릉으로 도피했다.'[10]

이 이야기를 김의겸 의원은 가짜 무용담이라고 했다. '축제기간 중에 서울대 경영대 · 법대 · 음대 학생들이 철야토론을 했고, 그날은 (5월 18일 직후가 아니라) 5월 8일이었다. 그때는 서울이 '해방구'였고, 무슨 말이든지 해도 괜찮은 때였다. 전두환에게 사형을 구형한 것도 아니고 무기징역을 구형한 것이었다. 5월 17일 보안사에 근무하는 먼 친척이 '석열이를 피신시키라'라고 해서 강릉으로 도망간 것이다. 5월 17일 24시를 기해 전국에 계엄이 내려질 것이라는 1급 비밀을 알 정도면 그 친척은 전두환의 측근일 가능성이 높다. 윤석열은 수배를 받은 것이 아니라 별로 한 것도 없으면서 지레 겁먹고 도망간 것이다. 권력의 보호 아래 석 달 동안 강릉에서 안전하고 따뜻하게 지냈다.'[11]

2.1. 도피처 1 - 운동, 또 운동

'성취지상주의형 인간'의 밑바닥에 깔려 있는 정서적 색채는 자기 가치감의 부족이다. 이런 집안의 아이들은 늘 '남에게 좋게 보이고 이기는 것'이 중요하다고 배우고 보면서 자란다.[12] 그런데 아버지의 권위와 폭력을 늘 감내할 수만은 없다. 어떤 식으로든지 그것에서 벗어나야 한다. 어린 윤석열은 그것을 먼저 운동으로 푼 것 같다.

'취재 과정에서 알게 된 것 중에 의외였던 것은 윤석열이 거의 만능 스포츠맨이었다는 것이다. 어릴 때부터 룰을 지키는 데 완고할 정도였다. 초등학교 1~2학년 때 친구들과 동대문운동장에서 스케이트를 배울 때였다.

'선생님이 10바퀴 돌라고 하면 이걸 힘들게 왜 돌아야 하나, 하는 생각에 숨어 있다가 다 돌았다고 하고 갔는데, 석열이는 눈물 콧물 흘리면서도 선생님이 시키는 대로 다 돌았어요.

그 고지식함 덕인지 스케이트도 수준급으로 잘 타고 축구, 농구, 야구도 잘했다. 특히 야구를 잘했다고 하는데, 야구 명문 충암중학교로 전학 왔을 때 선수 하라는 제의를 받을 정도였다고 한다.'[13]

윤석열이 초등학교 때 야구시합을 했는데, '안암동 팀 선수 숫자가 부족해서 석열이가 안암동 팀에 합류했어요. 안암동 팀이 큰 점수 차이로 뒤지면서 승부가 일찍 갈렸어요. 어린 마음에 경기가 이미 끝났다 싶으니까 안암동 팀 친구들이 무성의하게 경기를 했어요. 참패할 상황이 되니까 석열이가 불같이 화를 냈어요. '야 임마, 질 때 지더라도 최선을 다하다가 져야지, 이게 뭐냐?' 친구들이 깜짝 놀랐죠.'[14]

'윤석열은 중랑구에서 중학교를 다녔다. 그는 운동을 좋아했고 방과 후에 친구들과 축구를 자주 했다.'[15] '윤석열은 고등학생 때도 축구나 농구 등 운동을 좋아했다. 10분밖에 안 되는 쉬는 시간에 그리고 방과 후에 친구들과 축구나 농구를 했다.'[16]

'1979년 1월 서울대 법대 본고사장에서 본 석열이는 한눈에 들어올 정도였어요. 키도 크고 덩치도 큰 녀석이 검정색 교복의 단추를 목까지 채우고 앉아 있는데, 딱 봐도 바른생활표 범생이 같았어요.'[17]

스케이트장을 10바퀴 도는 행동에서, 본고사장에서 교복 단추를 목까지 채우고 있는 행동에서 원칙주의자의 모습이 보인다. 그런 모습은 남에게 좋게 보일 것이다. 불같이 화를 내는 행동에서는 윤석열의 강한 승부욕이 보인다. 윤석열은 초 · 중 · 고등학교 때 운동을 많이 한 것 같다. 초등학교 1학년 때 (1967년에) 동대문운동장 스케이트장에서 스케이트를 탈 정도였으면 집안 형편이 상당히 여유로웠을 것이다. 자기 스케이트를 갖고 탄 것이라면 여유로운 정도 이상이었을 것 같다.

이렇게 운동을 많이 하면서 서울대 법대에는 어떻게 들어간 것일까?

'나는 윤석열을 포함해 그 당시 성적 최상위권 친구들을 늘 부러워

했다. 서울대 법대에 들어간 친구들은 나와 다른 별세계에 있는 것 같았다. 우열반 첫 수학 모의고사 때 나는 빵점을 받았다. 수학선생님은 나를 포함해 3명의 수학점수 최저점자들을 교탁으로 불러내 공개 망신을 주었다.

나중에 들은 이야기이지만 수학선생님은 우리에게 일본 대입문제를 풀도록 했다. 그 당시 고교생들은 일본의 대입문제를 풀어보기도 했다. 과외를 했거나 학원에 다니지 못한 나는 처음 본 수학문제에 손도 대지 못했다. 그는 높은 점수를 받았다.'[18]

경제적으로 상당히 여유로웠다면 (운동을 많이 하면서도) 과외를 통해 서울대 법대에 들어갈 수 있었을 것이다. 암기력이 좋고 집중력이 높은 상태에서 입시전문가들로부터 과외를 받았다면 가능했을 것이다.

2.2. 도피처 2 - 음주가무와 두주불사

일반적으로 술과 노래는 억압(권위와 폭력)이나 스트레스에서 벗어나는 중요한 수단이 된다.

윤석열은 1979년 3월에 서울대 법대에 입학했다.[19] '3월 초, 봉천동 사거리의 한 중국집에서 법대 79학번 1학년 개강파티가 열렸다. 1970년대 통기타 가수 송창식의 〈고래사냥〉처럼 '술 마시고 노래하고 춤도 추며' 대학생이 된 기분을 즐기던 중에 갑자기 누군가 빌리지 피플의 〈YMCA〉를 부르기 시작했다. '머리가 짧고 체구가 큰 애가 춤을 추면서 노래를 부르는 거예요. 가사, 음정, 박자도 거의 완벽했죠. 키가 크고 덩치가 커서 둔해 보인다고 생각했는데 율동(?)을 너무 잘해서 충격이었어요.' 곰 같은 윤석열이 보인 노래와 춤은 동기들에게 깊은 인상을 남겼다.'[20]

그때의 또 다른 어느 날 윤석열은 '돈 맥클린의 〈아메리칸 파이〉를 부르는데, 너무 잘 부르는 거예요. 같이 듣던 동기는 플라시도 도밍고를 떠올리며 윤석열에게 '윤라시도 석밍열'이라는 별명을 지어줬습니다.'[21] 그리고 '돈 맥클린의 〈빈센트〉를 반주도 없이 가사도 안 보고 부를 정도로 울림통이 남달랐다.'[22] '대학 1학년 때는 윤석열이 나서서 고고장 미팅을 주선했다. 고고장 미팅은 3월 23일이었다.'[23]

'2012년 윤석열이 결혼하던 날, 결혼식을 마치고 동기들 모임에 윤석열 부부가 합류했다. 친구들이 축가를 요청했는데, 윤석열은 셀프 축가로 캐리 앤 론의 〈I.O.U〉를 불렀다. 또 한 번 난리가 났다. 성량도 목소리도 좋았다.'[24] 노래는 20대 때도 50대 때도 잘 불렀던 것 같다.

'하지만 윤석열의 최대 개인기는 노래도 춤도 아니고 술이다. 두주불사라는 건 널리 알려진 사실이고, 한자리에서 생맥주를 30,000cc까지 마신다. 타의 추종을 불허하는 술 실력이다. 정말 술을 잘 마시고 좋아한다. 윤석열을 설명할 때 술을 빼놓고는 이야기할 수 없다.'[25]

윤석열에게 음주가무(飮酒歌舞)와 두주불사(斗酒不辭)는 한편으로는 20살 대학생의 잘 노는 모습이기도 하지만, 다른 한편으로는 (무의식적으로) '권위적인 아버지'에게서 벗어나는, 벗어나려는 행동이기도 할 것이다.

2.3. 도피처 3 – 법학 이외(요리와 독서)에 빠져들다

해야 할 일을 하지 않고 '딴짓'을 하는 것도 스트레스 해소에 도움이 된다.

'윤석열의 요리솜씨는 수준급이다. 국 같은 걸 끓일 때도 그냥 끓이지 않는다. 육수 내는 자신만의 비법이 있을 정도이다. 대학 다닐 때부터 동기들을 집으로 불러 밥을 해 먹였다. 직접 장을 봐서 요리하는 것은 결혼 전이나 지금이나 같을 것이다. 집 근처 슈퍼나 시장에 장 보러 온 윤석열을 본 사람들이 많을 것이다. 결혼 전에는 후배들을 불러 밥을 해 먹였고, 반려견이나 반려묘의 밥을 직접 만들어 줄 때도 있다. 요리도 잘하지만 소문난 미식가이기도 하다. 그러다 보니 음식에 대해 모르는 게 거의 없다. 음식의 재료, 조리법, 유래 등을 줄줄 꿰고 있고, 즉석에서 음식에 관한 강의도 가능할 정도이다.'[26]

'이 대목에서 그의 엄청난 독서량을 엿볼 수 있다. 윤석열은 한국사나 세계사를 비롯해 모든 역사에 관심이 많아 대학시절부터 역사책을 꾸준히 읽었다. 고시 공부할 때도 잠자리에 들기 전에는 역사책을 읽었다. 단순히 팩트만 이야기하는 것이 아니라 역사학자처럼 역사적 맥락, 세계사적 의미, 인류문명에 미친 영향까지 전방위적이고 입체적으로 이야기를 한다. 역사뿐만 아니라 경제 지식도 해박하다. 밀턴 프리만의 『선택할 자유』를 읽었고, 대학 1학년 때 경제학 개론 수업에서 A+를 받았다. 미시 · 거시 경제는 물론 미국 중앙은행(FRB), 미국 금융제도, 세계 각국의 화폐전쟁 등 국제경제 분야에 상당한 내공을 쌓았다.'[27]

'윤석열은 수다쟁이다. 술자리에서 술만 죽어라 마시는 게 아니라 여러 주제를 놓고 이야기하는 것을 좋아한다. 말이 많을 수밖에 없다. 관심 분야도 다양하고 역사와 경제 분야 책을 많이 읽는다. 타고난 달변가이다.'[28]

(안철수는 '별로 쌓이지도 않은 스트레스를 푼답시고 전자오락실에 돈을 갖다 바쳤지만') 윤석열은 아버지의 폭력과 억압을 풀어야 했다. 수다 떠는 건 그런 스트레스를 푸는 데 좋을 것이다. 법학 공부 이외에 할 수 있는 건 웬만큼 다 한다. 윤석열은 역사나 경제 또는 음식 분야에 관심이 많았던 것 같다.

2.4. 도피처 4 – 오지랖(보스 기질과 인정 욕구의 합작품)

아버지에게 인정받으면 자신감이 생기고 다른 사람에게도 인정받을 것이다. 주변 사람들에게 많이 베풀면 사람들이 모이고 그들로부터 인정을 받게 된다.

'1990년 사법시험 1차가 있던 날, 윤석열은 새벽부터 분주하게 움직였다. 아침식사용 샌드위치, 몇 가지 반찬을 곁들인 점심도시락, 토마토를 갈아 만든 간식용 주스를 만들었다. 만반의 준비를 마치고 지방 출신 동기의 자취방을 찾아가서 친구에게 그것을 모두 건네주었다. 시험 잘 보려면 속이 든든해야 한다고 말하면서.'[29]

역시 1990년, '오지랖이 넓다고 해야 하나? 친구가 결혼해서 맞벌

이하고 있었는데, 친구 부인이 사고가 나서 병원에 입원한 적이 있다. 친구는 어린 두 딸을 집에 두고 출근해야 하는 상황이었다. 윤석열은 일요일 저녁 친구 집으로 갔다. 친구 부인이 병원에서 돌아올 때까지 이틀 동안 아이들 밥을 챙겨주고 놀아주었다. 친구가 출근할 수 있도록 도와준 것이다. 고시를 바로 앞두고 있었는데도.'[30]

'윤석열은 여성과 아이들에게 끔찍이 잘한다. 일찍 결혼한 친구들의 아이들 이름을 다 기억하고 예뻐하죠. 아이들의 백일이나 돌잔치에 빠지지 않고 참석해요. 집들이도요. 갈 때는 아주 좋은 선물을 사서 갑니다. 우리 집 아이 돌잔치 할 때는 석열이가 백수일 때였는데, 좋은 브랜드의 청바지와 청재킷을 사 왔어요. 그것도 5세용으로요. '내가 매년 선물하기는 어려울 수도 있잖아. 그래서 아이가 이 옷을 입을 때마다 나를 기억했으면 좋겠어서.' 아이들 기억 속에 있는 '석열 아저씨'는 따뜻하고 자상한 아저씨이다.'[31]

'1991년 6월 말 지방 출신 동기가 10년 만에 고시를 포기하고 취업과 결혼을 선언하면서 윤석열에게 함진아비를 부탁했다. 윤석열도 7월 2일 사법시험 2차를 앞두고 있었다. 시험 사흘 전에 대구까지 내려가서 함잡이를 한다는 것은 큰 부담이었다. 윤석열은 양해를 요청했고, 동기는 이를 받아들였다. 그런데 함 들어가는 6월 29일, 윤석열은 오후에 고속버스를 타고 내려갔다. 함잡이만 한 것이 아니라 저녁도 같이 먹고 술도 한잔하고 축하도 해주고 다음 날 새벽에 서울로 올라갔다.'[32]

'윤석열은 대학 때부터 많은 동기들과 두루두루 친했다. 모든 동기가 윤석열을 좋게 보는 것은 아니겠지만, 윤석열은 많은 동기들과 좋은 관계를 유지했다. 무골호인(無骨好人)인 것 같으면서도 보스 기질이 있었다. 진중하면서도 그 분위기에 반드시 필요한 역할을 했다.

윤석열은 늘 베푸는 친구였어요. 술이나 밥을 많이 사는 것만이 아니라 마음을 베풀어요. 돈으로도 베풀어요. 동기와 후배들에게 아낌없이 술을 사는 것에는 특출한 재능이 있다고 할 정도로 유명하고, 동기들은 술값 내달라고 윤석열을 부르는 것도 마다하지 않아요.

후배 검사나 수사관이 술값 내달라고 부르면 본인이 직접 나가기도 하고, 시간 없어 못 나가면 다음 날 아침 술값이라도 보낼 정도예요. 그래서 여권 사람들은 '조폭 보스'라고까지 비난하고 매도했지요.'[33]

동기와 후배들에게 술도 사고 밥도 산다. 친구의 어린 딸도 돌봐준다. 동기의 아이 돌잔치 선물을 하는데, 아이가 (옷을 잘 입기를 바랄 뿐만 아니라) 옷을 입을 때마다 자기를 기억하기를 바란다. 당장 자기 시험을 앞두고도 친구의 함잡이를 한다. 동기들과 두루두루 친하다.

아버지에게 인정받고 싶고 동기와 후배들에게 인정받고 싶은 욕구, 심지어 동기의 만 한 살짜리 아이에게도 기억되고 싶은 욕구 등이 이런 오지랖과 베풂을 만든 것 같다.

윤석열은 만능 스포츠맨이고 승부욕이 강하다. 우리나라 최고 대학 서울대 법대에 들어갔다. 음주가무의 대가이고 달변에 두주불사형이다. 수준급의 요리 실력을 갖고 있고, 다양한 분야의 엄청난 독서량과 무한대의 오지랖을 자랑한다. 반려견도 배려하고 인간관계도 좋다. 친구들의 말을 들으면 윤석열은 팔방미인인 것 같다. 그런데 이 많은 '외부 활동'은 아버지의 권위에서 벗어나는 도피처 역할을 한 것으로 보인다.

2.5. 고시 9수 – 법학 공부가 싫은 법대생

사법시험 '8전 9기의 이유 중의 하나는 그의 폭넓은 오지랖 때문이다.'[34]

다른 이유는 '원래 법학교수가 꿈이었기 때문이다. 사법고시 패스는 원래 큰 기대를 하지 않았다. 그런데 법학교수가 실무 경험 없이 강단에 선다면 후배 법학도들이 무슨 생각을 할지 자문하게 되었다.'[35] '사법시험에 8차례나 떨어진 것은 시험 준비에 열과 성을 다하지 않았기 때문이지만 판 · 검사를 목표로 하지 않아 마음의 여유가 있었기 때문이기도 하다.'[36]

또 다른 이유는 '윤석열의 독특한 공부법 때문이다. 윤석열은 일단 도서관에 앉아 한 권씩 파기 시작한다. 서브 노트 없이 그냥 읽는다. 한 2~3시간쯤 지나고 보면 책을 엄청 쌓아 놓았다. 책을 보다가 궁금한 점이 있으면 관련된 책을 다 찾아본다. 그러다 보니 진도를 나갈 수 없다. 그건 고시 공부가 아니라 학문연구이다.'[37]

여러 가지 이유를 드는데, 한마디로 법학 공부를 열심히 하지 않은 것이다. 그리고 집안의 경제 형편이 여유로우니 사법시험 합격이 절실하지 않았던 것이다.[38]

'1989년 12월, 윤석열은 아직도 고시생이다. 실상은 7년 차 '백수'나 마찬가지였다. 20대 꽃다운 시절은 어디로 갔는지 찾을 수도 없고, 이렇다 할 결과물도 없이 30대를 맞이할 판이다. 답답하고 우울한 마음을 공부로 누르고 있을 때였다. 윤석열이 주말에 어머니와 강화도 보문사에 다녀왔다. 거기에서 만난 스님이 '자네는 20대까지는 운이 잘 안 풀려서 힘들고 어렵게 살았을 것이다. 30대가 넘으면 잘 풀릴 것이다'라고 했다. 그러면서 윤석열이 '우리 힘들었던 20대 시절을 생각하며 바르게 살사'라고 말했다.'[39]

운동하고 독서하고, 술 마시고 노래하고, 춤추고 미팅하고, 장 보고 요리하고, 수다 떨고 두주불사하고, 친구 많고 오지랖 넓고, 간간이 고시 공부하고. 인생 최고의 '황금기'를 보낸 것 같다. 그런데 윤석열은 고시 공부를 오래하는데도 사법시험에 합격하지 못해서 힘들었다고 생각하는 것 같다. 다른 사람이 볼 때는 '꽃다운 시절'이 맞을 것이다.

그렇게 힘들면 고시 공부를 안 하면 된다. 답답하고 우울한 그 짓을 왜 10년씩이나 하고 있는가? 집안의 기대와 권유, 자기의 생각, 법대의 성격과 분위기 등 여러 가지 이유가 있었을 것이다. 윤석열은 그런 '이유'의 노예가 된 것이다.

돈이 보인다. 윤석열에게는 돈을 대준 부모님이 있었기 때문에 7년씩 '백수'로 버틸 수 있었다. (다른 친구들은 고시를 포기하고 취직했다. 이재명이나 이낙연이라면 어림도 없었다.) 집안의 경제 형편상 9수를 할 만했다. 그 이상도 할 수 있었지만 9수 만에 합격했다.

3. 권력을 휘두르는 검사 - 무력감이 권력욕으로 변하다

3.1. 검사, 변호사, 다시 검사

윤석열은 1991년에 사법시험에 합격하고 1994년에 사법연수원을 수료했다. 35살의 초임검사였다. '늦게 사법시험에 합격했지만 초임검사 시절에도 윤석열은 달변에 두주불사형이었고, 그러다 보니 친화력도 좋아서 동료 선후배 검사들과 잘 적응하고 관계도 좋았다.'[40]

'2001년, 윤석열은 부산지방검찰청으로 발령받아 대학 동기 부장검사를 만나게 된다. 2001년 어느 날, 부산 지역에 있는 서울법대 동기들의 모임이 있었다. 윤석열은 어느새 사라지고 없었다. 새벽에 나타난 윤석열은 서울에서 내려온 동기를 숙소로 데려가 재우고 다음 날 해장국을 먹여 버스 타는 곳까지 배웅했다.'[41]

'며칠 뒤 전화가 왔어요. 서울이라고. 무슨 일로 왔냐고 했더니 '너 서울 가는 거 보니까 나도 서울 가고 싶더라. 그래서 사무실에 들어가서 사표를 썼어'라고 하더라고요. 워낙 늦게 검사가 됐으니 여러 가지로 부침이나 고민이 많겠다는 생각이 들었어요. 직장에서 묘한 이질감 같은 것을 느끼지 않았을까요?'[42]

대학 동기는 부장검사이고 자기는 평검사라는 데서 많은 '부침과 고민'이 있었을 것이다. 그런데 부침과 고민은 '친화력도 좋고 동료 선후배 검사들과 잘 적응하고 관계도 좋았다'라는 말과 어울리지 않는 것 같다.

'2002년 윤석열은 법무법인 태평양의 변호사로 변신했다. 그런데 변호사로 변신한 지 한 달 만에 검사로 돌아갈 궁리를 했다. 1년 만에 다시 검사로 복귀했다.'[43]

윤석열의 말, '검찰청사에 들렀을 때 야근하는 검사실에서 짜장면 냄새가 풍기는 거야. 얼마나 그립던지…. 그 냄새가 내가 있어야 할 곳은 검찰 조사실이라는 것을 일깨워준 거지.'[44]

검사를 할 만했는데 '부침과 고민'이 있어서 그만두었다. 그래서 변호사를 했는데 자기가 있을 자리가 아닌 것 같아서 그만두었다. 짜장면 냄새도 있고 검사는 할 만한 것 같아서 검사로 돌아갔다. 윤석열은 할 만한 일은 하고 할 만하지 않은 일은 안 하면서 살았다.

'아버지도 아니면서 나에게 아버지처럼 권위적으로 구는 인간들은 보고 싶지 않다. 그런데 법조계에 그런 유형의 인간들이 너무 많다. 그렇다면 을보다는 갑이 낫고, 변호사보다는 검사가 낫겠다. 검찰로 최종 낙착을 본다.'

3.2. '사람에게 충성하지 않고 조직에 충성하다'

그렇게 다시 검사가 되었다. '2013년 10월 서울고검의 국정감사가 있던 날, 윤석열은 국정원 대선개입 의혹사건 수사에 윗선의 외압과 수사 방해가 있었다고 폭로한다. 국정원 댓글사건 수사의 본질은 권력기관 국정원이 대선에 개입했느냐 안 했느냐이다. 권력기관에 소속된 공무원이 국가 예산으로 선거에 부당하게 개입하는 행위, 이것은 전형적인 국기문란 사건이고 헌정질서 파괴행위이다.'[45]

그 당시 정갑윤 새누리당 의원은 윤석열에게 다음과 같이 말했다. '세간의 조폭보다 못한 조직처럼 이게 무슨 꼴이냐. 윤 지청장은 사람에게 충성하는 게 아니냐?' 윤석열의 대답, '사람에게 충성하지 않기 때문에 이런 말을 할 수 있는 겁니다.'[46]

사람에게 충성하지 않고 조직에 충성하는 '조직형 인간'이 탄생하는 순간이다.

검찰은 '합법적 조폭'이고 윤석열은 철저한 조직형 인간이자 조직주의자이다.[47] 조직 안에 있으면서 조직을 방패막이로 삼고 조직의 힘으로 사는 자는 자신의 두 발로 독립적으로 땅을 딛고 있는 성숙한 인격체가 아니다. 조직형 인간은 더 강한 권력 앞에서는 '노예형 인간'으로 전락할 가능성이 높다.

헌정질서 파괴라면 수사를 해야 한다. 이 말이 맞는 말이어서 다른 곳에 적용한다. '김학의 사건의 본질은 김학의가 성접대와 뇌물을 받았는지 안 받았는지 하는 것이다. 검찰의 '스폰서'와 전별금은 뇌물인지 아닌지 하는 것이 본질이다. 성공한 쿠데타는 처벌할 수 없는지 있는지 하는 것이 본질이다.' 문제의 본질에 접근하는 것이 필요하고 중요하다.

3.3. '수사권 갖고 보복하는 깡패'

'2016년 11월 박근혜 · 최순실 국정농단에 대한 특검이 출범하게 된다. 윤석열은 처음에 특검팀 합류를 고사했다. 정권을 향한 보복성 수사라는 우려가 있었기 때문이다. 이에 대해 윤석열은 '검사가 수사권 갖고 보복하면 그게 깡패이지 검사입니까?'라고 말했다. 윤석열은 특검팀에 합류했다.'[48]

'박근혜 대통령 측 서석구 변호사는 특검의 정치적 중립성이 의심된다고 비난했다. 이에 대해 윤석열은 '중립성은 국민이 알아서 판단하는 것'이라며 수사에 더 속도를 냈다.'[49]

검찰이 수사권 갖고 보복하지 않는다는 말에는 단서를 달아야 한다. '검찰 조직을 건드리지 않는 한.' 건드리면 있는 대로 다 한다. 이른바 '조국 사태'와 가족 수사에서 보았다. 수사권으로 보복했으니 검사는 깡패이다.

'내부의 검사들마저 인사로 보복하는 검사들이 국민에게 수사로 보복하지 않으리라는 보장이 없다.'[50] 검찰 간부들은 평검사들을 '징계로 보복하고 보직을 하사해서 충성을 얻는다.'[51] 검찰 간부들은 '반드시 보복하고 인사로 보복하고 나중에라도 보복한다. 검찰은 복수를 하는 조폭 집단이다.'[52] '그래서 '검사가 인사권 가지고 보복하면 그게 깡패지 검사입니까?'라는 말은 윤석열에게 돌려주어야 한다.'[53]

필자가 '국민으로서 알아서 판단하건대' 성공한 쿠데타를 처벌할 수 없다는 검찰은 (군사)독재정권의 '충실한 개'이고 전혀 중립적이지 않았다. 그런 검찰을 개혁하려는 민주적인 정부에 대해 검찰은 '하이에나'이고 역시 전혀 중립적이지 않다.

'검찰은 과거에 독재정권과 권위적 정부의 시녀로 기능했는데, 이것이 가능하려면 검찰 수뇌부나 간부들로서는 자기의 지시에 절대 순종하고 불의에 침묵하는 검사들이 필요하다. 그래서 강력한 상명하복의 조직문화를 구축하게 된다.'[54]

3.4. 인간사냥과 돈 사냥

'조국 사태'에 대한 김민웅의 말, '국민은 대통령에게 장관 임명과 같은 권리를 위임했다. 조국 수사는 쿠데타와 같은 유형의 반란이자 위법적인 행위이다.'[55]

유시민의 말, '조국 사태를 통해 우리 모두는 언제든지 구속될 수 있구나 하는 것을 깨닫게 되었다. 검찰이 조국 가족을 털 때처럼 하면 안 걸릴 사람이 없을 것이어서 우리는 항상 검찰과 법원에 감사해야 한다.'[56]

검찰은 '아무나 수사하는 조직'이 아니다. 검찰의 권력(수사권과 기소권, 기소독점주의와 기소편의주의 등)을 건드리는 사람에 대해서만 특별히 무한수사를 하는 조직이다.

그래서 '검찰 조직은 허가받은 범죄조직이다. 밖으로 정의와 공정의 얼굴을 하고 있지만 안은 무법천지이다. 오직 자신들의 전리품을 얻으려고 움직일 뿐이다. 전리품을 얻으려면 인간사냥을 해야 한다. 사냥의 끝에 전리품이 있고 그 전리품으로 만찬을 즐긴다. 언론은 몰이꾼 역할을 한다. 노무현 대통령의 자살처럼. 검찰이 표적으로 삼으면 죽어야 끝난다는 것을 고 노무현 대통령은 알고 있었다.'[57]

인간사냥의 또 다른 사례 마광수. '그는 소설 『즐거운 사라』 때문에 구속되었다가 집행유예로 풀려난 뒤 '조사과정에서 받은 치욕은 뼈를 깎아내도 지워지지 않는다'라고 말했다.'[58]

인간사냥의 질정은 조국과 그 가족에 대한 검찰의 수사였다.[59]

'인간사냥'은 가끔 있는 일이고 '본업'은 돈 사냥이다. '검사들은 수사권과 기소권을 이용해서 검찰청 안에서 피의자와 딜을 하여 뇌물죄를 저지른다. 검사들은 자신들에게 범죄를 저지를 특권이 있는 것처럼 행동한다. 동료들도 이를 묵인하고 방조한다.'[60]

'검찰은 검찰 간부들의 왕국이다. 힘 있을 때 자기 패거리를 인사로 끌어 주고 트러블이 생기면 시원하게 무마해준 다음에 변호사로 개업해서 자기가 현직에 있는 동안 베푼 은혜를 수금하러 온다.'[61]

그래서 전관예우의 본질은 '당당한 수금원'이고, 이 경우에 조직형 인간은 수금원형 인간이기도 하다.

'마피아와 욕망이야말로 검사를 이해하는 핵심 키워드이다. 윤석열 총장은 검찰 안팎에서 알아주는 조직론자이다. 조직을 자기와 동일시한다는 것이다. 보스들이 피로 지킨 '나와바리'를 자기 대에 무참히 잃을 수는 없을 것이다.

그 나와바리는 검사들에게 재산 축적의 원천이다. 변호사 개업을 목전에 둔 검찰 간부들은 검찰 개혁에 결사 항전할 수밖에 없다. 모 검사장은 퇴임 전에 '내가 선배들이 가져오는 사건 봐줘서 적금을 넣어놨는데, 나는 적금을 못 찾아 먹는다는 거잖아'라고 말했다.

경찰에서 송치된 사건을 검사가 불기소처분하거나 검사에게 신청한 압수수색영장이나 구속영장을 꺾는 것은 검찰 전관 변호사에게는 엄청난 먹거리이다.

변호사가 될 검찰 간부들에게 검찰 개혁이란 부조금을 다 돌렸는데 자기 관혼상제에는 부조금을 챙겨 먹을 수 없게 되거나, 곗돈을 부어놨는데 계주가 잠적한 상황이나 마찬가지이다.

검찰이 진짜 마피아와 닮은 점이 있는데, 그것은 오메르타라는 침묵의 규율이다. 조직의 비밀을 외부에 발설한 자에게 피의 보복을 하는 것이다. 수사관들까지 '우리 검찰의 수치를 공공연히 알린 임은정 검사와 서지현 검사는 더 이상 검찰 가족으로 볼 수 없다'라고 말했다.'[62]

'검찰의 수치'를 없애면 될 일이다. 수치를 갖고 있는 것이 나쁜가, 수치를 알리는 것이 나쁜가? 그런 면에서 검찰은 수치스러운 조직이다.

3.5. 권력을 갈망하는 기회주의자

'검사들은 권력을 얻고 유지하는 것에만 온몸의 감각이 집중된 탓에 인간의 마음을 느끼는 능력이 퇴화하여 괴물이 되어버렸다. 조직을 사

랑한다는 핑계로 인간을 향해 오만한 칼날을 찍어 누른다.'[63]

'권력 중독자와 마약 중독자의 뇌가 비슷하다는 연구결과가 있다. 권력감을 느끼는 사람일수록 감정이 들뜨는 기분을 느낀다. 그것이 심해지면 자신의 가치에 대한 과대망상이 생기고, 자신의 위대함에 대한 환상에 빠진다.'[64]

'검사들은 자기부정과 비판을 못 참는다. 부정적인 감정을 견디지 못한다. 타인의 관점은 관심도 없고 이해하지도 못한다. 자기부정의 메시지를 받으면 과도하게 방이적으로 굴면서 남을 탓하고 비난한다.'[65] '윤석열 총장은 싫은 소리를 못 듣고, 싫은 소리를 하는 사람을 용서하지 않는다.'[66]

'검사들은 가진 권력이 막강한 탓에 남들이 자신을 두렵고 어려운 존재로 바라보는 데 익숙해지기 쉽고, 그러고 나면 더 나은 인간이 되려고 노력하지 않는다. 모자라고 치사하고 탐욕스러운 자신의 내면을 들여다보고 부끄러워하는 일 따위는 하지 않는 것이다.'[67]

'내게 가장 소중한 것이 사법시험이나 사법연수원 성적 혹은 그로 얻게 된 지위인 사람들은 이렇게 초라하다. 타인과 비교하거나 타인을 억압하는 것만으로 자신의 훌륭함을 드러낼 뿐이다.'[68]

점수와 권력이 인간성을 파괴한다는 적나라한 증명이다. 판 · 검사들은 자기중심형 인간이면서 점수형 인간이다. 또는 점수형 인간이 자기중심형 인간을 만든다고 할 수 있다.

검사들은 권력을 좇는 '기회주의자들이다. 기회주의자들은 지향하는 가치와 신념이 없어서 어느 쪽에도 붙을 수 있지만, 누구의 편도 아니기에 언제나 배신할 준비가 되어 있다. 심지어 과거의 자신마저 배신하기도 한다. 그런 기회주의자들은 자신들의 이익을 위해서는 가장 잔인해질 수 있다.'[69]

'검찰은 법을 집행한다는 핑계로 세상에 악을 퍼뜨리는 조직이고, 영원한 불량품으로 남아 있는 조직이고, 앞으로도 바뀌지 않을 조직이다.'[70]

'윤석열은 검찰이라는 주식회사를 1인 회사처럼 운영했다.'[71] 윤석열은 그런 조직의 보스였고 이제 한 나라의 '보스'가 되려고 한다.

'우리에게는 없지만 독일에는 법왜곡죄(독일형법 제339조)가 있다. 이 조항은 검찰과 법원이 법을 왜곡해서 적용할 경우 검사 · 판사를 처벌하는 법이다.'[72]

우리는 왜 이런 법을 못 만드는가? 기득권을 갖고 있는 조직의 이기주의 때문이 아닐까?

4. 해야 하는 결혼! 할 만한 대통령?

먼저 대통령. 윤석열이 최고 권력을 잡겠다고 생각한 계기에 여론조사 지지율 변화를 들지 않을 수 없고, 이 지지율 변화에 조국과 추미애의 영향을 들지 않을 수 없다.

검찰개혁은 시대의 과제이다. 조국과 추미애가 검찰개혁을 강력하게 추진하려고 했다. 검찰의 저항은 더 강력하고 완강했다. 검찰의 조국 가족 수사는 '살아있는 권력의 수사'로 여겨졌다. 추미애 법무부장관은 윤석열 검찰총장에 대해 직무배제 결정과 정직 2개월의 중징계를 내렸다. 법원은 윤석열의 집행정지 가처분신청을 받아들였고 윤석열은 업무에 복귀했다. 윤석열은 언론에 '탄압받는 약자'로 그려졌고 '의로운 총장'으로 보이게 되었다.[73] 2020년 12월 현재 현직 검찰총장인데도, 그래서 정치를 할 것이 아닌데도, 윤석열은 대선후보 여론조사 지지율 1위를 달렸다. '여론조사 지지율이 상당히 높네. 대통령도 할 만하겠는데? 이러다가 대통령 되는 거 아니야?' 할 만한 것 같다. 그럼 한다. 할 만하면 하고 안 할 만하면 안 하는 것, 그것이 윤석열의 '인생철학'이다. '나는 내 페이스대로 간다'라는[74] 말이 뜻하는 바가 바로 이것이다. 2021년 3월 윤석열은 검찰총장을 사퇴했다.

윤석열은 딱히 정치철학도 정치이념도 없다. 그런 건 가질 만하지 않았다. 검사로 활동하면서 과도한 권력욕을 갖게 되었을 뿐이다.

그런데 결혼. 윤석열의 인생에서 할 만해서 하지 않고 해야 하기 때문에 한 것, 하지 않으면 안 되기 때문에 한 유일한 사건이 결혼으로 보인다. 2012년 3월 53살의 나이에[75] 왜 그렇게 갑자기 결혼을 했는지 의아하다. '안전한' 대검찰청 강당에서 결혼식을 하면서 서초경찰서에 신변보호 요청까지 한 건[76] 더 의아하다. 신변보호는 생명과 신체의 안전을 위협받고 보복을 당할 우려가 있을 때 요청하는 제도이다. 윤석열은 자기 결혼식이 모두에게 널리 알려 축복받는 자리가 아니라 생명과 신체의 안전을 위협받고 보복을 당할 우려가 있는 자리라고 생각한 것인가? 2021년 7월 현재 나라는 온통 '쥴리'로 난리다.[77]

윤석열은 집안형 인간을 넘어 자기중심형 인간이고 나[我]형 인간이라는 점에서 안철수, 홍준표, 황교안과 (생애는 다르지만) 비슷하다. 그런데 검찰총장까지 한 극명한 '조직형 인간'이라는 점에서 그들과 구분된다. 조직형 인간은 '조폭형 인간'과 멀지 않다. 사람에게 충성하지 않는다는 말은 조직에 충성하는 조폭형 인간이라는 것을 뜻한다. 조폭형 인간은 두목에게 충성하므로 사람에게 충성한다고 볼 수 있는데, 스스로 두목이 된 인간은 조직을 지키는 데 충성하는 조직형 인간이 된다.

검사 출신 홍준표는 '검찰 조직이 "조폭 같은 의리로 뭉쳐 국민 위에 군림"한다면서 검찰의 조직문화를 비판했다.'[78] 아마 홍준표가 검찰총장을 했으면 윤석열처럼 (또는 윤석열 이상이) 되었을 것 같고, 윤석열이 검사로 퇴직했으면 홍준표처럼 되었을 것 같다. 홍준표는 '검사 출신의 윤석열'이고, 윤석열은 '총장 출신의 홍준표'이다.

마지막으로 한마디. 윤석열은 '1982년 병역 신체검사에서 짝눈이라고 부르는 부동시(不同視)로 병종 판정을 받고 전시근로역으로 병역 의무가 면제되었다.'[79]

맺음말

사회형 인간과 집안형 인간

대선후보로 언급되면서 대선후보 여론조사에 등장하는 몇몇 주요 인물의 사회화 과정과 삶을 살펴보았다. 책을 맺으면서 몇 마디 정리한다.

우리는 프롤로그에서 (인간의 자아와 인성의 형성 과정에서) 자기 자신과 집안의 부귀영화를 주로 생각하고 행동하는 인간을 집안형 인간으로, 사회와 역사를 생각하면서 행동하는 인간을 사회형 인간으로 정의했다. 제1장~제6장에서는 대선후보들의 사회화 과정, 말과 글, 행동과 태도, 의식과 무의식을 분석했다.

우리의 정의에 따르면 이완용이나 전두환 같은 인간은 집안형 인간이고 자기중심형 인간이다. 안중근이나 전태일은 사회형 인간이다. 문익환 목사가 사회형 인간이라면 전광훈 목사는 집안형 인간이다. 전광훈은 조직형 인간이기도 하다.

집안형 인간이나 조직형 인간은 공적인 활동을 하는 공직의 대표, 리더, 지도자로서 부적합하다. 집안형 인간은 (사회에 해를 주지 말고) 집안에서 혼자 잘 먹고 잘사는 것이 낫다. (그들이 음지에서 노블리스 오블리제를 실천한다면 매우 바람직한 일이다.) 많은 사람들과 관련되는 공공의 업무, 즉 공직은 사회형 인간이 맡는 것이 바람직하다. 이런 공직은 선거로 선출되는 공직을 말한다.

그러면 판 · 검사와 같이 시험으로 선발되는 공직에서는 어떠할까? '검찰, 법원, 고위직 공무원은 1960년대부터 (투표로 심판을 받지 않고 국가시험으로 임명된) 살아있는 권력이다.'[1] 그래서 이제 국가시험에서 얼마나 많은 지식을 암기했는지 하는 것으로 사람을 선발하는 것을 근본적으로 재고해야 할 것 같다. 그런 암기시험은 최소한으로 줄이고 지원자가 집안형 인간인지 사회형 인간인지를 구분, 판별, 판단할 수 있는 방법을 고민해야 할 것 같다.

뉴스와 인터넷을 보면, 판 · 검사 출신 전관 중에 일부는 변호사로 일하면서 대략 100억 원을 번다고 한다. 필자는 그들을 '100억 원형 인간'으로 정의하고 싶다. 인생의 목표와 자신의 정체성이 돈 100억 원에 있는 인간. (앞에서 본 것처럼 이들은 '수금원형 인간'이기도 하다.)

이런 '수금'이 일부 판 · 검사 출신의 전관들에게만 일어나는 것은 아니다. 규모는 작고 금액은 적지만 우리 사회의 여러 곳에서 일어난다. 2021년 언론에 보도된 이른바 'LH사건'은 공무원 세계에서 빙산의 일각에 불과할 것이다. SNS에 돌아다니는 말, '지금 구속되어도 평생 받을 연봉의 몇 배를 벌었으니 상관없다'라는 말은 어느 비정상적인 미치광이의 말이 아니다. 우수한 성적의 정상적인 보통 합격생의 말일 것이다. 그들은 모두 누군가의 아들딸, 오빠와 동생, 형과 누나일 것이다. 사회와 국가가 청소년들에게 암기공부로 '고문'을 하니 합격한 청년들이 나중에 힘 있는 지위에 올랐을 때 그 '보상'을 받으려는 것이다. 시험의 급이 (예를 들어 9급에서 7급으로) 높아질수록 고문의 정도가 높아지니 보상심리의 정도도 높아진다. 5급 공채시험(이전의 사법, 외무, 행정고시 등)은 시험의 급이 최고로 높아 고문의 정도도 최고로 높고, 그래서 보상심리의 정도도 최고로 높은 것이다. 그리고 그런 패턴이 멀리 조선시대부터 지금까지 반복되는 것이다. 정약용의 『목민심서』를 읽으면 알 수 있다.

선출직 공직의 논의로 돌아온다. 이 책에서 언급한 대선후보들은 모두 1950~1960년대에 태어났다. 그래서 1970~1980년대에 10~20대를 지냈다. 박정희와 전두환 정권 때 청소년기를 보냈다. 청소년기에 그 독재 시기를 어떻게 생각하고 살았는지 하는 것이 그들의 사회화, 그리고 가치관과 역사관 형성에 주요한 요인이 되었을 것이다. 그 독재에 별생각 없이 자신의 부귀영화만 생각하고 살았는지, 그 독재에 대해 생각하고 고민하고 행동하며 살았는지 하는 것이 그들의 삶의 방향을 결정하는 데 큰 영향을 미쳤을 것이다. 역으로 말하면, 그들이 이미 어떤 사회화 과정을 겪고 어떤 가치관을 갖고 있었기 때문에 그 독재 시기를 그 가치관에 따라 살았을 것이다.

박정희와 전두환 정권은 군사독재와 대통령 독재의 시대였다. 대통령 독재의 시대가 거하니, 김대중과 노무현 정부 때에 '의회 독재'의 시대가 열렸다. 의회 독재의 시대가 거하니, '검찰 독재'의 시대가 열렸다. 검찰 독재는 이전부터 있었는데, 그게 대통령 독재와 의회 독재에 가려 잘 안 보였다. 역으로 말하면, 국민이 공공연히 검찰을 '조폭'이라고 알게 된 것은 검찰 독재가 보일 만큼 한국사회가 민주화되었다는 증거이다. 검찰이 민주화되면 아마 사법부 독재가 보일 것이다. 사법부 독재 다음에는 재벌 독재와 언론 독재가 보일 것이다. 재벌 독재와 언론 독재는 오래전부터 있었는데, 사회가 민주화될수록 그 독재가 국민에게 잘 보일 것이다. '기레기'는 독재 언론과 재벌 언론의 '종업원'이다. 오늘날 기자들 중에는 기레기도 있고 가짜뉴스 생산자도 적지 않은데, 기레기들이 잘 보인다는 것은 전에 안 보이던 것들이 이제 잘 보인다는 말이고, 한국사회가 그만큼 민주화되었다는 증거이다. 그래서 검찰 독재가 잘 보이는 것은 한국사회가 나빠진 것이 아니라 좋아진 것이다. 검찰 조직이 정권과 국민에게 반항하는 것을 보면 검찰 독재의 시대가 끝을 향해 가고 있다는 것을 알게 된다. 이 모든 독재의 근원에는 돈의 독재, 그래서 자본의 독재가 자리 잡고 있을 것이다.

이 땅의 민중과 시민은 동학농민혁명, 3 · 1운동, 4 · 3항쟁, 4 · 19혁명, 1970년대 반유신투쟁, 5 · 18광주항쟁, 1987년 민주화 대투쟁, 2016~2017년의 촛불혁명에 이르기까지 부당한 권력과 정권에 끊임없이 저항하고 투쟁했다. (이 저항의 역사는 일제의 탄압, 군정, 이승만 독재, 5 · 16쿠데타, 유신독재, 광주학살, 6 · 29선언, 3당 합당 등으로 왜곡되고 굴절되기도 했다.) 이 투쟁은 앞으로도 계속될 것이다. 불의와 부당함에 맞서 저항하고 투쟁하는 것이 민주주의의 본질이다. 그러면 한국사회는 앞으로 검찰 민주화, 사법부 민주화, 재벌 민주화, 언론 민주화, 시민 민주화로 나아갈 것이다.

사회 · 역사적인 맥락에서 살펴본 대선후보들의 삶과 사회화 과정을 필자의 개념으로 요약한다.

이재명은 사회형 인간이다. 사회와 역사에 대한 고민과 행동을 보여주는 유형이다. 이재명 외에는 (정도의 차이는 있지만) 모두 집안형 인간으로 볼 수 있다.

이낙연은 행동보다 말을 많이 보여주고, 자신의 품위를 고려하여 행동하는 유형이다. 안철수, 홍준표, 윤석열은 자기중심형 인간이자 나[我]형 인간으로서 천상천하 유아독존형 인간이다. 윤석열은 여기에 조직형 인간이라는 특성이 더해진 유형이다. 황교안은 조직형 인간 뒤에 숨은 집안형 인간이다.

사회 · 역사적인 맥락이 아니라 개인의 관점에서 사회화 과정을 보면 다음과 같이 비유적으로 표현할 수 있다. 안철수와 홍준표는 '아버지에 갇힌' 유형이다. 안철수는 아버지의 칭찬에, 홍준표는 아버지의 카리스마에 갇혀 있다. 안철수는 아버지의 칭찬과 세상의 인정을 받으려고 하고, 홍준표는 아버지처럼, 아버지와 똑같이 카리스마 있게 행동하고 싶어 한다. 황교안은 가족에, 윤석열은 조직에 갇힌 유형이다. 황교안은 가족(부모와 형제자매)의 비밀을 숨기느라고 대외적으로 기독교와 반공의 삶을 선택했다. 윤석열은 조직의 구성원으로 행동하고 조직의 보스로 군림하는 것 이외에 세상의 상식을 알지 못한다. 상식과 동떨어진 '1일 1망언'을 하는 이유가 바로 여기에 있다. 이낙연은 품위에 갇힌 유형이다. 품위 있고 멋있게 말하는 것에 갇혀 있다. 이재명은 '아버지'를 극복하고 사회와 세상을 제대로 보게 되었다. 무엇에, 어디에 갇히지 않은 유형이다.

어떻게 살았는지를 보면 어떻게 살 것인지 알 수 있고, 무엇을 했는지를 보면 무엇을 할 것인지 알 수 있다. 사람은 쉽게 변하지 않는다.

출처

머리말 – 상식

1 헌법 제67조 1항, '대통령은 국민의 보통 · 평등 · 직접 · 비밀선거에 의하여 선출한다.'
2 '노회찬 진박선언!!'(https://www.youtube.com/watch?v=5uFBul5dgzM) 참조.
3 '김경일 인지심리학자#02'(https://www.youtube.com/watch?v=F9n812q0828) 참조.
4 '박근혜 논리 오지던 시절'(https://www.youtube.com/watch?v=eIgbKZmGnlk) 참조.

프롤로그 – 사회화, 자아와 인성의 형성

1 비판사회학회 엮음, 『사회학』, 157쪽. 강경미, 『발달심리학』, 323, 332~336쪽
2 비판사회학회 엮음, 『사회학』, 157~158쪽
3 비판사회학회 엮음, 『사회학』, 158~159쪽
4 비판사회학회 엮음, 『사회학』, 160~161쪽. 권석만, 『성격심리학』, 154~172쪽. 김태형, 『대통령 선택의 심리학』, 7쪽
5 비판사회학회 엮음, 『사회학』, 161쪽
6 비판사회학회 엮음, 『사회학』, 162쪽
7 비판사회학회 엮음, 『사회학』, 163쪽
8 비판사회학회 엮음, 『사회학』, 164쪽. 쿨리, 『사회조직의 이해』, 404~405쪽 참조.
9 쿨리, 『사회조직의 이해』, 36쪽
10 미드, 『정신 · 자아 · 사회』, 266쪽. 'I는 자신의 눈으로 바라보는 나, 주체적으로 행동하는 자아, 자유롭고 자율적이고 창조적인 나이고, me는 타자의 눈으로 바라보는 나, 자신의 행위를 대상화하고 그 결과를 생각하여 생겨나는 자아, 타자의 가치관이나 태도로 결정된 상태의 나이다. 인간의 자아는 주체적 · 능동적 자아와 객체적 · 사회적 자아가 상호작용하면서 발달하는 역동적인 통합체로 구성된다.'(미드, 『정신 · 자아 · 사회』, 265~311쪽 참조.)
11 미드, 『정신 · 자아 · 사회』, 244~248쪽. 권석만, 『성격심리학』, 191~197쪽. 비판사회학회 엮음, 『사회학』, 164~165쪽

12 프로이트, 『꿈의 해석』, 731~732, 738, 758쪽
13 비판사회학회 엮음, 『사회학』, 173쪽
14 비판사회학회 엮음, 『사회학』, 173~174쪽
15 사회형 인간과 집안형 인간의 개념은 김태형이 말한 공익추구형 인간과 사익추구형 인간으로 이해할 수도 있다. 김태형, 「심리분석으로 살펴본 노무현과 이재명」, 57~72쪽 참조.

제1장 이재명

1 이재명, 『고난을 통해 희망을 만들다』, 4쪽. 이재명 · 서해성, 『이재명의 굽은 팔』, 18, 21, 231쪽. 이재명, 『이재명은 합니다』, 14, 28쪽. 조정미, 『나의 소년공 다이어리』, 15쪽
2 엄광용, 『파워풀 이재명』, 134쪽
3 이재명, 『고난을 통해 희망을 만들다』, 4쪽. 이재명 · 서해성, 『이재명의 굽은 팔』, 24~25쪽. 서득현 · 배관지, 『이제 이재명이다』, 28~29쪽
4 서득현 · 배관지, 『이제 이재명이다』, 28~29쪽. 조정미, 『나의 소년공 다이어리』, 15~17쪽
5 조정미, 『나의 소년공 다이어리』, 18쪽
6 서득현 · 배관지, 『이제 이재명이다』, 29쪽. 40리가 정확한 것인지 의문이 든다.
7 이재명 · 서해성, 『이재명의 굽은 팔』, 25쪽
8 조정미, 『나의 소년공 다이어리』, 19쪽
9 이재명 · 서해성, 『이재명의 굽은 팔』, 26~27쪽
10 조정미, 『나의 소년공 다이어리』, 19쪽
11 이재명 · 서해성, 『이재명의 굽은 팔』, 27쪽
12 이재명 · 서해성, 『이재명의 굽은 팔』, 27~29쪽. 서득현 · 배관지, 『이제 이재명이다』, 31쪽
13 이재명 · 서해성, 『이재명의 굽은 팔』, 28쪽
14 조정미, 『나의 소년공 다이어리』, 19~20쪽
15 조정미, 『나의 소년공 다이어리』, 21쪽
16 이재명 · 서해성, 『이재명의 굽은 팔』, 30~31쪽
17 조정미, 『나의 소년공 다이어리』, 22쪽
18 이재명 · 서해성, 『이재명의 굽은 팔』, 31~32쪽
19 이재명 · 서해성, 『이재명의 굽은 팔』, 29쪽
20 이재명 · 서해성, 『이재명의 굽은 팔』, 22~23쪽
21 이재명 · 서해성, 『이재명의 굽은 팔』, 23쪽. 서득현 · 배관지, 『이제 이재명이다』, 32쪽
22 이재명 · 서해성, 『이재명의 굽은 팔』, 21, 24쪽. 서득현 · 배관지, 『이제 이재명이다』, 29~30쪽. 조정미, 『나의 소년공 다이어리』, 16쪽
23 이재명 · 서해성, 『이재명의 굽은 팔』, 36~37쪽
24 이재명 · 서해성, 『이재명의 굽은 팔』, 37~38쪽. 조정미, 『나의 소년공 다이어리』, 16쪽
25 이재명 · 서해성, 『이재명의 굽은 팔』, 38쪽
26 이재명 · 서해성, 『이재명의 굽은 팔』, 24쪽

27 서득현 · 배관지, 『이제 이재명이다』, 33쪽. 조정미, 『나의 소년공 다이어리』, 25~26쪽

28 이재명 · 서해성, 『이재명의 굽은 팔』, 73쪽. 서득현 · 배관지, 『이제 이재명이다』, 33쪽. 조정미, 『나의 소년공 다이어리』, 25쪽

29 조정미, 『나의 소년공 다이어리』, 26쪽

30 서득현 · 배관지, 『이제 이재명이다』, 34쪽. 조정미, 『나의 소년공 다이어리』, 29쪽

31 조정미, 『나의 소년공 다이어리』, 26~27쪽

32 조정미, 『나의 소년공 다이어리』, 26~27쪽

33 이재명, 『이재명은 합니다』, 20~21쪽. 서득현 · 배관지, 『이제 이재명이다』, 33~34쪽

34 이재명 · 서해성, 『이재명의 굽은 팔』, 44~45, 79쪽. 서득현 · 배관지, 『이제 이재명이다』, 34쪽

35 이재명 · 서해성, 『이재명의 굽은 팔』, 45~46쪽

36 이재명 · 서해성, 『이재명의 굽은 팔』, 46, 79쪽. 서득현 · 배관지, 『이제 이재명이다』, 34쪽

37 이재명 · 서해성, 『이재명의 굽은 팔』, 47, 79쪽

38 이재명 · 서해성, 『이재명의 굽은 팔』, 48쪽. 이재명, 『이재명은 합니다』, 14쪽

39 이재명 · 서해성, 『이재명의 굽은 팔』, 49, 80쪽. 이재명, 『이재명은 합니다』, 14쪽

40 이재명 · 서해성, 『이재명의 굽은 팔』, 49, 52쪽. 이재명, 『이재명은 합니다』, 15쪽

41 이재명 · 서해성, 『이재명의 굽은 팔』, 49~50쪽

42 이재명 · 서해성, 『이재명의 굽은 팔』, 50~51쪽

43 이재명 · 서해성, 『이재명의 굽은 팔』, 52쪽. 조정미, 『나의 소년공 다이어리』, 65쪽

44 이재명 · 서해성, 『이재명의 굽은 팔』, 52, 80쪽

45 이재명 · 서해성, 『이재명의 굽은 팔』, 52~53쪽

46 이재명 · 서해성, 『이재명의 굽은 팔』, 53쪽

47 이재명, 『이재명은 합니다』, 16~18쪽

48 이재명 · 서해성, 『이재명의 굽은 팔』, 56~57쪽

49 이재명 · 서해성, 『이재명의 굽은 팔』, 56쪽

50 이재명 · 서해성, 『이재명의 굽은 팔』, 57쪽. 김용민, 『마이너리티 이재명』, 23쪽

51 이재명 · 서해성, 『이재명의 굽은 팔』, 58쪽. 서득현 · 배관지, 『이제 이재명이다』, 36쪽. 김용민, 『마이너리티 이재명』, 23쪽

52 이재명 · 서해성, 『이재명의 굽은 팔』, 58~59쪽

53 이재명 · 서해성, 『이재명의 굽은 팔』, 59쪽

54 이재명 · 서해성, 『이재명의 굽은 팔』, 60, 80쪽

55 이재명 · 서해성, 『이재명의 굽은 팔』, 60쪽

56 이재명 · 서해성, 『이재명의 굽은 팔』, 54, 61쪽. 이재명, 『이재명은 합니다』, 16~17쪽

57 이재명 · 서해성, 『이재명의 굽은 팔』, 62쪽. 서득현 · 배관지, 『이제 이재명이다』, 38쪽

58 이재명 · 서해성, 『이재명의 굽은 팔』, 80쪽. 이재명, 『이재명은 합니다』, 15쪽

59 이재명 · 서해성, 『이재명의 굽은 팔』, 64~65, 80쪽

60 이재명 · 서해성, 『이재명의 굽은 팔』, 66~67쪽

61 이재명 · 서해성, 『이재명의 굽은 팔』, 68쪽

62 이재명 · 서해성, 『이재명의 굽은 팔』, 65, 69쪽

63 이재명 · 서해성, 『이재명의 굽은 팔』, 69~70쪽

64 이재명 · 서해성, 『이재명의 굽은 팔』, 70쪽

65 이재명 · 서해성, 『이재명의 굽은 팔』, 77, 80, 110쪽

66 이재명, 『이재명은 합니다』, 30~31쪽

67 이재명 · 서해성, 『이재명의 굽은 팔』, 75, 77~78쪽. 김용민, 『마이너리티 이재명』, 25쪽. 백승대도 그 시대에 (성남이 아니라) 의정부 중앙시장에서 화장실에 갈 때 10원을 내고 들어간 적이 있다. 백승대, 『이재명, 한다면 한다』, 19쪽 참조.

68 이재명 · 서해성, 『이재명의 굽은 팔』, 54~55쪽

69 이재명 · 서해성, 『이재명의 굽은 팔』, 54~55쪽. 조정미, 『나의 소년공 다이어리』, 47쪽

70 이재명, 『이재명은 합니다』, 18~19쪽

71 이재명 · 서해성, 『이재명의 굽은 팔』, 62쪽. 이재명, 『이재명은 합니다』, 19쪽. 서득현 · 배관지, 『이제 이재명이다』, 38쪽

72 이재명, 『이재명은 합니다』, 20쪽

73 이재명 · 서해성, 『이재명의 굽은 팔』, 63쪽. 이재명, 『이재명은 합니다』, 20쪽. 조정미, 『나의 소년공 다이어리』, 48~49쪽

74 이재명, 『이재명은 합니다』, 23쪽

75 이재명 · 서해성, 『이재명의 굽은 팔』, 62~63쪽

76 서득현 · 배관지, 『이제 이재명이다』, 39쪽

77 이재명 · 서해성, 『이재명의 굽은 팔』, 63, 238쪽. 이재명, 『이재명은 합니다』, 24쪽

78 이재명 · 서해성, 『이재명의 굽은 팔』, 63쪽. 조정미, 『나의 소년공 다이어리』, 49쪽

79 이재명 · 서해성, 『이재명의 굽은 팔』, 65~66, 68쪽

80 이재명 · 서해성, 『이재명의 굽은 팔』, 67~68쪽. 서득현 · 배관지, 『이제 이재명이다』, 40쪽

81 이재명 · 서해성, 『이재명의 굽은 팔』, 84~85쪽

82 이재명 · 서해성, 『이재명의 굽은 팔』, 63, 68, 238쪽. 이재명, 『이재명은 합니다』, 24쪽

83 이재명 · 서해성, 『이재명의 굽은 팔』, 68쪽

84 서득현 · 배관지, 『이제 이재명이다』, 43~44쪽

85 이재명 · 서해성, 『이재명의 굽은 팔』, 84쪽. 조정미, 『나의 소년공 다이어리』, 51쪽

86 이재명, 『이재명은 합니다』, 21쪽. 아버지의 말은 (요샛말로) '음성 지원'이 되는 것 같다.

87 조정미, 『나의 소년공 다이어리』, 29, 36쪽

88 이재명, 『이재명은 합니다』, 21쪽. 조정미, 『나의 소년공 다이어리』, 37쪽

89 이재명 · 서해성, 『이재명의 굽은 팔』, 84~85쪽

90 이재명, 『이재명은 합니다』, 21~23쪽. 조정미, 『나의 소년공 다이어리』, 38~39쪽

91 이재명, 『이재명은 합니다』, 31~32쪽. 서득현 · 배관지, 『이제 이재명이다』, 42쪽

92 이재명, 『이재명은 합니다』, 32쪽

93 이재명, 『이재명은 합니다』, 32쪽. 서득현 · 배관지, 『이제 이재명이다』, 42~43쪽

94 서득현 · 배관지, 『이제 이재명이다』, 43쪽

95 조정미, 『나의 소년공 다이어리』, 71~72쪽

96 조정미, 『나의 소년공 다이어리』, 74~75쪽

97 조정미, 『나의 소년공 다이어리』, 76~77쪽
98 조정미, 『나의 소년공 다이어리』, 77쪽
99 조정미, 『나의 소년공 다이어리』, 85~88쪽
100 조정미, 『나의 소년공 다이어리』, 88~89쪽
101 조정미, 『나의 소년공 다이어리』, 89쪽
102 조정미, 『나의 소년공 다이어리』, 90~91쪽
103 조정미, 『나의 소년공 다이어리』, 92쪽
104 조정미, 『나의 소년공 다이어리』, 92~94쪽. 서득현 · 배관지, 『이제 이재명이다』, 41쪽
105 조정미, 『나의 소년공 다이어리』, 145~146쪽
106 조정미, 『나의 소년공 다이어리』, 32~33쪽
107 조정미, 『나의 소년공 다이어리』, 214~216쪽
108 이재명 · 서해성, 『이재명의 굽은 팔』, 20쪽. 이재명, 『이재명은 합니다』, 28쪽
109 이재명 · 서해성, 『이재명의 굽은 팔』, 20~21쪽
110 조정미, 『나의 소년공 다이어리』, 29쪽
111 조정미, 『나의 소년공 다이어리』, 35, 98쪽
112 조정미, 『나의 소년공 다이어리』, 35, 99쪽
113 이재명 · 서해성, 『이재명의 굽은 팔』, 85, 88쪽. 이재명, 『이재명은 합니다』, 24쪽
114 이재명, 『고난을 통해 희망을 만들다』, 5쪽. 조정미, 『나의 소년공 다이어리』, 35, 39쪽
115 이재명 · 서해성, 『이재명의 굽은 팔』, 85~87, 240쪽
116 이재명 · 서해성, 『이재명의 굽은 팔』, 87쪽
117 이재명 · 서해성, 『이재명의 굽은 팔』, 88쪽. 이재명, 『이재명은 합니다』, 25쪽
118 이재명 · 서해성, 『이재명의 굽은 팔』, 89쪽
119 이재명 · 서해성, 『이재명의 굽은 팔』, 89, 241쪽. 이재명, 『이재명은 합니다』, 26쪽
120 이재명 · 서해성, 『이재명의 굽은 팔』, 89~90쪽. 서득현 · 배관지, 『이제 이재명이다』, 39~40쪽
121 이재명 · 서해성, 『이재명의 굽은 팔』, 90쪽
122 서득현 · 배관지, 『이제 이재명이다』, 46쪽
123 이재명, 『이재명은 합니다』, 26쪽
124 조정미, 『나의 소년공 다이어리』, 40~42쪽. 김용민, 『마이너리티 이재명』, 31쪽
125 이재명 · 서해성, 『이재명의 굽은 팔』, 92쪽
126 조정미, 『나의 소년공 다이어리』, 117~126쪽
127 이재명 · 서해성, 『이재명의 굽은 팔』, 91쪽. 이재명, 『이재명은 합니다』, 37쪽. 서득현 · 배관지, 『이제 이재명이다』, 47~49쪽
128 이재명 · 서해성, 『이재명의 굽은 팔』, 91~92쪽
129 이재명 · 서해성, 『이재명의 굽은 팔』, 92, 240쪽. 서득현 · 배관지, 『이제 이재명이다』, 49쪽
130 이재명 · 서해성, 『이재명의 굽은 팔』, 92쪽. 이재명, 『이재명은 합니다』, 37쪽. 서득현 · 배관지, 『이제 이재명이다』, 46~47쪽
131 이재명 · 서해성, 『이재명의 굽은 팔』, 93쪽. 서득현 · 배관지, 『이제 이재명이다』, 47쪽
132 이재명, 『이재명은 합니다』, 37쪽. 서득현 · 배관지, 『이제 이재명이다』, 46~47쪽

133 이재명 · 서해성, 『이재명의 굽은 팔』, 93쪽. 이재명, 『이재명은 합니다』, 38쪽
134 이재명 · 서해성, 『이재명의 굽은 팔』, 94, 242쪽. 김용민, 『마이너리티 이재명』, 33, 37쪽
135 서득현 · 배관지, 『이제 이재명이다』, 49~50쪽
136 이재명 · 서해성, 『이재명의 굽은 팔』, 94쪽. 이재명, 『이재명은 합니다』, 40쪽
137 이재명, 『이재명은 합니다』, 39~40쪽
138 이재명 · 서해성, 『이재명의 굽은 팔』, 94쪽. 김용민, 『마이너리티 이재명』, 37쪽
139 이재명 · 서해성, 『이재명의 굽은 팔』, 96쪽
140 이재명, 『이재명은 합니다』, 37, 39, 41쪽
141 이재명, 『이재명은 합니다』, 39쪽. 김용민, 『마이너리티 이재명』, 33, 36쪽
142 이재명, 『고난을 통해 희망을 만들다』, 5쪽. 이재명, 『이재명은 합니다』, 42쪽. 김용민, 『마이너리티 이재명』, 33~34쪽
143 이재명 · 서해성, 『이재명의 굽은 팔』, 94~95쪽. 이재명, 『이재명은 합니다』, 38쪽. 김용민, 『마이너리티 이재명』, 38~39쪽
144 이재명, 『이재명은 합니다』, 38, 43~44쪽. 김용민, 『마이너리티 이재명』, 34~35쪽
145 이재명 · 서해성, 『이재명의 굽은 팔』, 102~103, 242쪽. 이재명, 『이재명은 합니다』, 42~43쪽
146 이재명 · 서해성, 『이재명의 굽은 팔』, 95~96쪽
147 이재명 · 서해성, 『이재명의 굽은 팔』, 95쪽
148 이재명 · 서해성, 『이재명의 굽은 팔』, 98~99쪽. 이재명, 『이재명은 합니다』, 33, 43쪽. 서득현 · 배관지, 『이제 이재명이다』, 43~44쪽
149 이재명 · 서해성, 『이재명의 굽은 팔』, 99쪽. 이재명, 『이재명은 합니다』, 33쪽
150 이재명, 『이재명은 합니다』, 33쪽. 서득현 · 배관지, 『이제 이재명이다』, 44쪽
151 이재명 · 서해성, 『이재명의 굽은 팔』, 94, 99쪽. 이재명, 『이재명은 합니다』, 32~33쪽. 서득현 · 배관지, 『이제 이재명이다』, 44~45쪽
152 조정미, 『나의 소년공 다이어리』, 202쪽
153 이재명, 『이재명은 합니다』, 34~35쪽
154 백승대, 『이재명, 한다면 한다』, 17쪽
155 이재명, 『이재명은 합니다』, 27~28, 35쪽
156 조정미, 『나의 소년공 다이어리』, 197~201쪽
157 이재명, 『이재명은 합니다』, 47, 53~54쪽
158 조정미, 『나의 소년공 다이어리』, 223~224쪽
159 이재명, 『고난을 통해 희망을 만들다』, 5쪽
160 이재명, 『이재명은 합니다』, 47쪽
161 이재명, 『이재명은 합니다』, 47~48쪽
162 이재명, 『이재명은 합니다』, 48쪽
163 이재명 · 서해성, 『이재명의 굽은 팔』, 98쪽. 이재명, 『이재명은 합니다』, 49쪽. 서득현 · 배관지, 『이제 이재명이다』, 52~53쪽
164 이재명, 『이재명은 합니다』, 50쪽
165 이재명, 『이재명은 합니다』, 51쪽. 서득현 · 배관지, 『이제 이재명이다』, 52~53쪽

166 서득현 · 배관지, 『이제 이재명이다』, 52~53쪽

167 이재명, 『고난을 통해 희망을 만들다』, 6쪽. 이재명, 『이재명은 합니다』, 51쪽

168 이재명, 『이재명은 합니다』, 5쪽

169 서득현 · 배관지, 『이제 이재명이다』, 119쪽

170 서득현 · 배관지, 『이제 이재명이다』, 142, 199쪽

171 이재명, 『이재명, 대한민국 혁명하라』, 25, 36쪽. 서득현 · 배관지, 『이제 이재명이다』, 16, 140, 144쪽. 박정희에 관해서는 백무현 · 박순찬, 『만화 박정희』 참조.

172 이재명, 『이재명은 합니다』, 92쪽. 서득현 · 배관지, 『이제 이재명이다』, 158~159쪽

173 서득현 · 배관지, 『이제 이재명이다』, 161~162쪽

174 서득현 · 배관지, 『이제 이재명이다』, 166쪽

175 이재명, 『이재명, 대한민국 혁명하라』, 83~84쪽

176 이재명, 『이재명, 대한민국 혁명하라』, 51~52쪽

177 이재명 · 서해성, 『이재명의 굽은 팔』, 219쪽

178 이재명 · 서해성, 『이재명의 굽은 팔』, 219~220쪽

179 이재명 · 서해성, 『이재명의 굽은 팔』, 36, 220쪽

180 이재명 · 서해성, 『이재명의 굽은 팔』, 225쪽

181 이재명, 『이재명, 대한민국 혁명하라』, 61쪽. 서득현 · 배관지, 『이제 이재명이다』, 167, 198쪽

182 서득현 · 배관지, 『이제 이재명이다』, 172쪽

183 이재명의 삶은 '역경 후 성장'의 전형적인 모습을 보인다. 역경 후 성장에 대해서는 권석만, 『성격심리학』, 549~551쪽 참조. 그런데 이와 다른 해석도 볼 수 있다. '내 눈에 비친 이재명은 시정잡배 이상도 이하도 아니다. 어쩌다가 성남시장이 되었고 경기지사도 되었다. 그를 경기지사로 뽑아준 경기도민에게도 크게 실망했다. 어떻게 그런 사람을 지지하고 도지사로 뽑아준단 말인가. 이재명은 쓰레기 인간 같았다.'(오풍연, 『F학점의 그들』, 101~102쪽) '이재명에게는 경기지사도 너무 과분하다. 내가 오죽하면 경기도민도 제정신이냐고 물었겠는가.'(오풍연, 『F학점의 그들』, 97쪽) '이재명은 대권주자가 될 수 없고 되어서도 안 된다. 기본 바탕이 틀렸기 때문이다.'(오풍연, 『F학점의 그들』, 103쪽) 이런 글이 차기 대통령 후보 12명의 해부인가? 오풍연의 '기본 바탕은 틀리지' 않았는가?

184 이재명 · 서해성, 『이재명의 굽은 팔』, 226쪽

185 서득현 · 배관지, 『이제 이재명이다』, 70~72쪽

186 강영호, 『지금은 이재명』, 193~197쪽. 짧은 문장이 더 깊이 있고 좋다는 것을 이 사진집에서 또 확인하게 된다. '주옥같은' 글이 사진집 곳곳에 박혀 있다.

187 서득현 · 배관지, 『이제 이재명이다』, 121~123쪽

제2장 이낙연

1 서주원, 『이낙연의 길』, 43쪽. 이낙연 · 문형렬, 『이낙연의 약속』, 31쪽

2 서주원, 『이낙연의 길』, 27, 43~47쪽

3 서주원, 『이낙연의 길』, 134~137쪽

4 이낙연 외, 『어머니의 추억』, 46~47쪽
5 이낙연 외, 『어머니의 추억』, 49쪽. 서주원, 『이낙연의 길』, 27쪽
6 이낙연 · 문형렬, 『이낙연의 약속』, 37쪽. 그 말을 한 배경은 이낙연 · 문형렬, 『이낙연의 약속』, 37~39쪽 참조.
7 이낙연 외, 『어머니의 추억』, 7~8쪽. 이낙연 · 문형렬, 『이낙연의 약속』, 31쪽
8 서주원, 『이낙연의 길』, 23~25쪽. 이낙연의 아버지도 정규학교를 다닌 적이 없다. 이에 대해서는 박상주, 『낙연쌤의 파란펜』, 193~194쪽 참조.
9 이낙연 외, 『어머니의 추억』, 75쪽. 서주원, 『이낙연의 길』, 25~26, 43쪽
10 서주원, 『이낙연의 길』, 26쪽
11 이낙연 외, 『어머니의 추억』, 17~20쪽
12 이낙연 · 문형렬, 『이낙연의 약속』, 30~31쪽
13 이낙연 외, 『어머니의 추억』, 20~21쪽. 서주원, 『이낙연의 길』, 27~28쪽
14 이낙연 외, 『어머니의 추억』, 97, 176쪽
15 이낙연 외, 『어머니의 추억』, 96쪽. 서주원, 『이낙연의 길』, 28쪽
16 서주원, 『이낙연의 길』, 28~29, 31, 33~34, 146쪽
17 서주원, 『이낙연의 길』, 34~35쪽
18 이낙연 외, 『어머니의 추억』, 22~23쪽. 서주원, 『이낙연의 길』, 36쪽
19 서주원, 『이낙연의 길』, 32, 35쪽
20 서주원, 『이낙연의 길』, 37쪽
21 이낙연 외, 『어머니의 추억』, 62~63쪽
22 이낙연 외, 『어머니의 추억』, 41쪽
23 이낙연 외, 『어머니의 추억』, 52쪽. 이낙연 · 문형렬, 『이낙연의 약속』, 98쪽
24 이낙연 외, 『어머니의 추억』, 124쪽
25 이낙연 외, 『어머니의 추억』, 166~167쪽
26 이낙연 외, 『어머니의 추억』, 63~64쪽
27 이낙연 외, 『어머니의 추억』, 64~65쪽. 서주원, 『이낙연의 길』, 50쪽
28 이낙연 외, 『어머니의 추억』, 112~113쪽
29 이낙연 외, 『어머니의 추억』, 113~117쪽
30 이낙연 외, 『어머니의 추억』, 159~162쪽
31 이낙연 외, 『어머니의 추억』, 184~185쪽
32 이낙연 외, 『어머니의 추억』, 25쪽
33 이낙연 외, 『어머니의 추억』, 66~67쪽
34 이낙연 외, 『어머니의 추억』, 50~51, 61쪽
35 이낙연 외, 『어머니의 추억』, 36, 48쪽
36 서주원, 『이낙연의 길』, 163쪽
37 서주원, 『이낙연의 길』, 164쪽
38 서주원, 『이낙연의 길』, 165~166쪽
39 서주원, 『이낙연의 길』, 166쪽

40 이제이, 『어록으로 본 이낙연』, 68쪽. 서주원, 『이낙연의 길』, 143, 145~146쪽
41 서주원, 『이낙연의 길』, 146쪽
42 이제이, 『어록으로 본 이낙연』, 52쪽. 서주원, 『이낙연의 길』, 147쪽
43 이낙연, 『이낙연의 낮은 목소리』, 198쪽. 유종민, 『총리의 언어』, 52~53쪽
44 이낙연, 『이낙연의 낮은 목소리』, 198쪽. 서주원, 『이낙연의 길』, 145, 148~149쪽
45 이낙연, 『이낙연의 낮은 목소리』, 198쪽. 서주원, 『이낙연의 길』, 148~149쪽
46 서주원, 『이낙연의 길』, 150쪽
47 이제이, 『어록으로 본 이낙연』, 68쪽. 서주원, 『이낙연의 길』, 148쪽
48 이제이, 『어록으로 본 이낙연』, 68~69쪽
49 이낙연 외, 『어머니의 추억』, 34~35쪽
50 이낙연, 『이낙연의 낮은 목소리』, 198쪽. 서주원, 『이낙연의 길』, 197쪽. 성종선 선생님의 이름이 정종선으로 되어 있는 책도 있다. 이 책에서는 성종선으로 표기한다.
51 서주원, 『이낙연의 길』, 197~198쪽
52 서주원, 『이낙연의 길』, 199쪽
53 서주원, 『이낙연의 길』, 203, 206쪽
54 이낙연, 『이낙연의 낮은 목소리』, 200쪽
55 서주원, 『이낙연의 길』, 202, 204쪽
56 이낙연, 『이낙연의 낮은 목소리』, 201쪽
57 김봄, 『스스로에게 엄중한 남자 이낙연』, 143쪽. 서주원, 『이낙연의 길』, 122쪽. 이낙연 · 문형렬, 『이낙연의 약속』, 22쪽
58 서주원, 『이낙연의 길』, 122~123쪽
59 이낙연 · 문형렬, 『이낙연의 약속』, 22쪽
60 비판사회학회 엮음, 『사회학』, 417~418쪽. 사치 취향과 필요 취향, 빈민이나 민중계급의 '거리낌 없는 솔직한 식사' 등에 대해서는 부르디외, 『구별짓기: 문화와 취향의 사회학 上』, 334~362쪽 참조.
61 이낙연 · 문형렬, 『이낙연의 약속』, 23쪽. 독서실을 운영한 이 청년은 나중에 큰 기업의 회장이 되었다. 이낙연 · 문형렬, 『이낙연의 약속』, 34쪽 참조.
62 이제이, 『어록으로 본 이낙연』, 78, 81쪽. 김봄, 『스스로에게 엄중한 남자 이낙연』, 143쪽. 서주원, 『이낙연의 길』, 57, 221쪽. 이낙연 · 문형렬, 『이낙연의 약속』, 23~24쪽
63 이낙연 · 문형렬, 『이낙연의 약속』, 26~27쪽
64 서주원, 『이낙연의 길』, 123쪽
65 유종민, 『총리의 언어』, 106~107쪽. 서주원, 『이낙연의 길』, 122~123, 221, 224쪽. 이낙연 · 문형렬, 『이낙연의 약속』, 25쪽
66 이제이, 『어록으로 본 이낙연』, 82~83쪽
67 이낙연 외, 『어머니의 추억』, 37쪽. 이제이, 『어록으로 본 이낙연』, 83쪽. 이낙연 · 문형렬, 『이낙연의 약속』, 27쪽
68 유종민, 『총리의 언어』, 106~107쪽. 서주원, 『이낙연의 길』, 224~225쪽. 이낙연 · 문형렬, 『이낙연의 약속』, 33쪽. 그 친구는 고등학교 동기 김장열이다.
69 유종민, 『총리의 언어』, 114~115, 289쪽

70 이제이, 『어록으로 본 이낙연』, 79쪽. 서주원, 『이낙연의 길』, 59쪽
71 이제이, 『어록으로 본 이낙연』, 79쪽. 서주원, 『이낙연의 길』, 57, 59쪽
72 이제이, 『어록으로 본 이낙연』, 79쪽
73 이제이, 『어록으로 본 이낙연』, 80쪽
74 유종민, 『총리의 언어』, 113~114쪽. 서주원, 『이낙연의 길』, 59쪽
75 유종민, 『총리의 언어』, 115, 289쪽
76 서주원, 『이낙연의 길』, 59~62쪽
77 서주원, 『이낙연의 길』, 62쪽
78 서주원, 『이낙연의 길』, 63쪽
79 이제이, 『어록으로 본 이낙연』, 85쪽. 서주원, 『이낙연의 길』, 123, 125쪽
80 이제이, 『어록으로 본 이낙연』, 62~63쪽
81 이제이, 『어록으로 본 이낙연』, 63쪽
82 서주원, 『이낙연의 길』, 125쪽
83 이제이, 『어록으로 본 이낙연』, 63쪽
84 서주원, 『이낙연의 길』, 125~126쪽
85 유종민, 『총리의 언어』, 61쪽
86 서주원, 『이낙연의 길』, 246쪽
87 서주원, 『이낙연의 길』, 246쪽. 이낙연 · 문형렬, 『이낙연의 약속』, 101쪽
88 유종민, 『총리의 언어』, 61~62쪽. 서주원, 『이낙연의 길』, 248쪽
89 유종민, 『총리의 언어』, 113쪽
90 이제이, 『어록으로 본 이낙연』, 204쪽
91 이제이, 『어록으로 본 이낙연』, 269, 275쪽
92 이제이, 『어록으로 본 이낙연』, 87쪽. 서주원, 『이낙연의 길』, 126~127쪽
93 이제이, 『어록으로 본 이낙연』, 87~88쪽
94 이제이, 『어록으로 본 이낙연』, 88쪽
95 이제이, 『어록으로 본 이낙연』, 87, 102~103쪽. 서주원, 『이낙연의 길』, 97, 99, 128쪽
96 김봄, 『스스로에게 엄중한 남자 이낙연』, 180쪽
97 그 발언을 한 배경은 이낙연 · 문형렬, 『이낙연의 약속』, 189~193쪽 참조.
98 박상주, 『낙연쌤의 파란펜』 참조.
99 이낙연에 관한 또 다른 자세한 분석은 심리학자 김태형의 '심리학자가 본 이낙연'(https://www.youtube.com/watch?v=S21iVVnE6SQ) 참조.

제3장 안철수

1 안철수, 『별난 컴퓨터 의사 안철수』, 18쪽. 안철수, 『행복바이러스 안철수』, 12, 14쪽
2 안철수, 『별난 컴퓨터 의사 안철수』, 19쪽
3 안철수, 『별난 컴퓨터 의사 안철수』, 24~26쪽. 안철수, 『행복바이러스 안철수』, 28쪽

4 안철수, 『별난 컴퓨터 의사 안철수』, 24~27쪽
5 안철수, 『별난 컴퓨터 의사 안철수』, 23쪽
6 안철수, 『별난 컴퓨터 의사 안철수』, 21~23쪽. 안철수, 『행복바이러스 안철수』, 22쪽
7 이낙연 · 문형렬, 『이낙연의 약속』, 275쪽에서 재인용.
8 안철수, 『별난 컴퓨터 의사 안철수』, 26, 29, 30쪽
9 안철수, 『별난 컴퓨터 의사 안철수』, 31, 190쪽
10 안철수, 『별난 컴퓨터 의사 안철수』, 32쪽
11 안철수, 『별난 컴퓨터 의사 안철수』, 36쪽
12 안철수, 『별난 컴퓨터 의사 안철수』, 67~68쪽. 안철수, 『CEO 안철수, 영혼이 있는 승부』, 271쪽. 안철수, 『행복바이러스 안철수』, 38~41쪽
13 김경환, 『안철수의 두 얼굴』, 44~46쪽
14 안철수, 『별난 컴퓨터 의사 안철수』, 65쪽. 안철수, 『CEO 안철수, 영혼이 있는 승부』, 270쪽
15 안철수, 『별난 컴퓨터 의사 안철수』, 53쪽. 안철수, 『행복바이러스 안철수』, 36~37쪽. 안철수 · 제정임, 『안철수의 생각』, 56~57쪽
16 안철수, 『별난 컴퓨터 의사 안철수』, 85쪽. 안철수, 『행복바이러스 안철수』, 37쪽
17 안철수, 『별난 컴퓨터 의사 안철수』, 54쪽
18 김경환, 『안철수의 두 얼굴』, 82, 85쪽
19 김경환, 『안철수의 두 얼굴』, 87쪽
20 안철수, 『별난 컴퓨터 의사 안철수』, 59쪽
21 안철수, 『별난 컴퓨터 의사 안철수』, 59~60쪽
22 안철수, 『별난 컴퓨터 의사 안철수』, 36~37, 100쪽
23 이경식, 『안철수의 전쟁』, 230쪽. 김경환, 『안철수의 두 얼굴』, 73, 170쪽
24 안철수, 『별난 컴퓨터 의사 안철수』, 88쪽. 안철수, 『행복바이러스 안철수』, 88~89쪽
25 안철수, 『별난 컴퓨터 의사 안철수』, 37~38쪽
26 안철수, 『별난 컴퓨터 의사 안철수』, 50쪽
27 안철수, 『별난 컴퓨터 의사 안철수』, 100쪽
28 이철용, 『권력을 향한 허상들의 말춤』, 59, 137쪽
29 안철수, 『별난 컴퓨터 의사 안철수』, 81~83쪽. 안철수, 『행복바이러스 안철수』, 54~59쪽
30 안철수, 『별난 컴퓨터 의사 안철수』, 68쪽
31 김경환, 『안철수의 두 얼굴』, 60, 62~64쪽
32 김경환, 『안철수의 두 얼굴』, 58~59쪽
33 안철수, 『별난 컴퓨터 의사 안철수』, 85~87쪽. 안철수, 『행복바이러스 안철수』, 65~67쪽. 안철수 · 제정임, 『안철수의 생각』, 59쪽
34 안철수, 『CEO 안철수, 지금 우리에게 필요한 것은』, 16쪽
35 안철수, 『별난 컴퓨터 의사 안철수』, 33~35쪽. 안철수, 『CEO 안철수, 영혼이 있는 승부』, 167~168쪽
36 안철수, 『별난 컴퓨터 의사 안철수』, 70쪽
37 안철수, 『별난 컴퓨터 의사 안철수』, 94~95쪽
38 안철수, 『별난 컴퓨터 의사 안철수』, 68, 102쪽. 안철수, 『행복바이러스 안철수』, 77쪽. 안철수 · 제정

임, 『안철수의 생각』, 72쪽

39 강경미, 『발달심리학』, 329~330쪽

40 안철수, 『별난 컴퓨터 의사 안철수』, 102~103쪽. 안철수, 『행복바이러스 안철수』, 77쪽

41 안철수, 『별난 컴퓨터 의사 안철수』, 43쪽. 안철수, 『행복바이러스 안철수』, 46쪽

42 안철수, 『CEO 안철수, 영혼이 있는 승부』, 282쪽. 안철수, 『행복바이러스 안철수』, 48쪽

43 안철수, 『행복바이러스 안철수』, 46쪽

44 안철수, 『CEO 안철수, 영혼이 있는 승부』, 280쪽. 안철수, 『CEO 안철수, 지금 우리에게 필요한 것은』, 201~202쪽

45 안철수, 『CEO 안철수, 영혼이 있는 승부』, 280쪽

46 안철수, 『별난 컴퓨터 의사 안철수』, 40쪽

47 안철수, 『행복바이러스 안철수』, 8쪽

48 안철수, 『안철수 경영의 원칙』, 66쪽

49 안철수, 『안철수 경영의 원칙』, 68쪽

50 안철수, 『안철수 경영의 원칙』, 65쪽. 윤문원, 『안철수를 알고 싶다』, 65~66쪽

51 안철수, 『행복바이러스 안철수』, 116쪽. 황장수 · 박봉팔, 『안철수, 만들어진 신화』, 54~55쪽. 김경환, 『안철수의 두 얼굴』, 174~175쪽

52 안철수, 『별난 컴퓨터 의사 안철수』, 110쪽. 안철수, 『행복바이러스 안철수』, 116~117쪽

53 안철수, 『CEO 안철수, 영혼이 있는 승부』, 16쪽

54 안철수, 『CEO 안철수, 영혼이 있는 승부』, 14~15쪽. 안철수, 『CEO 안철수, 지금 우리에게 필요한 것은』, 20쪽. 안철수, 『행복바이러스 안철수』, 120쪽

55 안철수, 『행복바이러스 안철수』, 89쪽. 이경식, 『안철수의 전쟁』, 69쪽

56 안철수, 『별난 컴퓨터 의사 안철수』, 45~46, 198쪽. 안철수, 『안철수 경영의 원칙』, 90쪽

57 안철수, 『별난 컴퓨터 의사 안철수』, 199쪽. 안철수연구소 사람들, 『세상에서 가장 안전한 이름 안철수연구소』, 18쪽. 안철수, 『행복바이러스 안철수』, 106쪽. 이때 안철수는 백신을 무료로 배포했다고 여러 번 말했는데, 그 당시는 PC통신 체계였고 인터넷 요금은 전화요금에 합산되어 나왔고 V3 정도의 소프트웨어를 팔고 싶어도 살 사람이 없었다. 이에 관해서는 황장수 · 박봉팔, 『안철수, 만들어진 신화』, 69~71, 75쪽 참조.

58 안철수, 『별난 컴퓨터 의사 안철수』, 332~333쪽

59 이경식, 『안철수의 전쟁』, 131쪽

60 https://ko.wikipedia.org/wiki/안철수#cite_note-7 참조.

61 안철수연구소 사람들, 『세상에서 가장 안전한 이름 안철수연구소』, 283~284쪽. 이경식, 『안철수의 전쟁』, 131쪽

62 김경환, 『안철수의 두 얼굴』, 223쪽

63 박기봉, 『안철수의 생각과 다른 생각』, 74~77, 79쪽

64 황장수 · 박봉팔, 『안철수, 만들어진 신화』, 140, 143~144쪽. 김경환, 『안철수의 두 얼굴』, 206~207쪽

65 김경환, 『안철수의 두 얼굴』, 209, 212쪽. 안철수는 자기 학교의 학생지도나 연구에 쓸 시간은 없었다. 그러다가 서울대 교수로 초빙되어 가버렸다. 김경환의 『안철수의 두 얼굴』 209~211쪽에 있는 비교, 즉 카이스트와 제3세계 국가, 서울대 초빙과 하버드대 초빙의 비교는 설득력이 있다.

66 김경환, 『안철수의 두 얼굴』, 204~205쪽
67 김경환, 『안철수의 두 얼굴』, 208, 212쪽
68 김경환, 『안철수의 두 얼굴』, 167~168, 170쪽
69 김경환, 『안철수의 두 얼굴』, 168~169쪽
70 안철수, 『안철수 경영의 원칙』, 91, 98쪽
71 http://m.todayhumor.co.kr/view.php?no=883982&table=sisa
72 김경환, 『안철수의 두 얼굴』, 196~198쪽
73 김경환, 『안철수의 두 얼굴』, 200쪽
74 김경환, 『안철수의 두 얼굴』, 171~173쪽
75 김경환, 『안철수의 두 얼굴』, 177, 181쪽
76 황장수 · 박봉팔, 『안철수, 만들어진 신화』, 91쪽. 김경환, 『안철수의 두 얼굴』, 181~182, 184~185쪽
77 김경환, 『안철수의 두 얼굴』, 183쪽
78 김경환, 『안철수의 두 얼굴』, 202~203쪽
79 김경환, 『안철수의 두 얼굴』, 194쪽
80 김경환, 『안철수의 두 얼굴』, 191~192쪽
81 황장수 · 박봉팔, 『안철수, 만들어진 신화』, 159쪽. 김경환, 『안철수의 두 얼굴』, 203~204쪽
82 김경환, 『안철수의 두 얼굴』, 186~187쪽
83 김경환, 『안철수의 두 얼굴』, 188쪽
84 황장수 · 박봉팔, 『안철수, 만들어진 신화』, 97, 99~100쪽. 박기봉, 『안철수의 생각과 다른 생각』, 29쪽
85 https://ko.wikipedia.org/wiki/안철수#cite_note-7
86 이철용, 『권력을 향한 허상들의 말춤』, 27, 41~50, 67쪽
87 박기봉, 『안철수의 생각과 다른 생각』, 126쪽
88 안철수, 『행복바이러스 안철수』, 130쪽. 안철수, 『안철수 경영의 원칙』, 69~72쪽
89 안철수, 『CEO 안철수, 지금 우리에게 필요한 것은』, 244쪽. 올해(2021년) 나이 60인 안철수는 10년 이나 20년 후가 아니라 100세까지 미래 계획을 세웠을 것 같다.
90 안철수, 『CEO 안철수, 지금 우리에게 필요한 것은』, 233쪽
91 안철수, 『행복바이러스 안철수』, 38쪽. 김경환, 『안철수의 두 얼굴』, 170쪽
92 안철수, 『별난 컴퓨터 의사 안철수』, 58쪽
93 안철수, 『별난 컴퓨터 의사 안철수』, 65쪽. 김경환, 『안철수의 두 얼굴』, 53~54쪽
94 김경환, 『안철수의 두 얼굴』, 48쪽. 부재형 아버지에 대해서는 폴터, 『모든 인간관계의 핵심요소 아버지』, 223~249쪽 참조.
95 김경환, 『안철수의 두 얼굴』, 57~58쪽
96 김경환, 『안철수의 두 얼굴』, 59~60, 83쪽
97 김경환, 『안철수의 두 얼굴』, 76~79, 125쪽
98 김경환, 『안철수의 두 얼굴』, 82쪽
99 황장수 · 박봉팔, 『안철수, 만들어진 신화』, 116쪽. 김경환, 『안철수의 두 얼굴』, 152~153, 157쪽
100 안철수, 『별난 컴퓨터 의사 안철수』, 63쪽. 이경식, 『안철수의 전쟁』, 30쪽
101 김경환, 『안철수의 두 얼굴』, 117쪽

102 안철수, 『별난 컴퓨터 의사 안철수』, 58, 62쪽
103 안철수, 『별난 컴퓨터 의사 안철수』, 58~59쪽
104 윤문원, 『안철수를 알고 싶다』, 178쪽
105 장자, 『묵점 기세춘 선생과 함께하는 장자』, 인간세편(人間世篇), 130~134쪽
106 윤문원, 『안철수를 알고 싶다』, 243쪽
107 안철수, 『안철수, 내가 달리기를 하며 배운 것들』, 20~22, 28, 270, 279쪽
108 이종훈, 『의대를 꿈꾸는 대한민국의 천재들』, 12쪽
109 이종훈, 『의대를 꿈꾸는 대한민국의 천재들』, 84쪽
110 이종훈, 『의대를 꿈꾸는 대한민국의 천재들』, 132쪽
111 이종훈, 『의대를 꿈꾸는 대한민국의 천재들』, 94쪽
112 이종훈, 『의대를 꿈꾸는 대한민국의 천재들』, 133쪽
113 이종훈, 『의대를 꿈꾸는 대한민국의 천재들』, 144쪽
114 이종훈, 『의대를 꿈꾸는 대한민국의 천재들』, 93쪽
115 이종훈, 『의대를 꿈꾸는 대한민국의 천재들』, 39~80, 96~98쪽 참조.
116 이종훈, 『의대를 꿈꾸는 대한민국의 천재들』, 9쪽
117 이혜정, 『서울대에서는 누가 A+를 받는가』, 38쪽
118 이혜정, 『서울대에서는 누가 A+를 받는가』, 73쪽
119 이혜정, 『서울대에서는 누가 A+를 받는가』, 156쪽
120 이혜정, 『서울대에서는 누가 A+를 받는가』, 44, 60쪽
121 이혜정, 『서울대에서는 누가 A+를 받는가』, 308쪽
122 이혜정, 『서울대에서는 누가 A+를 받는가』, 83~84쪽
123 이혜정, 『서울대에서는 누가 A+를 받는가』, 84~85쪽
124 이혜정, 『서울대에서는 누가 A+를 받는가』, 86~87쪽
125 이혜정, 『서울대에서는 누가 A+를 받는가』, 87~88쪽
126 이혜정, 『서울대에서는 누가 A+를 받는가』, 88~89쪽
127 이혜정, 『서울대에서는 누가 A+를 받는가』, 89~90쪽
128 이혜정, 『서울대에서는 누가 A+를 받는가』, 62~63쪽
129 이혜정, 『서울대에서는 누가 A+를 받는가』, 63쪽
130 이혜정, 『서울대에서는 누가 A+를 받는가』, 172쪽
131 안철수, 『별난 컴퓨터 의사 안철수』, 40~41쪽
132 박기봉, 『안철수의 생각과 다른 생각』, 103쪽
133 히로나카, 『학문의 즐거움』, 27쪽
134 히로나카, 『학문의 즐거움』, 27~28쪽
135 히로나카, 『학문의 즐거움』, 31, 34~35쪽
136 히로나카, 『학문의 즐거움』, 35, 37쪽
137 히로나카, 『학문의 즐거움』, 36~39, 43쪽
138 히로나카, 『학문의 즐거움』, 90, 97~98쪽
139 히로나카, 『학문의 즐거움』, 99~100쪽

140 히로나카, 『학문의 즐거움』, 116~117쪽
141 히로나카, 『학문의 즐거움』, 107쪽
142 히로나카, 『학문의 즐거움』, 226쪽
143 파인만, 『"파인만 씨 농담도 정말 잘 하시네요!"』, 42쪽
144 파인만, 『"파인만 씨 농담도 정말 잘 하시네요!"』, 281~282쪽
145 파인만, 『"파인만 씨 농담도 정말 잘 하시네요!"』, 282~284쪽
146 파인만, 『"파인만 씨 농담도 정말 잘 하시네요!"』, 284쪽
147 이 말의 전후 맥락은 파인만, 『"파인만 씨 농담도 정말 잘 하시네요!"』, 382~384쪽 참조.
148 파인만, 『"파인만 씨 농담도 정말 잘 하시네요!"』, 388~389쪽

제4장 홍준표

1 홍준표, 『나 돌아가고 싶다』, 23쪽. 홍준표, 『변방』, 65~66쪽. 홍준표 · 김대식, 『변방에서 중심으로 홍준표가 답하다』, 22쪽. 홍준표, 『꿈꾸는 옵티미스트』, 9쪽. 홍준표, 『당랑의 꿈』, 191쪽
2 홍준표, 『나 돌아가고 싶다』, 23, 81쪽. 홍준표, 『변방』, 5, 66쪽. 홍준표 · 김대식, 『변방에서 중심으로 홍준표가 답하다』, 22쪽. 홍준표, 『당랑의 꿈』, 211쪽
3 홍준표, 『변방』, 26쪽
4 홍준표, 『나 돌아가고 싶다』, 22쪽. 홍준표, 『변방』, 35쪽
5 홍준표, 『나 돌아가고 싶다』, 22쪽. 홍준표, 『변방』, 30쪽
6 홍준표, 『변방』, 5쪽. 홍준표 · 김대식, 『변방에서 중심으로 홍준표가 답하다』, 20쪽
7 홍준표, 『나 돌아가고 싶다』, 23~24쪽. 홍준표, 『변방』, 5, 66쪽
8 홍준표, 『변방』, 45~46쪽
9 홍준표, 『나 돌아가고 싶다』, 54쪽. 홍준표, 『변방』, 17, 30, 66쪽. 홍준표 · 김대식, 『변방에서 중심으로 홍준표가 답하다』, 21~24쪽
10 홍준표, 『나 돌아가고 싶다』, 89~91쪽. 홍준표, 『변방』, 64쪽. 홍준표 · 김대식, 『변방에서 중심으로 홍준표가 답하다』, 22~24쪽
11 홍준표, 『나 돌아가고 싶다』, 91쪽. 홍준표, 『당랑의 꿈』, 236쪽
12 홍준표, 『나 돌아가고 싶다』, 93쪽. 홍준표, 『당랑의 꿈』, 237쪽
13 홍준표, 『변방』, 4쪽
14 홍준표, 『당랑의 꿈』, 237~238쪽
15 홍준표, 『변방』, 5쪽
16 홍준표, 『당랑의 꿈』, 211쪽
17 홍준표, 『이 시대는 그렇게 흘러가는가』, 73쪽
18 홍준표, 『변방』, 83쪽
19 홍준표, 『변방』, 28~29쪽. 홍준표, 『당랑의 꿈』, 17~18쪽
20 홍준표 · 김대식, 『변방에서 중심으로 홍준표가 답하다』, 25쪽. 홍준표, 『당랑의 꿈』, 17~18쪽
21 홍준표, 『변방』, 134쪽

22 홍준표, 『나 돌아가고 싶다』, 76쪽. 홍준표 · 김대식, 『변방에서 중심으로 홍준표가 답하다』, 25쪽
23 홍준표, 『나 돌아가고 싶다』, 77쪽
24 홍준표, 『나 돌아가고 싶다』, 95쪽. 홍준표, 『변방』, 67, 82쪽
25 홍준표, 『나 돌아가고 싶다』, 94쪽
26 홍준표, 『홍 검사, 당신 지금 실수하는 거요』, 24~25쪽
27 홍준표, 『홍 검사, 당신 지금 실수하는 거요』, 28쪽. 홍준표, 『변방』, 30쪽
28 홍준표, 『홍 검사, 당신 지금 실수하는 거요』, 28쪽. 홍준표, 『변방』, 34쪽
29 홍준표, 『나 돌아가고 싶다』, 57~58쪽
30 홍준표, 『나 돌아가고 싶다』, 54~55쪽
31 홍준표, 『나 돌아가고 싶다』, 56쪽
32 홍준표, 『나 돌아가고 싶다』, 61쪽
33 홍준표, 『홍 검사, 당신 지금 실수하는 거요』, 32쪽. 홍준표, 『나 돌아가고 싶다』, 144쪽. 홍준표 · 김대식, 『변방에서 중심으로 홍준표가 답하다』, 33쪽. 홍준표, 『당랑의 꿈』, 157쪽
34 홍준표, 『나 돌아가고 싶다』, 90~91쪽. 홍준표, 『변방』, 80쪽
35 홍준표, 『홍 검사, 당신 지금 실수하는 거요』, 33쪽. 홍준표 · 김대식, 『변방에서 중심으로 홍준표가 답하다』, 33쪽
36 홍준표, 『나 돌아가고 싶다』, 150~151쪽
37 홍준표, 『나 돌아가고 싶다』, 151~152쪽
38 홍준표, 『나 돌아가고 싶다』, 161~162쪽
39 홍준표, 『나 돌아가고 싶다』, 158~159쪽
40 홍준표, 『나 돌아가고 싶다』, 162~163쪽
41 홍준표, 『나 돌아가고 싶다』, 161쪽
42 홍준표, 『나 돌아가고 싶다』, 164~165쪽
43 https://ko.wikipedia.org/wiki/홍 소장의_가을
44 홍준표, 『나 돌아가고 싶다』, 166쪽
45 홍준표, 『당랑의 꿈』, 209~210쪽
46 홍준표, 『나 돌아가고 싶다』, 32~33쪽
47 홍준표, 『나 돌아가고 싶다』, 51~52쪽
48 홍준표, 『나 돌아가고 싶다』, 53쪽. 홍준표, 『당랑의 꿈』, 212~213쪽
49 한진그룹 가족에 대해 "집구석이 왜 그 모양이냐"라는 한 시민의 호통은 https://www.youtube.com/watch?v=fLDZDrwPfGI 참조.
50 홍준표, 『변방』, 18쪽
51 홍준표, 『홍 검사, 당신 지금 실수하는 거요』, 25쪽. 홍준표, 『당랑의 꿈』, 215~216쪽
52 홍준표, 『홍 검사, 당신 지금 실수하는 거요』, 26쪽
53 홍준표, 『나 돌아가고 싶다』, 83쪽
54 홍준표, 『홍 검사, 당신 지금 실수하는 거요』, 36쪽. 홍준표, 『변방』, 31쪽
55 홍준표, 『당랑의 꿈』, 217쪽
56 홍준표, 『나 돌아가고 싶다』, 25쪽

57 홍준표, 『나 돌아가고 싶다』, 75쪽
58 홍준표, 『나 돌아가고 싶다』, 104~105쪽
59 홍준표, 『나 돌아가고 싶다』, 106~107쪽
60 홍준표, 『나 돌아가고 싶다』, 70~72쪽
61 홍준표, 『나 돌아가고 싶다』, 225~226쪽
62 홍준표, 『당랑의 꿈』, 214쪽
63 홍준표, 『나 돌아가고 싶다』, 35쪽. 홍준표, 『변방』, 32쪽. 홍준표 · 김대식, 『변방에서 중심으로 홍준표가 답하다』, 15쪽. 홍준표, 『당랑의 꿈』, 219쪽
64 홍준표, 『나 돌아가고 싶다』, 36쪽. 홍준표, 『변방』, 34쪽
65 홍준표, 『나 돌아가고 싶다』, 38쪽. 홍준표, 『당랑의 꿈』, 219쪽
66 홍준표, 『당랑의 꿈』, 220쪽
67 홍준표, 『변방』, 37쪽
68 홍준표, 『당랑의 꿈』, 220쪽
69 홍준표, 『나 돌아가고 싶다』, 63~64쪽. 홍준표, 『변방』, 38쪽
70 홍준표, 『당랑의 꿈』, 220~221쪽
71 홍준표, 『당랑의 꿈』, 222쪽
72 홍준표, 『나 돌아가고 싶다』, 84쪽. 홍준표, 『당랑의 꿈』, 222쪽
73 홍준표, 『이 시대는 그렇게 흘러가는가』, 40쪽. 홍준표, 『나 돌아가고 싶다』, 86~87쪽. 홍준표, 『변방』, 46~47쪽
74 홍준표, 『홍 검사, 당신 지금 실수하는 거요』, 29쪽. 홍준표, 『이 시대는 그렇게 흘러가는가』, 39쪽. 홍준표, 『변방』, 47쪽. 홍준표, 『당랑의 꿈』, 223쪽
75 홍준표, 『나 돌아가고 싶다』, 87쪽
76 홍준표, 『나 돌아가고 싶다』, 88쪽. 홍준표, 『변방』, 47쪽
77 홍준표, 『나 돌아가고 싶다』, 24쪽
78 홍준표, 『나 돌아가고 싶다』, 110쪽. 홍준표, 『변방』, 49~50쪽. 홍준표, 『당랑의 꿈』, 227쪽
79 홍준표, 『당랑의 꿈』, 228~229쪽
80 홍준표 · 김대식, 『변방에서 중심으로 홍준표가 답하다』, 28쪽
81 홍준표, 『변방』, 54쪽. 홍준표 · 김대식, 『변방에서 중심으로 홍준표가 답하다』, 28~29쪽
82 홍준표, 『당랑의 꿈』, 229~230쪽
83 홍준표, 『나 돌아가고 싶다』, 117쪽
84 홍준표, 『나 돌아가고 싶다』, 113~115쪽
85 홍준표, 『당랑의 꿈』, 231쪽
86 홍준표, 『나 돌아가고 싶다』, 119, 122~124쪽. 홍준표, 『당랑의 꿈』, 132쪽. 이 '고해성사'는 심리적 솔직성이지 도덕적 솔직성이 아니다. 두 솔직성에 관해서는 김태형, 「심리분석으로 살펴본 노무현과 이재명」, 82~84쪽 참조.
87 홍준표, 『나 돌아가고 싶다』, 5~6쪽
88 홍준표, 『변방』, 56, 58~59쪽
89 강경미, 『발달심리학』, 329~330쪽

90 홍준표, 『당랑의 꿈』, 234~235쪽
91 홍준표, 『당랑의 꿈』, 201쪽
92 홍준표, 『나 돌아가고 싶다』, 125~127쪽
93 홍준표, 『나 돌아가고 싶다』, 128~129쪽
94 홍준표, 『나 돌아가고 싶다』, 130쪽
95 홍준표 · 김대식, 『변방에서 중심으로 홍준표가 답하다』, 32쪽
96 홍준표, 『변방』, 73쪽
97 홍준표, 『당랑의 꿈』, 115쪽
98 홍준표 · 김대식, 『꿈꾸는 로맨티스트』, 102쪽. 홍준표, 『당랑의 꿈』, 108쪽
99 홍준표, 『나 돌아가고 싶다』, 133, 135쪽
100 홍준표, 『홍 검사, 당신 지금 실수하는 거요』, 34쪽. 홍준표, 『나 돌아가고 싶다』, 186~187쪽. 홍준표, 『변방』, 74쪽
101 홍준표, 『당랑의 꿈』, 234쪽
102 홍준표, 『나 돌아가고 싶다』, 188~189쪽
103 홍준표, 『나 돌아가고 싶다』, 167~169쪽
104 홍준표, 『나 돌아가고 싶다』, 170~171쪽
105 홍준표, 『당랑의 꿈』, 243~244쪽
106 홍준표, 『당랑의 꿈』, 248~249쪽
107 홍준표, 『나 돌아가고 싶다』, 207쪽
108 홍준표, 『이 시대는 그렇게 흘러가는가』, 50쪽. 홍준표 · 김대식, 『변방에서 중심으로 홍준표가 답하다』, 48쪽
109 홍준표, 『홍 검사, 당신 지금 실수하는 거요』, 21~22쪽. 홍준표, 『이 시대는 그렇게 흘러가는가』, 61쪽. 홍준표, 『변방』, 117쪽. 홍준표 · 김대식, 『변방에서 중심으로 홍준표가 답하다』, 42쪽
110 이필형, 『홍도는 잘 있느냐』, 124쪽. 홍준표는 '사람이 갑자기 변하면 죽는다'라고 생각한다. '사람은 쉽게 변하지 않는다.'
111 홍준표, 『변방』, 118쪽
112 홍준표, 『나 돌아가고 싶다』, 234~236쪽
113 홍준표 · 김대식, 『변방에서 중심으로 홍준표가 답하다』, 74쪽
114 홍준표 · 김대식, 『변방에서 중심으로 홍준표가 답하다』, 18쪽
115 홍준표 · 김대식, 『변방에서 중심으로 홍준표가 답하다』, 65쪽
116 홍준표 · 김대식, 『변방에서 중심으로 홍준표가 답하다』, 65~66쪽
117 홍준표 · 김대식, 『변방에서 중심으로 홍준표가 답하다』, 66쪽
118 홍준표, 『변방』, 245쪽
119 홍준표, 『이 시대는 그렇게 흘러가는가』, 66쪽. 홍준표, 『나 돌아가고 싶다』, 208쪽. 홍준표, 『변방』, 127~128, 130쪽. 홍준표 · 김대식, 『변방에서 중심으로 홍준표가 답하다』, 59~60쪽. 홍준표, 『당랑의 꿈』, 279~280쪽. 청소년기 내내 카리스마 아버지에게 억눌리고 주눅이 들었는지 홍준표는 평생 '일관된 겁쟁이'로 살았다. 10살 무렵 곰보 아저씨의 서슬에 눌려 말 한마디 하지 못했을 때도, 43살에 검사를 그만두고 대중목욕탕에서 (홍준표가 잡아넣었다가 출소한) 전신 문신 조폭을 만나 피할

때도(이필형, 『홍도는 잘 있느냐』, 114~115쪽) 홍준표는 겁쟁이였다. 홍준표의 '막말'은 '내면의 겁쟁이'를 감추려는 무의식적 행동으로 해석할 수 있을 것이다.

120 홍준표, 『이 시대는 그렇게 흘러가는가』, 67~68쪽

121 홍준표, 『나 돌아가고 싶다』, 249쪽

122 홍준표, 『이 시대는 그렇게 흘러가는가』, 175~176, 302쪽. 홍준표 · 김대식, 『변방에서 중심으로 홍준표가 답하다』, 62쪽. 홍준표, 『당랑의 꿈』, 284쪽

123 홍준표, 『꿈꾸는 옵티미스트』, 158쪽

124 홍준표, 『꿈꾸는 옵티미스트』, 49쪽

125 『한국민족문화대백과사전』의 설명, https://100.daum.net/encyclopedia/view/14XXE0051439

126 『한국사』 교과서의 설명, https://100.daum.net/encyclopedia/view/24XXXXX58902

127 홍준표 · 김대식, 『변방에서 중심으로 홍준표가 답하다』, 220쪽

128 홍준표, 『이 시대는 그렇게 흘러가는가』, 302쪽

129 홍준표, 『이 시대는 그렇게 흘러가는가』, 300쪽

130 정기수는 홍준표를 소인배이자 맹견(猛犬)으로 보고 있다. 맹견은 조로견(早老犬)이 될 수도 있으니, '외로운 맹견의 짖어대기를 그치고 자신의 정치 인생을 어떻게 마감할 것인지 고민하라고' 홍준표에게 조언하고 있다. 정기수, 『윤석열의 시대정신 상식』, 329~331쪽 참조.

131 홍준표 · 김대식, 『변방에서 중심으로 홍준표가 답하다』, 62쪽. 홍준표, 『당랑의 꿈』, 288쪽

132 홍준표, 『이 시대는 그렇게 흘러가는가』, 303쪽

133 홍준표, 『변방』, 232쪽. 홍준표 · 김대식, 『변방에서 중심으로 홍준표가 답하다』, 64쪽

134 손학규의 말, 홍준표, 『이 시대는 그렇게 흘러가는가』, 9쪽 참조.

135 홍준표, 『나 돌아가고 싶다』, 7~8쪽

136 홍준표, 『당랑의 꿈』, 4쪽

137 홍준표, 『당랑의 꿈』, 18쪽

138 홍준표, 『나 돌아가고 싶다』, 17쪽. 홍준표, 『꿈꾸는 옵티미스트』, 137쪽

139 홍준표, 『당랑의 꿈』, 195, 199쪽

140 〈역사저널 그날 - 일본의 마지막 발악, 자살 특공대 가미카제〉 2019. 9. 1(https://www.youtube.com/watch?v=6BrL9a4cxUg) 참조.

141 홍준표 · 김대식, 『변방에서 중심으로 홍준표가 답하다』, 131~132쪽

142 홍준표, 『꿈꾸는 옵티미스트』, 46, 115, 199쪽. 홍준표, 『당랑의 꿈』, 133~134, 179~180쪽

143 홍준표, 『당랑의 꿈』, 177쪽

144 홍준표 · 김대식, 『변방에서 중심으로 홍준표가 답하다』, 78쪽

145 홍준표 · 김대식, 『변방에서 중심으로 홍준표가 답하다』, 77쪽. 홍준표, 『당랑의 꿈』, 182쪽

146 홍준표, 『당랑의 꿈』, 44쪽

147 홍준표, 『꿈꾸는 옵티미스트』, 53쪽

148 홍준표, 『꿈꾸는 옵티미스트』, 144쪽

149 홍준표, 『꿈꾸는 옵티미스트』, 228쪽

150 홍준표, 『이 시대는 그렇게 흘러가는가』, 60쪽. 홍준표 · 김대식, 『변방에서 중심으로 홍준표가 답하다』, 109쪽. 홍준표, 『꿈꾸는 옵티미스트』, 41, 56쪽. 홍준표, 『꿈꾸는 대한민국』, 56쪽

151 홍준표, 『꿈꾸는 대한민국』, 156쪽

152 홍준표, 『꿈꾸는 대한민국』, 170쪽

153 홍준표, 『꿈꾸는 대한민국』, 476~477쪽

154 '프로이트에 따르면 어린아이가 성장하여 어른이 되는 조건은 부모로부터 독립하는 것이고, 신경증은 그 독립의 '과제'에 실패해서 생긴 것이다.'(홍준기, '가족소설'로서의 정신분석학, 필리프 쥘리앵, 『노아의 외투』, 21쪽) 홍준표는 부모로부터, 특히 아버지로부터 독립하는 과제에 실패한 것으로 보인다. 쥘리앵의 책은 '아버지에 관한 정신분석학 또는 부성(父性)의 심리'에 관한 프로이트와 라캉의 이론을 잘 설명하고 있다.

155 홍준표, 『변방』, 42~43쪽

156 홍준표, 『나 돌아가고 싶다』, 36~38쪽

157 홍준표, 『나 돌아가고 싶다』, 25쪽

158 홍준표 · 김대식, 『변방에서 중심으로 홍준표가 답하다』, 201~202쪽

159 엄홍길, 『꿈을 향해 거침없이 도전하라』, 15, 100, 181쪽

160 엄홍길, 『꿈을 향해 거침없이 도전하라』, 141~142, 144쪽

161 엄홍길, 『꿈을 향해 거침없이 도전하라』, 124~125, 168쪽

162 엄홍길, 『꿈을 향해 거침없이 도전하라』, 145, 182~183쪽

163 엄홍길, 『꿈을 향해 거침없이 도전하라』, 251쪽

164 엄홍길, 『꿈을 향해 거침없이 도전하라』, 128, 232쪽

165 엄홍길, 『꿈을 향해 거침없이 도전하라』, 248쪽

166 엄홍길, 『꿈을 향해 거침없이 도전하라』, 43쪽

167 엄홍길, 『꿈을 향해 거침없이 도전하라』, 222~223, 263~264쪽

168 엄홍길, 『꿈을 향해 거침없이 도전하라』, 172, 223쪽

제5장 황교안

1 김용삼, 『황교안 2017』, 65쪽

2 황교안, 『황교안의 답』, 13쪽

3 황교안, 『황교안의 답』, 13~14쪽

4 황교안, 『황교안의 답』, 14쪽

5 황교안, 『황교안의 답』, 14~17쪽

6 황교안, 『황교안의 답』, 17쪽

7 황교안, 『황교안의 답』, 18쪽

8 황교안, 『황교안의 답』, 21쪽

9 황교안, 『황교안의 답』, 21~22쪽

10 황교안, 『황교안의 답』, 50~51쪽

11 황교안, 『황교안의 답』, 29쪽

12 황교안, 『황교안의 답』, 22쪽

13 황교안, 『황교안의 답』, 22쪽

14 황교안, 『황교안의 답』, 24쪽. 황교안, 『초일류 정상국가』, 12, 119쪽

15 황교안, 『황교안의 답』, 26~27쪽

16 황교안, 『황교안의 답』, 26쪽

17 황교안, 『황교안의 답』, 27쪽

18 황교안, 『황교안의 답』, 26쪽

19 황교안, 『황교안의 답』, 41쪽

20 김용삼, 『황교안 2017』, 65쪽

21 호손, 『주홍 글자』 참조.

22 김용삼, 『황교안 2017』, 70쪽

23 김용삼, 『황교안 2017』, 71쪽

24 철의 장막(鐵의 帳幕, Iron Curtain)은 1945년의 제2차 세계대전 이후 1991년에 냉전이 종식될 때까지 유럽을 상징적 · 사상적 · 물리적으로 나누던 경계를 부르던 서방세계의 용어이다. 이 말은 1946년 3월 5일 영국 총리를 지낸 윈스턴 처칠이 미국 미주리주 풀턴의 웨스트민스터대학교로부터 학위를 받은 자리에서 행한 '평화의 원동력(Sinews of Peace)'이라는 제목의 연설에서 사용하면서 유명해졌다. https://ko.wikipedia.org/wiki/철의_장막 참조. 여기에서는 철의 장막을 과거를 현재와 단절하는 경계라는 비유적인 의미로 사용했다.

25 황교안, 『황교안의 답』, 29~30쪽

26 김용삼, 『황교안 2017』, 80~88쪽

27 김용삼, 『황교안 2017』, 76쪽

28 김용삼, 『황교안 2017』, 71쪽

29 김용삼, 『황교안 2017』, 71쪽

30 김용삼, 『황교안 2017』, 72쪽

31 '의식과 무의식 사이에 자아가 있다. 자아는 시니피앙(프로이트의 표상)을 검열하는데, 검열당한 시니피앙을 무의식의 영역에 담아둔다. 시니피앙을 받아들이기 어렵다고 생각하면 자아는 시니피앙을 잊는데, 이것이 '억압'이다. 무의식은 억압된 시니피앙의 저장고가 된다. 억압된 시니피앙은 다시 의식의 영역으로 떠오르는데, 자아는 문지기로서 시니피앙을 통과시키지 않는다. 억압된 시니피앙은 무의식에서 유희하면서 그 시니피앙과 부분적으로 관련된 다른 시니피앙으로 변장하여 모습을 바꾼다. 자아는 변한 시니피앙이 억압된 시니피앙과 연결되어 있다는 것을 모르고 의식의 영역으로 들어가도록 허락한다. 억압된 것이 회귀한다. 회귀한 시니피앙은 무의식의 형성물이다.'(가타오카, 『라캉은 정신분석에 대해 이렇게 말했습니다』, 158~160쪽) 황교안이 부모형제를 숨기고 기독교와 공안검사에 빠진 것, 홍준표가 가난의 상처와 아버지에 대한 무의식적 증오 때문에 검사가 되어 출세하려고 하고 자기 성질대로 산 것, 안철수가 칭찬과 인정을 갈구하여 그 결핍을 게걸스러운 독서와 암기로 채운 것, 윤석열이 권위적인 아버지에서 비롯된 스트레스를 풀려고 운동, 음주가무와 두주불사, 요리 등에 탐닉하고 검사가 되어 권력을 휘두른 것 등은 (라캉에 따르면) 억압된 시니피앙이 무의식의 영역에서 다른 모습으로 변해 의식의 영역으로 회귀한 것으로 해석할 수 있다. 그래서 그들은 (프로이트의 말로 하면) '나는 무의식이 있던 곳으로 가야 할 것이다(Wo es war, soll Ich werden). 이것은 화해(Versöhnung)라고 할 만큼 조화로운 것이다.'(라캉, 『욕망 이론』, 92쪽)

32 황교안, 『황교안의 답』, 24쪽

33 김용삼, 『황교안 2017』, 73~74쪽. 황교안은 가정 형편상 학원을 다니거나 과외를 할 수 없었고, 일본의 대입 수학문제를 풀 기회가 없었을 것이다. 아래 제6장 윤석열 참조.

34 김용삼, 『황교안 2017』, 74쪽

35 김용삼, 『황교안 2017』, 90쪽

36 황교안, 『황교안의 답』, 68~69쪽

37 박완서, 『휘청거리는 오후(下)』, 137쪽

38 박완서, 『휘청거리는 오후(下)』, 138~139쪽. 홍준표도 이와 비슷한 원한을 갖고 고시 공부를 했다.

39 김용삼, 『황교안 2017』, 90~91쪽

40 황교안, 『황교안의 답』, 70쪽

41 김용삼, 『황교안 2017』, 92쪽

42 김용삼, 『황교안 2017』, 91쪽

43 박완서, 『휘청거리는 오후(下)』, 22쪽

44 박완서, 『휘청거리는 오후(下)』, 38쪽

45 김용삼, 『황교안 2017』, 92쪽

46 황교안, 『황교안의 답』, 30~31쪽

47 황교안, 『황교안의 답』, 32~33쪽

48 김용삼, 『황교안 2017』, 118쪽

49 김용삼, 『황교안 2017』, 99쪽

50 김용삼, 『황교안 2017』, 104쪽

51 김용삼, 『황교안 2017』, 105쪽

52 김용삼, 『황교안 2017』, 107쪽. 통합진보당 해산에 관해서는 김선수 등의 『통합진보당 해산 결정, 무엇이 문제인가?』와 이재화, 『기획된 해산, 의도된 오판 - 통합진보당 해산심판 변론기』를 읽으면 도움이 될 것이다.

53 황교안, 『교회가 알아야 할 법 이야기』, 47~49쪽

54 김용삼, 『황교안 2017』, 87쪽

55 이 결과는 https://www.inc.com/geoffrey-james/business-success-can-cause-brain-damage-according-to-scientists.html 참조. 이 뇌손상은 헤겔의 '주인과 노예의 변증법'을 떠올리게 한다. 노예의 노동으로 생존하고 사치하는 주인의 파멸.

56 '1980년 무슨 사태 나서 휴교'(https://www.youtube.com/watch?v=IQx23HP_5Qc)

57 호손, 『주홍 글자』, 296~303쪽 참조. '헤스터 프린의 남편 로저 칠링워스의 복수야말로 아서 딤스데일의 죄보다 더 무서운 죄이다.'(호손, 『주홍 글자』, 216쪽) 황교안은 딤스데일도 아니고 펄도 아니다. 황교안 아버지가 딤스데일도 아니고 어머니가 헤스터도 아니다. 딤스데일 목사가 자신의 죄를 밝힌 것처럼, 황교안이 부모와 형제자매를 밝힐 때, 황교안은 비로소 '셀프 주홍글자'에서 벗어날 수 있을 것이다. 딤스데일이나 헤스터와 달리 황교안은 (황교안 부모도) 죄를 지은 것도 아니지 않은가.

제6장 윤석열

1 '제6장 윤석열'은 결함을 안고 있다. 인물과 심리를 분석할 문헌이 없는 것이다. 윤석열이 (2021년 8월 현재) 자서전을 출간하지 않았기 때문이다. 그래서 제3자가 윤석열에 관해 쓴 글을 읽고 윤석열을 분석할 수밖에 없다. 그 글은 참고문헌에 목록으로 제시했다. 초고를 쓴 다음에 김태형의 '심리학자가 본 윤석열'(https://www.youtube.com/watch?v=GhV_wREgflA)을 보았고, 그 분석에 따라 윤석열 부분을 전체적으로 약간 수정했다. 윤석열에 관해서는 김태형의 도움을 많이 받았다.

2 김창영, 『윤석열을 부르는 대한민국』, 163쪽

3 김연우, 『구수한 윤석열』, 64쪽. 천준, 『별의 순간은 오는가』, 89쪽. https://namu.wiki/w/이봉모

4 김창영, 『윤석열을 부르는 대한민국』, 163쪽. https://namu.wiki/w/윤석열

5 김연우, 『구수한 윤석열』, 33쪽

6 김창영, 『윤석열을 부르는 대한민국』, 120~121쪽

7 성취지상주의형 아버지에 대해서는 폴터, 『모든 인간관계의 핵심요소 아버지』, 133~164쪽 참조.

8 김창영, 『윤석열을 부르는 대한민국』, 120쪽

9 도리도리에 대해서는 김동철, 『윤석열의 본심』, 371쪽 참조.

10 김연우, 『구수한 윤석열』, 38~39쪽

11 https://www.youtube.com/watch?v=yKaqjzMhmR4

12 폴터, 『모든 인간관계의 핵심요소 아버지』, 133~164쪽 참조.

13 김연우, 『구수한 윤석열』, 22~23쪽

14 김연우, 『구수한 윤석열』, 23~24쪽

15 이경욱, 『윤석열의 진심』, 81쪽

16 이경욱, 『윤석열의 진심』, 22, 96쪽

17 김연우, 『구수한 윤석열』, 36~37쪽

18 이경욱, 『윤석열의 진심』, 21~22쪽

19 정기수는 『윤석열의 시대정신 상식』 90쪽과 99쪽에서 윤석열이 1980년에 서울대에 입학했다고 말했는데, 이는 정기수의 오류인 것 같다.

20 김연우, 『구수한 윤석열』, 45~46쪽

21 김연우, 『구수한 윤석열』, 46~47쪽

22 김대우, 『윤석열의 시간』, 98쪽

23 김연우, 『구수한 윤석열』, 48~49쪽

24 김연우, 『구수한 윤석열』, 48쪽

25 김연우, 『구수한 윤석열』, 49쪽

26 김연우, 『구수한 윤석열』, 52~53쪽

27 김연우, 『구수한 윤석열』, 53~54쪽

28 김연우, 『구수한 윤석열』, 51쪽

29 김연우, 『구수한 윤석열』, 51~52쪽

30 김연우, 『구수한 윤석열』, 56쪽

31 김연우, 『구수한 윤석열』, 56~57쪽

32 김연우, 『구수한 윤석열』, 59쪽

33 김연우, 『구수한 윤석열』, 62~63쪽

34 김연우, 『구수한 윤석열』, 55~56쪽

35 이경욱, 『윤석열의 진심』, 61~62쪽

36 지식공작소 정세분석팀, 『윤석열 국민청문회』, 304~305쪽

37 김연우, 『구수한 윤석열』, 57~58쪽

38 '8번 떨어지고도 사법시험에 또 도전한 것은 불의를 척결하고 정의를 확립하는 것이 사나이의 길이라는 소신 때문이었다.'(김창영, 『윤석열을 부르는 대한민국』, 159쪽) 윤석열이 소신을 갖고 열심히 법학 공부를 한 것도 아닌데, 김창영이 말한 '불의 척결, 정의 확립, 사나이의 길, 소신' 등은 궤변이고 견강부회로 들린다.

39 김연우, 『구수한 윤석열』, 65~66쪽

40 김연우, 『구수한 윤석열』, 74쪽

41 김연우, 『구수한 윤석열』, 80~82쪽

42 김연우, 『구수한 윤석열』, 83~84쪽

43 김연우, 『구수한 윤석열』, 84쪽

44 김연우, 『구수한 윤석열』, 84~85쪽

45 김연우, 『구수한 윤석열』, 94, 98쪽

46 김연우, 『구수한 윤석열』, 100쪽. 천준, 『별의 순간은 오는가』, 20~24쪽. 윤석열은 '검찰 조직을 굉장히 사랑하는 철저한 검찰주의자이다.'(김연우, 『구수한 윤석열』, 63쪽)

47 윤석열은 '뼛속까지 검사이고 칼잡이라는 별명을 갖고 있다.'(이경욱, 『윤석열의 진심』, 16쪽) '윤석열은 발끝에서 머리끝까지 검사 같았다.'(이경욱, 『윤석열의 진심』, 64쪽) 그러면 윤석열은 뼛속까지, 머리끝에서 발끝까지 '조직형 인간'이다. 즉 윤석열은 적폐청산 수사를 진두지휘할 때는 '스타'였는데, 조국 가족 수사에서 돌변하고 배신한 것이 아니다. 국정원 댓글사건 수사 외압을 폭로할 때도 그는 조직주의자이고 검찰주의자 본연의 모습을 보인 것에 불과하다. 윤석열의 이 '일관성'에 대해서는 한상진 · 조성식 · 심인보, 『윤석열과 검찰개혁』, 324~329쪽 참조.

48 김연우, 『구수한 윤석열』, 113~114쪽

49 김연우, 『구수한 윤석열』, 115쪽

50 이연주 · 김미옥, 『내가 검찰을 떠난 이유』, 25쪽

51 이연주 · 김미옥, 『내가 검찰을 떠난 이유』, 38쪽

52 이연주 · 김미옥, 『내가 검찰을 떠난 이유』, 51쪽

53 이연주 · 김미옥, 『내가 검찰을 떠난 이유』, 28쪽

54 이연주 · 김미옥, 『내가 검찰을 떠난 이유』, 73쪽

55 김연우, 『구수한 윤석열』, 130쪽

56 김연우, 『구수한 윤석열』, 134쪽

57 이연주 · 김미옥, 『내가 검찰을 떠난 이유』, 36~44쪽. 이낙연 · 문형렬, 『이낙연의 약속』, 170쪽

58 이낙연 · 문형렬, 『이낙연의 약속』, 171쪽. 검찰은 인간에게 어느 정도로 치욕을 주는 것인가?

59 조국, 『조국의 시간』 참조.

60 이연주 · 김미옥, 『내가 검찰을 떠난 이유』, 41~43쪽

61 이연주 · 김미옥, 『내가 검찰을 떠난 이유』, 73~74쪽
62 이연주 · 김미옥, 『내가 검찰을 떠난 이유』, 110~112쪽
63 이연주 · 김미옥, 『내가 검찰을 떠난 이유』, 81쪽
64 이연주 · 김미옥, 『내가 검찰을 떠난 이유』, 102쪽
65 이연주 · 김미옥, 『내가 검찰을 떠난 이유』, 56쪽
66 이연주 · 김미옥, 『내가 검찰을 떠난 이유』, 92쪽
67 이연주 · 김미옥, 『내가 검찰을 떠난 이유』, 242~243쪽
68 이연주 · 김미옥, 『내가 검찰을 떠난 이유』, 248쪽
69 이연주 · 김미옥, 『내가 검찰을 떠난 이유』, 84, 88쪽
70 이연주 · 김미옥, 『내가 검찰을 떠난 이유』, 262, 347, 361~362쪽
71 한상진 · 조성식 · 심인보, 『윤석열과 검찰개혁』, 37쪽. 한 관상가의 윤석열 평이 있는데, 그 관상가는 2017년에 윤석열을 '공포의 악어' 관상이라고 평했다. 한상진 · 조성식 · 심인보, 『윤석열과 검찰개혁』, 118쪽 참조. 박상기 전 법무부 장관은 윤석열의 오만불손을 무인지하 만인지상(無人之下 萬人之上, 누구한테도 통제받지 않고 모든 사람을 통제한다)이라고 말했다. 한상진 · 조성식 · 심인보, 『윤석열과 검찰개혁』, 167~169쪽 참조.
72 이낙연 · 문형렬, 『이낙연의 약속』, 163쪽
73 한상진 · 조성식 · 심인보, 『윤석열과 검찰개혁』, 17쪽 참조.
74 천준, 『별의 순간은 오는가』, 11쪽. 2020년 12월 이전에 윤석열이 대권을 구상했고 그 구상을 실현하려고 계획했다는 주장이 있는데, 그에 관해서는 다루지 않는다.
75 김연우, 『구수한 윤석열』, 75쪽. 한상진 · 조성식 · 심인보, 『윤석열과 검찰개혁』, 268쪽
76 '성수대로 특별대담(정대택 출연)'(https://www.youtube.com/watch?v=XtzLUukHDns) 참조. 정대택의 증언에 따르면 윤석열이 신변보호 요청을 했다는 것은 현직 검사가 한 말이다.
77 쥴리에 대해서는 김동철, 『윤석열의 본심』, 364~366쪽 참조.
78 김대우, 『윤석열의 시간』, 218쪽. 김동철, 『윤석열의 본심』, 92쪽 참조.
79 지식공작소 정세분석팀, 『윤석열 국민청문회』, 308쪽

맺음말 – 사회형 인간과 집안형 인간

1 이낙연 · 문형렬, 『이낙연의 약속』, 167~168쪽

참고문헌

참고문헌은 각 장별로 배열한다. 발행일 순으로, 중요도 순으로 묶고 나누어서 배열한다. 각 장별로 배열하지만 여러 장에서 인용한 문헌이 있다. 인터넷 홈페이지는 출처로 대체하고 여기에 따로 적지 않는다. 정치인에 관한 책은 특정 시기에 집중적으로 출판되는 경향을 보이는데, 그래서 여기에는 (예외적으로) 발행 연월일을 모두 밝힌다. 각 문헌 끝에 간략한 설명을 단 경우가 있다.

머리말 – 상식

새누리당, 『세상을 바꾸는 약속, 책임 있는 변화』, 재미(Jammy), 2012. 12. 12 (부제처럼 '제18대 대통령선거 새누리당 정책공약집'이다.)

프롤로그 – 사회화, 자아와 인성의 형성

G. H. 미드, 『정신 · 자아 · 사회』, 나은영 옮김, 한길사, 2010. 8. 10 (영어 원문은 1934년에 출간. 사회학과 사회심리학의 고전)
강경미, 『발달심리학』, 양서원, 2013. 6. 15
권석만, 『인간 이해를 위한 성격심리학』, 학지사, 2017. 1. 20
김태형, 『대통령 선택의 심리학』, 원더박스, 2017. 3. 22 (이재명의 경우 어머니의 사랑, 자기혐오, 피학대자 심리 부분에 관심이 갔다. 안철수 부분에서 김태형은 필자가 집안형 인간과 사회형 인간으로 구분한 것을 개인주의적 인생관과 집단주의적 인생관으로 구분했다. 필자와 똑같이 '안중근과 전태일'을 언급하여(149쪽) 놀랐다. 부모에 대한 반항의 긍정적 의미, 어머니의 방임형 양육, 기초생리학 공부와 컴퓨터 바이러스 백신 연구도 아버지에 대한 반항으로 본 점, 이 반항에서 아내 김미경의 역할, 아내의 뒤를 쫓아가는 행적 등은 필자가 생각하지 못한 측면이다. 안철수에 대해 김태형은 필자와 다른 결론을 내렸다. 뒷부분의 '19대 대선과 집단심리'는 필자에게는 상식이어서 필자는 그 부분에 대체로 동의한다.)

C. H. 쿨리, 『사회조직의 이해』, 정헌주 옮김, 한국문화사, 2018. 12. 24 (영어 초판은 1909년 출간. 사회학의 고전)

비판사회학회 엮음, 『사회학 제2판』, 2019. 11. 20 (초판은 2012년, 제2판 1쇄는 2014년 출간. 기든스의 『현대사회학』보다 한국 현실에 더 적합한 사회학 입문서)

S. 프로이트, 『꿈의 해석』, 김인순 옮김, 열린책들, 2020. 10. 30 (독일어 초판은 1899년, 제8판은 1929년에 출간)

김태형, 「심리분석으로 살펴본 노무현과 이재명」, 김윤태 외, 『2021 · 2022 이재명론』, 간디서원, 2021. 7. 31 (이 책은 각계 전문가 16인의 이재명 진단과 정책 제안을 담고 있다. 김태형의 글은 56~91쪽에 있다.)

제1장 이재명

이재명, 『고난을 통해 희망을 만들다』, 청동거울, 2010. 2. 20 (제5회 전국동시지방선거 이재명 예비후보자 공약집)

이재명, 『오직 민주주의, 꼬리를 잡아 몸통을 흔들다』, 리북, 2014. 2. 20 (겉표지의 소개 글, '현장에서 날마다 민주주의를 만나며, 시민의 힘으로 돌파하고, 시민과 함께 성취한 시민자취의 진면목을 담담히 나누는' 책)

이재명, 『이재명, 대한민국 혁명하라』, 메디치미디어, 2017. 1. 20
이재명 · 서해성, 『이재명의 굽은 팔』, 김영사, 2017. 2. 3 (이재명에 관한 제일 좋은 참고문헌)
이재명, 『이재명은 합니다』, 위즈덤하우스, 2017. 2. 7
서득현 · 배관지, 『이제 이재명이다』, 예문당, 2017. 3. 15
조정미, 『나의 소년공 다이어리』, 팬덤북스, 2018. 10. 10 (이재명의 일기를 조정미가 읽고 편집한 책. 16~26살의 이재명의 삶과 내면을 아는 데 많은 도움이 된다.)
김용민, 『마이너리티 이재명』, 지식의숲, 2020. 9. 1
백승대, 『이재명, 한다면 한다』, 매직하우스, 2021. 5. 23
임광용, 『파워풀 이재명』, 파람북, 2021. 7. 19 (공(公)의 한자 의미에 대한 설명은 필자가 몰랐던 부분이다. 인민과 국민에 대한 설명 등 책의 모든 부분은 상식으로 받아들일 만하다.)
강영호, 『지금은 이재명』, 포레스트, 2021. 7. 21 (수많은 말보다 더 많은 말을 전달하는 '조용하고' 깊이 있는 사진집. 곳곳에 있는 많지 않은 글도 차분하고 깊이 있다.)
이재명 · 조정미, 『이재명의 나의 소년공 다이어리』, 팬덤북스, 2021. 7. 22 (책에 『나의 소년공 다이어리』의 '개정판'이라고 되어 있다. 이 개정판은 초판의 지은이가 조정미에서 이재명 조정미로 바뀐 것, 뒤표지 글이 약간 달라진 것, 뒷날개의 저자 소개 조정미가 사라진 것 외에 내용에서 개정된 것이 없다.)

백무현 글, 박순찬 그림, 『만화 박정희』, 시대의창, 2016. 5. 30 (오늘날의 고전에 해당하는 만화. 박정희에 대한 균형 잡힌 시각을 보인다.)
D. 라벤토스, 『기본소득이란 무엇인가』, 이한주; 이재명 옮김, 한솔수북, 2016. 10. 10 (원문은 2007년에 출간)
김세우, 『이재명의 서번트 리더십과 돌파력』, 케이에스에스, 2017. 1. 2
김세준, 『이게 나라다』, 매직하우스, 2017. 2. 6 (책의 제1부에서 이재명의 인생을 바닥 → 도전 → 상승의 패턴으로 보고, 이를 그래프로 그린 점이 독특하다. 그런데 그 그래프는 이른바 '성공한' 많은 사람들의 인생 패턴에도 적용될 것 같다.)

박주민 외, 『대통령의 7시간 추적자들』, 북콤마, 2017. 2. 20
강지호, 『전망: 이재명의 미래는?』, 해피소드, 2017. 3. 6
김인성, 『유시민, 이재명. 디지털 포렌식으로 검증한 차세대 리더의 진실』, 홀로깨달음, 2019. 8. 1 (이재명보다 유시민을 이해하는 데 도움이 된다.)
성관 선사 엮음, 『스님, 어찌 살까요? 이재명처럼 살아라!』, 말벗, 2019. 9. 3 (독특한 책)
최경준, 『이재명과 기본소득』, 오마이북, 2021. 2. 3 (기본소득은 새로운 패러다임이고 피할 수 없는 미래가 될 것이다.)
김세준, 『이게 나라다 2022』, 차연, 2021. 5. 20 (김세준의 2017년 『이게 나라다』의 개정판이라고 밝히고 있다.)

제2장 이낙연

이낙연, 『이낙연의 낮은 목소리』, 도인, 발행 연월일 없음 (2003년에 출판된 것으로 추정)
이낙연 외, 『어머니의 추억』, 메디치미디어, 2018. 5. 8 (2007년 초판 발행)
이낙연 펴냄, 『민주당, 전남의 미래를 말하다』, 한출판, 2011. 12. 15
양재원, 『이낙연은 넥타이를 전날 밤에 고른다』, 북콤마, 2020. 2. 6 (보좌관의 눈으로 본 이낙연의 모습. 지근거리에서 이낙연을 보좌하여 이낙연의 이모저모를 아는 데 좋다.)
이제이, 『어록으로 본 이낙연』, 삼인, 2020. 3. 25
김봄, 『스스로에게 엄중한 남자 이낙연』, 메디치미디어, 2020. 9. 28 (이낙연을 밀착 취재하여 쓴 글)
서주원, 『이낙연의 길』, 희망꽃, 2020. 11. 13 (서주원은 전라도의 산하, 이낙연의 흔적, 역사적 사실 등을 이낙연의 어머니, 아버지, 도쿄 특파원, 사이다 발언, 한자 신동, 동학혁명, 인동초, 광주일고의 이상, 바른길, 남루한 청춘, 근청원견,

외가, 아내 등 이낙연의 삶과 연결 지었는데, 이런 연결이 중간중간 무리로 보이기도 한다. 이런 책은 '고향'을 갖고 있고 고향에 대한 자부심이 있는 사람만이 쓸 수 있을 것 같다. 고향에 대한 애정과 많은 답사, 취재, 고증, 공부 등이 돋보인다.)
이낙연 · 문형렬, 『이낙연의 약속』, 21세기북스, 2021. 5. 24 (차분하고 깊이 있는 대담집)

유종민, 『총리의 언어. 촌철살인 이낙연에게 내공을 묻다』, 타래, 2017. 11. 20
유종민, 『이낙연의 언어. 형용사는 명사의 적이다』, 타래, 2020. 3. 25 (2017년 출간된 『총리의 언어』의 개정판. 이순신, 볼테르, 한비자를 중심으로 이낙연의 쓰기의 언어, 말하기의 언어, 생각의 언어를 정리했다.)
김종수, 『이제는 이낙연』, 모아북스, 2021. 1. 11 (이낙연에 관한 이전의 여러 책에서 이런저런 이야기를 모은 책)
P. 부르디외, 『구별짓기: 문화와 취향의 사회학 上』, 최종철 엮음, 새물결, 2005. 12. 5 (불어 원문 초판은 1979년 출간)
박상주, 『낙연쌤의 파란펜』, 예미, 2021. 6. 30 (부제처럼 '세계 문호들의 문장론 + 이낙연의 글쓰기'에 관한 책)

제3장 안철수 (안철수에 관한 책은 너무 많아서 일부만 싣는다.)

안철수, 『별난 컴퓨터 의사 안철수』, 비전, 1995. 2. 10 (인간 안철수를 이해하는 데 제일 좋은 책)
안철수, 『CEO 안철수, 영혼이 있는 승부』, 김영사, 2001. 8. 1
안철수, 『CEO 안철수, 지금 우리에게 필요한 것은』, 김영사, 2004. 12. 10
안철수, 『행복바이러스 안철수』, 리젬, 2009. 9. 5 (앞의 『별난 컴퓨터의사 안철수』에서 개인적인 이야기들만 추린 글. 개인적인 이야기 중에 프라이버시에 해당하는 부분과 '해로운' 부분은 삭제했다. '무해한' 부분만 실었다.)
안철수, 『안철수 경영의 원칙』, 서울대학교출판문화원, 2011. 11. 28 (서울대 강연과 질의응답 모음집)
안철수 · 제정임, 『안철수의 생각』, 김영사, 2012. 7. 19 (세계 출판역사상 '기록적이라고 할 수 있는 59시간 만에 뚝딱 만들어진' 바로 그 초대형 베스트셀러)
안철수, 『안철수, 내가 달리기를 하며 배운 것들』, 21세기북스, 2019. 10. 9
안철수, 『안철수, 우리의 생각이 미래를 만든다』, 21세기북스, 2020. 1. 22 (에스토니아, 스페인, 핀란드, 프랑스, 독일 등의 유럽 견문록. 많은 사람들을 만나 이런저런 이야기를 나누었다는 책)

R. P. 파인만, 『"파인만 씨 농담도 정말 잘 하시네요!"』, 김재삼 · 양종만 · 최승희 번역, 안국출판사, 1987. 11. 5
히로나카 헤이스케, 『학문의 즐거움』, 방승양 옮김, 김영사, 1992. 12. 1 (2008년 제4판 출간)
이혜정, 『서울대에서는 누가 A+를 받는가』, 다산북스, 2014. 10. 24
이종훈, 『의대를 꿈꾸는 대한민국의 천재들』, 한언, 2015. 3. 10 (2006년 초판 발행)

장자, 『묵점 기세춘 선생과 함께하는 장자』, 기세춘 옮김, 바이북스, 2007. 1. 9
안철수연구소 사람들, 『세상에서 가장 안전한 이름 안철수연구소』, 김영사, 2008. 6. 27 (안철수연구소와 관련된 객관적이고 구체적인 내용을 담고 있다.)
이경식, 『안철수의 전쟁』, Human & Books, 2012. 6. 30
김헌태 · 오연호, 『안철수는 세상을 바꾸고 싶다』, 10만인클럽, 2012. 7. 1 (프랑스 대통령 당선자 올랑드는 사회당 후보가 된 이후 지지자들 앞에서 이렇게 외쳤다. '나의 진짜 적은 이름도 없고 얼굴도 없다. 정당도 아니다. 그는 선거에 출마하지도 않고 당선되지도 않을 것이다. 그런데도 그는 지배한다. 나의 적은 금융자본이다.' 이 말만 와닿는 책)

이경희, 『안철수의 착한 분노』, 예문, 2012. 7. 20 (안철수에 관한 수많은 책 중의 하나. 한 문장 요약. 안철수는 타고난 천성의 '(성숙한) 평화주의자'에서 '(건강하게) 성취하는 사람'으로 통합 진화했다.)

강준만, 『안철수의 힘』, 인물과사상사, 2012. 7. 22 ('2012년 시대정신은 증오의 종언이다. 안철수는 증오를 끝낼 사람이다.' 2021년 현재에도 강준만이 같은 생각을 갖고 있을까? 그 외에는 오늘날 한국의 정치비평, 언론분석, 언론비평 성격의 글이다.)

윤문원, 『안철수를 알고 싶다』, 씽크파워, 2012. 8. 1 (용비어천가에 버금가는 '철수어천가')

김보협 외, 『안철수를 읽는다』, 한겨레출판, 2012. 8. 13 (안철수는 자기중심적이고 토론을 못 견딘다.)

황장수 · 박봉팔, 『안철수, 만들어진 신화』, 미래지향, 2012. 8. 29 (안철수의 문제적인 측면을 잘 분석했다.)

권영재, 『안철수, 경계를 넘어서다』, 팬덤북스, 2012. 8. 30

박기봉, 『안철수의 생각과 다른 생각』, 초록세상, 2012. 9. 10 (이 책에서 저자 박기봉은 재미있고 거칠고 혼란스럽고 자기 분열적인 모습을 보이지만, 이 책은 안철수를 아는 데는 유용하다.)

안철수 포럼21, 『안철수는 대안인가 재앙인가』, 미다스북스, 2012. 9. 17 (안철수를 세종에 비유한 것을 '인용한' 책)

정규재, 『착한, 너무 착한 안철수』, 기파랑, 2012. 9. 17 (안철수는 한국정치가 낳은 어린 왕자이고, 『안철수의 생각』은 소녀의 기도인 듯하다. 그는 생각 이상으로 생각이 없고 의뭉스럽다. 정규재는 역사에 무지한 시장 만능주의자이고 공동체주의에 증오를 드러낸다.)

김경환, 『안철수의 두 얼굴. 우리는 정말 안철수를 알고 있는가?』, 책비, 2012. 9. 20 (안철수에 관한 탁월한 심리분석)

김대호 · 윤범기, 『안철수의 생각을 생각한다』, 필로소픽, 2012. 9. 21 (그다지 중요하지 않은 이야기를 너무 많이 담고 있는 책)

신율, 『문재인, 박근혜, 안철수 그리고 선택 - 2012 유권자를 위한 대선 가이드』, 자음과모음, 2012. 10. 8 (부제의 '유권자를 위한 대선 가이드'라기보다 대선후보를 위한 '공평한' 가이드라고 하는 것이 적절할 것 같다.)

이철용, 『권력을 향한 허상들의 말춤. 안철수 신드롬에 대한 통렬한 비판』, 통비결, 2012. 11. 19 (사회적 · 역사적 관점에서 안철수의 문제점을 잘 파악했다.)

강동호 외, 『안철수는 왜』, 더굿, 2015. 2. 12 (2011~2014년에 안철수와 관련하여 일어난 뒷이야기를 담고 있다.)

스테판 B. 폴터, 『모든 인간관계의 핵심요소 아버지』, 송종용 옮김, 비전북, 2018. 2. 10

제4장 홍준표

홍준표, 『홍 검사, 당신 지금 실수하는 거요』, 둥지, 1995. 12. 28

홍준표, 『이 시대는 그렇게 흘러가는가』, 문예당, 2000. 9. 29

홍준표, 『나 돌아가고 싶다』, 행복한집, 2005. 3. 15

홍준표, 『변방』, 형설라이프, 2009. 12. 4

홍준표 · 김대식, 『변방에서 중심으로 홍준표가 답하다』, 봄봄스토리, 2017. 3. 31

홍준표, 『소신이 있으면 두려움이 없다』, 실크로드, 2017. 4. 10 (2017년 대선에 맞춰 『홍 검사, 당신 지금 실수하는 거요』를 제목을 바꾸어서 다시 출판한 책)

홍준표 · 김대식, 『꿈꾸는 로맨티스트』, 봄봄스토리, 2018. 3. 19 (페이스북에 쓴 정치일기 모음집 1)

홍준표, 『꿈꾸는 옵티미스트』, 봄봄스토리, 2018. 11. 30 (페이스북에 쓴 정치일기 모음집 2)

홍준표, 『당랑의 꿈』, 실크로드, 2018. 12. 30

홍준표, 『꿈꾸는 대한민국』, 봄봄스토리, 2020. 12. 30 (페이스북에 쓴 정치일기 모음집 3)

엄홍길, 『8000미터의 희망과 고독. 히말라야 탱크 엄홍길 14좌 완등 신화』, 이레, 2003. 11. 15
엄홍길, 『꿈을 향해 거침없이 도전하라』, 마음의숲, 2008. 5. 20
엄홍길, 『불멸의 도전. 히말라야 8000미터급 16좌 완등 기록』, 도요새, 2008. 11. 18

필리프 쥘리앵, 『노아의 외투』, 한길사, 2000. 3. 30
김지하, 『五敵(오적)』, 아킬라미디어, 2016. 5. 24 (1970년 초판 출간)
김대우, 『왜 홍준표인가?』, 태웅출판사, 2017. 4. 10 (저저는 안경, 이름, 나이 등의 여러 가지 조건으로 대선에 관한 '점'을 치고 있다. '코미디' 같은 책이다.)
이필형, 『홍도는 잘 있느냐 - 홍준표, 당신이 모르는 이야기』, 실크로드, 2021. 6. 28 (정보기관 출신의 홍준표 지인 겸 '보좌관'이 쓴 홍준표에 관한 이런저런 이야기)

제5장 황교안

황교안, 『교회가 알아야 할 법 이야기』, 요단출판사, 2012. 7. 30
김용삼, 『황교안 2017』, 민초커뮤니케이션, 2017. 2. 23
황교안, 『황교안의 답』, 여운, 2018. 8. 24 (황교안에 관해서는 이 책과 앞의 김용삼의 책만 읽으면 될 것 같다.)
황교안 · 유성호, 『밤이 깊어 먼 길을 나섰습니다』, 인벤션, 2019. 6. 5
황교안 외, 『문재인 정권 2년, 안보가 안 보인다』, 한빛도서, 2019. 7. 25 (이 책은 주로 백승주가 집필하고, 황교안은 권두언만 쓴 것으로 보인다.)
김우석, 『나는 죄인입니다 - 황교안 고백록』, 밀알, 2021. 2. 8 (2020년 4월 총선 참패에 대한 고해성사라고 하는데, 회한을 담은 글에 가깝다.)
황교안, 『초일류 정상국가』, 밀알, 2021. 6. 10 (황교안은 이런 수준의 책이나마 쓸 실력이 안 된다. 황교안이 (프롤로그 10~12쪽과 에필로그의 체험담 외에) 쓰지 않은 책, 다른 사람이 대필한 책으로 보인다.)

박완서, 『휘청거리는 오후』, 창작과비평사, 1977 (문학은 늘 인간의 상상력을 자극한다.)
G. W. F. 헤겔, 『정신현상학』, 임석진 옮김, 한길사, 2005. 1. 25 (1807년 원서 초판 출간)
N. 호손, 『주홍 글자』, 김욱동 옮김, 민음사, 2007. 10. 25 (1850년 원서 초판 출간)
J. 라캉, 『욕망 이론』, 권택영 엮음, 문예출판사, 2009. 2. 10
김선수 외, 『통합진보당 해산 결정, 무엇이 문제인가?』, 말, 2015. 2. 12
이재화, 『기획된 해산, 의도된 오판 - 통합진보당 해산심판 변론기』, 글과생각, 2015. 3. 19
가타오카 이치타케, 『라캉은 정신분석에 대해 이렇게 말했습니다』, 임창석 옮김, 이학사, 2019. 10. 15

제6장 윤석열

오풍연, 『F학점의 그들』, 에이원북스, 2020. 11. 24 ('F학점'보다 낮은 수준의 책)
이연주 · 김미옥, 『내가 검찰을 떠난 이유』, 포르체, 2020. 12. 2 (돈과 권력만 추구하는 불법적 · 탈법적 검찰 조직의 민낯)
지식공작소 정세분석팀, 『윤석열 국민청문회』, 지식공작소, 2021. 2. 5 (윤석열을 충무공은 아닐지라도 '충무공급'으로 보는 책)
안익준, 『안익준, 대통령 만들기』, 하움출판사, 2021. 3. 29 (안익준은 윤석열과 이재명에게서 '히딩크'가 될 자질을 본다. 그리고 윤석열을 대통령으로 만들고 (150~164쪽) 이재명을 대통령으로 만든다(165~184쪽). 안익준의 책은 전체적으로 '공평하고 공정한, 그리고 중립적인, 그래서 약간 부드러운' 정치공학으로 보인다.)

김연우, 『구수한 윤석열』, 리딩라이프북스, 2021. 4. 13 (서울대 법대 79학번 동기들의 윤석열 이야기 모음집)

이경욱, 『윤석열의 진심』, 체리 M&B, 2021. 4. 13 (윤석열의 충암고등학교 동창이자 전직 기자가 고등학교 졸업 후 40년 만에 윤석열과 만나 나눈 이야기 모음집. '동창회보집'에 실으면 적당할 글 + 저자의 '자서전' 같은 글 + 기자 경험담 성격의 책이다. 책에 청와대, 대통령 관저, 강남의 아파트 등의 사진을 많이 실었는데, 이것은 ('윤석열의 진심'이 아니라) '이경욱의 진심'을 드러내는 것 같다.)

오풍연, 『윤석열의 운명』, 오풍연닷컴, 2021. 5. 5 (글이 살벌하고 자극적인 '배설'이다. 천박한 언어들이 칼춤을 춘다. 이 말도 점잖은 평가라는 것을 독자들은 책을 읽으면 알게 될 것이다.)

조국, 『조국의 시간』, 한길사, 2021. 5. 31

김대우, 『윤석열의 시간』, 태웅출판사, 2021. 6. 5

김창영, 『윤석열을 부르는 대한민국』, 따뜻한손, 2021. 6. 10 (윤석열과 별 상관없는 김창영의 '인생 회고록'이다. 대한민국이 아니라 김창영이 윤석열을 부르고 싶은 것 같다. 윤석열, 전두환이 전태일, 조영래, 러셀과 같이 등장하는 그로테스크한 책)

송동윤, 『영웅의 부활』, 스타북스, 2021. 6. 16 (부제는 '윤석열 vs 이재명, 누가 이길까?'인데, 저자의 답은 허망하게 '건곤일척'이다. 두 사람과 별 상관없는 책이고, 저자의 영화 일기 + 초한지와 삼국지의 독서 노트 성격의 책이다.)

천준, 『별의 순간은 오는가』, 서울문화사, 2021. 6. 18

정기수, 『윤석열의 시대정신 상식』, 한스하우스, 2021. 7. 15 (캐나다 거주 전직 기자의 한국정치에 관한 '일기' 모음집. 윤석열과 별 상관없는 책이다.)

공념(功念), 『윤석열 대선의 시간』, 메이킹북스, 2021. 7. 21 (농담이 아니라 진짜 진지하게 띠와 운세로 대통령 점을 치는 책이다. '대체로 2022년의 운은 윤석열이든지 누구든지 어떻게 대처하느냐에 따라 운세가 달라질 것이다'라고 말하고 있다.)

김동철, 『윤석열의 본심』, 글의온도, 2021. 7. 23 (신문기사 모음집 + 정치를 흥행으로 보는 정치공학 성격의 책)

한상진 · 조성식 · 심인보, 『윤석열과 검찰개혁』, 뉴스타파, 2021. 7. 30 (윤석열과 '검찰공화국'의 심층 해부)

김순규, 『윤석열의 뉴 카테고리』, 오리진, 2021. 8. 10 ('윤석열은 정의의 사도다.' 사람이 하고 싶은 말을 내뱉으면 누구든지 이런 책을 쓸 수 있을 것이다.)

맺음말 – 사회형 인간과 집안형 인간

정약용, 『역주 목민심서 1~6』, 다산연구회 역주, 임형택 교열, 창비, 2018. 11. 7